U0552929

BLUE BOOK

智 库 成 果 出 版 与 传 播 平 台

中共中央党校（国家行政学院）国家高端智库皮书

行政改革蓝皮书

BLUE BOOK OF PUBLIC ADMINISTRATIVE REFORM

中国行政体制改革报告
（2024）*No.10*

ANNUAL REPORT ON CHINA'S ADMINISTRATIVE SYSTEM REFORM (2024) No.10

主　编／魏礼群
副主编／邓文奎　王满传　孙文营

社会科学文献出版社
SOCIAL SCIENCES ACADEMIC PRESS (CHINA)

图书在版编目（CIP）数据

中国行政体制改革报告 . 2024：No. 10 / 魏礼群主
编 . --北京：社会科学文献出版社，2024.12.
（行政改革蓝皮书）. --ISBN 978-7-5228-4577-7

Ⅰ. D63

中国国家版本馆 CIP 数据核字第 2024H3S828 号

行政改革蓝皮书

中国行政体制改革报告（2024）No. 10

主　　编 / 魏礼群

副 主 编 / 邓文奎　王满传　孙文营

出 版 人 / 冀祥德
责任编辑 / 桂　芳
责任印制 / 王京美

出　　版 / 社会科学文献出版社·皮书分社（010）59367127
　　　　　　地址：北京市北三环中路甲 29 号院华龙大厦　邮编：100029
　　　　　　网址：www. ssap. com. cn
发　　行 / 社会科学文献出版社（010）59367028
印　　装 / 天津千鹤文化传播有限公司

规　　格 / 开 本：787mm×1092mm　1/16
　　　　　　印 张：30　字 数：449 千字
版　　次 / 2024 年 12 月第 1 版　2024 年 12 月第 1 次印刷
书　　号 / ISBN 978-7-5228-4577-7
定　　价 / 178.00 元

读者服务电话：4008918866

本皮书出版得到中国行政体制改革研究会行政改革研究基金、中央党校（国家行政学院）国家高端智库共同资助。

编委会成员

主要编撰者简介

魏礼群 教授，博士生导师。长期从事中国特色社会主义和社会主义现代化理论研究与实际工作。先后担任国家计委秘书长，中央财经领导小组办公室副主任，国务院研究室党组书记、主任，国家行政学院党委书记、常务副院长。中国行政体制改革研究会创会会长、学术委员会主任。现任中央马克思主义理论研究和建设工程咨询委员会委员、国家社会科学基金应用经济组召集人。负责或参加过党中央、国务院大量重要文件起草工作，主持过120多项重大课题研究。出版《中国经济发展与改革》《科学发展观和现代化建设》《魏礼群自选集》等个人专著20多部；主持编写《建设服务型政府：中国行政体制改革40年》《回顾与前瞻：中国行政管理体制改革30年》《新中国：行政管理体制60年》等著作130多部。

邓文奎 中国行政体制改革研究会常务副会长、学术委员会副主任，国务院参事室特约研究员，高级经济师。国家电力投资集团公司原党组成员、纪检组长。曾任国务院推进职能转变协调小组专家组副组长，国家行政学院兼职教授。长期在国务院研究室工作，任社会发展研究司司长，参与党中央和国务院领导同志讲话等文稿起草和政策研究工作。参与过若干国务院组织的国家层面体制改革和发展战略研究及有关文件起草工作。

王满传 教授，博士生导师，中共中央党校（国家行政学院）社会和生态文明教研部主任，中国行政体制改革研究会学术委员会副主任，国际行政院校联合会副主席。主要研究领域为公共管理和公共政策，重点研究国家治理现代化、行政体制改革、公共政策制定与评估等问题。数次参加党中央、国务院重要文件和文稿起草；担任中央马克思主义理论研究和建设工程重大项目首席专家，主持过国家级、省部级科研课题 20 多项；多次担任世界银行、联合国开发署等国际组织的咨询专家；出版个人专著、合著 20 余部，发表中英文学术论文 70 多篇；独立撰写或作为第一执笔人撰写的十多篇研究咨询报告获得党和国家领导人重要批示。

孙文营 中国行政体制改革研究会研究员、学术委员会秘书长。主持或参与马克思主义理论研究和建设工程项目、国家社科基金重大项目、中共中央党校（国家行政学院）高端智库项目及国家部委和地方政府委托的决策咨询项目等各类重大理论和实践课题研究数十项。在《马克思主义研究》《世界社会主义研究》《中国行政管理》等学术期刊发表文章百余篇。作为主要执笔人参与撰写的十多篇研究咨询报告获党和国家领导人重要批示。

摘　要

2023 年是全面贯彻党的二十大精神开局之年，是改革开放 45 周年和党的十八届三中全会召开 10 周年，我国行政体制改革迈出坚实步伐，在党和国家机构改革、政府职能转变、政府治理方式创新等方面均取得新的进展和成绩。

在党和国家机构改革方面，2023 年，党的二十届二中全会通过了《党和国家机构改革方案》。新一轮党和国家机构改革目标是构建系统完备、科学规范、运行高效的党和国家机构职能体系，推动党对社会主义现代化建设的领导在机构设置上更加科学、在职能配置上更加优化、在体制机制上更加完善、在运行管理上更加高效；改革的重点是加强金融监管、科学技术、社会工作、港澳工作、数据管理、乡村振兴、老龄工作、知识产权等领域的机构改革和职责优化调整。通过改革，进一步加强党对机构改革的领导。

在转变政府职能方面，2023 年，国务院和地方政府持续深化行政审批制度改革，进一步优化行政许可事项清单，持续精简优化审批、证明等服务事项流程；省级政府向基层下放行政审批权限。创新和加强事中事后监管，持续完善信用监管机制，利用信息技术推进跨部门综合监管。减少罚款事项，推进包容审慎监管，多地推进审批监管联动。持续提升政务服务效能：依托全国一体化政务服务平台，开展政务服务效能提升行动，建立政务服务效能提升常态化工作机制。加大对优化营商环境的政策支持力度，推动营商环境市场化、法治化和国际化。

进一步创新行政管理方式，推进政府治理现代化。在数字政府建设方

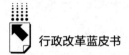

面，各地认真贯彻国务院出台的《关于加强数字政府建设的指导意见》，进一步出台数字政府建设政策文件，加强数字政府公共数据管理，数字治理进一步创新。在法治政府建设方面，深入学习习近平法治思想，健全依法行政法律制度体系，进一步提升行政决策合法性，实施提升行政执法质量三年行动，司法部门大力推进全国法治政府建设示范创建活动，数字法治政府建设有效推进。在廉洁政府建设方面，各地各级政府把党的政治建设放在首位，持续加强干部作风建设，持续开展反腐败斗争，进一步加强廉洁文化建设，加强对行政权力科学有效的监督制约，各地建设节约型机关取得实效。

新时代新征程，要进一步坚持以习近平新时代中国特色社会主义思想为指导，进一步深化行政体制改革，重点是处理好政府与市场的关系，持续优化党和国家机构设置和职能配置，进一步加快法治政府建设、数字政府建设，完善干部约束和激励机制，推进政府治理现代化，为以中国式现代化推进中华民族伟大复兴提供制度基础和强大动力。

关键词： 行政体制　转变政府职能　优化营商环境　数字政府建设法治政府建设

目 录

I 总报告

II 机构改革篇

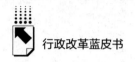

VI　基层管理创新篇

附　录

皮书数据库阅读**使用指南**

总 报 告

B.1

2023年我国行政体制改革的
主要进展、成效和展望

中国行政体制改革研究会课题组*

摘 要: 2023年是全面贯彻党的二十大精神的开局之年,是改革开放45周年和党的十八届三中全会召开10周年,我国行政体制改革迈出坚实步伐,在党和国家机构改革、政府职能转变、政府治理方式创新等方面均取得新的进展和成绩。在党和国家机构改革方面,党的二十届二中全会通过了《党和国家机构改革方案》,在党中央机构改革、国务院机构改革方面作出进一步部署,进一步加强了党对机构改革的领导。在转变政府职能方面,持续深化行政审批制度改革,创新和加强事中事后监管,持续提升政务服务效能、着力优化营商环境,推动高质量发展。进一步推进法治政府建设、数字政府建设和廉洁政府建设,创新行政管理方式,推进政府治理现代化。在新时代、新征程,要进一步深化行政体制改革,必须进一步处理好政府与市场的

---

* 执笔人:邓文奎,中国行政体制改革研究会常务副会长、学术委员会副主任,高级经济师,主要研究方向为公共管理、行政改革、社会治理。孙文营,中国行政体制改革研究会研究员、学术委员会秘书长,主要研究方向为马克思主义理论、行政改革和政府治理。

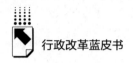

关系，持续优化党和国家机构设置和职能配置，进一步加快法治政府建设、数字政府建设，完善干部约束和激励机制，推进政府治理现代化。

关键词： 机构改革　政府职能　营商环境　数字政府　法治政府

2023 年是全面贯彻党的二十大精神的开局之年，是改革开放 45 周年和党的十八届三中全会召开 10 周年，全党全国人民在以习近平同志为核心的党中央坚强领导下，在习近平新时代中国特色社会主义思想的科学指引下，奋力推进中国式现代化建设新征程。新时代新征程推进中国式现代化的使命，对深化行政体制改革提出了新的更高要求。2023 年，我国行政体制改革迈出坚实步伐，在党和国家机构改革、政府职能转变、优化营商环境、数字政府建设、法治政府建设和廉洁政府建设方面的改革均取得新的进展和成绩，对推进和拓展中国式现代化具有重要意义。

一　深化党和国家机构改革，优化政府职责体系

为更好贯彻落实党的二十大精神，2023 年继续推进党和国家机构改革。2023 年 2 月，党的二十届二中全会通过了《党和国家机构改革方案》；3月，第十四届全国人民代表大会第一次会议表决通过了关于国务院机构改革方案的决定。2023 年底，中央层面新一轮机构改革基本完成，地方层面的改革正有序展开。

（一）深化党中央机构改革

坚持和加强党的全面领导是新一轮党和国家机构改革的统领性逻辑。改革举措充分体现了党中央加强对金融、科技、社会工作和港澳工作等领域集中统一领导的战略意图。具体党中央机构改革方案见表 1。

表1 党中央机构改革方案

组建机构名称	性质	职能	相关职能划转	运行体制
中央金融委员会	党中央决策议事协调机构	负责金融稳定和发展的顶层设计、统筹协调、整体推进、督促落实,研究审议金融领域重大政策、重大问题等	不再保留国务院金融稳定发展委员会及其办事机构。将国务院金融稳定发展委员会办公室职责划入中央金融委员会办公室	设立中央金融委员会办公室,作为中央金融委员会的办事机构,列入党中央机构序列
中央金融工作委员会	党中央派出机关	统一领导金融系统党的工作,指导金融系统党的政治建设、思想建设、组织建设、作风建设、纪律建设等	将中央和国家机关工作委员会的金融系统党的建设职责划入中央金融工作委员会	同中央金融委员会办公室合署办公
中央科技委员会	党中央决策议事协调机构	统筹推进国家创新体系建设和科技体制改革,研究审议国家科技发展重大战略、重大规划、重大政策,统筹解决科技领域战略性、方向性、全局性重大问题,研究确定国家战略科技任务和重大科研项目,统筹布局国家实验室等战略科技力量,统筹协调军民科技融合发展等	保留国家科技咨询委员会,服务党中央重大科技决策,对中央科技委员会负责并报告工作;国家科技伦理委员会作为中央科技委员会领导下的学术性、专业性专家委员会,不再作为国务院议事协调机构;不再保留中央国家实验室建设领导小组、国家科技领导小组、国家科技体制改革和创新体系建设领导小组、国家中长期科技发展规划工作领导小组及其办公室	中央科技委员会办事机构职责由重组后的科学技术部整体承担
中央社会工作部	党中央职能部门	负责统筹指导人民信访工作,指导人民建议征集工作,统筹推进党建引领基层治理和基层政权建设,统一领导全国性行业协会商会党的工作,协调推动行业协会商会深化改革和转型发展,指导混合所有制企业、非公有制企业和新经济组织、新社会组织、新就业群体党建工作,指导社会工作人才队伍建设等	中央社会工作部划入民政部的指导城乡社区治理体系和治理能力建设、拟订社会工作政策等职责,统筹推进党建引领基层治理和基层政权建设;划入中央和国家机关工作委员会、国务院国有资产监督管理委员会党委归口承担的全国性行业协会商会党的建设职责,划入中央精神文明建设指导委员会办公室的全国志愿服务工作的统筹规划、协调指导、督促检查等职责	中央社会工作部统一领导国家信访局

续表

组建机构名称	性质	职能	相关职能划转	运行体制
中央港澳工作办公室	党中央办事机构	承担在贯彻"一国两制"方针、落实中央全面管治权、依法治港治澳、维护国家安全、保障民生福祉、支持港澳融入国家发展大局等方面的调查研究、统筹协调、督促落实职责	在国务院港澳事务办公室基础上组建；保留国务院港澳事务办公室牌子。不再保留单设的国务院港澳事务办公室	

（二）深化全国人大机构改革

组建全国人大常委会代表工作委员会：负责全国人大代表名额分配、资格审查、联络服务有关工作；指导协调代表集中视察、专题调研、联系群众有关工作；统筹管理全国人大代表议案建议工作；负责全国人大代表履职监督管理；统筹全国人大代表学习培训工作；指导省级人大常委会代表工作等；承担全国人大常委会代表资格审查委员会的具体工作。

（三）深化国务院机构改革

1. 重新组建科学技术部

为推动健全新型举国体制、优化科技创新全链条管理、促进科技成果转化、促进科技和经济社会发展相结合，重新组建科学技术部（见表2）。

调整科学技术部的中央财政科技计划（专项、基金等）协调管理、科研项目资金协调评估等职责。重组后的科学技术部不再参与具体科研项目评审和管理，主要负责指导监督科研管理专业机构的运行管理，加强对科研项目实施情况的督促检查和科研成果的评估问效。国家自然科学基金委员会仍由科学技术部管理。

表 2　科学技术部具体管理职责和下属单位划转

强化职能	划出的职能和下属单位	划入部门
强化科学技术部的战略规划、体制改革、资源统筹、综合协调、政策法规、督促检查等宏观管理职责	组织拟订科技促进农业农村发展规划和政策、指导农村科技进步职责	农业农村部
	组织拟订科技促进社会发展规划和政策职责	分别划入国家发展和改革委员会、生态环境部、国家卫生健康委员会等部门
	组织拟订高新技术发展及产业化规划和政策,指导国家自主创新示范区、国家高新技术产业开发区等科技园区建设,指导科技服务业、技术市场、科技中介组织发展等职责	工业和信息化部
	负责引进国外智力工作职责	人力资源和社会保障部(加挂国家外国专家局牌子、科学技术部不再保留国家外国专家局牌子)
	中国农村技术开发中心	农业农村部
	中国生物技术发展中心	国家卫生健康委员会
	中国 21 世纪议程管理中心、科学技术部高技术研究发展中心	国家自然科学基金委员会

2. 深化金融体制改革

主要涉及六个方面的改革:一是为贯彻党的二十大作出的要依法将各类金融活动全部纳入监管的要求,防范金融风险,组建国家金融监督管理总局。二是深化地方金融监管体制改革,统筹优化中央金融管理部门地方派出机构设置和力量配备。三是强化资本市场监管职责。四是统筹推进人民银行分支机构改革。五是完善国有金融资本管理体制。六是加强金融管理部门工作人员统一规范管理。具体改革方案见表 3。新一轮的金融监管体制改革有助于理顺监管体系,压实各方责任,实现了金融监管的全覆盖。

3. 组建国家数据局

在保持数据安全、行业数据监管、信息化发展、数字政府建设等现行工作格局总体稳定前提下,相对集中数据资源整合共享和开发利用方面的有关职责,组建国家数据局。国家数据局于 2023 年 7 月开始筹建,10 月 25 日正式挂牌成立。具体改革方案见表 4。

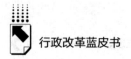

表3　金融体制改革方案

改革项	运行体制	改革内容 相关机构职能划转	相关机构调整	意义
组建国家金融监督管理总局	国务院直属机构，正部级	统一负责除证券业之外的金融业监管，强化机构监管、行为监管、功能监管、穿透式监管、持续监管，统筹负责金融消费者权益保护，加强风险管理和防范处置，依法查处违法违规行为； 在银保监会基础上组建，将中国人民银行对金融控股公司等金融集团的日常监管职责、有关金融消费者保护职责，中国证券监督管理委员会的投资者保护职责划入国家金融监督管理总局	不再保留中国银行保险监督管理委员会	旨在解决金融领域长期存在的突出矛盾和问题，加强对金融活动的全面监管、统一监管，既避免重复监管，又填补监管空白
深化地方金融监管体制改革	建立以中央金融管理部门地方派出机构为主的地方金融监管体制	地方金融监管局剥离发展职能，回归并聚焦监管的职责本源，专司监管职责	地方政府设立的金融监管机构不再加挂金融工作局、金融办公室等牌子	解决地方金融监管部门存在的监管手段缺乏、专业人才不足等问题，强化金融管理中央事权
中国证券监督管理委员会调整为国务院直属机构	中国证券监督管理委员会是国务院直属机构，正部级	由证监会统一负责公司（企业）债券发行审核工作； 将国家发展和改革委员会的企业债券发行审核职责划入中国证券监督管理委员会	—	有利于债券市场更规范运行。将有效强化资本市场监管职责，进一步凸显资本市场服务实体经济的重要作用
统筹推进人民银行分支机构改革	垂直管理	撤销中国人民银行大区分行及分行营业管理部、总行直属营业管理部和省会城市中心支行，在31个省（自治区、直辖市）设立省级分行，在深圳、大连、宁波、青岛、厦门设立计划单列市分行； 使人民银行更加聚焦于货币政策和宏观审慎政策的"双支柱"管理框架	不再保留中国人民银行县（市）支行，相关职能上收至中国人民银行地（市）中心支行	将有利于加强人民银行分支机构与当地政府之间的协调配合，有助于增强货币政策的传导效能，更好地发挥金融服务地方实体经济的功能

改革项	运行体制	改革内容 相关机构职能划转	相关机构调整	意义
完善国有金融资本管理体制	—	把中央金融管理部门管理的市场经营类机构剥离,相关国有金融资产划入国有金融资本受托管理机构,由其根据国务院授权统一履行出资人职责,促进国有金融机构持续健康发展	—	有助于厘清金融监管部门、履行国有金融资本出资人职责的机构和国有金融机构之间的权责关系,推进管办分离、政企分开
加强金融管理部门工作人员统一规范管理	—	把中国人民银行、国家金融监督管理总局、中国证券监督管理委员会、国家外汇管理局及其分支机构、派出机构的工作人员纳入国家公务员统一规范管理,使用行政编制,执行国家公务员工资待遇标准	—	有利于促进金融管理部门依法合规履行金融管理职责,实现金融系统队伍管理的统一性、规范性

表4 组建国家数据局及其职责划转

职责	划转入职责	划转自部门	管理体制
协调推进数据基础制度建设,统筹数据资源整合共享和开发利用,统筹推进数字中国、数字经济、数字社会规划和建设等	研究拟订数字中国建设方案、协调推动公共服务和社会治理信息化、协调促进智慧城市建设、协调国家重要信息资源开发利用与共享、推动信息资源跨行业跨部门互联互通等职责	由中央网络安全和信息化委员会办公室划转	国家发展和改革委员会管理的国家局
	统筹推进数字经济发展、组织实施国家大数据战略、推进数据要素基础制度建设、推进数字基础设施布局建设等职责划入国家数据局	由国家发展和改革委员会划转	

4. 优化农业农村部职责

为统筹抓好以乡村振兴为中心的"三农"各项工作,加快建设农业强国,整体推动农业全面升级、农村全面进步、农民全面发展,把国家乡村振兴局职责划入农业农村部。具体改革方案见表5。

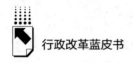

表5　农业农村部职责改革方案

划转入职责	划转自部门	管理体制
1. 开展防止返贫监测和帮扶 2. 组织拟订乡村振兴重点帮扶县和重点地区帮扶政策 3. 组织开展东西部协作、对口支援、社会帮扶 4. 研究提出中央财政衔接推进乡村振兴相关资金分配建议方案并指导、监督资金使用 5. 推动乡村帮扶产业发展,推动农村社会事业和公共服务发展	国家乡村振兴局	在农业农村部加挂国家乡村振兴局牌子,不再保留单设的国家乡村振兴局

5. 完善老龄工作体制

为实施积极应对人口老龄化国家战略，更好地发展养老事业和养老产业，推动实现全体老年人享有基本养老服务，调整民政部和国家卫生健康委员会职责关系。具体改革方案见表6。

表6　民政部职责改革方案

新增职责		减少职责		管理体制调整
新划入职责	划转自部门	划出职责	划转入部门	
组织拟订并协调落实应对人口老龄化政策措施、承担全国老龄工作委员会的具体工作	国家卫生健康委员会	拟订城乡基层群众自治和社区治理政策,指导城乡社区治理体系和治理能力建设,推动基层民主政治建设,拟订社会工作政策和标准,会同有关部门推进社会工作人才队伍建设和志愿者队伍建设	中央社会工作部	1. 全国老龄工作委员会办公室改设在民政部; 2. 代管中国老龄协会

6. 完善知识产权管理体制

为推进创新型国家建设、推动高质量发展、扩大高水平对外开放，加快推进知识产权强国建设，将国家知识产权局由国家市场监督管理总局管理的国家局调整为国务院直属机构。市场监管综合执法队伍继续承担商标、专利等领域执法职责，并接受国家知识产权局专业指导。

7. 国家信访局调整为国务院直属机构

将国家信访局由国务院办公厅管理的国家局调整为国务院直属机构。这有助于贯彻落实新时代党的群众路线，加强和改进人民信访工作。

8.国务院部委管理的国家局的设置

2023年3月16日，国务院下发《国务院关于部委管理的国家局设置的通知》（国发〔2023〕6号），设置方案为：国家发展和改革委员会主管国家粮食和物资储备局、国家能源局、国家数据局；工业和信息化部主管国家国防科技工业局和国家烟草专卖局；公安部主管国家移民管理局（加挂中华人民共和国出入境管理局牌子）；自然资源部主管国家林业和草原局（加挂国家公园管理局牌子）；交通运输部主管国家铁路局、中国民用航空局和国家邮政局；文化和旅游部主管国家文物局；国家卫生健康委员会主管国家中医药管理局和国家疾病预防控制局；应急管理部主管国家矿山安全监察局和国家消防救援局；中国人民银行主管国家外汇管理局；国家市场监督管理总局主管国家药品监督管理局。

国家公务员局在中央组织部加挂牌子，由中央组织部承担相关职责。国家档案局与中央档案馆、国家保密局与中央保密委员会办公室、国家密码管理局与中央密码工作领导小组办公室，一个机构两块牌子，列入中共中央直属机关的下属机构序列。

2023年10月12日，《中共中央办公厅　国务院办公厅关于调整应急管理部职责机构编制的通知》将应急管理部消防救援局和森林消防局职责、教育训练司承担的国家综合性消防救援队伍教育训练相关职责划转给国家消防救援局。应急管理部管理国家消防救援局，增加拟订消防员退出安置计划并组织实施、指导地方建立健全应急联合指挥平台职责。

（四）深化全国政协机构改革

优化全国政协界别设置，增设"环境资源界"。整合"中国共产主义青年团"和"中华全国青年联合会"界别，设立"中国共产主义青年团和中华全国青年联合会"界别。优化"特别邀请人士"界别委员构成。

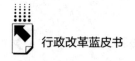

（五）优化机构编制资源配置

精减中央国家机关人员编制，统一按照5%的比例进行精减，收回的编制主要用于加强重点领域重要工作。对于精减后少数部门超编问题，给予5年过渡期逐步消化。

（六）地方党和国家机构改革方案和落实情况

地方机构改革重点在重新组建或调整优化地方金融、科技、数据管理等重点领域机构设置和职责配置，要求在2024年年底完成。

1.地方机构改革方案

根据《党和国家机构改革方案》的要求，地方机构改革需要重新组建或调整优化金融、科技、社会工作、农业农村、数据管理等重点领域机构职责，深化行政执法体制改革，调整完善乡镇（街道）机构设置和管理体制，优化配置人员编制，规范部门领导职数。具体有这样几个方面：第一，省级党委科技领域议事协调机构结合实际组建。第二，省、市、县级党委组建社会工作部门，相应划入同级党委组织部门的"两新"工委职责。第三，地方政府科技部门职责结合实际进行调整。第四，地方党政机关人员编制精减工作，由各省（自治区、直辖市）党委结合实际研究确定。县、乡两级不作精减要求。

2.地方党和国家机构改革方案落实情况

按照中央的改革部署，地方改革要由省一级主导，地方机构改革方案要经中央批准，才可以在地方实施。自上而下逐级推进的机构改革中，各地在完成"规定动作"时，也存在一些不同点。

地方大数据管理机构往往是自主探索的产物，每个地方新设立的大数据管理机构的名称、上级主管部门、行政级别不尽相同。国家数据局成立以前，全国已有北京、广东、浙江、山东、贵州等30个省级行政区设立了大数据管理机构，但不同地方的大数据管理机构的名称、级别、职能不尽相同，见表7。

表7　国家数据局成立前各省级行政区大数据管理机构

省(自治区、直辖市)	机构名称	归属机构	成立年份
贵州	贵州省大数据发展管理局	贵州省人民政府	2017
北京	北京市大数据中心(北京市经济和信息化局加挂牌子)	北京市经济和信息化局	2018
上海	上海市大数据中心	上海市人民政府办公厅	2018
重庆	重庆市大数据应用发展管理局	重庆市人民政府	2018
河北	河北省大数据中心	中共河北省委网信办	2018
山东	山东省大数据局	山东省人民政府	2018
吉林	吉林省政务服务和数字化建设管理局	吉林省人民政府	2018
安徽	安徽数据资源管理局(安徽省政务服务管理局)	安徽省人民政府	2018
浙江	浙江省大数据发展管理局	浙江省人民政府办公厅	2018
江西	江西省信息中心(江西省大数据中心)	江西省发展和改革委员会	2018
福建	福建省数字福建建设领导小组办公室(福建省数据管理局)	福建省发展和改革委员会	2018
广东	广东省政务服务数据管理局	广东省人民政府办公厅	2018
广西	广西壮族自治区大数据发展局	广西壮族自治区人民政府	2018
天津	天津市大数据管理中心	中共天津市委天津网信办	2019
河南	河南省大数据管理局,现更名为河南省行政审批和政务信息管理局	河南省人民政府办公厅	2019
山西	山西省大数据产业办公室	山西省人民政府工业和信息化厅	2019
黑龙江	黑龙江省政务大数据中心	黑龙江省人民政府营商环境建设监督局	2019
湖北	湖北省大数据中心	湖北省人民政府办公厅政务管理办公室	2019
云南	云南省"云上云"中心	云南省发展和改革委员会	2019
四川	四川省大数据中心	四川省人民政府	2019
海南	海南省大数据管理局	河南省营商环境建设厅	2019

省(自治区、直辖市)	机构名称	归属机构	成立年份
江苏	江苏省大数据管理中心	江苏省政务服务管理办公室	2021
辽宁	辽宁省大数据管理局(辽宁省营商环境建设局加挂牌子)	辽宁省人民政府	2021
陕西	陕西省政务大数据局(陕西省政府办公厅加挂牌子)、陕西省政务大数据服务中心(一局一中心)	陕西省人民政府	2021
甘肃省	甘肃省大数据管理局	甘肃省人民政府办公厅	2021
内蒙古	内蒙古自治区大数据中心(政务服务局)	内蒙古自治区人民政府	2021
黑龙江	黑龙江省政务大数据中心	黑龙江省营商环境建设监督局	2021
湖南	湖南省政务服务和大数据中心	湖南省人民政府办公厅	2022
西藏	西藏市区大数据发展管理局	西藏自治区人民政府经济和信息化厅	2022

国家数据局正式揭牌后，地方机构与中央"对齐"，成立一批省级数据局（见表8）。

表8 国家数据局成立后各省（自治区、直辖市）数据管理机构设置

省(自治区、直辖市)	机构名称	归属机构	成立年份
新疆	新疆维吾尔自治区数字化发展局	新疆维吾尔自治区人民政府工业和信息化厅	2023
江苏	江苏省数据局(江苏省政务服务管理办公室)	江苏省人民政府	2024
四川	四川省数据局	四川省人民政府	2024
上海	上海市数据局	上海市人民政府	2024
内蒙古	内蒙古自治区政务服务与数据管理局	内蒙古自治区人民政府	2024
河北	河北省数据和政务服务局	河北省人民政府	2024

续表

省(自治区、直辖市)	机构名称	归属机构	成立年份
云南	云南省数据局	云南省发展和改革委员会	2024
青海	青海省数据局	青海省人民政府	2024
湖南	湖南省数据局(湖南省政务管理服务局)	湖南省人民政府办公厅	2024
广东	广东省政务服务和数据管理局	广东省人民政府办公厅	2024
天津	天津市数据局	天津市人民政府	2024

各地因地制宜设立省级大数据管理机构，主要有省政府直属机构、部门管理机构和挂牌机构三类。截至2024年5月，31个省（自治区、直辖市）和新疆生产建设兵团均完成机构组建，其中，独立设置机构26个，加挂牌子的6个。各地数据工作机构职能进一步强化，北京等21个地区还将数字政府建设纳入数据工作范围，机构职能延伸到公共数据的生产和采集环节。[①] "大部分省份配套设立数据发展促进中心，组建数据集团。总体来看，上下联动、横向协同的数据工作体系基本形成"。[②]

省级数据局的机构设置多突出大数据发展和管理职能，相应职能配置整合了大数据决策、执行与监督管理权等，总体上呈现突出大数据综合管理的大趋势。省级数据局在地方政府的领导下，负责执行国家的大数据政策和规划，同时结合当地实际，制定和实施具体的大数据发展战略和计划。省级数据局的机构设置和职能配置模式将对后续开展的市县机构改革起示范作用，促进省域内各级大数据局优化机构、调整职能，健全省市县三级协同联动机制。

在编制精减方面，地方党政机关人员编制精减工作，由各省（自治区、

---

① 刘烈宏：《省级数据局已全部组建，下步六大工作重点》，"中关村智慧城市信息化产业联盟"公众号，2024年5月11日。

② 《第七届数字中国建设峰会倒计时 释放数字强国积极信号》，新华社，2024年5月10日。

直辖市）党委结合实际研究确定，而对县、乡两级不作精减要求。但有地方存在编制未满员的问题，比如，昆山市大数据资源管理中心核定编制 11 个，实有 9 人，出于工作统筹等原因，实际从事相关工作仅 5 人，人手缺少情况较为严重。对乡镇编制虽然不作精减要求，但各地都提出调整完善乡镇（街道）机构设置和管理体制。比如上海提出，持续为居（村）减负，进一步让居（村）干部从形式主义、官僚主义的束缚中解脱出来，抓好为民服务主责主业。①

3.多省（区、市）人口小县推进机构改革

近年来，青海、山西、安徽、湖南、内蒙古等地相继推进人口小县机构改革试点。如，青海省果洛藏族自治州玛多县自 2022 年 5 月初开展人口小县机构整合试点，2023 年完成了人口小县机构整合试点工作。改革后，玛多县将改革前的 25 个党政机构整合设置为 20 个，较改革前少了 5 个机构，精减比例为 20%。山西省 15 万人以下的人口小县数量较多，自 2020 年以来，山西前后两批 6 个试点县（忻州市河曲县、临汾市浮山县、太原市娄烦县、吕梁市石楼县、晋中市榆社县、长治市黎城县）探索人口小县机构改革。2023 年 7 月，经安徽省委编委同意，在全省范围内选择了 4 个常住人口较少的县（区）开展人口小县机构改革试点，并组建了省及相关市、县（区）改革工作专班，协调推进试点工作。通过推进“大部制”、扁平化改革，试点县机构、编制、人员数量均有所下降。② 这有利于降低行政成本和财政负担、提升行政效能。

二　推进政府职能转变，着力优化营商环境

2023 年，国务院和地方政府继续在推进简政放权、加强市场监管和优化政务服务等方面持续深化改革，有效转变政府职能取得新进展。

---

① 曾勋：《新一轮机构改革中的“立”与“破”》，《廉政瞭望》2024 年第 5 期。
② 《多地推进人口小县机构改革，县级行政区“瘦身”有何深意》，新华网客户端，2023 年 9 月 26 日。

（一）持续深化行政审批制度改革

2023年，国务院和地方各级政府在进一步优化行政许可事项清单、精减审批服务事项等方面持续深化改革。

1.进一步优化行政许可事项清单

中共中央印发的《法治中国建设规划（2020—2025年）》要求大力推行许可清单制度，并实行动态管理。2022年国务院办公厅印发《关于全面实行行政许可事项清单管理的通知》，全面实行行政许可事项清单管理。2022年1月国务院办公厅印发《法律、行政法规、国务院决定设定的行政许可事项清单（2022年版）》，公布行政许可事项996项。根据党中央、国务院决策部署，一些法律法规作了修订，有的机构职能发生调整，有关部门已经依法依规施行清单中的部分行政许可事项。2023年，按照清单管理工作机制，国务院办公厅会同有关部门对行政许可事项调整情况进行汇总，2023年3月16日，《国务院办公厅关于公布〈法律、行政法规、国务院决定设定的行政许可事项清单（2023年版）〉的通知》（国办发〔2023〕5号）发布，其中公布行政许可事项共991项。具体修改情况见表9。①

表9　2023年版行政许可事项修改情况

新增事项名称	主管部门	新增依据
新增行政许可事项"举办高危险性体育赛事活动许可"	体育总局主管，省级、设区的市级、县级体育部门实施	《中华人民共和国体育法》
删除事项名称	原主管部门	删除依据
"培育新的畜禽品种、配套系中间试验审批""新选育或引进蚕品种中间试验审批""家畜繁殖员职业资格认定"	农业农村部	《中华人民共和国畜牧法》
"林草种子苗木进出口审批""收购珍贵树木种子和限制收购林木种子审批""使用低于国家或地方规定的种用标准的林木种子审批"	国家林草局	《中华人民共和国种子法》

---

① https：//www.gov.cn/zhengce/zhengceku/2023-03/16/content_ 5746885.htm，中国政府网。

续表

修改事项名称	主管部门	修改依据
"防治污染设施拆除或闲置审批"中的"防治噪声污染设施拆除或闲置审批",修改为"拆除或闲置海洋工程环境保护设施审批"	生态环境部	《中华人民共和国噪声污染防治法》
"公司发行股票、存托凭证注册、核准"修改为"公司发行股票、存托凭证注册","上市公司发行可转换为股票的公司债券注册、核准"修改为"上市公司发行可转换为股票的公司债券注册"	证监会	《中华人民共和国证券法》《国务院办公厅关于贯彻实施修订后的证券法有关工作的通知》《首次公开发行股票注册管理办法》《上市公司证券发行注册管理办法》
"临时占用公共体育设施审批"修改为"临时占用公共体育场地设施审批"	体育总局主管,实施机关增加体育总局	《中华人民共和国体育法》
主管部门调整事项	**新主管部门**	**调整依据**
"涉及饮用水卫生安全的产品卫生许可""饮用水供水单位卫生许可""公共场所卫生许可""利用新材料、新工艺技术、新杀菌原理生产消毒产品审批""消毒产品生产单位审批"	主管部门由国家卫生健康委改为国家疾控局	《中共中央办公厅　国务院办公厅关于调整国家卫生健康委员会职能配置、内设机构和人员编制的通知》《国家疾病预防控制局职能配置、内设机构和人员编制规定》

很多部门认真落实《法律、行政法规、国务院决定设定的行政许可事项清单（2023年版）》，及时调整完善本部门行政许可事项清单和实施规范，见表10。

表10　2023年国家部委、机关颁发行政许可事项规范性文件

部门	发布的行政许可规范
文化和旅游部	《文化和旅游领域行政许可事项实施规范》
农业农村部办公厅	《农业农村领域行政许可事项监管规则和标准》
市场监管总局	《市场监管领域行政许可事项实施规范》
交通运输部办公厅	《交通运输部办公厅关于启用国内水路运输领域行政许可电子文书有关事宜的通知》

续表

部门	发布的行政许可规范
证监会	关于全面实行股票发行注册制前后相关行政许可事项过渡期安排的通知
证监会	《中国证券监督管理委员会行政许可实施程序规定》
农业农村部办公厅	《农业农村领域行政许可事项监管规则和标准》
科技部	关于更新人类遗传资源行政许可事项服务指南、备案以及事先报告范围和程序的通知
国家林业和草原局	委托各省、自治区、直辖市、新疆生产建设兵团林业和草原主管部门实施有关野生动植物行政许可事项 国家林业和草原局公告（2023年第19号）
金融监管总局	《非银行金融机构行政许可事项实施办法》

　　很多地方深化行政许可事项清单改革。2023年4月6日，北京市政府办公厅印发优化营商环境6.0版改革方案——《北京市全面优化营商环境助力企业高质量发展实施方案》，将全面实行行政许可清单管理制度，清单之外一律不得违法实施行政许可。北京市将重点推广"一业一证"改革，制定全市推广"一业一证"改革行业目录，完成药店、餐饮店、便利店等40个场景改革，实现行业综合许可凭证在全市范围互认通用；建设"一业一证"网上申办系统，将"一业一证"事项纳入综合窗口，实现"一表申请、一窗受理、一证准营"。①《2023年上海市推进政府职能转变和"放管服"改革工作要点》提出：全面实行行政许可事项清单管理，健全事项清单动态管理机制，编制完善实施规范和办事指南，开展行政许可实施情况年度报告工作，加强行政许可效能监督。深入开展"一业一证"改革，拓展全市"一业一证"改革行业范围，健全完善行业综合许可全流程管理制度。2023年，山东省政府办公厅公布《山东省行政许可事项清单（2023年版）》，共纳入行政许可事项717项（含省级设定31项），包括固定资产投资项目节能审查等，比《山东省行政许可事项清单（2022年版）》

---

① 《北京优化营商环境6.0版改革方案发布》，《北京日报》2023年4月9日。

减少 2 项。① 2023 年 7 月 6 日，福建省行政审批制度改革工作小组办公室牵头对《福建省行政许可事项清单（2022 年版）》实施动态调整，发布了《福建省行政许可事项清单（2023 年版）》。② 2022 年 12 月 1 日，河北省实施全国首部省级优化行政审批条例《河北省优化行政审批条例》，全面推行行政许可、行政备案和政务服务事项清单管理，政府投资类、社会投资核准和备案类项目从立项到开工的审批时限分别压缩至 39 个、33 个、31 个工作日，河北省级行政许可事项削减至 417 项。③

2. 持续精简优化审批、证明等服务事项流程

很多地方推行极简审批。北京市出台的优化营商环境 6.0 版改革方案提出，在工程建设、市场准入等领域再推出 30 个以上告知承诺审批事项。上海市全面清理规范行政备案事项，建立事项合法、程序规范、服务优质的行政备案管理制度；扩大告知承诺制覆盖范围，对各类审批服务事项广泛推行"告知承诺""容缺受理"等举措，建立健全基于信用承诺的极简审批制度；持续加大登记制度供给力度，全面推行市场主体名称申报承诺制。广西壮族自治区在"证照分离"改革全覆盖基础上，以中国（广西）自由贸易试验区南宁片区为试点，选取部分已实行"告知承诺"的涉企经营许可事项，推行"免审即得"政策，将信用筛查环节前置、形式审查和现场勘察环节后置，将一摞材料缩减成一纸承诺，即时出证，实现极简审批，实现"准入即准营"。④

为贯彻落实中央推进工程建设项目审批制度改革决策部署，很多地方推进工程建设项目极简审批。江西省印发了《全省 2023 年度深化工程建设项目审批制度改革提升"办理建筑许可"营商环境工作方案》，推进工程建设

---

① 《山东发布 2023 年版行政许可事项清单》，《大众日报》2023 年 5 月 17 日。
② https://fgw.fujian.gov.cn/zfxxgkzl/zfxxgkml/bwgfxwj/202307/t20230710_6202407.htm，福建省发展改革委员会网站。
③ 《河北省级行政许可事项削减至 417 项》，《河北日报》2023 年 3 月 25 日，https://www.gov.cn/xinwen/2023-03-25/content_5748267.htm。
④ 《政务服务效能提升典型经验案例》，中国政府网，https://www.gov.cn/zhengce/content/202309/content_6902008.htm。

审批"一个标准",加速项目前期"一链办理",完善优化审批流程。① 广西壮族自治区工程建设项目审批制度改革领导小组印发的《广西持续深化工程建设项目审批制度改革要点（2023—2025年）》明确：2023~2025年,广西从落实改革措施精准化,项目审批标准化、规范化、便利化,"一网通办"和完善监督指导体系等方面发力攻坚,推动全区工程建设项目审批制度深层次改革,全力打造一流工程建设领域营商环境。② 2023年7月,海南省施行《关于深化工程建设项目领域"极简审批"制度改革优化营商环境若干措施》,从工程建设项目的全生命周期流程出发,聚焦重点环节和关键节点改革,推动项目审批流程再精简。

在审批前的材料准备上提供便利化服务。如,河北省创新推进电子证明,建设全省统一的基层电子证明系统,实现基层群众自治组织开具的无固定模板类证明网上申请、审批、开具、签发和领用,在全省5.3万个村（社区）上线应用,截至2023年7月,全省线上开具居住证明、经济状况证明、贫困证明等各项基层电子证明50万份,每年可减少群众近百万次跑动。③ 天津市市政务服务办组织市级有关部门梳理汇总全市证明事项和实行告知承诺制的证明事项,编制印发了《天津市证明事项清单（2023年版）》和《天津市实行告知承诺制证明事项清单（2023年版）》,证明事项减少189项,同比减少8%,实行告知承诺制证明事项增加42项,同比增加76%。④

3. 省级政府向基层下放行政审批权

2023年1月3日,安徽省人民政府办公厅发布《安徽省人民政府关于赋予乡镇街道部分县级审批执法权限的决定》,推动人口规模大、经济发达、管理任务重的乡镇街道承接赋权事项。为助推县域经济高质量发展,《河北省人民政府办公厅关于深化简政放权助力全省高质量发展的实施意

---

① https：//www.jiangxi.gov.cn/art/2023/6/20/art_14325_4505555.html,江西省人民政府网站。
② 《广西推动工程建设项目审批制度深层次改革》,《广西日报》2023年6月22日。
③ 《国务院办公厅关于依托全国一体化政务服务平台建立政务服务效能提升常态化工作机制的意见》,https：//www.gov.cn/zhengce/content/202309/content_6902008.htm。
④ 《天津不断推动"减证便民"落到实处》,《天津日报》2023年12月24日。

见》（冀政办发〔2023〕5号）将发展急需的省级审批权限依法下放给县级，赋予县域更大发展自主权。根据功能定位、发展阶段、产业重点等，坚持因地制宜、一区一策，依法赋予重点开发区（园区）、自贸试验区科技创新、人才引进、市场准入、投资项目、财政金融等省级审批权限，全面提升园区发展能级和水平。海南省结合自贸港建设实际，2023年11月17日公布了《海南省人民政府关于将部分省级行政许可事项委托市、县、自治县和海南自由贸易港重点园区实施的决定》，将12项省级行政许可事项委托市、县、自治县和海南自由贸易港重点园区实施。[①]

（二）创新和加强事中事后监管

为全面提高市场监管综合效能，更大力度激发市场主体活力，2023年我国在推进监管现代化上迈出新的步伐。

1. 持续完善信用监管机制

2023年，国家市场监管总局在全国范围开展了企业信用监管数据质量全面提升行动，"主要针对国家企业信用信息公示系统归集的涉企信息、其他政府部门依法履职中产生的涉企信息、企业依法填报公示的信息三大类数据，通过统一数据标准、加强源头治理、强化问题整改、实施常态监测、拓展数据应用等办法，促进企业信用监管数据质量全面提升"[②]。开展"屡禁不止、屡罚不改"严重违法失信行为专项治理。[③] 市场监管总局印发《严重违法失信名单和行政处罚公示信息信用修复管理程序规定（试行）》，鼓励支持相关经营主体重塑信用。市场监管总局推动京津冀地区积极探索京津冀信用监管一体化，探索建立信用监管区域协同机制。2023年，共有《经营主体信用承诺实施指南》《个体工商户信用评价指标》《企业信用档案信息要求》《经营主体失信信息分类指南》等经营主体信用监管4项重点国家标

---

① 《海南12项省级行政许可事项将委托市县和重点园区实施》，《海南日报》2023年11月28日。
② 《提升企业信用监管数据质量　破除"信息孤岛"》，国家市场监管总局网站，2023年5月18日。
③ 《营商环境没有最好，只有更好》，中国政府网，2023年6月14日。

准通过立项评审。① 一些地方也建立完善信用监管机制。2023年，杭州市市场监管部门针对企业信用修复存在的"多条线规则、多平台申请、多部门跑路"等问题，联合市发改委推进企业信用修复"一件事"改革，建立起标准透明、流程规范、信息共享、主体权益有保障的信用修复"一件事"工作机制。② 为进一步优化行政处罚信息信用修复机制，山东在全省范围内推行行政处罚决定书和行政处罚信息信用修复告知书"两书同达"制度，引导经营主体及时纠正失信行为、消除不良影响。泰安市将信用核查纳入审批流程，打造"信用+秒批""信用+容缺""信用+承诺"三种服务场景，通过信用赋能，实现减时限、减流程、减材料。

2. 利用信息技术推进跨部门综合监管

2023年，全国各地市场监管部门认真贯彻国家市场监管总局印发的《市场监督管理综合行政执法事项指导目录（2022年版）》。2023年2月17日，国务院办公厅发布的《国务院办公厅关于深入推进跨部门综合监管的指导意见》（国办发〔2023〕1号）提出："加强跨部门、跨区域、跨层级业务协同，切实增强监管合力，提高综合监管效能。"要求在2023年年底前，"建立跨部门综合监管重点事项清单管理和动态更新机制，在部分领域开展跨部门综合监管试点，按事项建立健全跨部门综合监管制度，完善各司其职、各负其责、相互配合、齐抓共管的协同监管机制"。为贯彻落实国办发〔2023〕1号文，很多地方深入推进跨部门综合监管，出台了落实举措。如，2023年10月27日，山东省人民政府办公厅印发了《关于深入推进跨部门综合监管的实施意见》。2023年6月25日，山西省人民政府办公厅印发了《关于深入推进跨部门综合监管的实施意见》。陕西省政府办公厅印发了《关于深入推进跨部门综合监管的实施意见》，提出要全面建立省市县三级跨部门综合监管事项清单。③

为建立综合监管机制，国办发〔2023〕1号文提出，"各地区各有关部

---

① 《经营主体信用监管4项重点国家标准通过立项评审》，《人民日报》2023年11月30日。
② 《回眸 杭州市商事制度改革10周年》，《杭州日报》2023年12月29日。
③ 《陕西：全面建立省市县三级跨部门综合监管事项清单》，《陕西日报》2023年6月19日。

门要依托全国一体化在线监管平台或现有信息化系统建设跨部门综合监管业务支撑模块，开发业务协同、资源共享的跨部门综合监管应用场景，完善监管事项清单管理、信息共享、监测预警、分析评估、证据互认、联合检查等相关功能"。要依托"互联网+监管"等现有信息系统，针对具体监管事项的风险特点，构建跨部门联合监测预警模型，建立健全预警指标体系和预警标准，明确预警信息推送规则，制定预警响应和处置预案。

3. 减少罚款事项，推进包容审慎监管

2023年11月1日，国务院发布《国务院关于取消和调整一批罚款事项的决定》（国发〔2023〕20号）。经清理，一揽子取消或调整行政法规、部门规章中的33个罚款事项，包括取消住房城乡建设等领域16个罚款事项，调整工业和信息化等领域17个罚款事项。2023年，上海市制定了第四版的不予行政处罚和减轻行政处罚实施办法，此次实施的清单在梳理、吸纳前三版清单不予行政处罚事项的基础上，新增35项不予行政处罚事项，涉及广告、电商、计量等15个领域，在广告、电子商务等领域进一步扩大不予行政处罚情形范围。截至2023年11月底，上海全市市场监管部门已适用清单对7968家经营主体实施免罚，免罚金额7.8亿余元。[①]

4. 多地探索推进审批监管联动

强化审批监管协同联动是政府职能转变的重要发展方向。多地在建立行政审批与监管协同联动机制方面已经开展一些富有成效的探索实践，进一步深化审管联动改革，不断优化审管一体化平台，打造一批优质审管联动创新应用场景，为审管联动政策落地提供技术支持。2023年7月31日，武汉市人民政府办公厅印发《武汉市行政审批与监管联动实施办法（试行）》，进一步从制度层面明确了审管联动运行机制。2023年10月1日起，济南市正式实施《济南市行政审批与监督管理协同联动规定》，行政审批部门和监督管理部门建立工作会商机制，明确业务协同基本内容，在打破部门壁垒、强

---

① 诗剑轩：《多点发力纵深推进有力推动经济社会高质量发展——上海市市场监管局出台"15条"硬核举措持续优化营商环境综述》，《中国市场监管报》2023年12月28日。

化跨地区跨部门跨层级联动方面发挥了明显成效,对解决行政审批和监管协同联动工作中面临的共性问题发挥了很好的示范作用。

(三)持续提升政务服务效能

1. 依托全国一体化政务服务平台,开展政务服务效能提升"双十百千"工程

2023年6月起,按照国务院机关党组部署,政务服务效能提升"双十百千"工程在全国开展。"双十"是指政务服务的两个目标,即办事效能提升到"十分钟办结",满意度提升到"十成满意";"百千"是指政务服务的两项指标,即推行"百项便民利企措施",实现"千项政务服务事项全程网上办理"。工程围绕为民办实事、惠企优服务重点任务,依托全国一体化政务服务平台,优化政务服务模式。2023年9月4日,国务院办公厅发布了《国务院办公厅关于依托全国一体化政务服务平台建立政务服务效能提升常态化工作机制的意见》(国办发〔2023〕29号),总结了政务服务效能提升"双十百千"工程的典型经验案例,共包括8类57个典型案例(见表11)。

表11 政务服务效能提升典型经验案例

政务服务效能提升类别	典型经验名称	地方或部门
一、破除市场准入壁垒,惠企政策在线精准直达,支持民营企业和中小微企业发展	优化大型活动审批流程,便利企业快捷办理	北京市
	全环节、全类型企业登记"一站式"全程网办	上海市
	优化"职工参保登记"事项在线办理	浙江省
	建立惠企政策兑现闭环管理机制	安徽省
	"无事不扰、有事快办"助力专精特新小微企业发展	河南省
	夜间建筑施工许可实现"智能审批+智能监管"全流程闭环管理	湖北省
	为企业提供全产业、可视化、智慧化的招商引资对接服务	广东省
	推进"免审即得",实现"准入即准营"	广西壮族自治区
	创建"企业之家",健全与企业常态化沟通服务机制	贵州省
	推广新型电信设备进网许可证	工业和信息化部
	推行"一企一照一码"应用,打造优化营商环境新工具	市场监管总局
	助企惠企额兑现"免审即享"	黑龙江、江西、河南、湖北

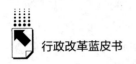

续表

政务服务效能提升类别	典型经验名称	地方或部门
二、聚焦"关键小事",拓展公平普惠民生服务	在线开具无固定模板类型基层电子证明	河北省
	应用"政务+直播"服务新模式	内蒙古自治区
	提升政务服务移动端设备兼容性、适配性	浙江省
	"马上就办"引领政务服务"一网好办、全城通办"	福建省
	强化考试服务薄弱环节,保护考生个人信息	教育部
	构建完善基本养老服务保障一张网	民政部
	全面推广社会保障卡居民服务"一卡通"应用	人力资源和社会保障部
	开展农民工欠薪数字化治理试点	人力资源和社会保障部
	推进医学检查检验结果跨机构互认、省内互认	国家卫生健康委、浙江省
三、推进政务服务流程优化再造,提升智慧便捷服务能力	构建智慧人才服务平台,推动人才服务精准化、便利化	辽宁省
	"数字政务门牌"触达群众"家门口",便利政务服务"一点通"	福建省
	推行"边境游"出入境证件全程网上办理	广西壮族自治区
	推进人才引进住房智能化申报	海南省
	"就业在线"平台让招聘求职更便捷可靠	人力资源和社会保障部
	实施渔业船只管理便民措施,减证明、减程序、减审批	农业农村部
	以智慧税收助力不动产交易新模式	税务总局、江苏省
	"我陪群众走流程",推动服务更优化	安徽省、海南省、甘肃省
	深化"一件事一次办",打造政务服务升级版	江西省、山东省、广东省、重庆市
	"一站式"服务,让政务服务更"好办"	新疆维吾尔自治区、新疆生产建设兵团
	以新技术、新理念、新流程推进线上线下融合服务	吉林省、山东省、广东省、陕西省
四、加强政务服务数据共享,提高服务效率和协同化水平	不动产登记"云网签"实现秒办秒结	河南省
	多部门联合运维、合署办公,打通社会保险费数据壁垒	湖南省
	住房城乡建设行业高频服务智能审批	四川省
	政务服务"条块统合",打破"系统孤岛",推动数据共享和业务协同	辽宁省、江苏省、贵州省

续表

政务服务效能 提升类别	典型经验名称	地方或部门
五、创新服务模式，推进政务服务便利化	CA 数字证书"一证通行"	江苏省
	开设政务服务"云大厅"，提供优质便民服务	山东省
	推进跨层级综合窗口改革	西藏自治区
	网上开具无犯罪记录证明	公安部
	公路水运工程质量检测机构资质证书二维码服务	交通运输部
	以政务服务码推动各类卡、码、证融合，实现交通服务一码通乘	河北省、上海市、重庆市
	构建政务服务 15 分钟便民服务圈	黑龙江省、贵州省、青海省、宁夏回族自治区
	开展人工在线实时帮办服务	北京市、上海市、安徽省
六、推动政务服务区域通办，群众不用"来回跑"	长三角跨省通办"远程虚拟窗口"服务	上海市、江苏省、浙江省、安徽省
	深化京津冀政务服务"一网通办"专区建设，提升企业和群众办事便捷度	北京市、天津市、河北省
	打造"跨境通办"服务专区，推动粤港服务"一网通办"	广东省
七、推进电子证照扩大应用领域和全国互通互认，深化"减证便民利企"	电子印章在涉企重点领域广泛应用	河北省
	动物检疫电子证照跨区域互认	吉林省
	电子证照互通共享实现"免证办"	广东省
	构建规范、可信、易用、可溯的电子化签名印章及存证服务	重庆市
	生态环境领域电子证照"应发尽发"共享应用	生态环境部
	住房公积金个人证明事项"亮码可办"	住房城乡建设部
	深化医保电子凭证全流程应用	国家医保局
八、消除数字鸿沟，便利特殊群体办事服务	尊老金申领秒级申报、自动审批、免申即享	江苏省
	为特殊群体提供"面对面"服务	云南省
	上门开展残疾人鉴定服务	青海省

资料来源：《国务院办公厅关于依托全国一体化政务服务平台建立政务服务效能提升常态化工作机制的意见》，中国政府网，https：//www.gov.cn/zhengce/content/202309/content_6902008.htm。

这些典型案例都实现了政务服务效能的显著提升，普遍体现了以下四个方面的转变成效。

第一，行政审批和政务服务加快从"能办"到"好办"转变。"一网通办"全面提升政务服务标准化、规范化、便利化、智慧化水平，推动办事过程更智慧、更便捷，跑出了政务服务的"加速度"。北京市为推动国际消费中心城市建设，促进营业性演出、体育赛事、展览展销市场繁荣发展，依托全国一体化政务服务平台，重塑审批流程，统一受理层级，优化大型活动审批环节，便利企业快捷办理。深圳市实行全自动化行政审批，亦即"秒批"、智能审批、无人审批。深圳在人才引进、高龄津贴申请、商事登记、网约车/出租车驾驶员证申办、民政、残联等158个高频的堵点痛点领域实现了"秒批"，"即报即批、即批即得"。① 2023年，上海市强力推进"两张网"（"一网通办"和"一网通管"）建设，"一网通办"改革向纵深发展。2023年5月底，上海市在全国率先推出集成式登记注册（设立、变更、注销）全程网办平台——"上海企业登记在线"。这一平台覆盖所有内外资企业类型的全部登记事项。平台以企业登记为主线，串联起多个服务场景，提供精准个性"一站式"全程网办服务。平台上线以来，采用全程网办方式办结企业设立、变更或注销登记业务35万余件，新设立企业全程网办率达90%。② 2023年，上海市政务服务"一网通办"累计推出41个"一件事"，200个高频事项实现"智慧好办"，296项政策服务实现"免申即享"。③

第二，政务服务正在从事权改变型改革向流程优化型改革转变。原来的"最多跑一次"、相对集中行政许可权、证照分离改革中的取消行政审批、审批改备案和告知承诺制都属于改变事权的系统性改革，而上述57个典型案例的共同特点就是，聚焦主题、聚焦高频，聚焦场景、聚焦堵点持续进行改进提升，几乎都是对流程、系统、业务进行优化，或者是解决系统对接和层级互通问题，更加偏重流程优化型改革。

---

① 《推动无人干预自动审批（秒批）改革（深圳做法）》，广东省人民政府网，http://www.gd.gov.cn/gdywdt/zwzt/szhzy/jytg/content/post_2906394.html。

② 诗剑轩：《多点发力纵深推进有力推动经济社会高质量发展——上海市市场监管局出台"15条"硬核举措持续优化营商环境综述》，《中国市场监管报》2023年12月28日。

③ 《上海市2024年政府工作报告》，《解放日报》2024年1月29日。

第三，线上线下政务服务加速融合。我国政务服务正从"一窗受理""一网通办"向线上线下融合转变。各地依托全国一体化政务服务平台，运用新技术、新理念、新流程推进政务服务线上线下融合，统一线上线下标准、再造服务流程、推进数据融通、优化办理体验，提升企业和群众办事便利度、满意度。如，北京市深化在线导办服务，建立精通业务的"在线导办"团队，提供"一对一"线上实时交互服务，可支撑2000人同时在线。上海市开通"线上专业人工帮办"，由部门专业人员进行帮办，实现1分钟内响应，解决率超90%。线上设置"办不成事"中途退出反映渠道和唤起专业人工帮办服务，切实提高首办成功率。智能客服没法全面准确地解决群众所需所问问题，因此提供人工导办团队，以线下支撑线上，提升线上的运行效能，能够发挥两者所长，推进线上线下融合。[①] 国办发〔2023〕29号文总结了北京、青岛、临沂、西安等地推动线上线下政务服务融合的典型经验。

第四，政务服务跨省通办以及区域通办持续加强。目前全国一体化在线政务服务平台已实现全国"跨省通办"个人事项241项、法人事项211项。设立了"区域跨省通办专区"，包括"京津冀一网通办服务专区"、"长三角区域政务服务一体化专区"、"泛珠区域专区"、"川渝通办专区"、西南地区"跨省通办"服务专区、"丝路通办"服务专区、东北三省一区通办专区。长三角"一网通办"虚拟窗口上线以来，三省一市开通149个"远程虚拟窗口"点位，实现长三角地区41个地市全覆盖。[②] 北京市、天津市、河北省依托全国一体化政务服务平台优化"京津冀+雄安"政务服务"一网通办"专区，聚焦企业异地生产经营，提供工作调动户口迁移、不动产抵押登记等服务；聚焦群众异地工作生活，提供异地长期居住人员备案、基本医疗保险关系转移接续等服务。天津市160个高频政务服务事项实现"跨省通办"。[③]

---

① 胡绍武：《政务服务正在发生五大变化》，舫公舫公众号，2023年9月5日。
② https：//www.gov.cn/zhengce/content/202309/content_6902008.htm，中国政府网。
③ 《天津市2024年政府工作报告》，《天津日报》2024年1月29日。

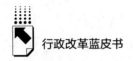

2. 依托全国一体化政务服务平台建立政务服务效能提升常态化工作机制

国办发〔2023〕29号文指出："实现政务服务从'能办'向'好办'转变仍然面临制度规范不够健全、业务办理不够便捷、平台支撑能力不充分等问题，需要大力度持续推进和迭代创新，不断提升企业和群众获得感和满意度。"为进一步巩固政务服务实践成果，持续推进为民办实事，国办发〔2023〕29号文提出了提升政务服务效能的"四类十三项"机制。一类是聚焦急难愁盼，建立健全办事堵点发现解决机制，具体包括：畅通渠道，健全办事堵点主动发现机制；接诉即办，健全办事堵点高效解决机制；趋势感知，健全堵点数据分析应用机制。二类是强化好办易办，建立健全服务体验优化机制，包括：建立高频服务清单管理、闭环优化机制；强化新技术应用赋能机制；完善经验推广和服务宣传机制。三类是加强协同联动，建立健全平台支撑能力提升机制，包括：强化政务服务渠道统筹和线上线下协同服务机制，更好地发挥公共入口作用；优化政务数据有序共享机制，更好地发挥公共通道作用；深化全国一体化政务服务平台持续赋能机制，更好地发挥公共支撑作用；细化全国一体化政务服务平台协同运营机制，持续提升平台服务能力。四类是做好制度支撑，建立健全效能提升保障机制，包括：健全政务服务法规制度和标准规则迭代机制，健全政务服务评估评价机制，健全数字素养能力提升机制。①

3. 地方加强政务服务立法，政务服务法治化纵深推进

一些地方在改革中推动政务服务从标准化、规范化、便利化向法治化纵深发展，逐步探索从法律层面明确政务服务机构的职责以及各部门分工，规范政务服务事项受理程序，以及为人工智能和大数据技术应用提供法律保障，为全国推进政务服务法治化提供了新的标尺。2023年11月23日，广东省十四届人大常委会第六次会议审议通过《广东省政务服务数字化条例》，自2024年1月1日起施行。这是全国首部政务服务数字化条例。该条例明确，要推动政务服务事项线上线下无差别受理、同标准办理，要求已实

---

① https：//www.gov.cn/zhengce/content/202309/content_ 6902008.htm，中国政府网。

现线上办理的政务服务事项保留线下办事服务渠道，由申请人自主选择。河北省第十四届人民代表大会常务委员会第四次会议表决通过了邢台市人民代表大会常务委员会报请批准的《邢台市政务服务条例》，该条例与宪法、法律、行政法规和本市的地方性法规不抵触，由邢台市人民代表大会常务委员会公布施行。

（四）着力优化营商环境，推动高质量发展

2023年，按照习近平总书记的要求，各部门、各地方持续建设市场化、法治化、国际化一流营商环境，为培育和激发经营主体活力、推动高质量发展提供了有力支撑。

1. 加大对优化营商环境的政策支持力度

各省份出台优化营商环境的政策文件。各地更加重视营商环境工作。上海"新春第一会"召开了2023年优化营商环境大会，河北"新春第一会"要求各地各部门把优化营商环境摆上重要位置，陕西将2023年定为营商环境突破年，浙江明确将实现营商环境优化提升"一号改革工程"大突破。[①]北京、上海均出台优化营商环境改革方案（见表12）。

表12　2023年部分省区市出台的支持优化营商环境文件

发文主体	文件名
北京市人民政府办公厅	《北京市全面优化营商环境助力企业高质量发展实施方案》
上海市人民政府办公厅	《上海市加强集成创新持续优化营商环境行动方案》
四川省人民政府办公厅	《四川省深化"放管服"改革优化营商环境2023年工作要点》
广东省人民政府办公厅	《广东省进一步强化市场主体诉求响应服务工作方案》
新疆维吾尔自治区人民政府办公厅	《自治区实施营商环境优化提升三年行动方案(2022—2025年)》

---

① 《优化营商环境　为市场主体保驾护航》，《光明日报》2023年2月16日。

续表

发文主体	文件名
海南省委优化营商环境领导小组办公室	《海南省"厅局长走流程、促营商环境提升"工作方案》
北京市发展改革委、市商务局	《清理隐性壁垒优化消费营商环境实施方案》
北京市人民政府	《关于北京市全面优化营商环境打造"北京服务"的意见》

对标世界银行新评估体系深化改革，上海市 2023 年优化营商环境 6.0 版 208 项改革任务全面完成。上海市日均新设企业 1904 户、同比增长 28.1%，企业总数 289.2 万户、占全部经营主体的比重达到 85%，每千人企业数量增加到 116.8 户、位居全国第一。[①] 河北在全省开展优化营商环境专项行动，集中力量实施市场环境、政务环境、要素环境、法治环境、信用环境五大环境提升工程，围绕重点领域、重点区域开展专项整治和创新试点，这被概括为"5+2+N"。

各地纪检监察机关将监督保障优化营商环境作为重要任务，推动营商环境持续改善、不断优化。内蒙古自治区在全区 61 个企业设立营商环境监测点，逐步完善营商环境监测中心、站、点三级监测体系，不断完善营商环境监测工作机制。[②] 黑龙江省鹤岗市纪委监委建立与职能部门会商研判、信访通报、联合监督等工作机制，开展优化营商环境专项监督。[③] 山西省纪委监委开展了优化营商环境专项检查。[④]

2. 着力深化市场化改革，打造市场化营商环境

一是出台促进民营经济发展壮大政策，建立民营经济发展局。针对民营企业发展中遇到的一些困难和问题，迫切需要完善一批基础制度、出台一批管用举措、推广一批经验做法，更好地提振信心，促进民营经济高质

---

① 《上海市 2024 年政府工作报告》，《解放日报》2024 年 1 月 29 日。
② 《内蒙古完善三级监测体系优化营商环境》，《内蒙古日报》2023 年 2 月 19 日。
③ 中央纪委国家监委网站。
④ 中央纪委国家监委网站。

量发展。① 2023 年 7 月，《中共中央国务院关于促进民营经济发展壮大的意见》（简称《意见》）印发，为促进民营经济发展壮大规划了蓝图、指明了方向。为推动《意见》落地见效，国家发改委、国家税务总局等国家有关部门和地方多措并举、多管齐下，出台系列政策，切实为民营企业和民营企业家排忧解难。2023 年 9 月，在国家发展和改革委员会内部设立民营经济发展局，作为促进民营经济发展的专门机构。

表 13　2023 年国家有关部门为落实《中共中央国务院关于促进民营经济
发展壮大的意见》出台的文件

发文机关	文件名	主要内容
国家发展和改革委员会会同市场监管总局、税务总局等	《关于实施促进民营经济发展近期若干举措的通知》	从促进公平准入、强化要素支持、加强法治保障、优化涉企服务、营造良好氛围等 5 方面提出 28 条具体措施
国家税务总局	《国家税务总局关于接续推出和优化"便民办税春风行动"措施促进民营经济发展壮大服务高质量发展的通知》	推出和优化 28 条便民办税缴费举措，重点聚焦支持以民营企业为主体的中小微企业和个体工商户
国家发展和改革委员会	《关于完善政府诚信履约机制优化民营经济发展环境的通知》	从充分认识完善政府诚信履约机制的重要意义、建立违约失信信息源头获取和认定机制、健全失信惩戒和信用修复机制、强化工作落实的政策保障四个方面提出九条具体举措
国家发展和改革委员会	《关于进一步抓好抓实促进民间投资工作努力调动民间投资积极性的通知》	为努力调动民间投资积极性，提出支持民间投资的十七条建议

---

① 《"推动经济实现质的有效提升和量的合理增长"——以习近平同志为核心的党中央引领 2023 年中国经济高质量发展扎实推进》，新华社，2023 年 12 月 10 日。

续表

发文机关	文件名	主要内容
中国人民银行、金融监管总局、中国证监会、国家外汇局、国家发展改革委、工业和信息化部、财政部、全国工商联	《关于强化金融支持举措助力民营经济发展壮大的通知》	提出支持民营经济的 25 条具体举措
国家发展改革委、财政部	《关于规范实施政府和社会资本合作新机制的指导意见》	提出了支持民营企业参与的特许经营新建（含改扩建）项目清单（2023 年版）
最高人民法院	《最高人民法院关于优化法治环境，促进民营经济发展壮大的指导意见》	从总体要求、依法保护民营企业产权和企业家合法权益、维护统一公平诚信的市场竞争环境、运用法治方式促进民营企业发展和治理、持续提升司法审判保障质效、加强组织实施 6 个方面对审判执行工作提出明确要求，用 27 个条文对《意见》中的 19 项内容进行了落实和细化
最高人民检察院	《最高人民检察院关于全面履行检察职能推动民营经济发展壮大的意见》	从全面履行检察职能，更好地为民营经济发展壮大提供法治保障，完善法律监督方式方法，促进优化民营经济发展环境的等角度提出工作要求
市场监管总局	《市场监管部门促进民营经济发展的若干举措》	提出了 22 条举措

在《中共中央国务院关于促进民营经济发展壮大的意见》印发前后，很多省（自治区、直辖市）探索出台了系列促进民营经济发展的举措，见表 14。一些副省级城市和地市级城市也出台相关举措。

表 14　2023 年部分省（自治区、直辖市）出台的促进民营经济发展举措

发文机关/地方	政策文件名称	主要内容
广东省政府办公厅	《广东省培育扶持个体工商户若干措施》	从 6 个方面提出 31 条具体举措，包括降成本、稳经营、减负担、优环境等

续表

发文机关/地方	政策文件名称	主要内容
江苏省委、省政府	《关于促进经济持续回升向好的若干政策措施》	提出要加大中小微企业支持力度、更好地服务民营经济发展、优化营商环境等，并提出多项具体措施
江苏省人民政府	《关于促进民营经济发展壮大的若干措施》	从提高服务水平、加大要素供给、推动创新发展、稳定发展预期等方面提出20条举措
陕西省	《大力服务民营经济高质量发展十条措施》	强化工作推进机制，成立省长任组长的"省促进民营经济发展工作领导小组"。打造"陕企通"一站式服务平台。持续优化发展环境。大力支持创新发展。激发民间资本投资活力。建立分类分层服务体系。着力破解突出问题。强化法规政策落地落实。促进民营企业家健康成长。做好统计监测和考核工作
天津市委办公厅、市政府办公厅	《关于进一步优化民营企业发展环境　加大力度支持民营经济发展的若干措施》	围绕"完善制度机制，营造民营经济健康发展环境""拓宽投资领域，激发民间投资内生动力""鼓励盘活存量资产，扩大民营企业有效投资""加强融资支持，提升民营企业投资能力""强化合法权益保护，稳定民营经济发展预期"等五个方面提出17条措施
天津市人民政府	《关于促进民营经济发展壮大的若干措施》	围绕"持续优化民营经济发展环境""加大对民营经济政策支持力度""强化民营经济发展法治保障""着力推动民营经济实现高质量发展""促进民营经济人士健康成长""持续营造关心促进民营经济发展壮大社会氛围""加强组织实施"等七个方面提出29条措施
福建省委省政府	《关于实施新时代民营经济强省战略推进高质量发展的意见》和19份配套政策文件	围绕加大鼓励、支持、引导力度，促进民营经济健康发展、高质量发展，营造支持民营经济发展的一流营商环境作出部署

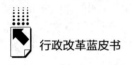

续表

发文机关/地方	政策文件名称	主要内容
浙江省委、省政府	《浙江省促进民营经济高质量发展若干措施》	针对民营企业和民营企业家预期不稳、信心不足、保障不够等问题，着力强化财税、产业基金、金融保障、用地用能用工等方面的政策保障
新疆维吾尔自治区党委、区政府	《新疆维吾尔自治区关于促进民营经济发展壮大的若干政策措施》	就优化民营经济发展环境、加强民营经济法治保障、为民营经济提供融资支持、强化民营经济要素保障等作出部署
安徽省委、省政府	《关于促进民营经济高质量发展的若干措施》	聚焦企业"急难愁盼"，坚持问题导向，从营造社会氛围、提振发展信心、强化要素供给、推动转型升级、促进健康成长等方面提出38条举措。主要内容可概括为"五个着力"：着力营造民营经济发展壮大社会氛围；着力提振民营企业发展信心；着力强化民营企业要素保障；着力推动民营企业转型升级；着力促进民营企业和民营企业家健康成长

二是为企业提供政务服务增值化服务。各部门各地区出台系列助企惠企政策。国家市场监管总局依托全国一体化政务服务平台实现"一码通查、一码通办、一码通管"，便利经营主体"一企一照一码"办事。① 国家税务总局印发《关于开展2023年"便民办税春风行动"的意见》，以"办好惠民事·服务现代化"为主题，连续第十年开展"便民办税春风行动"，切实为纳税人缴费人办实事解难题，营造优质税收营商环境。各地学习浙江政务服务增值化改革的经验，在优化提升基本政务服务基础上，整合公共服务、社会服务和市场服务功能，围绕企业全生命周期、产业全链条，提供更大范围、更深层次的政策、人才、金融、科创、法律、开放、公共设施等集成服务，构建形成全链条、全天候、全过程的精准、便捷、优质、高效的为企服务新生态。

三是加强全国统一大市场建设。2023年，各地认真贯彻《关于加快建

---

① https://www.gov.cn/zhengce/content/202309/content_6902008.htm，中国政府网。

设全国统一大市场的意见》。2023 年 5 月 19 日，国务院常务会议研究落实建设全国统一大市场部署总体工作方案和近期举措，要求针对突出问题抓紧开展系列专项行动，加快完善配套政策、完善长效体制机制。以构建全国统一大市场为导向，进一步完善财税、统计以及地方政绩考核制度。① 持续完善公平竞争制度规则。国家市场监管总局出台了《禁止垄断协议规定》《制止滥用行政权力排除、限制竞争行为规定》等 5 部规章。2023 年加快推动制定《公平竞争审查条例》②《招标投标领域公平竞争审查规则》③ 工作，推动将公平竞争审查制度上升为行政法规。2023 年 6 月 28 日，国家市场监管总局和国家发展改革委、财政部、商务部四部门联合印发《关于开展妨碍统一市场和公平竞争的政策措施清理工作的通知》，部署各地区、各部门对 2022 年 12 月 31 日前制定、现行有效的政策措施进行集中清理。公平统一的市场监管进一步加强。2023 年全国市场监管部门依法查处滥用行政权力排除、限制竞争案件 39 件。切实加强反垄断执法。全国市场监管部门依法查处垄断协议和滥用市场支配地位案件 27 件，罚没金额 21.63 亿元；共审结经营者集中案件 797 件，依法对 32 件未依法申报案件作出行政处罚。④

全国工商联 2023 年 12 月 27 日发布的 2023 年度万家民营企业评营商环境调查结论显示：民营企业对营商环境改善的满意度持续提升，对进一步优化营商环境也充满期待。⑤ 随着一系列稳经济、促发展措施落地见效，我国经营主体发展保持了回升向好态势。"截至 2023 年底，我国共有经营主体 1.84 亿户，经营主体投资创业活力持续增强"。⑥

3. 打造法治化营商环境，强化营商环境法治保障

通过创新体制机制、强化协同联动、完善法治保障，不断提升我国营商

---

① 《建设全国统一大市场：完善配套政策　抓好工作落实》，《人民日报》2023 年 6 月 6 日。
② 国务院总理李强 2024 年 5 月 11 日主持召开国务院常务会议，审议通过《公平竞争审查条例（草案）》。
③ 国家发展改革委等 8 部门于 2024 年 3 月 25 日颁布《招标投标领域公平竞争审查规则》。
④ 《国务院例行政策吹风会》，https：//www.gov.cn/xinwen/2024zccfh/3/index.htm。
⑤ 《全力以赴，成就一流——优营商环境，强发展磁场》，《人民日报》2024 年 4 月 1 日。
⑥ 《优化营商环境，厚植经营主体成长沃土》，《光明日报》2024 年 2 月 6 日。

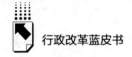
环境的法治化水平。①

一是落实好近年出台的营商环境相关法律制度。2023 年，国家指导和督促营商环境改革相对滞后地区落实落细《优化营商环境条例》，聚焦经营主体集中反映的普遍性、深层次问题加快改革步伐，探索差异化营商环境优化路径，提升政府服务意识和服务能力，打通改革落地见效"最后一米"。②各地区、各部门制定实施了一批地方性法规规章、部门规章。认真贯彻新修订的《反垄断法》，实施公平竞争审查制度。

二是进一步健全营商环境法律制度体系。2023 年，进一步完善市场准入、公平竞争、社会信用等市场经济基础制度，加快建设高标准市场体系，不断优化国企敢干、民企敢闯、外企敢投的制度环境。加快完成与《优化营商环境条例》要求不一致的法规政策文件修订废止工作。不断完善政策制定实施机制，制定涉企政策时严格落实评估论证、公开征求意见、合法性审核等要求，在重大涉企政策出台前充分听取相关企业意见。③"司法、市场监管等部门对现有行政法规开展集中清理，切实减少法规'打架'的现象，持续健全法律法规体系"。④ 2023 年全面启动《民营经济促进法》立法工作。2023 年 12 月 29 日，十四届全国人大常委会第七次会议表决通过新修订的《公司法》，自 2024 年 7 月 1 日起施行。《公司法》的修改体现在深化国有企业改革、优化营商环境、加强产权保护、促进资本市场健康发展等方面。

三是加强对经营主体和消费者的权益保护。一方面，加强经营主体权益保护。各地把《民法典》作为行政决策、行政管理、行政监督的重要标尺，进一步加强民法典和相关法律法规的实施，为市场经济的健康发展保驾护航。⑤ 另一方面，加强消费者权益保护。为了保护消费者权益，2022 年 12

---

① 《法治是最好的营商环境》，2023 年 6 月 14 日，中国政府网。
② 《事关营商环境重点领域改革，权威回应！》，2023 年 6 月 14 日，中国政府网。
③ 《法治是最好的营商环境》，2023 年 6 月 14 日，中国政府网。
④ 《有关部门负责同志介绍优化营商环境相关情况：切实解决企业痛点难点卡点问题，将着力做到"五个更好"》，《人民日报》2024 年 2 月 6 日。
⑤ 张璁：《用好民法典，不断优化营商环境》，《人民日报》2024 年 5 月 9 日。

月，最高人民法院发布了《关于为促进消费提供司法服务和保障的意见》，有助于构建消费者友好型的法治化营商环境。

四是规范涉企行政执法。防止"任性执法、类案不同罚、过度处罚"。深入推进跨部门综合监管，推行"双随机、一公开"监管、"互联网+监管"，推动严格规范公正文明执法。① 进一步扩大或增加多部门联合监管范围、频次，完善监管方式，推动监管信息共享互认，避免多头执法、重复检查。② 严禁未经法定程序要求普遍停产停业，杜绝"一刀切""运动式"执法。开展行政法规和部门规章中罚款事项专项清理，取消和调整了 33 个罚款事项，大力整治涉企违规收费，推动各地建立行政裁量权基准制度，规范公平文明执法。③ 国家市场监管总局持续开展涉企违规收费专项整治行动。"2023 年，各级市场监管部门共检查涉企收费单位 7.9 万家，罚没 4.3 亿元，退还企业 21.6 亿元；共检查政府部门及其下属单位 1.2 万家，为企业退还费用 6.2 亿元；检查金融领域收费单位 5500 余家，为企业退还费用 8.4 亿元"。④

五是提升司法服务质量。优化审判资源配置，提高司法服务效能，才能够保护企业合法权益。2023 年，司法部门常态化开展扫黑除恶斗争，严厉打击衣食住行市场中的乱象、金融领域非法集资、工程建设领域恶意竞标和强揽工程等破坏市场经营秩序的违法犯罪行为。2023 年，最高检印发了《民营企业司法保护专项行动工作方案》，通过专项行动为民营企业创造良好的社会环境和法治环境。

4. 着力提升国际化水平，打造国际化营商环境

中国贸促会发布的《2023 年第四季度中国外资营商环境调研报告》显示："八成以上受访外资企业对 2023 年中国营商环境评价为'满意'以

---

① 《营商环境没有最好 只有更好》，2023 年 6 月 14 日，中国政府网。

② 《法治是最好的营商环境》，2023 年 6 月 14 日，中国政府网。

③ 《有关部门负责同志介绍优化营商环境相关情况：切实解决企业痛点难点卡点问题，将着力做到"五个更好"》，《人民日报》2024 年 2 月 6 日。

④ 《有关部门负责同志介绍优化营商环境相关情况：切实解决企业痛点难点卡点问题，将着力做到"五个更好"》，《人民日报》2024 年 2 月 6 日。

上，九成以上认为中国市场富有吸引力，近七成看好未来 5 年中国市场前景。"①

一是进一步扩大对外开放，服务构建新发展格局。2023 年，商务部联合中央编办、外交部、国家发展改革委等 16 个部门印发《关于服务构建新发展格局推动边（跨）境经济合作区高质量发展若干措施的通知》，要求将边（跨）境经济合作区建设成为集边境贸易、加工制造、生产服务、物流采购于一体的高水平沿边开放平台，促进兴边富民、稳边固边。2023 年 7 月 10 日，国务院印发《国务院关于做好自由贸易试验区第七批改革试点经验复制推广工作的通知》（国函〔2023〕56 号）。7 月 11 日，中央全面深化改革委员会第二次会议审议通过了《关于建设更高水平开放型经济新体制促进构建新发展格局的意见》。

二是进一步优化外商投资环境，完善吸引外资政策。2023 年，连续五年缩减全国和自贸试验区外资准入负面清单。2023 年 1 月，《鼓励外商投资产业目录（2022 年版）》正式施行，新增了 239 条鼓励条目，新增条目达到历年来新高，鼓励外商投资的行业、领域进一步扩大。2023 年 8 月，国务院发布《国务院关于进一步优化外商投资环境加大吸引外商投资力度的意见》（国发〔2023〕11 号），从"提高利用外资质量""保障外商投资企业国民待遇""持续加强外商投资保护""提高投资运营便利化水平""加大财税支持力度""完善外商投资促进方式"6 个方面提出 24 条政策措施。商务部为推动各项举措加快落地见效，及时通报外资企业普遍关注的政府采购、标准制定、投资便利化等方面工作的进展情况，加强落实情况评估工作。海关总署会同国家发展改革委、商务部采取措施有效促进通关便利化。

三是稳步推动制度型开放。更加主动地对接高标准国际经贸规则，国家发展改革委、商务部等部门立足扩大制度型开放，深入实施自由贸易试验区

① 《〈2023 年第四季度中国外资营商环境调研报告〉显示：外企对中国营商环境满意度提升》，《经济日报》2024 年 1 月 31 日。

提升战略，试点对接国际高标准经贸规则。2023 年 6 月 1 日，国务院印发《关于在有条件的自由贸易试验区和自由贸易港试点对接国际高标准推进制度型开放若干措施》（国发〔2023〕9 号），提出推动货物贸易创新发展、推进服务贸易自由便利、便利商务人员临时入境、促进数字贸易健康发展、加大优化营商环境力度、健全完善风险防控制度等方面的举措。

四是推动国家重大战略地区营商环境国际化。2023 年，我国政府继续支持重点区域对标国际先进先行先试，继续服务于保障国家重大战略实施，加快推进京津冀、长三角、粤港澳大湾区等打造一流营商环境。[①] 2023 年是长三角区域一体化发展上升为国家战略五周年。三省一市对标"国际一流"持续优化营商环境，成效明显。[②] 2023 年 12 月，国家发展改革委发布《粤港澳大湾区国际一流营商环境建设三年行动计划》，提出要经过三年努力，基本建立粤港澳大湾区与国际通行规则相衔接的营商环境制度体系，共商共建共享，体制机制运作更加顺畅，市场化法治化国际化营商环境达到世界一流水平。

三　创新行政管理方式，推进政府治理现代化

2023 年，我国政府持续推进法治政府、数字政府建设，进一步加强从严治政，政府治理现代化水平持续提升。

（一）推进法治政府建设

2023 年，是全面贯彻党的二十大精神的开局之年，是本届政府依法履职的第一年，法治政府建设迈出了新步伐。

1. 深入学习习近平法治思想、党内法规和国家法律

根据《法治中国建设规划（2020—2025 年）》等的要求，中共中央办

---

① 《事关营商环境重点领域改革，权威回应！》，2023 年 6 月 14 日，中国政府网。
② 《推动建设"国际一流"营商环境——长三角一体化发展新观察之四》，新华社，2023 年 6 月 10 日。

公厅、国务院办公厅印发了《关于建立领导干部应知应会党内法规和国家法律清单制度的意见》，并发出通知，要求各地区各部门结合实际认真贯彻落实。① 要求领导干部把学习掌握习近平法治思想作为重要必修课程，深入系统学习习近平总书记《论坚持全面依法治国》《习近平关于全面依法治国论述摘编》《习近平关于依规治党论述摘编》，学习《习近平法治思想学习纲要》。中央全面依法治国委员会办公室与中华人民共和国司法部组织编写出版了《领导干部应知应会党内法规和国家法律汇编》，《司法行政系统领导干部应知应会党内法规和国家法律汇编》也于 2023 年出版。司法部部署首批"全国守法普法示范市（县、区）"创建，深化"民主法治示范村（社区）"创建，大力培养"法律明白人"，组织评选宣传"2023 年度法治人物"，开展提升公民法治素养试点，促进全民法治观念持续增强。②

2. 健全依法行政法律制度体系

2023 年全国人大及其常委会、国务院有序推进行政法律法规的立改废释工作。

一是加强行政法规立法。2023 年 6 月 6 日国务院办公厅印发的《国务院 2023 年度立法工作计划的通知》（国办发〔2023〕18 号）提出，要突出立法重点，以高质量立法服务保障党和国家工作大局。2023 年，重点领域、新兴领域、涉外领域的立法不断提速，并更加注重立法质量与社会效应，深入推进科学立法、民主立法、依法立法，为推进全面依法治国打下了坚实基础。2023 年 9 月，全国人大常委会对《中华人民共和国行政复议法》作了修订，对行政复议制度、体制、机制作了重大修改完善，并于 2024 年 1 月 1 日正式实施。此次修订，是该法施行 20 多年来的首次"大修"。为了适应新形势新任务新要求，在认真总结实践经验基础上修改了《国务院组织法》，2023 年 10 月、12 月，十四届全国人大常委会会议对国务院组织法修订草案进行了两次审议；2024 年 3 月，十四届全国人大二次会议审议通过，

---

① 新华社北京 2023 年 8 月 2 日电。
② 《司法部 2023 年法治政府建设年度报告》，2024 年 3 月 31 日，司法部网站。

为建设人民满意的法治政府、创新政府、廉洁政府和服务型政府提供坚实法治保障。2023年提请全国人大常委会审议法律议案10件，制定修订行政法规25部①。

二是修改或废止部分行政法规和文件。2023年，国务院部署开展了行政法规专项清理工作。司法部会同有关部门对涉及的行政法规进行了清理，为贯彻实施新修订的《中华人民共和国行政处罚法》，推进严格规范公正文明执法，优化法治化营商环境，并落实修改后的法律，国务院对涉及的行政法规进行了清理。为推动有效市场和有为政府更好结合，持续激发各类经营主体发展活力，取消部分许可事项或者下放许可事项层级；落实长江保护法和修改后的《中华人民共和国人口与计划生育法》、烟草专卖法等法律，修改了相关行政法规，维护国家法制统一。根据清理结果，本着成熟一批报送一批的原则，2023年2月17日，国务院发布《国务院关于废止部分行政法规和文件的决定》（国令第758号），对14部行政法规的部分条款予以修改，废止《产品质量监督试行办法》。8月21日，国务院发布《国务院关于修改和废止部分行政法规的决定》（国令第764号），对14部行政法规的部分条款予以修改，对1部行政法规予以废止；取消和调整了一批不合理罚款事项。另外，还对部分罚款规定根据不同情况增加不同的罚款档次，分类细化，并降低了部分罚款事项的起罚数额和罚款数额，进一步规范行政处罚裁量权，促进过罚相当、宽严相济，推动行政处罚更加公平公正。一些国家部委修改行政法规。2023年4月28日，住房和城乡建设部发布《关于废止和宣布失效部分行政规范性文件的公告》，对211件行政规范性文件予以废止，对103件行政规范性文件宣布失效。2023年7月11日，国家发改委发布《关于废止、修改部分规章、行政规范性文件和一般政策性文件的决定》，对47件规章、行政规范性和一般政策性文件予以废止，对2件规章、行政规范性文件予以修改。

---

① 《政府工作报告——在第十四届全国人民代表大会第二次会议上》，《人民日报》2024年3月13日。

三是很多地方人大加强立法。北京市全面推进依法行政，2023 年全年共提请市人大常委会审议地方性法规草案 6 项，制定修改废止政府规章 8 项，办理市人大代表议案建议 692 件，办理市政协提案 1054 件；推动科技创新、乡村振兴、外商投资等领域立法，落实"八五"普法各项任务，实施"法治帮扶"和"法治明白人"工程，提升基层执法能力和规范化水平。① 上海市依法行政不断加强，市政府配合市人大及其常委会出台地方性法规 13 件，立改废政府规章 40 件，办理市人大代表建议 778 件、市政协提案 927 件。法治政府建设示范创建扎实推进。②

3. 行政决策合法性程度进一步提升

2023 年，行政决策方面的规范化程度进一步提升，各项制度普遍得到落实，尤其在政府重大行政决策合法化、科学化和民主化方面取得显著进展。有关评估机构的研究报告显示，通过检索天津、沈阳、太原、上海、汕头等城市的政府法制办网站、政府信息公开网站、政府门户网站等相关网站，能够较为便捷地获取有关重大行政决策合法性审查工作的数据和信息，例如本年度政府进行合同审查的数量、法律审查意见书的数量以及审查效果等内容。从相关数据看，以上城市合法性审查较为全面。审查后提出意见的比例较高，且能够积极发挥法律顾问和公职律师的作用，为打造法治化营商环境提供高效法律服务，为依法决策提供法治保障。③

4. 实施提升行政执法质量三年行动

为深入贯彻落实《法治政府建设实施纲要（2021—2025 年）》、全面提升行政执法质量和效能，2023 年 9 月 5 日，国务院办公厅印发《提升行政执法质量三年行动计划（2023—2025 年）》，明确要求 2025 年底前建成"全国行政执法数据库"，将进一步提升执法质效作为实现当前法治政府建设阶段性目标的重要指标，提出要全面提升行政执法人员能力素质，全面推

---

① 《北京市 2024 年政府工作报告》，《北京日报》2024 年 1 月 29 日。
② 《上海市 2024 年政府工作报告》，《解放日报》2024 年 1 月 29 日。
③ 中国政法大学法治政府研究院主编《中国法治政府评估报告（2023）》，社会科学文献出版社，2024，第 95 页。

进严格规范公正文明执法，健全完善行政执法工作体系，加快构建行政执法协调监督工作体系，健全行政执法监督科技保障体系，不断强化行政执法保障能力。调研发现，"提升行政执法质量三年行动成效显著，老百姓的法治获得感、幸福感、安全感越来越强，公平正义深入人心"①。

5.司法部门推进法治政府建设

一是司法部扎实组织开展第三批全国法治政府建设示范创建活动。之前，司法部先后组织开展了两批全国法治政府建设示范创建活动，营造了法治政府建设争先创优的浓厚氛围。2023年中央依法治国办启动第三批全国法治政府建设示范创建活动，计划于2024年10月前，从各省份推荐的100多个综合示范地区和150多个单项示范项目中评出入选名单。司法部加强对示范创建成果的宣传推广、转化运用，充分发挥示范地区和项目的引领带动作用。②

二是加强法规规章备案源头审查。开展法规规章备案源头审查，有助于从源头上规范行政权力、促进行政机关依法履职。近年来，司法部加大了对法规规章的备案审查力度。2023年，司法部依法逐件审查备案的法规规章3021件，其中地方性法规1967件、地方政府规章873件、部门规章181件；初步确认75件法规规章存在与上位法不一致问题并作出处理，对23件规章进行纠错；发督办函督促5个部门取消或调整6件规章中的不合理罚款事项。③

三是推进行政复议与行政诉讼衔接配合。2023年，司法部和各地司法行政机关高度重视行政复议与行政诉讼的衔接配合。通过建立会商机制、开展联合调研、加强信息共享等，各级司法行政机关积极协商人民法院共建良性互动工作机制，推动行政复议行政审判衔接配合常态化。2023年全国行政复议案件达31.5万件，行政复议化解行政争议主渠道建设有力推进。2023年全国行政复议纠错2.73万件，纠错率达12.83%，制发行政复议意

---

① 张维：《代表委员热议政府工作报告　建设人民满意的法治政府备受关注》，《法治日报》2024年3月6日。
② 《司法部2023年法治政府建设年度报告》，2024年3月31日，司法部网站。
③ 《2023，法治政府建设迈出新步伐》，《法治日报》2024年1月19日第3版。

见书、建议书 3800 多份，从源头上有效促进了依法行政。① 2023 年，北京市各级行政复议机关共审结行政复议案件 15299 件，直接纠错 1673 件，直接纠错率为 11%；以纠错、调解、和解等方式实质性化解行政争议 5515 件，综合化解率为 36%。行政复议化解行政争议主渠道作用进一步凸显。②

6. 数字法治政府建设有效推进

建设数字法治政府是法治政府建设的重要举措。数字法治政府建设意味着政府治理信息化与法治化的深度融合。

一是以数字化手段推动行政立法、行政决策民主化、科学化。经过数字化的赋能，政府同民众的交流越来越高效、畅通，有利于公共政策的有效实施；同时，民众向政府反馈信息越来越便捷。很多省、市以数字化平台为支撑，建立起智能辅助决策体系，实现从传统经验型决策向数据驱动型决策转变。

二是以数字化技术提升行政执法的实效。2023 年行政执法数字化加速推进。数字化技术的广泛应用推动非现场执法、自动化行政等新型行政行为广泛出现，使得行政权的行使方式发生了重大变革。借助数字信息技术建立行政执法数据库，积极推行非现场监管模式，拓宽法律监管覆盖面、提升法律监管实效性，进一步打破区域间、部门间、单位间的执法数据壁垒。提升监管执法的效率和水平。2023 年，广东省政府加速推进广东省一体化行政执法平台（即广东省行政执法信息平台和行政执法监督网络平台，简称"粤执法"）建设，并出台《广东省一体化行政执法平台管理办法》。该平台集办案平台、监督平台和公示平台于一体，实现省、市、县（市、区）、乡镇（街道）四级行政执法主体的执法信息网上采集、执法程序网上流转、执法活动网上监督、执法情况网上查询和执法数据综合分析利用。截至 2023 年 12 月 24 日，广东省共 20 个地市、1523 个乡镇（街道）通过"粤执法"开展综合执法，已上线执法人员 47154 人、累计上线案件 703625 宗。③

---

① 《2023 年全国行政复议案件达 31.5 万件》，新华网客户端，2024 年 2 月 2 日。
② 孙莹：《北京市二〇二三年行政复议和行政应诉工作白皮书发布　行政复议化解行政争议主渠道作用进一步凸显》，《北京日报》2024 年 3 月 29 日。
③ 莫纪宏、田禾主编《中国法治发展报告（2024）》，社会科学文献出版社，2024，第 38~39 页。

三是智慧执法强化个体权利保障。数字化的行政权行使方式，使得行政机关的治理从以事务为导向，向以公民为导向转变。很多地方通过积极搭建"一站式"公共法律服务平台，给企业和百姓提供法律咨询、法律援助、人民调解等必要服务，将服务平台嵌入村、社区基层治理体系中。鼓励专业律师、法务工作者入驻后台，打通法律服务"最后一公里"，为群众提供普惠性、公益性、可选择的公共法律服务。[①]

（二）推进数字政府建设

2023年，我国数字政府建设全面加速，各地认真贯彻2022年国务院出台的《关于加强数字政府建设的指导意见》，政府数字化治理不断精准化、科学化，政务服务一体化、智能化水平持续提升，政府整体性数字治理水平提高，政务数据治理能力显著提升。

1.进一步出台数字政府建设政策文件和标准

国家层面和多地地方政府不断优化数字政府建设指导性文件。2023年2月，中共中央、国务院印发了《数字中国建设整体布局规划》，明确提出"发展高效协同的数字政务"，为进一步推进数字政府建设指明了方向。"政务数字化智能化水平明显提升"被设定为2025年数字中国建设的核心目标之一：加快制度规则创新，完善与数字政务建设相适应的规章制度；强化数字化能力建设，促进信息系统网络互联互通、数据按需共享、业务高效协同；提升数字化服务水平，加快推进"一件事一次办"，推进线上线下融合，加强和规范政务移动互联网应用程序管理。2023年8月，国务院办公厅印发《政务服务电子文件归档和电子档案管理办法》，就进一步规范政务服务电子文件归档和电子档案管理，推动各行业各领域政务服务电子文件从形成办理到归档管理全流程电子化，从机制和流程上提出明确要求。2023年，山东省人民政府印发《山东省数字政府建设实施方案》。2023年4月，

---

① 许皓、孙迪：《统筹"数治"与"法治"，助力数字法治政府建设》，《新华日报》2023年11月24日。

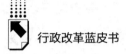

宁夏回族自治区印发《2023年全区数字政府建设工作要点》。2023年2月22日，江西省人民政府办公厅印发《全省一体化政务大数据体系建设工作方案》。

数字政府标准供给不断增强。中国电子技术标准化研究院和中电标协数字政府建设服务工委会共同发布了《数字政府标准化白皮书（2023版）》。一系列政务服务国家标准正在推进立项。地方数字政府标准体系化建设逐步加强，多省份强化数字政府标准体系整体建设和集中化供给。黑龙江标准先行，聘请23名国内知名专家组建数字政府专家委员会，组织制定数字政府建设技术规范95项。多省份提出按照国家标准规范体系，进一步完善本省份数字政府地方标准规范，包括总体标准以及管理标准、基础设施标准、数据标准、公共支撑标准、应用标准和安全标准等分领域标准。

2. 数字政府公共数据管理不断加强

多省份地方政府建设数据资源平台公司。通过平台公司强化数据的汇聚治理以及数据的资源化资产化。很多省份成立大数据企业（见表15）。

表15　部分省份成立的大数据企业

成立年份	公司名称	功能定位
2021	福建省大数据集团有限公司	集团定位为省级电子政务公共平台和新建省级部门政务信息系统业主单位，负责省级电子政务网络、云、平台等系统的建设和运维；全省公共数据资源一级开发主体；全省数字经济发展的市场化、专业化主体及主要投融资平台
2022	上海数据集团有限公司	是上海市一体化城市大数据资源基础治理的支撑主体和公共数据授权运营主体，主营业务有四个板块：基石业务板块——数据基础设施服务，建设运营城市级数据基础设施，为城市数据畅通体系提供共性能力支撑；核心业务板块——数据运营服务，开展数据资源化、数据产品化、数据资产化等服务，实现数字产业化，赋能产业数字化；重点业务板块——政企数字化服务，推动政府、企业等的数字化进程，促进公共数据、企业数据源头供给质量提升；拓展业务板块——数据生态发展服务，打造数据共同体，引领数据生态创新发展，推动数字经济做强做优做大

成立年份	公司名称	功能定位
2023	武汉数据集团有限公司	定位为承担全市重大专项任务的商业类国有企业,是武汉市数字经济发展的主力军和数据运营平台公司,涵盖数字政府和智慧城市建设运营,全市公共数据汇集、整合和运维,企业数据和个人数据依法受权开发运营,区域性数据产品交易与服务(数据交易所),数字基础设施建设运营,数字生态产业投资等功能
2023	数字湖南有限公司	数字湖南有限公司以数字政府建设运维和数据要素运营为核心主业,聚焦数据"聚、通、用"全生命周期,引领构建全产业链、全价值链、全服务链的大数据产业生态圈,努力打造数字湖南建设的主力军、数据要素市场的先锋队、数据资产运营的排头兵、数据安全治理的守门员
2023	河南数据集团	主要承担全省"数据基础设施的建设者、数据资源和产品的供给者、数据产业生态的培育者、数据要素市场的构建者和数据安全的保障者"的使命,建立市场化、专业化、法治化运营机制,致力于成为数字河南建设的主力军,成为国内数据要素交汇、供给、配置及市场化开发利用的领军企业,成为中部地区领先的平台型科技公司
2023	成都数据集团股份有限公司	成渝地区首家以数据为核心业务的国企集团,成都数据集团将锚定"国内一流的数字经济生态营造者"发展愿景和"做优做强数字经济生态"的使命责任,围绕"运营数据要素,服务城市战略"总体定位,充分发挥"投融资、运营服务、生态构建"三大功能作用
2023	云南省大数据有限公司	作为省属国有企业,助力"数字云南"发展,参与市场竞争,为数字政府建设提供技术方案、产品和服务

数据基础制度建设进一步加强。2022年12月"数据二十条"对外发布,从数据产权、流通交易、收益分配、安全治理等方面提出构建我国数据基础制度。2023年,为贯彻国家"数据二十条",多部门、多地方多措并举推进数据要素市场的基础制度建设。多省份陆续出台发布数据要素政策规划,北京市发布了北京版"数据二十条"(《关于更好发挥数据要素作用进一步加快发展数字经济的实施意见》),上海市发布了上海版"数据二十条"(《立足数字经济新赛道推动数据要素产业创新发展行动方案(2023—

2025 年）》），广州市发布了广州版"数据二十条"（《关于更好发挥数据要素作用推动广州高质量发展的实施意见》）。各地因地制宜、先行先试、抢占先机培育数据要素产业。自从 2022 年 10 月份国务院办公厅印发《全国一体化政务大数据体系建设指南》之后，2023 年陆续有一些省份出台政务大数据管理规定（见表 16）。

表 16　2023 年部分省份出台的政务数据、公共数据管理文件

颁发机关	文件名
河北省人民政府办公厅	《河北省一体化政务大数据体系建设若干措施》
江西省人民政府办公厅	《全省一体化政务大数据体系建设工作方案》
新疆自治区人民政府办公厅	《新疆维吾尔自治区公共数据管理办法（试行）》
内蒙古自治区人民政府办公厅	《全区一体化政务大数据体系建设工作方案》
贵州省人民政府办公厅	《贵州省政务数据资源管理办法》
福建省人民政府办公厅	《福建省一体化公共数据体系建设方案》
云南省人民政府办公厅	《云南省公共数据管理办法（试行）》

政务数据的开发利用日趋市场化。国家数据局推进政府对公共数据的规范化管理，加快为公共数据定价提供明确的政策导向，促进公共数据的合理利用和开发。多地推动政务数据开放，形成公共数据，探索开展公共数据授权运营。2023 年 8 月 31 日，浙江省人民政府办公厅印发《浙江省公共数据授权运营管理办法（试行）》，2023 年，杭州市人民政府办公厅印发《杭州市公共数据授权运营实施方案（试行）》。贵州授权各级大数据主管部门统一授权具备条件的市场主体运营本级政务数据。云南通过公共数据一级市场和二级市场的设置开展全省政务数据资源的开发。

数据回流明显加速。近年来，"国垂系统和省垂系统的事项数目，占基层窗口办事的 90% 至 95%，但地方服务窗口与这些系统无法有效对接，数据无法真正共享，集约化平台对基层治理的赋能作用亟待提高"。2023 年，多地努力开展国垂、省垂系统向基层回流。例如，四川省发布《四川省省级政务数据回流清单》，建立数据回流通道，开通成都、绵阳等 7 个市州的"国—市"数据直达通道。2023 年底，省级政务数据回流"已促成 549 类、

142亿条省级政务数据向市州回流，提高了基层治理的效率"①。江西推进建立省级统建系统数据向属地实时数据回流和基层政务数据向省级汇聚的双向流通机制。浙江嘉兴建立数据回流全流程服务机制，设置数据组、技术组、沟通跟进组，明确数据回流工作分工部署，协同联动，快速反应，侧重数据落地切分、数据导出、编目和回收等各个环节，为申请部门提供全流程服务保障。

3. 数字治理进一步创新

各地深入推进数字机关建设，加快形成各级党政职能部门核心业务全覆盖、横向、纵向全贯通的全方位数字化工作体系。围绕社会治理，大力推进"一网通管"。上海市运行的"一网统管"累计汇集各类应用1466个，"随申码"城市服务管理功能持续提升，"合规一码通"、智能交通"易的PASS"等创新实践不断深化。健全公共数据便捷共享机制，实现重点场景有需必应。② 2023年9月5日，广东"政府治理专区"在粤政易工作台正式上线，首批汇聚17个省级、10个地市及12个特色专题共39项政府治理应用，为各级政府及部门领导提供政府治理重要指标数据"一站式"展示服务。这是广东推进省域治理"一网统管"取得的标志性成果。"政府治理专区"设有省级、地市和特色三个栏目，集中展示省、市、县（区）、镇（街道）和各行业领域应用情况，直观监测各领域运行状态，实现关键指标异常预警，为各级领导提供快速看数和辅助决策支持。专区各专题数据均来源于部门业务系统，通过统一接入省域治理数字化总平台，完成集中汇聚、"一屏总揽"。③

4. 大数据、人工智能等现代信息技术在数字政府中的应用加速创新

大力推进通用大模型技术在数字政府领域的应用。2023年，在大模型概念和技术的推动下，政务服务智能化服务应用场景更加丰富。身份认证、

---

① 《142亿条省级政务数据向市（州）回流带来新场景》，《四川日报》2023年12月25日。
② 《上海市2024年政府工作报告》，《解放日报》2024年1月29日。
③ 《粤政易"政府治理专区"上线！"一网统管"取得标志性成果》，公众号：网信广东，2023年9月6日。

智能客服、智能导办、智能预审、智能搜索、智能推荐、数据稽核、知识图谱、数字人、个人画像、企业画像等多个领域已经成为热门场景。政务大模型已经在部分省市得以探索性实践落地，例如深圳宝安基于政务大模型建成"亲清政企服务直达平台"，苏州一体化公共数据底座建设方案是全国首个设计了政务大模型层的数字政府架构。2023年7月2日，北京市政务服务管理局在2023全球数字经济大会人工智能高峰论坛上发布了政务服务大模型场景需求，包括政务咨询、政府网站智能问答、智能搜索、精准化政策服务、市民热线智能受理、智能派单、交互式智能政务办事等。① 12月5日，安徽省发布数字政府大模型场景应用清单（第一批），包括了政务咨询、辅助办理、城市治理、机关运行、辅助决策、专业工具等6类共18个场景应用。②

5. 数字政府建设中的网络安全技术进一步加强

各部门各地区主动结合实际情况，围绕网络安全和保障进行实践探索。2022年12月，工业和信息化部印发《工业和信息化领域数据安全管理办法（试行）》，内容涵盖界定工业和信息化领域数据和数据处理者概念，明确监管范围和监管职责，确定数据分类分级管理等环节，提出相应安全管理和保护要求等七个方面的内容。国家广电总局在政务网络和数据安全保障方面建立健全动态监控、主动防御、协同响应的数字政府安全技术保障体系，对总局网站群、政务云平台、政务服务平台等三级系统开展年度网络安全等级保护测评。在地方政府层面，2023年5月，山西省政府制定出台《山西省政务数据安全管理办法》，明确政务数据安全职责，促进共建、共防、共治，加强政务信息系统和网络安全保护，建立健全网络安全、保密监测预警和密码应用安全性评估机制，定期开展网络安全、保密和密码应用检查，提升数字政府领域重要信息系统保护水平。西藏自治区通过强化网络信息安全管理和网络安全整体防护，确保数字政府建设各环节安全可靠。③

---

① 《北京打造大模型应用标杆　全国首个政务服务大模型场景需求发布》，《北京日报》2023年7月4日。

② 《我省首批数字政府大模型场景应用清单发布》，《安徽日报》2023年12月6日。

③ 王益民主编《中国数字政府建设报告（2023）》，社会科学文献出版社，2024，第7页。

（三）推进廉洁政府建设

2023年，各级政府严格履行全面从严治党主体责任，锲而不舍落实中央八项规定精神，驰而不息纠"四风"树新风，持续深化党风廉政建设，让廉洁用权、干净干事在政府系统蔚然成风。

1.各级政府及工作人员坚持把党的政治建设摆在首位

2023年3月31日，国务院第一次廉政工作会议强调要坚持以习近平新时代中国特色社会主义思想为指导，全面贯彻党的二十大和二十届一中、二中全会精神，全面落实习近平总书记在二十届中央纪委二次全会上的重要讲话精神和党中央关于全面从严治党战略部署，坚定不移推进政府党风廉政建设，为推动高质量发展和全面建设社会主义现代化国家开好局起好步提供坚强保障。2023年，"全面加强政府建设，大力提升治理效能。坚定维护以习近平同志为核心的党中央权威和集中统一领导，深入开展学习贯彻习近平新时代中国特色社会主义思想主题教育。坚持把政治建设摆在首位，全面提高政府履职能力"[①]。各级政府坚决落实全面从严治党主体责任，严格廉洁自律，做到讲政治、守规矩，严律己、不谋私，勤作为、勇担当，营造风清气正、干事创业的良好环境，创造让党和人民满意的新业绩。

2.持续加强干部作风建设

严格落实中央八项规定精神，持续纠治"四风"，有力推进金融单位、国有企业等巡视整改工作。

一是党中央国务院出台了系列党员干部管理和教育制度规定。2023年中共中央、国务院制修订系列干部教育培训和管理制度。3月24日，国务院发布《国务院工作规则》。8月，中办、国办发布《关于建立领导干部应知应会党内法规和国家法律清单制度的意见》，促使领导干部尊崇法治、敬畏法律，提高运用法治思维和法治方式的能力。9月1日，中办发布经中共

---

① 《政府工作报告——在第十四届全国人民代表大会第二次会议上》，《人民日报》2024年3月13日。

中央修订的《专业技术类公务员管理规定》《行政执法类公务员管理规定》。9月19日，中共中央发布经中央政治局会议审议的《干部教育培训工作条例》，2023年10月印发《全国干部教育培训规划（2023—2027年）》。《中国共产党纪律处分条例》在2023年迎来重大修订。为进一步加强事业单位工作人员管理，中央组织部、人力资源和社会保障部分别于2023年1月印发了《事业单位工作人员考核规定》，11月印发了《事业单位工作人员处分规定》。

二是持续深入开展反腐败斗争。2023年反腐败斗争保持高压态势，2023年全国共查处违反中央八项规定精神案件107547起，批评教育和处理153662人，其中党纪政务处分108695人。[①] 2023年中央纪委印发了《关于开展乡村振兴领域不正之风和腐败问题专项整治的意见》，要求加大对基层腐败问题的查处力度，着力消除民生领域的"微腐败"、妨碍惠民政策落实的"绊脚石"。2023年，全国纪检监察机关共处分61万人。其中乡科级干部8.2万人，一般干部8.5万人，农村企业等其他人员41.7万人。[②]

三是进一步加强廉洁文化建设。2023年1月，习近平总书记在二十届中央纪委第二次全体会议上提出了"加强新时代廉洁文化建设"的要求。各地各部门开展多种形式的廉洁文化教育活动。中央纪委国家监委宣传部主办的廉洁文化微电影微视频征集展播活动，让大赛成为更有影响力的廉洁文化培育展示平台。由中国纪检监察杂志社、浙江省纪委监委等主办的第五届"玉琮杯"清廉微电影微视频大赛用6429部作品讲好清廉故事。[③] 合肥市纪委监委围绕深入加强新时代廉洁文化建设的要求，大力推广"包公杯"廉洁文化品牌，推出一大批贴近实际、贴近生活、贴近群众的廉洁

---

① 《2023年12月全国共查处违反中央八项规定精神问题15966起》，中国政府网，2024年1月28日。

② 曹溢、陆丽环：《始终保持严的基调严的措施严的氛围 解读2023年全国纪检监察机关监督检查审查调查情况》，中央纪委国家监委网站，2024年1月26日。

③ 戴睿云：《"玉琮杯"清廉微电影微视频大赛打造廉洁文化培育展示平台 用6429部作品讲好清廉故事》，《浙江日报》2023年12月13日。

文艺作品。① 云南省建水县纪委监委找准清廉文化与本地特色文化载体的契合点，营造"沉浸式"清廉文化氛围。② 西藏自治区林芝市开展"清廉林芝你我同铸"廉洁文化作品征集活动，通过艺术创作从中华优秀传统文化中汲取养分，厚植拒腐倡廉思想根基。③

四是反对形式主义，当好贯彻党中央决策部署的执行者、行动派、实干家。国务院第一次廉政工作会议提出："要围绕当好贯彻党中央决策部署的执行者、行动派、实干家，进一步严明纪律、加强监督，确保党中央政令畅通、令行禁止。"2023 年 6 月 15 日，中央层面整治形式主义为基层减负专项工作机制会议强调，要将整治形式主义、为基层减负作为学习贯彻习近平新时代中国特色社会主义思想主题教育的重要内容，将纠治和力戒形式主义、官僚主义摆在更加突出的位置。④ 会议强调，着力纠治"指尖上的形式主义"。2023 年底，中央网络安全和信息化委员会印发《关于防治"指尖上的形式主义"的若干意见》，要求加强对政务移动互联网应用程序、政务公众账号和工作群组的标准化规范化管理。⑤ 针对工作群过多、多头填报等问题，一些地方采取了相应措施，对不符合要求的政务应用、网站、公众号、小程序及各类工作群进行全面清理。北京市扎实推进精文减会和基层减负工作；加大审计监督、财会监督力度，完成首轮统计督察，以严的基调强化正风肃纪反腐，清廉守正、求真务实成为政府工作的鲜明导向。⑥

五是深入开展调查研究。2023 年 3 月，中共中央办公厅印发《关于在全党大兴调查研究的工作方案》。全国各地大兴调查研究之风，服务于民生

① 刘颂：《安徽合肥挖掘包公文化资源 廉字当头传清风》，《中国纪检监察报》2023 年 12 月 1 日。

② 李兰薇：《建水打造多维廉洁文化阵地 营造"沉浸式"清廉文化氛围》，《云南法制报》2023 年 11 月 21 日。

③ 廖天冰、李彦伟：《西藏：用好用活教育资源 扎实推进廉洁文化建设》，《中国纪检监察报》2023 年 11 月 16 日。

④ 《中央层面整治形式主义为基层减负专项工作机制会议在京举行》，新华社，2023 年 6 月 15 日。

⑤ 《关于防治"指尖上的形式主义"的若干意见》，中国网信网，2023 年 12 月 18 日。

⑥ 《北京市 2024 年政府工作报告》，《北京日报》2024 年 1 月 29 日。

改善。积极探索开展"民呼我为""接诉即办"等，畅通群众意见反映渠道；从人民群众最关心最直接最现实的利益问题入手，着力办好群众关心的"关键小事"；围绕民生诉求等方面深入基层开展调研，聚焦解决群众"急难愁盼"的痛点难点问题。①北京市"扎实开展主题教育，政府服务效能不断提升。牢牢把握'学思想、强党性、重实践、建新功'的总要求，突出实的导向，大兴调查研究，统筹推进检视整改，一批民心所盼、发展所向的问题得到有效解决"②，将调查研究的成果转化为高质量发展的成效。

3. 加强对行政权力科学有效的监督制约

2023 年，各级政府自觉依法接受监督，自觉接受同级人大及其常委会的监督，自觉接受人民政协的民主监督，自觉接受社会和舆论监督。

深化监察体制改革。2023 年 1 月，二十届中央纪委二次全会深入贯彻党的二十大和习近平总书记重要讲话精神，对深入推进纪检监察体制改革作出部署。二次全会工作报告要求，坚持问题导向、目标导向、结果导向，一体深化推进党的纪律检查体制改革、国家监察体制改革、纪检监察机构改革。2023 年 2 月，中共中央办公厅、国务院办公厅印发了《关于进一步加强财会监督工作的意见》（以下简称《意见》）。《意见》明确要求加强与纪检监察机关的贯通协调，完善财会监督与纪检监察监督在贯彻落实中央八项规定精神、纠治"四风"、整治群众身边腐败和不正之风等方面的贯通协调机制。

进一步推进政务公开。2023 年，我国地方政务公开工作继续保持纵深推进的态势，不断拓宽公开渠道、拓展公开深度，整体工作质量得以稳步提升。③市场监管总局（标准委）批准发布了基层政务公开指南国家标准，明确基层政务公开工作原则、基本要求，为基层政务公开工作提供具体工作指南和技术参考，并进一步推动基层政务公开标准化规范化，助力基层政务公

① 《突出问题导向，深入调查研究——以主题教育为契机学方法增本领》，《人民日报》2024 年 1 月 29 日。
② 《北京市 2024 年政府工作报告》，《北京日报》2024 年 1 月 29 日。
③ 中国政法大学法治政府研究院主编《中国法治政府评估报告（2023）》，社会科学文献出版社，2024，第 145 页。

开工作质量和服务效能提升，提升企业和群众获得感。

4. 建设节约型机关，反对浪费

2023年的财政预算报告提出，"坚持党政机关过紧日子，把牢预算管理、资产配置、政府采购等关口"，"从严控制一般性支出，强化'三公'经费预算管理，不该上的项目一个不上，不该花的钱一分不花，把更多财政资源腾出来用于稳增长、稳就业、稳物价"。3月28日，中央部门（单位）集中公开2023年部门预算。2023年是中央部门预算连续第十五年晒"账本"。① 2023年7月25日，102个中央部门集中公开2022年度部门决算，是中央部门连续13年向社会公开决算，2022年"三公"经费支出比预算减少24.76亿元。②

地方政府也普遍过紧日子。北京市持之以恒改进作风，压减一般性支出和非紧急非刚性支出23.9亿元，"三公"经费减少5%；深化全成本预算绩效管理改革，推动市区街成本绩效管理全覆盖，实现经营性国有资产集中统一监管。③ 上海市严控一般性支出，全面实施预算管理一体化，开展成本预算绩效管理试点，降本幅度达到10%以上。④ 2023年7月19日，天津市机关事务工作座谈会要求各级机关事务管理部门实施全面节约战略，规范管理，压减机关运行成本，在厉行节约反对浪费上当先锋、作表率。⑤ 内蒙古自治区坚持量入为出、节用裕民，严控一般性支出和"三公经费"，持续压减非急需非刚性支出，取消政策到期、绩效评价结果差的项目资金，减少资金浪费。严格办公用房维修审批。公务用车统一集中管理。积极推行无纸化办公。杜绝"白昼灯"等能耗空放现象。⑥

---

① 《政府支出问绩问效 "三公" 经费越管越严——中央预算晒出二〇二三年"明白账"》，《人民日报》2023年3月30日。

② 曾金华：《2022年"三公"经费支出比预算减少24.76亿元——中央部门晒出收支"明白账"》，《经济日报》2023年7月26日。

③ 《北京市2024年政府工作报告》，《北京日报》2024年1月29日。

④ 《上海市2024年政府工作报告》，《解放日报》2024年1月29日。

⑤ 孟若冰：《在厉行节约反对浪费上当先锋、作表率 全市机关事务工作座谈会召开》，《天津日报》2023年7月21日。

⑥ 帅政、霍晓庆：《厉行节约，党政机关带头做！——"内蒙古资源节约集约在行动"系列报道之六》，《内蒙古日报（汉）》2023年3月1日。

四 进一步深化行政体制改革的着力点

新时代新征程，要进一步坚持以习近平新时代中国特色社会主义思想为指导，紧紧围绕全面建成社会主义现代化强国、全面推进中华民族伟大复兴这一中心任务，进一步深化行政体制改革。

（一）进一步处理好政府与市场关系

十多年来，按照党的十八届三中全会提出的"使市场在资源配置中起决定性作用和更好发挥政府作用"的目标要求，党中央持续深入转变政府职能，着力构建有效市场与有为政府良性互动的新型政府与市场关系，取得显著成效。但"有为政府"的职能边界还不清晰，政府管得过多、管得任性与该管的不管、没管好问题并存。一些本应由市场调节或社会承担的事务，政府包揽过多，一些本应由政府部门承担的职能没有履行到位，如知识产权保护、公共服务供给不足，适应高质量发展要求推动标准体系建设、加强政策引领服务和技术创新服务等存在不足。

为使市场在资源配置中的决定性作用得到充分发挥，激发各类主体的活力，必须依法更加明确政府职能，加快推进政府职能转变，推进政府职责法定。要清理并最大限度地减少政府对资源的直接配置、对市场经营主体合法行为的直接干预，使各类经营主体特别是民营企业真正做到"法无禁止即可为"。强化政府在经济发展中的导向、调节、预警等作用，运用市场机制，以规划、投资、消费、价格、税收、利率、汇率、法律等手段，激发各类市场经营主体的活力。要实行统一的市场准入制度和公平竞争制度。坚持对各类市场经营主体一视同仁、平等对待，坚决消除市场准入的各类显性隐性行政壁垒。要细化政府部门权力清单、责任清单、收费清单，推行清单事项标准化，并适时予以法定化，使政府机关和人员"法无授权不可为"，压缩自由裁量空间，消除各种潜规则运行的土壤，为市场经营主体提供更优质的服务。强化产业政策精准推送、标准体系建设、质量标准的国际对接、要素市场规则标准统一等企业急需的增值类服务。要畅通被侵权经营主体举报和申诉渠道，探索建立提级处置举报的机制。

（二）持续优化党和国家机构设置和职能配置

经过 40 多年，特别是党的十八大以来的深入改革，党和国家机构职能体系总体上适应推进中国式现代化事业的需要。要继续深化机构改革，在保持现有机构职能体系总体稳定的基础上，坚持问题导向，针对明显不合理、不顺畅的机构设置和职能配置进行调整优化，着力破除制约中国式现代化建设的体制机制障碍、解决影响我国国家制度显著优势有效发挥的突出问题，推动党对社会主义现代化建设的领导在机构设置上更加科学、在职能配置上更加优化、在体制机制上更加完善、在运行管理上更加高效。

要进一步健全和完善党对各方面各领域工作全面领导的体制机制。按照习近平总书记关于党政关系的重要论述精神，机构改革必须以加强党的全面集中统一领导为统领，进一步理顺党政机构职责关系。进一步理顺各类机构职责关系，进一步完善机构履职协同协调机制，进一步加强高效履职的队伍建设，全面建成健全完善的党和国家机构职能体系和组织队伍体系。要基于系统观念，统筹推进中央和地方各级机构改革，将机构改革作为全面深化改革的重要组成部分，与其他领域其他方面的改革统筹谋划、统一部署、协调推进。

要进一步调整、优化党和国家治理组织规模和结构。根据职责需求、财政能力等确定和控制机构队伍规模，调整优化不同系统、不同层级机构和队伍结构；推进组织机构法定化，制定和修订相关党内法规和国家法律法规，就党和国家机构的设立和调整、规模和结构、职权和责任、考核与监督等作出规定，提升机构职能体系的现代化水平。现有财政供养人员规模带来的财政负担较重。要进一步降低行政成本，构建符合国家治理现代化需要的财政供养人员管控机制。要建立统筹编内编外人员的全口径管控体系；综合考虑治理职责、治理负荷、治理复杂性、财政承担能力，研究提出科学的财政供养人员配置标准和人员经费支出标准；加强对财政供养人员经费预算编制、

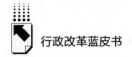
执行、决算的全过程管理；运用数字化手段优化财政供养人员管理；逐步推动财政供养人员规模管控模式由"管人头"向"管成本"转变。要深化事业单位改革，重点推进部门所属事业单位转企改革。部门承担的职能和公共服务管理事项，尽量以市场化购买服务方式实施。取消国有企业内的事业编制和事业经费，彻底转企改制。

要理顺中央和地方权责关系，更好发挥中央和地方的积极性。要赋予地方更多发展性权力，如地方发展新质生产力的权力、发展高附加值服务业的权力、发展高等教育的权力；赋予地方改革创新首发权，特别是在地方经贸、文化发展、政府购买服务等方面的创新权力，进一步扩大设区市的社会经济治理立法权。合理划分公共服务事权，基本养老、基本医疗领域的事务适当多划给中央政府；基本教育、社会救助领域的事务进一步上划给省级政府；托育与长期护理、市场监管领域的事务由地市级政府负主要责任；文体、环卫、保安事务由县级政府负主要责任。进一步理顺中央和地方各级机构的关系，特别是理顺垂直管理部门和属地管理部门的关系。

（三）推进政府治理方式现代化

要加快法治政府建设，扎实推进依法行政。坚持以习近平法治思想为指导，充分发挥法治对转变政府职能的引导和规范作用。要积极推进机构、职能、权限、程序、责任法定化，依法全面规范行政权力运行。要加快行政法律制度建设，推进政府高质量立法。要强化各级政府及其工作人员运用法治思维和依法行政的能力。要深化行政执法体制改革。将行政执法权限上收到县一级；大力推进智能执法、智能监管，提高行政执法科学化水平。全面推进严格规范公正文明执法，完善行政执法的实施、评价、问责等机制，严格落实行政执法责任制和责任追究制度。要打造法治化营商环境，落实好民法典对平等保护的要求，用法治构建稳定预期，使得促进社会生产力发展的力量源泉充分涌流。①

---

① 张璁：《用好民法典，不断优化营商环境》，《人民日报》2024年5月9日。

要加快数字政府建设步伐。大力推进互联网、大数据、人工智能等信息技术在政府系统的应用，以数字技术重塑政府组织形态、重构政府职责体系、创新行政管理和服务方式手段、再造行政管理和服务业务流程。要构建信息共享、系统互联机制，破除信息壁垒，进一步完善全国一体化政务信息平台，增强跨层级、跨地域、跨系统、跨部门、跨业务协同。要推进政府数据资源开放，改善数据资源管理，最大限度地释放数据要素的生产力。同时，要完善信息安全体制机制。

（四）完善干部约束和激励机制

党的十八大以来，随着全面从严治党的深入推进，党风政风显著好转，人民群众对党和政府的信任度空前提高。同时，实践中存在考核监督不够科学、问责不够合理、对干部激励机制和手段不完善问题。为充分调动各级干部干事创业、担当作为的积极性主动性，需要完善公职人员包括干部的约束激励机制。要探索实行综合监督考核。由党的组织部门牵头，建立干部综合监督考核制度，解决考核检查多头化、条线化问题。要推行领导干部绩效管理制度。强化政绩考核的"人民本位"，提升政绩考核群众参与度，注重分析群众主观感受，把人民群众的获得感、幸福感、安全感作为评判领导干部推动高质量发展政绩的重要标准。聚焦推动高质量发展精简优化政绩考核指标，实行分级分类考核。要建立"奖勤、罚懒、汰劣、惩坏"机制。旗帜鲜明地加强好干部评选表彰和典型宣传，营造担当氛围、激发干事动力。进一步完善干部管理制度，增加干部职级设置，缩小职级阶梯跨度，为干部提供更多成长进步空间。推动容错纠错机制与激励机制的有效衔接。

机构改革篇

B.2
党的十八大以来中国机构改革研究

汪玉凯*

摘　要：　党的十八大以来，中国行政体制改革经历了2013年、2018年和2023年三次大规模的机构改革。行政体制改革的逻辑在于：改革发展新阶段对政府管理创新带来新的挑战，行政体制改革成为各项改革顺利推进的前提和条件，政府治理能力直接影响国家治理的成效。党的十八大以后的2018年、2023年两次机构改革都强调新时代党和国家机构职能体系的重构，都强调为推进国家治理体系和治理能力现代化扫清体制机制障碍，都强调要提高应对风险的能力，都强调要破除体制机制障碍、走高质量发展之路。从改革成效看，2018年和2023年机构改革，优化了政府机构设置和职能配置，提高了政府数字化履职能力，地方机构设置得到优化，推进了机构编制法定化，精简了行政人员，减轻了财政压力。

关键词：　行政体制　机构改革　国家治理

---

* 汪玉凯，中央党校（国家行政学院）教授、博导，中国行政体制改革研究会学术委员会副主任，主要研究方向为政府治理、公共管理。

党的十八大以来，中国行政体制改革走过了十多年的历程。这期间大的机构改革经历三次，即 2013 年的国务院机构改革和职能转变、2018 年和 2023 年两次党和国家机构改革。那么，这十年中国行政体制改革是在什么样的背景下展开的，作为改革的重头戏，机构改革、优化政府结构究竟影响了哪些重要领域，与优化营商环境密切相关的简政放权改革取得了什么样的成效，政府数字化转型以及在行政体制的重要领域改革有哪些突破和创新，所有这些，都值得我们认真梳理和总结。

一　党的十八大以来行政体制改革的背景和逻辑

（一）改革背景

党的十八大后，中央于 2013 年 3 月全国两会期间，推出了国务院机构改革和职能转变方案，并开始在中央和地方实施。同年 11 月，党的十八届三中全会召开，并作出了《中共中央关于全面深化改革若干重大问题的决定》（以下简称《决定》），对后来中国包括行政体制改革在内的各项改革事业，都产生了重要影响。最值得关注的是《决定》对当时改革整体形势的判断，即中国发展进入新阶段、改革进入攻坚期与深水区。可以说，这个重要判断在一定意义上成为后来推动行政体制改革的深刻背景。

1. 改革发展新阶段对政府管理带来新的挑战

中国发展进入新阶段，改革进入攻坚期和深水区，实际上意味着改革发展的整体格局发生了变化。这种变化在当时主要表现在三个层面。

一是中国改革发展取得了巨大成就，但是人们对改革的认知度却在下降。换句话说，很多人已经不像 30 多年前改革起步时对改革充满期待，这些质疑虽然未必准确，但反映了相当一部分群众的心声。这也意味着，对那些打着改革旗号实际上要从老百姓腰包中掏钱的所谓改革举措，老百姓是不会支持的。可见在利益格局发生重大变化的环境下，如果不首先重构改革的共识，改革是很难继续深入下去的。

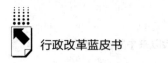

二是中国社会转型和体制转轨在快速推进，但积聚了许多社会矛盾和社会冲突。改革开放以后，中国社会转型的步伐明显加快，突出表现为由传统的农业社会转向工业乃至信息社会。中国坚持多年的计划经济体制也逐步转向市场经济体制。在这个进程中，伴随的是某些社会矛盾和社会冲突明显上升。资料显示，20 世纪 90 年代全国每年发生的群体性事件平均为一万起左右，到了 21 世纪初，每年的群体性事件都在数万起。为了维持稳定，政府不得不增加公共安全支出，大量增加这方面的投入。

三是中国在国际社会的影响力越来越大，在世界上的话语权也越来越多，但国际社会也不断出现一些质疑的声音。这些质疑既有复杂的经济利益原因，也有一定的社会和政治原因，这意味着中国改革开放的外部环境开始发生变化，对公共治理带来新的挑战。

2. 传统的发展方式遇到了挑战

行政体制改革的背景，还与传统发展方式遇到困难有关。这突出表现为，一方面中国经济在持续快速发展，另一方面也付出了高昂的代价。比如到 2012 年年底，中国人均 GDP 已达到 6188 美元，已经进入中等偏上收入国家的行列，中国经济持续高增长 34 年，年均达到 9.8% 的增长速度，中国经济占世界的比重快速上升，到 2010 年中国经济总量首次超过日本，成为世界第二大经济体。但反过来看，中国的发展也付出了巨大代价。这种代价在当时直接表现为经济社会发展中出现了四个"难以为继"的现象：低成本出口战略以劳动力成本提高、贸易摩擦的升级为代价，难以为继；低端产业主导的经济结构难以为继；资源环境的传统利用方式造成环境污染，难以为继；收入分配不公引发社会问题，使社会稳定的大局难以为继。这四个"难以为继"实际上也是党中央后来提出"以科学发展为主题，以加快转变经济发展方式为主线"的重要依据。

当然，中国改革开放以来逐步走上一条过多依赖外需和出口的发展之路也是由当时的客观现实决定的，是与当时中国的特定国情相联系的。比如，中国的资源价格便宜，有大量的廉价劳动力。我们知道，1978 年中国改革开放起步时，世界经济刚刚迈出全球化的第一步，国际资本潮水般地涌向中国。在改革开放的背景下，各级地方政府铆足劲相互竞争，都希望能够吸引更多的外资。在这种情况下，发达国家开始有计划地把一些相对落后的产能，即对资源消耗多的、对环境破坏大的产能，以投资的方式大规模向中国转移，成就了中国的加工业，使中国的加工业异军突起，中国物美价廉产品源源不断地走向世界以后，甚至拉低了全世界的物价水平，发达国家的老百姓也从中国的产品中获得了巨大实惠。这种"三高"换"一高"即资金高投入、资源高消耗、环境高污染，换来30年9.8%的高增速的发展模式逐步遇到障碍。到党的十八大前后，这个问题已经越来越突出。而这一切，说到底是与我们推动经济增长的方式和治理行为密不可分的。因此，痛下决心，从根本上改变发展方式，走高质量发展之路，就成为行政改革的重要目标。

3. 社会面临的风险上升

党的十八大后，中央全面从严治党，大力开展反腐败斗争，解决了一些影响改革发展的关键性问题。但从当时的实际情况看，风险犹在，危机尚存。社会风险最大的问题就是中国的社会利益格局在某些方面被扭曲，如分配制度不合理、机会不均等、社会缺乏公平公正以及既得利益者兴风作浪等，这些问题的存在以及不能及时化解，使社会风险明显上升。再加上政府对老百姓的医疗、教育、社保、就业服务等民生问题的解决成效与公众的诉求有明显的差距，直接影响政府的公信力，这些问题也需要通过行政体制改革予以解决。

（二）行政体制改革的逻辑及推进

如果从中国改革进程的发展演变来看，机构改革在党的十八大后的重要性凸显，也有其深层的内在逻辑。我们知道，从1978年起步的中国改革，似乎始终沿着一个基本逻辑在演进，即以经济体制改革为主干展开各项改革，其他改革说到底是为经济体制改革服务的。经济体制改革遇到哪方面的阻力，就在哪方面推进改革。但后来，行政体制改革已经成为联系经济改革、社会改革、文化改革、生态改革乃至政治改革的中间点。之所以如此，原因有三。

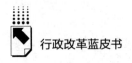

1. 行政体制改革成为各项改革顺利推进的前提和条件

《决定》里提出的60条改革内容，除了第四部分"加快转变政府职能"是专门讲行政体制改革的之外，在其他许多领域的改革如建立市场经济体制、财税体制改革、社会治理、城乡一体化战略、社会主义民主政治建设等都与政府管理息息相关。如果行政体制改革不能有效推进，其他层面关键点的改革就很难有实际的进展，这意味着行政体制和政府改革实际上已经成为其他各项改革顺利推进的重要条件。

2. 政府治理能力，直接影响到国家治理的成效，关系到人民的福祉

《决定》里面一共提出三个治理的概念，即国家治理、政府治理、社会治理，把三个"管"字变成三个"治"字，这无疑是一个重要的改变。与此同时，《决定》中第一次提出了推进国家治理体系和治理能力现代化的目标，这在一定程度上意味着中国改革的内在逻辑发生了变化。也就是说，不管是经济体制改革、行政体制改革，还是其他领域的改革，都要围绕实现国家治理体系和治理能力现代化这个大目标展开。处于国家治理前台的政府，及其所依托的行政体制，率先实现现代化，必将对国家治理现代化目标的实现产生深刻影响。

3. 政府自身的问题依然突出，亟须加大改革力度

实际上在党的十八届三中全会之前，我国包括政府自身改革在内的行政体制改革已经经历多次，也取得了很大进展。尽管每次改革面临的环境不一样，具体目标也有差异，但有一个结果是共同的，即推动中国政府从适应计划经济向适应市场经济转变。当然，由于新中国成立后我国长期实行计划经济体制，政府的管理运作以及行政体制本身存在的问题依然比较突出，随着经济体制改革的深入，政府的许多问题暴露得越来越充分，其中政府结构不合理、职能转变迟缓、政府自身改革滞后、行政审批过多过滥、社会管理和公共服务职能相对薄弱等深层次问题，都是当时急需解决的重要问题。

基于行政体制和政府治理面临的上述问题，《决定》对推进行政体制改革的路径作出了明确的规定，主要包括：进一步优化政府结构，突出转变政

府职能，创新政府管理方式和手段，提高政府执行力，建设法治政府和服务型政府，始终贯穿一条改革主线。

第一，重构政府与市场的关系，发挥市场在资源配置中的决定性作用，逐步实现政府治理现代化。《决定》最大的突破之一，就是把市场在资源配置中的基础性作用改成决定性作用，这既是重大的理论突破，又是重大的实践推进。简单讲就是要按照市场决定来倒逼政府改革。

一是开放市场。开放市场就必须加大政府改革力度，如打破行政壁垒，构建全国统一的市场体系；开放金融体系，让外国资本和民间资本进入金融领域，组建民营银行，实现银行的存贷款利率市场化；开放电信、铁路、保险等服务领域，降低门槛，允许民营资本进入；发挥市场机制在价格形成中的作用等。

二是转变政府职能，政府向市场放权，减少行政干预。主要有五大措施实现政府向市场放权：减少政府对投资的审批；减少政府对企业生产经营活动的审批；减少不需要的检验、检测认证；减少政府行政性事业收费；改革企业注册登记制度。

三是推进政府治理现代化。政府治理现代化是国家治理现代化的核心部分，政府治理现代化的方向要从管理到治理、改善宏观调控、双向互通、公开透明、实现主体多元化。

第二，着力保障民生。《决定》的60项改革选项当中有18条都与民生有关。一是加大民生投入，解决民众的医疗、教育、社会保障、就业服务、保障性住房五大民生问题；二是加大与民生有直接关系的体制机制改革的力度；三是推进基本公共服务均等化；四是推进城乡一体化，维护农民权益等。

第三，创新社会治理。社会治理更多的是要释放社会活力，而不是"管死管住"。要通过社会治理释放社会活力。一是要改变社会管理的理念，社会管理说到底是一种服务，管理不是目的，服务才是根本，这个服务必须体现以人为本；二是改革司法审判制度，保证司法公平公正；三是改革信访制度，改革户籍制度；四是大力培育和发展社会组织。

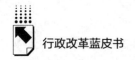

第四，用法律构建制度笼子，约束公权。如何构建制度笼子？管住公权无疑是最为关键的。一是让人民监督权力，让权力在阳光下运行，这就要构建权力清单；二是构建决策科学、执行坚决、监督有力的权力运行体系；三是实现干部清正、政府清廉、政治清明；四是加强反腐败体制机制创新和制度保障。所以，能不能构建一个制度笼子管权管人管事，这对我们整个未来权力格局会产生很大的影响。

第五，加大政府自身改革力度，提高公信力。党的十八大后，中央在这方面采取一系列重要举措。包括转变作风，反对"四风"，降低"三公"消费，降低行政成本；把人民群众满意作为评价政府的最终指标；出台了"中央八项规定"，深入持久地在全国实施；加大政府自身改革力度，出台党政领导干部新的考核办法等。所有这些，几乎都是围绕政府自身改革来展开的，在实践中也取得了一些成效。

从上面的分析可以看出，在党的十九大前的若干年间，党和国家机构改革的路径是清晰的，十八届三中全会后的几年中，按照《决定》制定的改革路线图，围绕进一步完善市场经济体制、行政体制和政府自身的改革，取得了一些比较明显的进展。

二 2018年、2023年党和国家机构改革的主要特征

党的十八大以来的三次机构改革，整体上看属于两个不同的阶段：2013年的国务院机构改革，是2008年大部门制改革的延续，无论是改革的整体布局还是改革的具体内容，都体现出要减少政府部门设置、推行大部门制管理模式、转变政府职能、实现政企分开等以往的思路。如将国务院最后一个政企合一的铁道部分拆，将新组建的中国铁路总公司推向市场，将新组建的国家铁路局归属于交通运输部管理，实现真正意义上的大交通管理。还比如将业务相近的国家广播电影电视总局和国家新闻出版署合并，组建国家新闻出版广电总局，都体现了上述改革思路和特征。但2018年后的两次改革则不同，主要突出的是党和国家机构设置的整体设计、党政职能体

系的重组、党政机构的融合，因而在改革的目标上与 20 世纪 80 年代开启的党政分开的整体思路相比，发生了明显的变化，并基于这一新的思路，实现加强党的全面集中统一领导的目标。这两次机构改革，从明面上看，有四个显著特征。

（一）两次改革都强调新时代党和国家机构职能体系的重构

之所以需要重构，党中央认为，目前党和国家的机构职能体系与"五位一体"（经济建设、政治建设、社会建设、文化建设、生态建设）的总体布局不适应，与"四个全面"战略布局（全面深化改革、全面依法治国、全面建成小康社会、全面从严治党）不适应。党的十九届三中全会通过的《深化党和国家机构改革方案》详细地阐述了这些不适应的具体表现：如一些领域党政机构重叠、职责交叉、权责脱节问题比较突出；一些政府机构设置和职责划分不够科学，职责缺位和效能不高问题凸显，政府职能转变还不到位；一些领域中央和地方机构职能"上下一般粗"，权责划分不尽合理；基层机构设置和权力配置有待完善，组织群众、服务群众能力需要进一步提高；群团组织政治性、先进性、群众性需要增强；事业单位定位不准、职能不清、效率不高等问题依然存在；一些领域权力运行制约和监督机制不够完善，滥用职权、以权谋私等问题仍然存在；机构编制科学化、规范化、法定化相对滞后，机构编制管理方式有待改进。

在党的二十届二中全会通过的《党和国家机构改革方案》中，也提出这方面的问题：如面对新时代新征程提出的新任务，党和国家机构设置和职能配置同全面建设社会主义现代化国家、全面推进中华民族伟大复兴的要求还不完全适应，同实现国家治理体系和治理能力现代化的要求还不完全适应，同构建高水平社会主义市场经济体制的要求还不完全适应，需要在巩固党和国家机构改革成果的基础上继续深化改革，对体制机制和机构职责进行调整和完善。

如果对上述问题从党政职能体系角度加以概括的话，主要集中在五个方面：一是党政军群结构不合理，这种组织结构的不合理，既表现在横向的部门设置上，也表现在纵向的行政层级上，缺乏统筹，"上下一般粗"。二是职能交叉重叠，责权不统一，政府转变职能严重滞后。尽管转变政府职能作为行政体制改革最重要的目标被坚持了数十年，但至今仍然在困扰着我们。以行政审批为例，现代国家都有审批，这是政府治理的一个重要手段，但中国的审批范围明显太宽，事项过多，审批程序不规范，审批中存在大量的暗箱操作，自由裁量权很大。三是地方的自主决定权相对过小，难以释放地方活力。由于中国东南西北经济社会发展差异很大，如果不给地方一定的自主权，是很难调动下面的积极性的。四是一些公职人员行政行为不规范，权力滥用，腐败蔓延。五是法治不健全，党政机构的设置、撤销等随意性较大，一个领导者的喜好往往会决定一个机构的变化，法定化程度比较低。如果这些问题得不到有效的解决，无论是党政职责体系建设，还是转变政府职能，就很难有实质性进展。

（二）两次改革都强调要通过党和国家机构改革，为推进国家治理体系和治理能力现代化扫清体制机制障碍

国家治理体系和治理能力的现代化，是党的十八届三中全会决定中首次提出的一个重要改革目标，后来被称为第五个现代化。国家治理体系和治理能力现代化与党和国家机构的设置、运转息息相关。一般来说，国家治理体系和治理能力现代化，主要是指国家的制度体系和制度执行能力的现代化。国家制度体系主要包括国家的法律制度、组织制度、政党制度以及建立在此基础之上的政治制度、经济制度、社会制度、文化制度、生态制度等；国家治理能力主要包括国家的治国理政能力、内政外交能力、治党治军能力、国防能力，及政策规划能力、改革发展稳定能力、开拓创新能力、识才用贤能力。党的十九大报告对国家治理体系和治理能力的现代化也有进一步论述，认为国家治理体系和治理能力现代化，不仅仅是深化改革的最终目标，也是国家现代化的最主要目标，并指出，到 2035 年全面建成小康社会的基础上，基本实现社会主义现代化；到 2050 年，把我国建成富强、民主、文明、和谐的社会主义强国。我国的物质文明、政治文明、精神文明、社会文明、生

态文明将全面提升，实现国家治理体系和治理能力现代化。由此可以清楚地看出，党中央不仅仅将实现国家治理体系和治理能力现代化看作一个改革的目标，更视其为整个国家现代化的大目标。按照这个部署，党和国家机构改革方案中明确规定，2020 年前主要是补短板、解决突出矛盾；2020 年后注重解决长远、制度框架问题。

（三）两次改革都强调要提高应对风险的能力，为防范风险、应对挑战提供体制保障

首先，从党执政视角来看，习近平同志在党的十九大政治报告中再一次强调了"三个四"，即党执政面临四种危险：精神懈怠的危险、能力不足的危险、贪污腐败的危险、脱离群众的危险；要经受住四大考验：执政的考验、改革开放的考验、市场经济的考验和外部环境的考验；面临四个重大：要应对重大挑战、防范重大风险、解决重大矛盾和克服重大困难。其次，风险上升。包括经济、社会、信任等风险都有上升的趋势。经济下行风险、全面建成小康社会风险、经济转型风险在当时出现了三者叠加的现象。习近平同志在党的二十大报告中进一步强调风险问题，指出我们必须增强忧患意识，坚持底线思维，做到居安思危、未雨绸缪，准备经受风高浪急甚至惊涛骇浪的重大考验。这个判断是有明显的现实基础的。以中央最为担忧的经济风险为例，中美贸易摩擦后，经济不景气和疫情交织在一起，使问题越来越突出。在这样的局势下，党和国家机构改革应当在化解政治、经济、社会风险方面发挥积极作用。

（四）两次改革都强调要破解体制机制障碍，加快发展方式转变，走高质量发展之路

党的十九大报告指出，中国经济已由高速增长阶段转向高质量发展阶段，正处在转变发展方式、优化经济结构、转换增长动力的攻关期，要推动经济发展质量变革、效率变革、动力变革，着力构建市场机制有效、微观主体有活力、宏观调控有度的经济体制，不断增强我国经济创新力和竞争力。

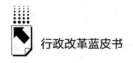

党的二十大报告更是将高质量发展提到前所未有的地位，指出，高质量发展是全面建设社会主义现代化国家的首要任务，要坚持以推动高质量发展为主题，加快建设现代化经济体系。不管是建立现代化经济体系，还是走高质量发展之路，都需要破解体制机制障碍、深化行政体制改革。

三　政府机构改革的成效

2018年和2023年两次党和国家机构改革，虽然突出了党务系统的改革，但政府系统的改革仍然力度不减，只是这种改革在加强党的领导的前提下，用整合、归并、剥离等方式，对政府组织体系和职能职责进行必要的重组。

（一）优化政府机构设置和职能配置，提高政府数字化履职能力

改革的整体思路是，破除制约市场在资源配置中起决定性作用的体制弊端，围绕推动高质量发展，建设现代化经济体系，理顺关系、优化职能、权责统一、相互协调、提高效能，建设服务型政府。具体来看，在优化政府机构设置和职能配置方面，主要是围绕政府的宏观调控职能、市场监管职能、社会管理职能、公共服务职能、生态环境保护职能这五大职能展开，最后达到提高行政效率的目标。

1. 合理配置宏观管理部门职能

对综合经济部门进行比较大的调整，包括发展规划、财税、金融审计、对外经济科技管理等。以发改委为例，发改委名字没变，但发改委的职能发生了重大改变，过去其一个措施可能就针对一个部委，而且和其他部委多有交叉，这次改革把发改委的七大职能都转移出去了，对发改委的职能做了重大调整。如把区域功能的规划交给自然资源部，把大气防护、排污职能交给新组建的生态环境部，把农业投资交给农业农村部，把药品管理药品器械的价格管理职能交给新组建的医疗保障局，把战略物资的储备交给新组建的粮食和物资储备局，把对市场的反垄断方面的所有职能交给新组建的市场监管总局。改革后的发改委更多关注战略规划，减少对具体事项的审批，减少对

微观经济的干预，真正变成一个宏观调控部门。

2. 完善市场监管和执法体制

2018年改革将国家工商总局、国家质检总局以及国家食品药品监管总局三个正部级机构合并成国家市场监管总局，新组建的知识产权局、药品管理局、国家认证委员会和国家标准委员会，通过这一系列的重大重组，克服了市场监管各自为政问题，加强了市场监管的一体化职能。

3. 加强社会管理

这两次党和国家机构改革，围绕社会管理也做了一系列调整，其中最大的改革就是组建了应急管理部和中央社会工作部。应急管理部一共整合了12个部门的相关职能，是整合职能最多的部门，如整合了公安部主管的消防、水利部主管的抗洪指挥、国家林业局主管的森林防火等。

4. 强化公共服务

两次机构改革围绕强化民生服务方面也做了一系列的机构职能整合和优化。如，在国家卫生健康委员会之外成立医疗保障局，把原来分散在人社部门、民政部门、卫生部门、发改委的相关职能都整合过来，解决老百姓看病问题。包括农村合作医疗、城镇职工及城镇居民所有医疗看病方面的问题。再如成立退役军人事务部，把相关部门职能整合过来，成为国务院一个组成部门。为了适应形势发展的需要，组建了国家移民局，公安门等部门的职责划归国家移民局管理。

5. 加强生态环境职能建设

通过改革，加强了自然生态环境管理的政府职能。新设立了自然资源部和生态环境部，对多个中央部委的职能进行了调整，把原来分散在农业部、水利部、国家林业局、国家发改委、国家海洋局的相关职能全部整合，减少了生态环境领域多头管理、职能交叉、政出多门的状况；自然资源部整合了农业部、水利部、国家海洋局以及国土资源部的相关职能。

6. 改革金融和科技领域的管理方式

2023年国务院机构中，为了加强金融监管、防范金融风险、发挥科技创新在国家现代化进程中的重要作用、更好地体现举国体制，国务院对这两

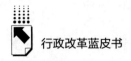

个领域的机构进行了比较大的调整和改革。除了在党中央设立了有关金融和科技两个专司决策权的议事协调机构外，在政府层面新组建了国家金融监管总局，调整了中央银行的地方机构架构，重新组建了科技部。

（二）优化地方机构设置

2018 年机构改革中对地方政府的改革力度相对较大，主要围绕建立从中央到地方运行顺畅、充满活力、令行禁止的工作体系展开。

1. 明确了地方机构改革的重点

理顺中央和地方职责关系、合理设置和配置各层级机构及其职能，把更多的人财物向基层倾斜，是改革的重点，其核心目的，是确保中央的政令畅通，保障党中央权威和集中统一领导。与此同时，对地方必须与中央对口设置的机构作出了明确规定。

2. 赋予省级及以下机构设置更多自主权

把直接面向社会的事权下放到地方，除规定外，容许地方自主设置机构，并入与上级对口的相关机构。

3. 构建简约高效的基层管理体制

整合基层的审批、服务、执法等方面力量，统筹机构编制资源，整合相关职能设立综合性机构，实行扁平化和网格化管理。管理重心下移，将资源、管理、服务尽量向基层倾斜。

4. 规范垂直管理体制和地方分级管理体制，健全垂直管理机构和地方协作配合机制

这些改革举措的初衷无疑是好的，但受到各种因素的制约，各类管理要素向基层倾斜的实施难度并不小，如公务员升迁天花板等体制机制障碍，导致基层很难留住优秀人才；"上面千条线、下面一根针"的固有管理弊端很难从根本上得到解决。

（三）推进机构编制法定化和精简行政人员

在 2018 年和 2023 年两次党和国家机构改革中，都对编制方面的改革作出了明确的规定。主要包括加强党和国家机构法规制度建设，强化机构编制管理刚性约束，加大机构编制违纪违法行为查处力度等。2023 年的改革还对中央和国家机关提出精简 5% 的强制要求，在总量不变的前提下将收回的编制用于加强重点领域重要工作。地方精简则由地方省级党委统筹决定。但对县乡两级县不作精简要求。其实，有关精简编制方面的改革，主要是指党政机关的行政编制，并不包括大量事业编制，也不包括编外履行管理职责的所谓协警、协管以及大量社区、行政村拿财政补贴的各类人员。据有关研究测算，目前中国党政公务人员大约接近 730 万人，在编的事业单位人员 4200 万人，两者加起来约 5000 万名财政供养人员。如果再加上 280 万名公安协警、150 万名城管的协管，还有 500 万名拿财政补贴的网格员、57 万个行政村的"村官"、11 万个社区的管理人员，全部加起来已经超过 6000 万人了，这对国家财政无疑造成了巨大压力。

四　机构改革面临的新问题

（一）机构改革遇到的阻力分析

与以往机构改革不同，2018 年和 2023 年两次机构改革在策略方面也有一些显著特点：如坚持党对机构改革的全面领导；发挥党组织在统筹协调、整体推进、督促落实方面的作用，从而增强改革的系统性、整体性、协同性；建立相应的评估和督察机制等。

从改革实施中的实际情况看，其实并不顺畅，特别是 2018 年的改革尤为明显。一方面，机构改革必然涉及利益重新分配，遇到的阻力是很大的；另一方面，改革的重点、难点是长期积累的结果，不对体制进行深刻变革，许多问题是很难解决的。

从改革的阻力来看，这是整个改革发展转型中遇到的比较大的问题。其中既得利益群体的阻力无疑是最值得关注的。所谓既得利益群体是指那些通过非公平竞争的手段和方式，借助公权力和政策资源获取巨额利益的主体。

这里有三个关键词：一是非公平竞争的手段和方式；二是主要借助公权力和政策资源；三是获取巨额政治、经济和社会利益。笔者于2012年提出中国已经出现三大既得利益群体，即以贪腐官员为代表的权贵利益群体，以垄断行业为代表的垄断利益群体和以房地产和资源行业为代表的地产和资源利益群体。这些利益群体既掌握权力，又掌握资源，还掌握资本，羽翼丰满，实力雄厚，控制着中国相当多的社会财富。既得利益群体激化了社会矛盾，几乎每个大的群体性事件的后面，都有既得利益群体的影子；既得利益群体加大了官民冲突、劳资冲突和贫富冲突。党的十八大以后，中央对既得利益群体有过许多判断，如强调要冲破利益固化的藩篱，指出既得利益群体相互输送利益，搞团团伙伙、拉帮结派、山头主义，在反腐败中也采取了一些措施，打击和遏制既得利益群体。正因包括既得利益群体在内的相关方面对改革的种种阻力，中央不断发出一些严厉的声音，如改革要"啃硬骨头"，改革要准备付出成本，改革只有起点没有终点；还比如，要以更大的勇气和决心，冲破利益固化的藩篱等。这些都说明既得利益群体实际上已成为中国深化改革的最大阻力。

除了既得利益群体外，政府自身的阻力也不可低估。首先是理念障碍。从价值层面看，中国绝大多数官员应该说不缺少权力思维、人治思维，最缺少的可能是现代法治思维、法治精神。所以说建立法治政府，第一位是要管控好公权，保护老百姓的利益和权利，第二位才应该是社会的管理。但中国的许多党政官员可能并没有这样的理念和价值观。还比如，政府是营造环境的主体，而不是创造财富的主体，政府的权力必须来源于法律授权，即所谓法律不授权政府无职权，可惜的是对这些现代法治精神和价值观，许多官员缺乏基本的理解。从这个意义上说，中国官场确实需要一场深刻的现代法治的洗礼。政府对机构改革的阻力，还表现在审批制度方面。中央曾多次提到审批制度改革是一场革命，要壮士断腕、伤筋动骨。当然，简政放权改革，虽然取得了一系列成效，但推行起来仍然困难重重。原因之一，就是许多政府部门把自身拥有的权力看作获取部门利益的工具和手段，久而久之形成了所谓的权力部门化—部门利益化—利益个人化的倾向。这种将公权力变为与民争利的手段、把公权力市场化的行为，无疑成为机构改革、转变政府职能中最隐蔽的阻力。

（二）机构改革后出现的新问题

2018 年和 2023 年两次党和国家机构改革的核心目标，就是加强党的全面集中统一领导。与以往行政体制改革相区别的是，这两次改革不是着眼于党政职能分开、政企分开、政社分开，强化政府在经济社会管理中的地位，避免以党代政等问题的出现，而是通过组织机构的统筹设计，强化党的全面集中统一领导。这一改革指向，既体现在改革的指导思想和原则上，也体现在具体的改革方案上。

比如，在 2018 年党和国家机构改革方案中有关党的机构改革部分指出，中国共产党领导是中国特色社会主义最本质的特征。党政军民学，东西南北中，党是领导一切的。深化党中央机构改革，要着眼于健全加强党的全面领导的制度，优化党的组织机构，建立健全党对重大工作的领导体制机制，更好地发挥党的职能部门作用，推进职责相近的党政机关合并设立或合署办公，优化部门职责，提高党把方向、谋大局、定政策、促改革的能力和定力，确保党的领导全覆盖，确保党的领导更加坚强有力。在 2023 年党和国家机构改革方案中也明确指出，党和国家机构改革，"必须以习近平新时代中国特色社会主义思想为指导，以加强党中央集中统一领导为统领"。各地区各部门要站在党和国家事业发展全局高度，充分认识党和国家机构改革的重要性和紧迫性，深刻领悟"两个确立"的决定性意义，增强"四个意识"、坚定"四个自信"、做到"两个维护"，自觉地把思想和行动统一到党中央决策部署上来，坚决维护党中央决策部署的权威性和严肃性，坚定改革信心和决心，加强组织领导，不折不扣地把机构改革任务落到实处。在上述指导思想和原则下，这两次机构改革，比较大地增加党务系统的机构和职能，从而为强化党对各方面的领导特别是重要领域、重大问题上的决策权提供组织保障。

其实，这方面改革的酝酿应该从党的十八大后在党中央设立一系列领导小组就已开始，如 2013 年后新增设的中央全面深化改革领导小组、中央网络安全和信息化领导小组、中央外事工作委员会、中央国家安全委员会、中央审计领导小组、中央教育领导小组、中央社会治理领导小组等。2018 年机构改革时，将多数小组正式更名为委员会。2023 年机构改革中，中央层面又增设了中央金融委员会、中央金融工作委员会、中央科技委员会、中央社会工作部等，这就使中央的职能部门、办事机构、议事协调机构、派出机构、直属事业单位等总共达到 66 个，如果加上在中央部门加挂的政府机构、合署办公以及归口管理的机构，总共达到 80 个，比党的十八大以前增加了许多，也成为新中国成立之后党中央机构设置最多的时期。

值得指出的是，通过这两次机构改革，党和国家的领导体制也发生了某些变化，主要是加强了党的全面领导地位。党的十八大之前，经过多次改革，党对国家事务的领导，主要是政治路线和政策方向方面的领导。具体形式是，五年一次党的代表大会确定党和国家的重大路线和发展方向，每年一届的中央委员会全会和日常运转的政治局会议和政治局常委会会议，都是从政策方针上落实党的代表大会确定的战略和路线。然后通过全国人大这一立法机关，将中央的路线方针政策变为国家法律和国家意志，再由国务院行政系统落实。处于国家治理前台的国务院系统，在落实党中央和全国人大路线方针政策、法律规范的过程中，拥有相对独立的决策执行权。经过这两次机构改革之后，这一领导体制发生了某些变化，党中央通过设置各类领导小组或委员会，将国家治理的主要核心领域的决策权，直接掌握在党中央手中。

党务系统机构增加，导致从事党务工作的人数也随之膨胀。除了党务系统的工作人员增加外，从事党务工作的人员也明显增加。据中组部 2023 年6 月发布的数字，截至 2022 年年底，中共党员总数 9804.1 万人，全国共有基层党组织 506.5 万个，其中基层党委 28.9 万个、总支部 32.0 万个、支部445.6 万个。有许多基层党组织的主要负责人是拿财政补贴的。另外，随着党务系统的机构的增加，也出现了新的党政机构重叠和人浮于事的现象，虽然在改革中强调要尽量避免政出多门，但决策与执行的相对分离实施起来还是会遇到许多具体问题。这几年一些地方出现的严重的官僚主义、形式主义以及官员躺平不作为等现象，不仅导致行政效能低下、行政成本上升，引发群众的不满，而且严重影响到中央重大方针政策的实施。所有这些，都可以看作机构改革后出现的新问题，需要我们尽快拿出有效的解决办法。

B.3
继续推进党和国家机构改革

邓文奎*

摘　要：　本报告归纳了2023年新一轮党和国家机构改革的目的和要求、特点和重点，并对党的十八大以来的三次机构改革进行了整理比较。新一轮党和国家机构改革目标是构建系统完备、科学规范、运行高效的党和国家机构职能体系，推动党对社会主义现代化建设的领导在机构设置上更加科学、在职能配置上更加优化、在体制机制上更加完善、在运行管理上更加高效；改革的重点是加强金融监管、科学技术、社会工作、港澳工作、数据管理、乡村振兴、老龄工作、知识产权等领域的机构改革和职责优化调整。

关键词：　党和国家　机构改革　国家治理现代化

2023年是党和国家机构改革十分重要的一年。2月28日党的二十届二中全会通过《党和国家机构改革方案》；3月10日十四届全国人大一次会议通过了关于国务院机构改革方案的决定；3月16日新华社全文播发《党和国家机构改革方案》；标志着新一轮党和国家机构改革全面开启。此前，7月16日出版的《求是》杂志第14期发表了习近平总书记的重要文章《深化党和国家机构改革　推进国家治理体系和治理能力现代化》，对继续推进党和国家机构改革的目的、举措、要求进行了深入系统阐述；深入学习习近平总书记的重要文章，对准确把握和全面落实《党和国家机构改革方案》、深入推进新一轮党和国家机构改革具有重要指导意义。

---

* 邓文奎，中国行政体制改革研究会常务副会长、学术委员会副主任，高级经济师，主要研究方向为公共管理、行政改革、社会治理。

一　新一轮党和国家机构改革的目的和要求

党的十八大以来，以习近平同志为核心的党中央坚持把深化党和国家机构改革作为推进国家治理体系和治理能力现代化的一项重要任务，明确提出深化党和国家机构改革的重要目的是坚持和加强党的全面领导，从机构职责上把加强党的全面领导落实到各领域、各方面、各环节。

党的十九大提出，统筹考虑各类机构设置，科学配置党政部门及内设机构权力、明确职责。党的十九届三中全会作出的《中共中央关于深化党和国家机构改革的决定》，对完善坚持党的全面领导的制度、优化政府机构设置和职能配置、统筹党政军群机构改革作出部署。强调要正确理解和落实党政职责分工，理顺党政机构职责关系，系统谋划党政机构改革，统筹调配资源，减少多头管理，减少职责分散交叉，使党政机构职能分工合理、责任明确、运转协调，形成统一高效的领导体制。党的十九届三中全会审议通过的《深化党和国家机构改革方案》，是第一次把党和国家机构改革及职能调整优化统筹考虑、系统谋划的改革方案。

党的二十大对党和国家机构改革提出了明确要求。党的二十届二中全会通过的《党和国家机构改革方案》指出，面对新时代新征程新任务，党和国家机构设置和职能配置有"三个不完全适应"：一是同全面建设社会主义现代化国家、全面推进中华民族伟大复兴的要求还不完全适应，二是同实现国家治理体系和治理能力现代化的要求还不完全适应，三是同构建高水平社会主义市场经济体制的要求还不完全适应，还需要在巩固党和国家机构改革成果的基础上继续深化改革，对体制机制和机构职责进行调整完善。新一轮深化党和国家机构改革，就是要适应新时代新征程新任务的要求，解决"三个不完全适应"的问题，构建系统完备、科学规范、运行高效的党和国家机构职能体系，推动党对社会主义现代化建设的领导在机构设置上更加科学、在职能配置上更加优化、在体制机制上更加完善、在运行管理上更加高效。

二 新一轮党和国家机构改革的特点和重点

新一轮党和国家机构改革是在党的十九届三中全会以来党和国家机构职能实现系统性、整体性重构基础上推进的，是面对新时代新征程新任务，针对党和国家机构设置和职能配置的"三个不完全适应"，进一步完善坚持党的全面领导体制机制，对党和国家机构设置、职能配置进一步调整和优化，改革的重点是加强金融监管、科学技术、社会工作、港澳工作、数据管理、乡村振兴、老龄工作、知识产权等领域的机构改革和职责优化调整。重点改革的主要措施见表1。

表1　重点改革的主要措施

改革事项	目的和重点	主要改革措施
1. 金融机构改革和职责优化调整	金融机构改革和职责优化调整是新一轮党和国家机构改革的重中之重。《党和国家机构改方案》共列19项机构改革和职责优化事项，金融方面就有8项，重点是进一步加强党中央对金融工作的集中统一领导，强化金融监管体制机制和机构建设，理顺党政职责关系，解决金融领域长期存在的突出矛盾和问题，依法将各类金融活动全部纳入监管，强化机构监管、行为监管、功能监管、穿透式监管、持续监管，完善中国特色金融管理体制和运行机制	1. 组建中央金融委员会，作为党中央决策议事协调机构，负责金融稳定和发展的顶层设计、统筹协调、整体推进、督促落实，研究审议金融领域重大政策、重大问题等。设立中央金融委员会办公室作为办事机构，列入党中央机构序列。不再保留国务院金融稳定发展委员会及其办事机构，其办事机构职责划入中央金融委员会办公室； 2. 组建中央金融工作委员会，作为党中央派出机关，与中央金融委员会办公室合署办公，统一领导金融系统党的工作，指导金融系统党的政治建设、思想建设、组织建设、作风建设、纪律建设等。将中央和国家机关工作委员会的金融系统党的建设职责划入中央金融工作委员会； 3. 在中国银行保险监督管理委员会基础上组建国家金融监督管理总局，作为国务院直属机构，统一负责除证券业之外的金融业监管，强化机构监管、行为监管、功能监管、穿透式监管、持续监管，统筹负责金融消费者权益保护，加强风险管理和防范处置，依法查处违法违规行为。将中国人民银行对金融控股公司等金融集团的日常监管职责、有关金融消费者保护职责，中国证券监督管理委员会的投资者保护职责划入国家金融监督管理总局。不再保留中国银行保险监督管理委员会；

改革事项	目的和重点	主要改革措施
		4. 深化地方金融监管体制改革,建立以中央金融管理部门地方派出机构为主的地方金融监管体制,强化金融管理中央事权,理清和明确中央和地方事权。地方政府设立的金融监管机构专司监管职责,不再加挂金融工作局、金融办公室等牌子;
		5. 将中国证券监督管理委员会由国务院直属事业单位调整为国务院直属机构。强化资本市场监管职责,划入国家发展和改革委员会的企业债券发行审核职责,由中国证券监督管理委员会统一负责公司(企业)债券发行审核工作;
		6. 统筹推进中国人民银行分支机构改革,撤销中国人民银行大区分行及分行营业管理部、总行直属营业管理部和省会城市中心支行,在省(自治区、直辖市)和计划单列市设立省级分行和计划单列市分行,在地(市)设立中心支行,不再保留县(市)支行,相关职能上收至地(市)中心支行;
		7. 完善国有金融资本管理体制,将中央金融管理部门管理的市场经营类机构剥离,将相关国有金融资产划入国有金融资本受托管理机构,由其根据国务院授权统一履行出资人职责;
		8. 中国人民银行、国家金融监督管理总局、中国证券监督管理委员会、国家外汇管理局及其分支机构、派出机构使用行政编制,将工作人员纳入国家公务员统一规范管理,执行国家公务员工资待遇标准
2. 科学技术机构改革和职责优化调整	加强党中央对科技工作的集中统一领导,统筹推进国家创新体系建设和科技体制改革,进一步理顺科技领域党政机构职责关系,减少职责分散交叉和多头管理,形成统一高效的领导体制	1. 组建中央科技委员会,作为党中央决策议事协调机构,统筹推进国家创新体系建设和科技体制改革,研究审议国家科技发展重大战略、重大规划、重大政策,统筹解决科技领域战略性、方向性、全局性重大问题,研究确定国家战略科技任务和重大科研项目,统筹布局国家实验室等战略科技力量等。中央科技委员会办事机构职责由科学技术部整体承担。不再保留中央国家实验室建设领导小组、国家科技领导小组、国家科技体制改革和创新体系建设领导小组、国家中长期科技发展规划工作领导小组及其办公室。省级党委科技领域议事协调机构结合实际组建;
		2. 国家科技咨询委员会,服务于党中央重大科技决策,对中央科技委员会负责并报告工作。国家科技伦理委员会作为中央科技委员会领导下的学术性、专业性专家委员会,不再作为国务院议事协调机构;

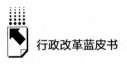
续表

改革事项	目的和重点	主要改革措施
		3. 重新组建科学技术部,推动健全新型举国体制、优化科技创新全链条管理、促进科技成果转化、促进科技和经济社会发展相结合等职能,强化战略规划、体制改革、资源统筹、综合协调、政策法规、督促检查等宏观管理职责;保留国家基础研究和应用基础研究、国家实验室建设、国家科技重大专项、国家技术转移体系建设、科技成果转移转化和产学研结合、区域科技创新体系建设、科技监督评价体系建设、科研诚信建设、国际科技合作、科技人才队伍建设、国家科技评奖等相关职责。将组织拟订科技促进农业农村发展规划和政策、指导农村科技进步职责划入农业农村部;将组织拟订科技促进社会发展规划和政策职责分别划入国家发展和改革委员会、生态环境部、国家卫生健康委员会等部门;将组织拟订高新技术发展及产业化规划和政策,指导国家自主创新示范区、国家高新技术产业开发区等科技园区建设,指导科技服务业、技术市场、科技中介组织发展等职责划入工业和信息化部;将负责引进国外智力工作职责划入人力资源和社会保障部,在人力资源和社会保障部加挂国家外国专家局牌子,科学技术部不再保留国家外国专家局牌子;将中国农村技术开发中心划入农业农村部,将中国生物技术发展中心划入国家卫生健康委员会,将中国 21 世纪议程管理中心、将高技术研究发展中心划入国家自然科学基金委员会。国家自然科学基金委员会仍由科学技术部管理
3. 社会工作机构改革和职责优化调整	组建中央社会工作部,这是新一轮党和国家机构改革的一大亮点。改革的重点,是加强党对社会工作集中统一领导,解决因社会工作涉及方方面面,多年来这个领域工作由党委、政府多个部门管理,职责分散交叉、多头管理等突出问题,理顺党政机构职责关系,在社会工作领域形成统一高效的领导体制	组建中央社会工作部,作为党中央职能部门。其主要职责:一是统筹指导人民信访工作,指导人民建议征集工作;二是统筹推进党建引领基层治理和基层政权建设;三是统一领导全国性行业协会商会党的工作,协调推动行业协会商会深化改革和转型发展;四是指导混合所有制企业、非公有制企业和新经济组织、新社会组织、新就业群体(即"两企三新")党建工作;五是指导社会工作人才队伍建设等。 中央社会工作部划入民政部的指导城乡社区治理体系和治理能力建设、拟订社会工作政策等职责,统筹推进党建引领基层治理和基层政权建设,划入中央和国家机关工作委员会、国务院国有资产监督管理委员会党委归口承担的全国性行业协会商会党的建设职责,划入中央精神文明建设指导委员会办公室的全国志愿服务工作的统筹规划、协调指导、督促检查等职责。

改革事项	目的和重点	主要改革措施
		国家信访局由国务院办公厅管理的国家局调整为国务院直属机构,由中央社会工作部统一领导。 省、市、县级党委组建社会工作部门,相应划入同级党委组织部门的"两新"工委职责
4. 港澳工作机构改革和职责优化调整	加强党中央对港澳工作集中统一领导。这也是中央层面港澳工作体制的重大改革	在国务院港澳事务办公室基础上组建中央港澳工作办公室,作为党中央办事机构,承担在贯彻"一国两制"方针、落实中央全面管治权、依法治港治澳、维护国家安全、保障民生福祉、支持港澳融入国家发展大局等方面的调查研究、统筹协调、督促落实职责。保留国务院港澳事务办公室牌子,不再保留单设的国务院港澳事务办公室
5. 数据工作机构改革和职责优化调整	加强从国家宏观层面协调推进数据基础制度建设,统筹数据资源整合共享和开发利用,统筹推进数字中国、数字经济、数字社会规划和建设	组建国家数据局,由国家发展和改革委员会管理,负责协调推进数据基础制度建设,统筹数据资源整合共享和开发利用,统筹推进数字中国、数字经济、数字社会规划和建设等。 国家数据局划入中央网络安全和信息化委员会办公室承担的研究拟订数字中国建设方案、协调推动公共服务和社会治理信息化、协调促进智慧城市建设、协调国家重要信息资源开发利用与共享、推动信息资源跨行业跨部门互联互通等职责,国家发展和改革委员会承担的统筹推进数字经济发展、组织实施国家大数据战略、推进数据要素基础制度建设、推进数字基础设施布局建设等职责
6. 乡村振兴机构改革和优化农业农村部职责	统筹以乡村振兴为重心的"三农"工作,加快建设农业强国,整体推动农业全面升级、农村全面进步、农民全面发展	将国家乡村振兴局职责划入农业农村部,在农业农村部加挂国家乡村振兴局牌子,不再保留单设的国家乡村振兴局。乡村振兴机构改革和农业农村部职责调整后,继续加大对脱贫地区和脱贫群众的帮扶力度,全国脱贫攻坚目标任务完成后的过渡期内,有关帮扶政策、财政支持、项目安排保持总体稳定,资金项目相对独立运行管理
7. 老龄工作职责和工作机构隶属关系调整	实施积极应对人口老龄化国家战略,推动实现全体老年人享有基本养老服务	把国家卫生健康委员会的组织拟订并协调落实应对人口老龄化政策措施、承担全国老龄工作委员会的具体工作等职责划入民政部。全国老龄工作委员会办公室改设在民政部,强化其综合协调、督促指导、组织推进老龄事业发展职责。中国老龄协会改由民政部代管

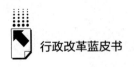
续表

改革事项	目的和重点	主要改革措施
8. 知识产权管理机构改革和职责优化调整	加快推进知识产权强国建设,全面提升知识产权创造、运用、保护、管理和服务水平。完善版权管理体制,推动商标、专利、原产地地理标志集中统一管理,推动商标、专利管理综合执法	将国家知识产权局从由国家市场监督管理总局管理的国家局调整为国务院直属机构。商标、专利等领域执法职责继续由市场监管综合执法队伍承担,相关执法工作接受国家知识产权局专业指导
9. 精减中央国家机关人员编制	精减编制,提高效能	中央国家机关各部门人员编制统一按照5%的比例进行精减,收回的编制主要用于加强重点领域和重要工作。对于精减后少数部门超编问题,给予5年过渡期逐步消化

三 党的十八大以来党和国家机构改革概况

党的十八大以来,共进行了三轮机构改革,分别是2013年、2018年、2023年。

2013年的机构改革,突出特点是将国务院机构改革和转变职能同时部署、统筹推进。2013年2月党的十八届二中全会通过《国务院机构改革和职能转变方案》,2013年3月十二届全国人大一次会议批准国务院机构改革和职能转变方案,主要包括两大部分,一部分是关于国务院机构改革,一部分是关于国务院机构职能转变。强调以职能转变为核心,推进简政放权和机构改革;对减少和下放投资和生产经营活动审批事项、减少资质资格许可和认定、改革工商登记制度、改善和加强宏观管理、加强基础性制度建设、加强依法行政等工作作出了部署。

2018年的机构改革,强调坚持和加强党的全面领导,从机构职责上把加强党的全面领导落实到各领域、各方面、各环节,强调把党和国家机构改革及职能调整统筹考虑、系统谋划。党的十九届三中全会作出《中共中央关于深化党和国家机构改革的决定》，审议通过《深化党和国家机构改革方案》，十三届全国人大一次会议批准国务院根据《深化党和国家机构改革方案》提请审议的国务院机构改革方案。2019 年 7 月，深化党和国家机构改革总结会议在北京召开，中央政治局常委全部出席会议，可见这次会议规格之高，中央对这次会议的高度重视。习近平总书记发表重要讲话，强调深化党和国家机构改革是对党和国家组织结构和管理体制的一次系统性、整体性重构。他指出，我们整体性推进中央和地方各级各类机构改革，重构性健全党的领导体系、政府治理体系、武装力量体系、群团工作体系，系统性增强党的领导力、政府执行力、武装力量战斗力、群团组织活力，适应新时代要求的党和国家机构职能体系主体框架初步建立，为完善和发展中国特色社会主义制度、推进国家治理体系和治理能力现代化提供了有力组织保障。

习近平总书记指出，2023 年的新一轮党和国家机构改革是在党的十九届三中全会以来党和国家机构职能实现系统性、整体性重构基础上推进的，同时也是在党的二十大对今后 5 年乃至更长时期党和国家事业发展作出战略部署的背景下研究谋划的。党和国家机构改革是一项复杂系统工程，不可能一蹴而就，也不会一劳永逸，需要根据新的使命任务、新的战略安排、新的工作需要，不断调整优化党和国家机构职能体系，使之更好地适应党和国家事业发展需要。

2013 年、2018 年、2023 年 3 次中央机构改革和国务院机构改革调整的基本情况分别见表 2、表 3。

表 2　2018 年、2023 年中央机构改革和职能优化调整基本情况

	2018	2023
重要会议和文件	2018 年 2 月 28 日党的十九届三中全会审议通过《中共中央关于深化党和国家机构改革的决定》和《深化党和国家机构改革方案》；2018 年 3 月 21 日新华社全文发布中共中央印发的《深化党和国家机构改革方案》	2018 年 2 月 28 日党的二十届二中全会审议通过《党和国家机构改革方案》；2023 年 3 月 16 日新华社全文发布中共中央、国务院印发的《党和国家机构改革方案》

续表

	2018	2023
目标任务	深化党和国家机构改革的目标是,构建系统完备、科学规范、运行高效的党和国家机构职能体系,形成总揽全局、协调各方的党的领导体系,职责明确、依法行政的政府治理体系,中国特色、世界一流的武装力量体系,联系广泛、服务群众的群团工作体系,推动人大、政府、政协、监察机关、审判机关、检察机关、人民团体、企事业单位、社会组织等在党的统一领导下协调行动、增强合力,全面提高国家治理能力和治理水平。 深化党和国家机构改革的首要任务是,完善坚持党的全面领导的制度,加强党对各领域各方面工作领导,确保党的领导全覆盖,确保党的领导更加坚强有力。要建立健全党对重大工作的领导体制机制,强化党的组织在同级组织中的领导地位,更好发挥党的职能部门作用,统筹设置党政机构,推进党的纪律检查体制和国家监察体制改革	深化党和国家机构改革,目标是构建系统完备、科学规范、运行高效的党和国家机构职能体系。必须以习近平新时代中国特色社会主义思想为指导,以加强党中央集中统一领导为统领,以推进国家治理体系和治理能力现代化为导向,坚持稳中求进工作总基调,适应统筹推进"五位一体"总体布局、协调推进"四个全面"战略布局的要求,适应构建新发展格局、推动高质量发展的需要,坚持问题导向,统筹党中央机构、全国人大机构、国务院机构、全国政协机构,统筹中央和地方,深化重点领域机构改革,推动党对社会主义现代化建设的领导在机构设置上更加科学、在职能配置上更加优化、在体制机制上更加完善、在运行管理上更加高效
机构改革和职能调整	1. 组建国家监察委员会。将监察部、国家预防腐败局的职责,最高人民检察院查处贪污贿赂、失职渎职以及预防职务犯罪等反腐败相关职责整合,组建国家监察委员会,同中央纪律检查委员会合署办公,履行纪检、监察两项职责,实行一套工作机构、两个机关名称。国家监察委员会由全国人民代表大会产生,接受全国人民代表大会及其常务委员会的监督。 不再保留监察部、国家预防腐败局; 2. 组建中央全面依法治国委员会,作为党中央决策议事协调机构。中央全面依法治国委员会办公室设在司法部; 3. 组建中央审计委员会。作为党中央决策议事协调机构,中央审计委员会办公室设在审计署; 4. 中央全面深化改革领导小组、中央网络安全和信息化领导小组、中央财经领导小组、中央外事工作领导小组分别改为中央全面深化	1. 组建中央金融委员会,作为党中央决策议事协调机构。设立中央金融委员会办公室,作为中央金融委员会的办事机构,列入党中央机构序列。不再保留国务院金融稳定发展委员会及其办事机构。将国务院金融稳定发展委员会办公室职责划入中央金融委员会办公室; 2. 组建中央金融工作委员会,作为党中央派出机关。同中央金融委员会办公室合署办公。将中央和国家机关工作委员会的金融系统党的建设职责划入中央金融工作委员会; 3. 组建中央科技委员会,作为党中央决策议事协调机构。中央科技委员会办事机构职责由重组后的科学技术部整体承担。保留国家科技咨询委员会,服务党中央重大科技决策,对中央科技委员会负责并报告工作。国家科技伦理

续表

2018	2023
改革委员会、中央网络安全和信息化委员会、中央财经委员会、中央外事工作委员会。4个委员会的办事机构分别为中央全面深化改革委员会办公室、中央网络安全和信息化委员会办公室、中央财经委员会办公室、中央外事工作委员会办公室； 5. 组建中央教育工作领导小组，作为党中央决策议事协调机构。中央教育工作领导小组秘书组设在教育部； 6. 组建中央和国家机关工作委员会。将中央直属机关工作委员会和中央国家机关工作委员会的职责整合，组建中央和国家机关工作委员会，作为党中央派出机构。不再保留中央直属机关工作委员会、中央国家机关工作委员会； 7. 组建新的中央党校（国家行政学院），作为党中央直属事业单位。将中央党校和国家行政学院的职责整合，实行一个机构两块牌子； 8. 组建中央党史和文献研究院，作为党中央直属事业单位。将中央党史研究室、中央文献研究室、中央编译局的职责整合。中央党史和文献研究院对外保留中央编译局牌子。不再保留中央党史研究室、中央文献研究室、中央编译局； 9. 中央组织部统一管理中央机构编制委员会办公室。中央机构编制委员会办公室作为中央机构编制委员会的办事机构，承担中央机构编制委员会日常工作，归口中央组织部管理； 10. 中央组织部统一管理公务员工作。将国家公务员局并入中央组织部。中央组织部对外保留国家公务员局牌子。不再保留单设的国家公务员局； 11. 中央宣传部统一管理新闻出版工作。将国家新闻出版广电总局的新闻出版管理职责划入中央宣传部。中央宣传部对外加挂国家新闻出版署（国家版权局）牌子；	委员会作为中央科技委员会领导下的学术性、专业性专家委员会，不再作为国务院议事协调机构。不再保留中央国家实验室建设领导小组、国家科技领导小组、国家科技体制改革和创新体系建设领导小组、国家中长期科技发展规划工作领导小组及其办公室。省级党委科技领域议事协调机构结合实际组建； 4. 组建中央社会工作部，作为党中央职能部门。划入民政部的指导城乡社区治理体系和治理能力建设、拟订社会工作政策等职责，统筹推进党建引领基层治理和基层政权建设。划入中央和国家机关工作委员会、国务院国有资产监督管理委员会党委归口承担的全国性行业协会商会党的建设职责，划入中央精神文明建设指导委员会办公室的全国志愿服务工作的统筹规划、协调指导、督促检查等职责。负责统筹指导人民信访工作，指导人民建议征集工作，统筹推进党建引领基层治理和基层政权建设，统一领导全国性行业协会商会党的工作，协调推动行业协会商会深化改革和转型发展，指导混合所有制企业、非公有制企业和新经济组织、新社会组织、新就业群体党建工作，指导社会工作人才队伍建设等。中央社会工作部统一领导国家信访局。国家信访局由国务院办公厅管理的国家局调整为国务院直属机构。省、市、县级党委组建社会工作部门，相应划入同级党委组织部门的"两新"工委职责； 5. 组建中央港澳工作办公室。在国务院港澳事务办公室基础上组建，作为党中央办事机构，承担在贯彻"一国两制"方针、落实中央全面管治权、依法治港

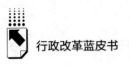
续表

2018	2023
12. 中央宣传部统一管理电影工作。将国家新闻出版广电总局的电影管理职责划入中央宣传部。中央宣传部对外加挂国家电影局牌子； 13. 中央统战部统一领导国家民族事务委员会。将国家民族事务委员会归口中央统战部领导。国家民族事务委员会仍作为国务院组成部门； 14. 中央统战部统一管理宗教工作。将国家宗教事务局并入中央统战部。中央统战部对外保留国家宗教事务局牌子。不再保留单设的国家宗教事务局； 15. 将国务院侨务办公室并入中央统战部。中央统战部对外保留国务院侨务办公室牌子。国务院侨务办公室海外华人华侨社团联谊等职责划归中国侨联行使。不再保留单设的国务院侨务办公室； 16. 优化中央网络安全和信息化委员会办公室职责。将国家计算机网络与信息安全管理中心由工业和信息化部管理调整为由中央网络安全和信息化委员会办公室管理； 17. 不再设立中央维护海洋权益工作领导小组。有关职责交由中央外事工作委员会及其办公室承担，在中央外事工作委员会办公室内设维护海洋权益工作办公室； 18. 不再设立中央社会治安综合治理委员会及其办公室。有关职责交由中央政法委员会承担； 19. 不再设立中央维护稳定工作领导小组及其办公室。有关职责交由中央政法委员会承担； 20. 将中央防范和处理邪教问题领导小组及其办公室职责划归中央政法委员会、公安部承担	治澳、维护国家安全、保障民生福祉、支持港澳融入国家发展大局等方面的调查研究、统筹协调、督促落实职责。保留国务院港澳事务办公室牌子。不再保留单设的国务院港澳事务办公室

表 3 2013 年、2018 年、2023 年国务院改革和职能优化调整基本情况

	2013 年	2018 年	2023 年
重要会议和文件	2013 年 2 月 28 日党的十八届二中全会审议通过《国务院机构改革和职能转变方案》； 2013 年 3 月 14 日十二届全国人大一次会议通过决议批准《国务院机构改革和职能转变方案》； 2013 年 3 月 14 日新华社受权发布《国务院机构改革和职能转变方案》； 2013 年 3 月 26 日印发《国务院办公厅关于实施〈国务院机构改革和职能转变方案〉任务分工的通知》	2018 年 2 月 28 日党的十九届三中全会审议通过《中共中央关于深化党和国家机构改革的决定》和《深化党和国家机构改革方案》； 2018 年 3 月 17 日十三届全国人大一次会议通过决议批准《国务院机构改革方案》； 2018 年 3 月 17 日新华社受权发布《国务院机构改革方案》； 2018 年 3 月 21 日新华社全文发布《深化党和国家机构改革方案》	2023 年 2 月 28 日党的二十届二中全会审议通过《党和国家机构改革方案》； 2023 年 3 月 10 日十四届全国人大一次会议通过决议批准《国务院机构改革方案》； 2023 年 3 月 11 日新华社受权发布《国务院机构改革方案》； 2023 年 3 月 16 日中共中央、国务院印发的《党和国家机构改革方案》
目标任务	以职能转变为核心，继续简政放权，推进机构改革，稳步推进大部门制改革，减少和下放投资审批事项，减少和下放生产经营活动审批事项，减少和认定、减少专项转移支付和收费，减少部门职责交叉和分散；改革工商登记制度，改革社会组织管理制度，改善和加强宏观管理，加强基础性制度建设，加强依法行政。深入推进政企分开、政资分开、事企分开、政社分开，分工合理，权责一致，运转高效，法治保障的国务院机构职能体系，结构优化、廉洁高效、人民满意的服务型政府	以加强党的全面领导为统领，以国家治理体系和治理能力现代化为导向，以推进党和国家机构职能优化协同高效为着力点，改革机构设置，优化职能配置，提高效率效能。破除制约市场在资源配置中起决定性作用、更好发挥政府作用的体制机制弊端。加强和完善政府经济调节、市场监管、社会管理、公共服务、生态环境保护职能。推进重点领域和关键环节的政府治理体系，提高政府执行力，依法行政，建设人民满意的服务型政府	以加强党中央集中统一领导为统领，以推进国家治理体系和治理能力现代化为导向，坚持稳中求进工作总基调，适应统筹推进"五位一体"总体布局、协调推进"四个全面"战略布局的要求，适应新发展格局，推动高质量发展的需要，加强科学技术、金融监管、数据管理、乡村振兴、老龄工作等重点领域的政府职责优化和调整，转变政府职能，加快建设法治政府

续表

	2013 年	2018 年	2023 年
改革重点	围绕转变职能和理顺职责关系,稳步推进大部门制改革,实行铁路政企分开,整合加强卫生和计划生育、食品药品、新闻出版和广播电影电视、海洋、能源管理机构	加强和完善政府经济调节、市场监管、社会管理、公共服务、生态环境保护职能,结合新的时代条件和实践要求,着力推进重点领域、关键环节的机构职能优化和调整	适应构建新发展格局,推动高质量发展的需要,加强科学技术、金融监管、数据管理,乡村振兴、知识产权、老龄工作等重点领域的机构职能优化和调整
机构改革和职能调整	(一)国务院组成部门改革和职能调整: 1. 实行铁路政企分开。将拟订铁路发展规划和政策的行政职责划入交通运输部。组建国家铁路局,由交通运输部管理,负责拟订铁路技术标准,监督管理铁路安全生产、运输服务质量和铁路工程质量等。组建中国铁路总公司,承担铁道部的企业职责。不再保留铁道部; 2. 组建国家卫生和计划生育委员会。将卫生部的职责,国家人口和计划生育委员会的计划生育管理和服务职责整合,组建国家卫生和计划生育委员会。将国家人口和计划生育委员会研究拟订人口发展战略、规划及人口政策职责划入国家发展和改革委员会。国家中医药管理局由国家卫生和计划生育委员会管理。不再保留卫生部、国家人口和计划生育委员会;	(一)国务院组成部门改革和职能调整: 1. 组建自然资源部。将国土资源部的职责,国家发展和改革委员会的组织编制主体功能区规划职责,住房和城乡建设部的城乡规划管理职责,水利部的水资源调查和确权登记管理职责,农业部的草原资源调查和确权登记管理职责,国家林业局的森林、湿地等资源调查和确权登记管理职责,国家海洋局的职责,国家测绘地理信息局的职责整合,组建自然资源部。不再保留国土资源部、国家海洋局、国家测绘地理信息局; 2. 组建生态环境部。将环境保护部的职责,国家发展和改革委员会的应对气候变化和减排职责,国土资源部的监督防止地下水污染职责,水利部的编制水功能区划、排污口设置管理、流域水环境保护职责,农业部的监督指导农业面源污染治理职责,国家海洋局的海洋环境保护职责,国务院南水北调工程建设委员会办公室的南水北调工程项目区环境保护职责整合,组建生态环境部。生态环境部对外保留国家核安全局牌子。不再保留环境保护部;	(一)国务院组成部门改革和职能调整: 1. 重新组建科学技术部。将科学技术部拟订科技促进农村发展规划和政策,指导农村科技进步等职责划入农业农村部。将科学技术部的组织拟订科技促进社会发展规划和政策、指导生态环境等领域科技进步职责分别划入国家发展和改革委员会、生态环境部、国家卫生健康委员会等部门。将科学技术部的组织编制高新技术发展及产业化规划和政策,指导高新技术产业开发区等创新基地建设,指导科技服务业、技术市场和科技中介组织发展等职责划入工业和信息化部。将科学技术部指导引进国外智力工作职责划入人力资源和社会保障部,在人力资源和社会保障部加挂国家外国专家局牌子。调整科学技术部的中央

续表

	2013年	2018年	2023年
机构改革和职能调整	改革后，除国务院办公厅外，国务院设置组成部门25个。 （二）国务院其他机构改革和职能调整： 1.组建国家食品药品监督管理总局。将国务院食品安全委员会办公室的职责，国家食品药品监督管理局的职责，国家质量监督检验检疫总局的生产环节食品安全监督管理职责，国家工商行政管理总局的流通环节食品安全监督管理职责整合，组建国家食品药品监督管理总局。新组建的国家食品药品监督管理总局，主要负责食品安全标准的制定。农业部负责生产农产品质量安全监督管理。将商务部监督管理职责划入农业部。保留国务院食品安全委员会，具体工作由国家食品药品监督管理总局承担。国家食品药品监督管理总局加挂国务院食品安全委员会办公室牌子。不再保留单设的国务院食品安全委员会办公室；	3.组建农业农村部。将农业部的职责，国家发展和改革委员会的农业投资项目，财政部的农业综合开发项目，国土资源部的农田整治项目，水利部的农田水利建设项目等管理职责整合，组建农业农村部。将农业部的渔船检验和监督管理职责划入交通运输部。不再保留农业部； 4.组建文化和旅游部。将文化部、国家旅游局的职责整合，组建文化和旅游部。不再保留文化部、国家旅游局。 5.组建国家卫生健康委员会。将国家卫生和计划生育委员会、国务院深化医药卫生体制改革领导小组办公室、全国老龄工作委员会办公室的职责，工业和信息化部牵头的《烟草控制框架公约》履约工作职责，国家安全生产监督管理总局的职业安全健康监督管理职责整合，组建国家卫生健康委员会。保留全国老龄工作委员会。日常工作由国家卫生健康委员会承担。将国家卫生和计划生育委员会的计划生育管理职责划入国家卫生健康委员会。不再设立国务院深化医药卫生体制改革领导小组办公室； 6.组建退役军人事务部。将民政部的退役军人优抚安置职责，人力资源和社会保障部的军官转业安置职责，以及中央军委政治工作部、后勤保障部有关保障职责整合，组建退役军人事务部； 7.组建国家应急管理部。将国家安全生产监督管理总局的职责，国务院办公厅的应急管理职责，公安部的消防管理职责，民政部的救灾职责，国土资源部的地质灾害防治、水利部的水旱灾害防治，农业部的草原防火，国家林业局的森林防火相关职责，中国地震局的震灾应急救援职责整合，组建国家应急管理部。	财政科技计划（专项、基金等）协调管理，科研项目资金协调评估等职责，将科学技术部所属中国农村技术开发中心划入农业农村部，中国生物技术发展中心划入国家卫生健康委员会，中国21世纪议程管理中心、高技术研究发展中心划入国家自然科学基金委员会由科学技术部管理。科学技术部不再保留国家外国专家局牌子； 2.优化农业农村部职责。将国家乡村振兴局的牵头开展防止返贫监测帮扶，组织拟订乡村振兴重点帮扶县帮扶、组织实施东西部协作、对口支援，社会帮扶，研究提出中央财政衔接推进乡村振兴相关资金分配建议方案并指导、监督资金使用，推动乡村帮扶产业发展，推动农村社会事业和公共服务发展等职责划入农业农村部。在农业农村部加挂国家乡村振兴局牌子。不再保留单设的国家乡村振兴局； 3.完善老龄工作体制。将国家卫生健康委员会的组织拟订并协调落实应对人口老龄化政策措施、承担全国老龄工作委员会具体工作等职责划入民政

	2013年	2018年	2023年
机构改革和职能调整	2. 组建国家新闻出版广电总局。将国家新闻出版总署、国家广播电影电视总局的职责整合，组建国家新闻出版广电总局。国家新闻出版广电总局加挂国家版权局牌子。不再保留国家新闻出版总署、国家广播电影电视总局。 3. 重新组建国家海洋局。将国家海洋局及其中国海监、公安部边防海警、农业部中国渔政、海关总署海上缉私警察的队伍和职责整合，重新组建国家海洋局，由国土资源部管理。国家海洋局以中国海警局名义开展海上维权执法，接受公安部业务指导。设立高层次议事协调机构国家海洋委员会，负责研究制定国家海洋发展战略，统筹协调海洋重大事项。国家海洋委员会的具体工作由国家海洋局承担； 4. 重新组建国家能源局。将国家能源局、国家电力监管委员会的职责整合，重新组建国家能源局，由国家发展和改革委员会管理。不再保留国家电力监管委员会	以及国家防汛抗旱总指挥部、国家减灾委员会、国务院抗震救灾指挥部、国家森林防火指挥部的职责整合，组建应急管理部。中国地震局、国家煤矿安全监察局由应急管理部管理。公安消防部队、武警森林部队转制后，由应急管理部管理。不再保留国家安全生产监督管理总局； 8. 重新组建科学技术部。将科学技术部、国家外国专家局的职责整合，重新组建科学技术部。科学技术部对外保留国家外国专家局牌子。国家自然科学基金委员会改由科学技术部管理。 9. 重新组建司法部。整合司法部和国务院法制办公室的职责，重新组建司法部。不再保留国务院法制办公室； 10. 优化水利部职责。将国务院南水北调工程建设委员会及其办公室、国务院三峡工程建设委员会及其办公室的职责划入水利部。不再保留国务院南水北调工程建设委员会及其办公室、国务院三峡工程建设委员会及其办公室。 11. 优化审计署职责。将国家发展和改革委员会的重大项目稽察、财政部的中央预算执行情况和其他财政收支情况的监督检查、国务院国有资产监督管理委员会的国有企业领导干部经济责任审计和国有重点大型企业监事会的职责划入审计署。不再设立国有重点大型企业监事会； 12. 监察部并入新组建的国家监察委员会。国家预防腐败局并入新组建的国家监察委员会，不再保留监察部、国家预防腐败局。 改革后，除国务院办公厅外，国务院设置组成部门26个；	部。全国老龄工作委员会办公室改设在民政部。 改革后，除国务院办公厅外，国务院设置组成部门仍为26个。 (二)金融管理机构的改革和职能调整 1. 在中国银行保险监督管理委员会基础上组建国家金融监督管理总局，作为国务院直属机构。划入中国人民银行对金融控股公司等金融集团的日常监管职责、有关金融消费者保护职责，中国证券监督管理委员会的投资者保护职责。不再保留中国银行保险监督管理委员会； 2. 深化地方金融监管体制改革。建立以中央金融管理部门地方派出机构为主的地方金融监管体制，统筹优化中央金融管理部门地方派出机构设置和力量配备。地方政府设立的金融监管机构专司监管职责，不再加挂金融工作局、金融办公室等牌子； 3. 中国证券监督管理委员会由国务院直属事业单位调整为国务院直属机构；

续表

2013 年	2018 年	2023 年
	（二）国务院其他机构改革和职能调整： 1. 组建国家市场监督管理总局。将国家工商行政管理总局的职责，国家质量监督检验检疫总局的职责，国家食品药品监督管理总局的职责，国家发展和改革委员会的价格监督检查与反垄断执法职责，商务部的经营者集中反垄断执法以及国务院反垄断委员会等职责整合，组建国家市场监督管理总局，作为国务院直属机构。不再保留国家工商行政管理总局、国家质量监督检验检疫总局、国家食品药品监督管理总局。组建国家药品监督管理局，由国家市场监督管理总局管理。保留国务院食品安全委员会、国务院反垄断委员会，具体工作由国家市场监督管理总局承担。国家认证认可监督管理委员会、国家标准化管理委员会由国家市场监督管理总局管理，对外保留牌子。将国家质量监督检验检疫总局的出入境检验检疫管理职责和队伍划入海关总署； 2. 组建国家广播电视总局。在国家新闻出版广电总局广播电视管理职责的基础上组建国家广播电视总局，作为国务院直属机构。不再保留国家新闻出版广电总局； 3. 组建中国银行保险监督管理委员会。将中国银行业监督管理委员会和中国保险监督管理委员会的职责整合，组建中国银行保险监督管理委员会，作为国务院直属事业单位。不再保留中国银行业监督管理委员会和中国保险监督管理委员会。将中国银行业监督管理委员会和中国保险监督管理委员会拟订银行业、保险业重要法律法规草案和审慎监管基本制度的职责划入中国人民银行；	4. 统筹推进中国人民银行分行及分支机构改革。撤销大区分行及省级营业管理部，总行直属营业管理部和省会城市中心支行，在31个省（自治区、直辖市）设立省级分行，在5个计划单列市设立计划单列市分行。北京分行保留中国人民银行营业管理部牌子，上海分行与中国人民银行上海总部合署办公。不再保留县（市）中心支行。对边境或外贸结售汇业务量较大的地区，可根据工作需要，采取向相关地区派出机构方式履行相关管理服务职能； 5. 完善国有金融资本管理体制。按照国有金融资本出资人相关管理规定，将中央金融管理部门管理的市场经营类机构剥离，相关国有金融资产产权人国有金融资本受托管理机构，由其根据国务院授权统一履行出资人职责； 6. 加强金融管理。中国人民银行、国家金融监督管理总局、中国证券监督管理委员会、国家外汇管理局及其分支机构，派出机构使用国家行政编制，工作人员纳入国家公务员统一规范管理，执行国家公务员工资待遇标准。

续表

2013年	2018年	2023年
	4. 组建国家国际发展合作署。将商务部对外援助工作有关职责、外交部对外援助协调等职责整合，组建国家国际发展合作署，作为国务院直属机构。对外援助的具体执行工作仍由有关部门按分工承担。 5. 组建国家医疗保障局。将人力资源和社会保障部的城镇职工和城镇居民基本医疗保险、生育保险职责，国家卫生和计划生育委员会的新型农村合作医疗职责，国家发展和改革委员会的药品和医疗服务价格管理职责，民政部的医疗救助职责整合，组建国家医疗保障局，作为国务院直属机构； 6. 组建国家粮食和物资储备局。将国家粮食局的职责，国家发展和改革委员会实施国家战略物资收储、轮换和管理，管理国家粮食、棉花和食糖等储备，以及民政部、商务部、国家能源局等部门的组织实施国家战略和应急储备物资收储、轮换和日常管理等职责整合，组建国家粮食和物资储备局，由国家发展和改革委员会管理。国家粮食和物资储备局挂国家粮食局牌子，不再保留国家粮食局； 7. 组建国家移民管理局。将公安部的出入境管理、边防检查职责整合，组建国家移民管理局，加挂中华人民共和国出入境管理局牌子，由公安部管理； 8. 组建国家林业和草原局。将农业部的草原监督管理职责，以及国土资源部、住房和城乡建设部、水利部、农业部、国家海洋局、国家公园等部门的自然保护区、风景名胜区、自然遗产、地质公园等管理职责整合，组建国家林业和草原局，由自然资源部管理。国家林业和草原	（三）国务院其他机构改革和职能调整。 1. 组建国家数据局。划入中央网络安全和信息化委员会办公室承担的研究拟订数字中国建设方案、协调推动公共服务和社会治理信息化、协调促进智慧城市建设、协调国家重要信息资源开发利用与共享、推动信息资源跨行业跨部门互联互通等职责，国家发展和改革委员会承担的统筹推进数字经济发展、组织实施国家大数据战略、推进数据要素基础制度建设、推进数字基础设施布局建设和改革等职责，数据局由国家发展和改革委员会管理。 2. 将国家知识产权局由国家市场监督管理总局管理的国家局调整为国务院直属机构。商标、专利等领域执法工作相关执法职责继续由市场监管综合执法队伍承担，相关执法工作接受国家知识产权局专业指导； 3. 将国家信访局由国务院办公厅管理的国家局调整为国务院直属机构。 （四）精减中央国家机关各部门所属机构，统一按中央国家机关各部门人员编制。

续表

2013 年	2018 年	2023 年
	原局加挂国家公园管理局牌子。不再保留国家林业局； 9. 国家工商行政管理总局的原产地地理标志管理职责、国家质量监督检验检疫总局的原产地地理标志管理职责，重新组建国家知识产权局，由国家市场监督管理总局管理。将全国社会保障基金理事会由国务院管理调整为由财政部管理。作为基金投资运营机构，不再明确行政级别； 11. 改革国税地税征管体制。将省级和省级以下国税地税机构合并。国税地税机构合并后，实行以国家税务总局为主与省（自治区、直辖市）政府双重领导的管理体制	照 5% 的比例进行精减，收回的编制主要用于加强重点领域和重要工作

B.4
2023年政府机构改革的
成就、问题与方向

杨开峰　田小龙*

摘　要： 政府机构改革是推进中国式政府治理现代化的重要内容和主导力量。2023年新一轮政府机构改革在中国自主性机构改革前进道路上取得新的进展，蕴含着法治政府和数字政府建设相互交织的时代主题。针对市场化、全球化、数字化叠加态势塑造的诸多问题，推进机构改革需要重点关注规范议事协调机构、加快数字政府建设、厘清纵向职责划分、推进事业单位改革、保障机构改革实效等方面。

关键词： 机构改革　自主性机构改革　政府职责划分

国务院机构改革是党和国家机构改革的重要组成部分，对推进中国式政府治理现代化发挥着重要作用。2023年2月，党的二十届二中全会决定开启新一轮党和国家机构改革。这次国务院机构改革贯彻落实党的二十大精神，着力解决机构设置和职能配置"同全面建设社会主义现代化国家、全面推进中华民族伟大复兴的要求还不完全适应，同实现国家治理体系和治理能力现代化的要求还不完全适应，同构建高水平社会主义市场经济体制的要求还不完全适应"的问题，在中国自主性机构改革前进道路上取得新的进展。从改革的具体内容来看，这次国务院机构改革重在加强科学技术、金融

---

　　* 杨开峰，中国人民大学公共管理学院教授，《公共管理与政策评论》主编，循证治理与公共绩效研究中心主任，主要研究方向为公共管理与组织理论、政府绩效管理；田小龙，中国人民大学公共管理学院博士后，主要研究方向为公共管理与组织理论。

监管、数据管理、乡村振兴、知识产权、老龄工作等重点领域的机构职责优化和调整，推动法治政府和数字政府建设。

一　2023年政府机构改革的主要成就：自主性机构改革的新进展

中国式现代化必然意味着中国式政府机构和政府治理的现代化。从整体来看，国务院机构改革是党领导人民探索和实践中国式现代化的重要体现，是党领导的中国自主性机构改革的生动诠释。党的领导是中国特色社会主义最本质的特征，也是中国自主性机构改革最核心的特质。改革开放以来，在党的领导下，国务院机构改革已经进行九次，呈现一定的周期性和阶段性特征。历次机构改革旨在应对社会主要矛盾的变化，演进逻辑与市场化进程吻合。

改革开放以前，党和国家对社会主要矛盾的认识与判断在曲折探索中演变升级为政治层面的以阶级斗争为纲。改革开放后，党和国家的工作重心转移到经济建设，党的十一届六中全会明确我国社会的主要矛盾是人民日益增长的物质文化需要同落后的社会生产之间的矛盾。围绕这个社会主要矛盾，机构改革从之前满足政治层面的需要转向满足经济层面的需要，一方面是破除高度集中的计划经济管理体制的束缚，另一方面是适应社会主义市场经济体制的建立。① 但在改革开放初期，市场的观念尚未取得绝对优势，在计划与市场的此消彼长过程中，社会主义市场经济体制的确立过程充满不确定性。在自觉适应经济社会环境的不断变化过程中，早期阶段的政府机构改革不得不摸着石头过河，采取与市场化改革相匹配的适应性改革策略，改革重点主要是直接的经济管理部门，表现出一定程度的市场从属性特征。② 例如，1998 年机构改革几乎撤销了所有的工业专业经济管理部门，在很大程

---

① 段易含：《矛盾分析视域下我国行政体制改革的基本逻辑及战略选择》，《行政与法》2019年第 8 期。
② 何艳玲：《中国行政体制改革的价值显现》，《中国社会科学》2020 年第 2 期。

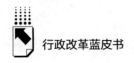
度上消除了政企不分、政府直接干预企业生产经营活动的组织基础。

进入 21 世纪后，随着社会主义市场经济体制的建立与不断完善，特别是中国加入世界贸易组织对政府治理提出新的要求，机构改革坚持摸着石头过河和加强顶层设计相结合，呈现更多的自主性内涵，更加侧重满足社会层面的需要。事实上，市场经济的竞争机制必然导致社会的多元化与差异性，经济全球化的国际竞争压力更是催生出中国话语的本土诉求。在党的十六大明确将公共服务列为政府的基本职能后，服务型政府建设逐渐成为政府机构改革的总体目标，社会管理和公共服务部门成为机构改革的重点。例如，2008 年国务院机构改革的主要任务是"以改善民生为重点加强与整合社会管理和公共服务部门"。党的十八大和党的十九大相继将服务型政府建设的目标定位聚焦于人民满意，特别是党的十九大明确新时代我国社会主要矛盾是人民日益增长的美好生活需要和不平衡不充分的发展之间的矛盾。围绕新时代社会的主要矛盾，建设人民满意的服务型政府延续了机构改革对市场化进程中多元社会诉求的回应逻辑，更是将社会诉求的差异性纳入考量。①

党领导的服务型政府建设与为人民服务根本宗旨和人民政府政治属性完全契合，具有制度建设的实践指导作用和话语创新的价值倡导意义。服务型政府建设扎根于中华大地，开拓于党领导的中国自主性机构改革道路，为机构改革提供了行动方向和总体目标，塑造了中国特色机构改革的创新话语。在推进并实现中国式政府治理现代化的实践场域中，不同时期的服务型政府建设有着更为具体和可操作的改革要求。在以中国式现代化全面推进强国建设、民族复兴伟业的新时代新征程上，党的二十大一方面坚持社会主义市场经济改革方向，坚持经济全球化的正确方向，部署法治中国建设，经济社会发展提供规范和保障作用，另一方面把握数字化转型的时代脉搏，部署数字中国建设，为经济社会发展提供引领和支撑作用。2023 年国务院机构改革贯彻落实党的二十大有关法治中国和数字中国建设的战略部署，牢牢把握

---

① 何艳玲、李丹：《"体系化"：新时代机构改革的特质与逻辑转换》，《公共管理与政策评论》2023 年第 6 期。

"六个必须坚持"，推进法治政府和数字政府建设。[①]

法治政府建设是推进中国式政府治理现代化的关键举措和重要保障。党的二十大强调，"优化政府职责体系和组织结构，推进机构、职能、权限、程序、责任法定化"。在新一轮政府机构改革中，金融监管机构的职责优化和调整力度很大，是一次金融监管法治化与现代化的集中洗礼——组建国家金融监督管理总局、深化地方金融监管体制改革、中国证券监督管理委员会调整为国务院直属机构、统筹推进中国人民银行分支机构改革、完善国有金融资本管理体制、加强金融管理部门工作人员统一规范管理。随着金融监管机构改革的不断推进，"一行一局一会"新格局正在加快形成，更好地服务于推动高质量发展。其中，新组建的国家金融监督管理总局统一负责除证券业之外的金融业监管，统筹负责金融消费者权益保护，落实党的二十大提出的"依法将各类金融活动全部纳入监管"相关部署。而且，国家金融监督管理总局由原来银保监会的事业单位调整为国务院直属机构，同时中国证券监督管理委员会也由事业单位调整为国务院直属机构，这种调整能够进一步明确国家金融监督管理总局和证监会的监管法律地位和在政府序列中的法定地位，强化监管的行政权威，避免之前因事业单位性质而导致的监管行为效力争议。[②] 地方金融监管体制改革也体现了监管与发展职责分离的法治化要求，建立以中央金融管理部门地方派出机构为主的地方金融监管体制，保留地方政府设立的金融监管机构并剥离其促进金融发展职责，既能强化金融管理中央事权，又能压实地方金融监管主体责任，提高地方金融监管机构依法履职的独立性。加强金融管理部门工作人员统一规范管理，将金融监管机构及其分支机构、派出机构纳入行政编制，将工作人员纳入国家公务员统一规范管理，能够促进金融管理部门依法合规履行金融管理职责，解决金融系统队伍管理的统一性、规范性问题。此外，2024年3月，十四届全国人大二次会议表决通过新修订的国务院组织法。修改国务院组织法能够进一步健全

[①] 杨开峰、郑连虎、田小龙：《理解新一轮机构改革》，《江苏行政学院学报》2024年第1期。

[②] 刘鹏、郭戈英：《走向适应性监管：理解中国金融监管机构改革的治理逻辑》，《学海》2023年第3期。

国务院的组织制度和工作制度，既是全面建设法治政府的重要内容，也是深化党和国家机构改革的有力举措，"总结党的十八大以来深化党和国家机构改革取得的制度创新成果和宝贵实践经验，与《中国共产党机构编制工作条例》等制度规范做好衔接，以基本法律的形式做好顶层设计、夯实制度基础"①。

数字政府建设是推进中国式政府治理现代化的强劲动力和必要承载。数据要素成为关键生产要素，经济数字化转型成为推进政府治理现代化的重要引擎，特别是新质生产力已经在实践中形成并展示出对高质量发展的强劲推动力与支撑力。生产力与生产关系的矛盾运动是推动人类社会发展的根本动力，发展新质生产力必须进一步全面深化改革，塑造与之相适应的新型生产关系。面对市场化、全球化、数字化高度交织态势塑造的社会多元性和差异性挑战，2023 年机构改革深化科技体制机制改革，重新组建科学技术部，整体承担新组建的中央科技委员会的办事机构职责，形成"党中央决策议事协调机构+国务院职能部门"② 新模式，推动健全新型举国体制，从而统筹科技力量在关键核心技术领域实现突破，加快发展新质生产力。同时，这次机构改革把数据资源整合共享和开发利用方面的有关职责集中起来组建国家数据局，负责协调推进数据基础制度建设，统筹推进数字中国、数字经济、数字社会规划和建设等。组建国家数据局能够理顺央地数据管理职责的对应衔接关系，实现跨部门、跨层级、跨地域的数据流通与利用，为数字政府建设提供一定的组织保障。

二 政府机构改革面临的主要问题

政府治理现代化是一个动态的概念，政府机构改革只能阶段性完成任

① 李鸿忠：《关于〈中华人民共和国国务院组织法（修订草案）〉的说明》，https：//www.gov.cn/yaowen/liebiao/202403/content_ 6936800. htm。

② 何艳玲、李丹：《"体系化"：新时代机构改革的特质与逻辑转换》，《公共管理与政策评论》2023 年第 12 期。

务，原有问题不一定得到完全解决，新的问题也会不断产生，正如 2023 年机构改革源于"三个不完全适应"。推进政府机构改革仍面临以下诸多问题。

第一，市场化、全球化、数字化高度叠加态势共同塑造的社会多元化与差异性问题是深化机构改革需要解答的重点议题。[①] 在政府机构改革的整个过程中，市场化始终是一个重要的逻辑线索。自主性机构改革的基本逻辑就是与经济体制改革协同推进。由于经济社会环境总是不断变化，政府机构必须进行周期性改革。但是，由于市场天然的趋利性和竞争性，市场化必然带来社会分化。21 世纪以来，中国经济发展深度融入全球经济，经济全球化的竞争压力更是加剧社会多元化。特别是新时代以来，我国社会主要矛盾已经转化为人民日益增长的美好生活需要和不平衡不充分的发展之间的矛盾。为了解决这个社会矛盾，我国经济发展已经由高速增长阶段转向高质量发展阶段，人民的利益诉求与价值取向也更加多元。特别是近些年出现的经济数字化转型，对经济发展和机构改革都提出了挑战。而且，新质生产力已经在实践中形成并展示出对高质量发展的强劲推动力与支撑力。推动高质量发展，需要进一步深化机构改革，深入实施科教兴国战略、人才强国战略、创新驱动发展战略，加快实现高水平科技自立自强，发展新质生产力。

第二，机构改革最为直观的表现就是正式组织结构的调整，包括内设机构的交叉整合，背后体现的是职能配置的调整。从组织结构来看，一方面，大部制等常规部门的行政运作机制需要进一步完善；另一方面，更重要的是，议事协调机构数量过多、运作不规范等问题需要认真解决。历经多次改革，政府组织结构基本完成了大部制改革，机构设置和职能配置趋向合理。大部制改革的根本目的是对职能相近或相似的部门进行有机整合，将高成本的部际协调转换为部内协调。但大部制的运作机制仍需要进一步完善：决策权、执行权、监督权相互制约协调。在这三大权力中，党的领导主要体现在决策和监督，政府职能部门主要体现在执行层面。完善行政运作机制，要从

---

① 何艳玲：《中国行政体制改革的价值显现》，《中国社会科学》2020 年第 2 期。

决策权和监督权着手，进一步坚持和加强党的全面领导，要从执行权着手，加强政府职能部门的协同配合。

2023 年新一轮机构改革超越大部制改革思维，采用"党中央决策议事协调机构+国务院职能部门"的组合模式。议事协调机构是中国自主性机构改革的特色要素，同大部制一起构成服务型政府建设的重要组织支撑。实际工作中，议事协调机构一般使用领导小组、委员会等名称，具有规格高、成员多、灵活等特点。从各地情况来看，议事协调机构的设置缺乏硬性限额约束，数量不断增加；机构运作缺少规范约束，不利于强化和落实责任。[①]

第三，机构改革侧重通过组织结构和职能配置的调整来提升治理能力，但改革任务的实际执行和最终落实都离不开具体的公务人员，背后深层次反映的是人员价值观念和组织文化规范的融合。如何提升人员能力是机构改革需要考虑的一个重要方面。提升人员能力不仅要在精简人员编制方面调整公务人员的数量结构，从公务人员的招聘、考核、培训等方面审视公务人员的综合素质和业务能力，更需要在机构改革过程中获得各相关部门人员的参与和支持，确保机构改革的扎实推进、有效落实，解决公务员队伍中不作为问题。此外，不同部门长期以来会形成相异甚至冲突的组织文化，机构改革同样需要考虑如何做好文化融合，避免文化冲突。

第四，从政府职能来看，随着大数据、人工智能等数字技术的发展普及推动公共服务的均等化、普惠化、高效化、便捷化，维护数字安全的重要性和紧迫性也越发明显。2023 年新一轮机构改革统筹考虑推动发展和维护安全的职能要素，聚焦国家重大发展战略，防控重大新兴风险。例如，新一轮机构改革加强科学技术部推动健全新型举国体制等职能，将其非核心职能划入农业农村部等七个部门；又如，新一轮机构改革牢牢守住不发生系统性金融风险的底线，构建"两委一行一会一总局"的全新监管架构，全面监管各类金融活动。除了科技、金融领域外，推进机构改革也需要统筹考虑公共

---

① 栾英涛、姜鹏翔：《加强规范管理 推动高效履职 创新开展议事协调机构管理工作》，http：//bwb. huaian. gov. cn/jdjc/6/content/16672320/1669281497101UZTO9LMe. html。

服务供给的发展和安全问题，在政务服务方面强化数字赋能、建设数字政府，在社会服务方面推动事业单位数字化转型。

第五，从理顺关系来看，机构改革既有横向结构重组，涉及理顺党政分工关系、部门关系等，也有纵向结构重塑，涉及理顺央地关系。考虑到我国五级政府体系，机构改革在调整横向同一层级的机构职能体系时，更应推进纵向不同层级的改革协同，进一步理顺央地关系。① 我国是单一制国家，政府在纵向间职责配置和机构设置上高度一致，即"职责同构"，这对深化机构改革具有一定的负面影响。机构改革通常由上往下、由中央向地方推进，机构设置上下对应。近些年地方机构改革有一些自选动作，不与中央对标，因地制宜设置地方特色的机构，但这产生了新的央地协同问题，一些部门在上级或中央没有主管部门，因而在政策支持、资源分配等方面得不到公平对待。从组织结构来看，机构改革已经打破上下对应的模式，问题核心在于：如何在行政运行机制方面保障上下不对应机构的有效沟通和公平待遇。②

三　推进机构改革的重点方向

推进机构改革可以重点关注以下几个方面：通过规范议事协调机构进一步优化部门协调机制；加快数字政府建设，提升政府数据治理能力和政务服务水平；在党政分工关系已经明确的前提下，重点围绕央地关系厘清政府纵向职责划分，充分激发地方改革创新活力；推进事业单位改革来改善公共服务；最后，保障机构改革实际效果。

（一）规范议事协调机构

2023 年 7 月，习近平总书记在二十届中央机构编制委员会第一次会议上

---

① 马亮：《机构改革：从战略到行动》，《广西师范大学学报》（哲学社会科学版），2024 年 3 月 20 日网络首发。
② 竺乾威：《进入调整和完善时期的机构改革：建构高质量的政府》，《行政论坛》2023 年第 3 期。

的讲话中指出，要精简规范议事协调机构设置，认真解决议事协调机构过多的问题。① 从 2023 年新一轮机构改革来看，作为党中央决策议事协调机构，中央科技委员会的组建，在某种程度上打破了科技领域相关部门原有的科层制结构，极大提升科技政策的"政治势能"和统筹权威，解决此前科技政策分散化和碎片化的问题。"党中央决策议事协调机构+国务院职能部门"的组合模式为继续推进机构改革、解决特定领域的部门政策协调问题提供了新的思路。

从机构类型来看，中央科技委员会属于党中央决策议事协调机构。新时代机构改革大量组建各类议事协调机构，包括中央全面深化改革委员会、中央金融委员会，充分展示出机构改革的中国自主性特征。但是，如果议事协调机构及其办事机构太多太杂，同样也会出现部门协调问题。2017 年，中共中央印发《中国共产党工作机关条例（试行）》，提出"严格控制议事协调机构常设办事机构的设立"。2023 年 9 月，中央组织部副部长、中央编办主任李小新在总结改革进展时提到"议事协调机构大幅压缩"②。事实上，根据中国机构编制网的报道，早在 2023 年 9 月，《中共中央办公厅 国务院办公厅关于调整中国社会科学院职责等事项的通知》所提及的政策依据就是《党中央、国务院议事协调机构优化调整方案》。③ 尽管这一方案尚未公开，各地已经陆续优化调整议事协调机构。就在 2023 年年底，据媒体报道，中央农村工作领导小组办公室已经从农业农村部改设在中央财办。④ 中央农办重回中央财办，并采用"中央财办（中央农办）"的表述形式，这既表明党中央对农业农村工作更加重视，也意味着进一步规范调整融合议事协调机构、减少机构数量。在未来的机构改革中，中央和地方会进一步加强对议事协调机构的精简规范和优化调整。

---

① 习近平：《习近平在二十届中央机构编制委员会第一次会议上的讲话》，https://www.gov.cn/yaowen/liebiao/202312/content_ 6920458. htm。

② 李小新：《深入学习贯彻习近平总书记在中央编委第一次会议上重要讲话精神坚定捍卫"两个确立"坚决做到"两个维护"》，《中国机构编制》2023 年第 8 期。

③ 《中共中央办公厅 国务院办公厅关于调整中国社会科学院职责等事项的通知》，http://www.scopsr.gov.cn/jgbzdt/gg/202310/t20231012_ 387543.html。

④ 王宇：《中央农办重回中央财办，有何深意？》，中国新闻周刊网。

（二）加快数字政府建设

2023年，新一轮机构改革推进了一些重点领域的机构职责调整，但也存在进一步拓展的空间。例如，在以数据为关键要素的数字经济时代，数据利用与数据安全是数据要素市场建设的两个核心命题。一方面，数据必须高效流通才能实现价值，另一方面，保障数据安全是基本底线。这次组建国家数据局是"在保持数据安全、行业数据监管、信息化发展、数字政府建设等现行工作格局总体稳定前提下，把数据资源整合共享和开发利用方面的有关职责相对集中"。经过调整，中央网络安全和信息化委员会办公室仍然承担保障数据安全职能，其他行业主管部门如工业和信息化部也承担相应领域的行业数据监管职能。因此，国家数据局的职能侧重促进数据要素的开发利用，而非保障数据安全和行业数据监管。未来机构改革一方面要"健全数据基础制度，大力推动数据开发开放和流通使用"，另一方面也要"提高网络、数据等安全保障能力"，平衡数据利用与数据安全，助力数字政府建设。

而且，作为国家发展和改革委员会管理的国家局，国家数据局负责协调推进数据基础制度建设，统筹推进数字中国、数字经济、数字社会规划和建设等，需要协调的部门太多，可能面临"小马拉大车"的困境。同时，根据2022年《关于加强数字政府建设的指导意见》，数字政府建设工作领导小组统筹指导协调数字政府建设，办公室设在国务院办公厅。未来机构改革需要考虑如何在行政体制和机构编制上协调数字政府建设、数字经济建设、数字社会建设，推进数字中国战略。可能的解决方案是成立中央数字中国建设委员会，从顶层设计上推进数字中国建设，确保改革决策和规划的系统性、整体性和协调性。

此外，在数字化转型的大背景下，一些主要的西方国家已经开始推广首席数据官制度，作为政府机构改革的创新举措，统筹数据战略实施、推动政府数据资源开放共享与开发利用。我国正在加快数字经济、数字社会、数字政府建设，以数字化转型整体驱动生产方式、生活方式和治理方式变革。近年，国内多个地方已经开展首席数据官制度的试点工作，解决数据资源共享开放和开发利用的"数据孤岛"问题。未来机构改革可以在跟踪评估和系统研判地方试点工作的基础上，考虑是否全面推行首席数据官制度，以推进"高效办成一件事"为牵引，提升政府数据治理能力和政务服务水平。

（三）厘清纵向职责划分

优化政府职责体系和组织结构是推进机构改革、转变政府职能的重要内容。改革开放以来，在建立社会主义市场经济体制的过程中，早期机构改革往往是阶段性工作的完成，导致机构改革系统性较弱、缺乏总体设计，行政层级（过多）问题、区划调整问题、省直管县问题等并未得到有效解决。新时代机构改革能够超越以往机构改革的限度，关键成果在于调整结构、转变职能、理顺关系的统一，特别是理顺党政关系，将党的全面领导本身作为一种改革机制，嵌入深层次的机构改革中。随着新时代机构改革的渐次推进，党领导下的党政职责分工关系得以明确后，理顺中央与地方的关系成为未来机构改革超越以往改革限度的突破口。

大部制和议事协调机构改革解决的是政府部门的横向问题，而中央与地方纵向各级政府在职能职责与机构设置上通常高度一致，即"职责同构"。在五级政府体系中，政府横向职责关系基本明确，但纵向职责调整仍在进行中。2013年，党的十八届三中全会强调了中央和地方的不同职责，要求加强中央政府宏观调控，同时加强地方政府的公共服务、市场监管、社会管理和环境保护等职责。2018年，党的十九届三中全会指明央地关系的症结所在，"一些领域中央和地方机构职能上下一般粗，权责划分不尽合理"，要求赋予省级及以下机构更多自主权，"允许地方因地制宜设置机构和配置职能，允许把因地制宜设置的机构并入同上级机关对口的机构，在规定限额内确定机构数量、名称、排序等"①。2023年机构改革统筹中央和地方，在重

---

① 《中共中央关于深化党和国家机构改革的决定》，https：//www.gov.cn/zhengce/2018－03／04/content_ 5270704. htm。

点领域加强中央控制的同时，也允许地方在中央要求的"规定动作"之外，结合实际情况"自选动作"，例如省级党委科技领域议事协调机构的组建和地方政府科技部门职责的调整。在机构改革的自上而下推进过程中，各级政府不仅受到纵向职责同构压力的束缚，也会结合地方实际采取因地制宜的创新策略。①

尽管新一轮机构改革仍然属于由党政权威自上而下推行的改革，但也存在部分自下而上的改革特征。新一轮机构改革组建国家数据局是在地方试验基础上经过全面评估和科学研判后的顶层设计，是在认识和把握数据要素特征规律基础上调整优化中央政府机构职责的统筹安排。事实上，机构改革试验从地方探索到顶层设计，是中央对地方经验进行系统观察分析进而采取吸纳、调适和优化的再设计过程，体现了全面复制推广、选择性调适地方经验和机构职能整体再造等差异化策略。② 不过，问题的关键在于：从纵向来看，我国单一制国家结构、职责同构的政治系统以及自上而下的集中制组织体制同行政下沉要求的地方的自主性之间存在深刻的矛盾。③ 未来机构改革需要进一步理顺央地关系，厘清中央和地方的纵向职责划分，确定不同地区因地制宜改革探索的空间和边界，并辅以操作性的制度保障，避免地方改革遭遇深层次的体制机制障碍，在保证党中央令行禁止的前提下充分发挥地方改革创新的积极性。

（四）推进事业单位改革

党政群所属事业单位是提供公共服务的重要力量，事业单位改革是党和国家机构改革的重要构成。2011年《中共中央　国务院关于分类推进事业单位改革的指导意见》科学划分三类事业单位，推进承担行政职能事业单

---

① 史晓媛、马亮：《跨层级政府机构改革的多重联动逻辑——文化与旅游部门合并的案例研究》，《中国行政管理》2023年第8期。

② 张克、刘馨岳：《从地方探索到顶层设计：新时代党和国家机构改革的央地互动机制——以党的十九大以来两轮机构改革为分析对象》，《新视野》2023年第6期。

③ 竺乾威：《进入调整和完善时期的机构改革：建构高质量的政府》，《行政论坛》2023年第3期。

位改革，推进从事生产经营活动事业单位改革，推进从事公益服务事业单位改革，拉开了我国事业单位改革的序幕。2013年党的十八届三中全会指出，"加快事业单位分类改革，加大政府购买公共服务力度，推动公办事业单位与主管部门理顺关系和去行政化，创造条件，逐步取消学校、科研院所、医院等单位的行政级别"①。2018年《中共中央关于深化党和国家机构改革的决定》进一步要求加快推进事业单位改革。10多年来，事业单位改革取得一定的成就，但"事业单位定位不准、职能不清、效率不高等问题依然存在"。特别是进入新时代以来，我国社会主要矛盾已经发生变化，人民日益增长的美好生活需要对公共服务、公益事业的要求更高、更多样。

2019年，党中央《中国共产党机构编制条例》，明确党中央设立中央机构编制委员会，主要职责之一就是研究提出事业单位管理体制和机构改革方案。2023年新一轮机构改革优化调整了科学技术部所属的四个技术机构，政事分开取得新的进展：中国农村技术开发中心划入农业农村部，中国生物技术发展中心划入国家卫生健康委员会，中国21世纪议程管理中心、科学技术部高技术研究发展中心划入国家自然科学基金委员会。将基本不承担行政职能的事业单位从科技部直接管理改为由国务院相应的职能部门或国务院所属事业单位进行管理，充分发挥专业分工的优势，有利于深化事业单位改革。②

统筹党政群所属事业单位改革、加快事业单位分类改革是加强党的集中统一领导，推进基本公共服务均等化、普惠化、便捷化的必然要求。事业单位改革需要在顶层设计的全局高度统筹谋划，除了在党和国家机构改革中推进政事分开，理顺政事关系，也要加大从事经营活动事业单位改革力度，推进事企业分开，更要区分情况实施公益类事业单位改革，创造条件逐步取消学校、科研院所、医院等公益类事业单位的行政级别，强调其公益属性，加

---

① 《中共中央关于全面深化改革若干重大问题的决定》，https：//www.gov.cn/jrzg/2013-11/15/content_2528179.htm。
② 高小平：《我国行政管理制度创新的重大实践——对2023年机构改革的行政学分析》，《行政管理改革》2023年第5期。

强政府监管。特别是对于高校这一类特殊的公益类事业单位而言，与政府组织和企业组织不同，高校本质上是一种学术性组织，但又兼具行政特征。李强总理在2024年《政府工作报告》中指出，"实施高等教育综合改革试点，优化学科专业和资源结构布局"。深化高校机构改革，是加快建设具有中国特色、世界一流的大学和优势学科的必要举措。

近些年，有关事业单位改革的政策相继出台，引领事业单位进入新的发展阶段。例如，2023年，组织部和人力资源社会保障部印发《事业单位工作人员考核规定》。事业单位改革除了盘活用好存量编制资源、完善相关财政政策外，也可考虑适时推出面向数字经济时代的机构改革总体方案和分类改革方案，推进事业单位数字化转型，实现功能重塑再造和整体效能提升，促进公益事业更好更快发展。

（五）保障机构改革实效

保障机构改革实际成效，一方面要推进和完成地方层面的改革任务；另一方面，更重要的是，不仅要设立和调整机构，还要建立"运作机制"，这是"治理体系和治理能力中间的一种粘合剂"[①]。从运作机制角度审视机构改革，机构改革不仅涉及宏观制度的调整，还关乎工作层面的机制问题，需要将党和国家机构改革方案确定的任务细化转换为可操作、可执行的"三定"规定，更需要人员理念变化和能力提升、行政文化的革新。

事实上，历次机构改革已经形成调整结构（机构设置、人员配置）、转变职能、理顺关系的基本行动路径。如果说机构设置和人员配置是机构改革的具体物质载体，那么政府职能的进一步转变、履职能力的进一步提升就更依赖于理顺关系，通过加强作风建设——"克服形式主义、官僚主义、享乐主义和奢靡之风"[②]——持续改善运行机制。这就要求机构改革不仅要通过优化组织结构来理顺组织关系（包括党政、政企、政社、政事、央地、

[①] 周志忍：《从运作角度审视国家治理现代化》，《中国机构改革与管理》2018年第1期。

[②] 《中共中央关于深化党和国家机构改革的决定》，https://www.gov.cn/zhengce/2018-03/04/content_5270704.htm。

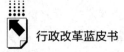

部门关系等），而且要通过优化人员结构来理顺人与事、人与人的伦理关系，更要在顶层设计与统筹谋划的层面理顺治理与伦理的关系。这涉及人员理念变化和能力提升问题、组织结构中的伦理问题，是深化机构改革在精神文明建设方面的重要工作，也是"第二个结合"对中国式政府治理现代化的必然要求。在当前社会转型阶段，伴随人工智能等新一代信息技术的发展，政府治理现代化迫切需要解答"人应该怎样生活"这一根本性伦理问题。这需要将马克思主义思想精髓同中华优秀传统文化精华贯通起来，使传统伦理精神在新时代获得创造性转化与创新性发展，更需要将传统伦理资源纳入中国自主性机构改革之中，使其在与西方机构改革话语论争中彰显中国智慧和中国特色，助推创造人类文明新形态。

B.5

当前我国县级机构改革问题与对策

——以贵州省金沙县为例*

胡仙芝 马长俊 杨 袁**

摘 要： 党的二十届二中全会开启新一轮党和国家机构改革，各地县级机构改革也在积极谋划和推进，预计在 2024 年年底前各地县级机构改革基本完成。贵州省金沙县作为我国西部地区的一个县，其改革任务、压力和挑战比较突出，改革的重点、难点、风险点具有一定的代表性。研究金沙县的改革可以为西部地区县级机构改革提供参考。该县级机构改革的重点领域和中央机构改革基本保持一致，重点是金融领导体制、科技领导体制、党的社会工作领导体制、政府大数据发展管理体制、老龄工作体制及"三农"工作机构优化，重点探索综合行政执法体制改革和乡镇（街道）管理体制改革。本报告旨在从优化重点领域机构职能配置、提高编制资源统筹使用效益、推进党政机构扁平化管理、完善乡镇（街道）管理体制等四个方面提出改革的对策建议及展望。

关键词： 县级机构改革 金沙县 扁平化管理 乡镇管理体制

一 背景

党的十八大以来，以习近平同志为核心的党中央高度重视深化党和国家

---

* 本文系中国行政体制改革研究会"完善县级机构设置案例比较研究"的阶段性成果。

** 胡仙芝，中央党校公共管理教研部科研秘书、研究员、博士生导师，主要研究方向为公共管理、政府治理；马长俊，中国煤炭工业协会副研究员、中共中央党校（国家行政学院）公共管理博士，主要研究方向为公共管理；杨袁，贵州省毕节市督查考核局干部。

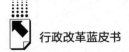

机构改革工作，推动党和国家机构职能实现系统性、整体性重构，为党和国家事业取得历史性成就提供了有力保障。党的二十大对深化机构改革作出重要部署，党的二十届二中全会开启了新一轮党和国家机构改革。

地方机构改革是党和国家机构改革的重要组成部分。本轮机构改革要求地方机构改革由省级党委统一领导，改革方案报党中央备案，地方层面的改革任务力争在2024年年底前完成，由上到下、压茬推进。作为承上启下的重要环节，发展经济、保障民生、维护稳定、促进国家长治久安的重要基础，县级机构改革面临的改革任务较为繁重、改革压力较大、改革挑战较为突出，并且因为省情市情县情不同，改革的重点、难点、风险点也有差异。为了更好把握完善县级机构设置的工作做法、存在的问题和优化方向，我们于2024年3月末4月初前往贵州省金沙县等地开展调研，重点就金沙县及其所属沙土镇（经济发达镇）的机构改革相关情况及问题、诉求等进行交流。通过"解剖"金沙县这个西部县级行政区"麻雀"，分析提出下一步机构改革的对策建议及展望。

二 金沙县机构改革的基本情况

金沙县位于贵州省西北部，毕节市东部，地处贵阳、遵义、毕节"金三角"交会处，是贵州省经济强县、中国西部百强县、中国最具投资潜力特色示范县之一、贵州第二大产煤县。县域总面积2528平方公里，辖26个乡镇（街道）242个村（社区），有1个省级经济开发区和2个副县级管理区。居住着汉族、彝族、苗族等36个民族，户籍人口70.53万人，常住人口54.19万人。

（一）金沙县机构设置情况

2000年后，金沙县按照中央、省、市的安排部署，共经历了2001年、2010年、2014年、2019年四次机构改革。由于2024年县级机构改革方案在调研前刚得到毕节市委批复，尚未落实，目前机构设置基本保持2019年状况。

当前金沙县共设置党政机构 37 个，其中纪检监察机关 1 个，县委工作机关 9 个，县政府工作部门 27 个，如图 1 所示。

在"三定"方案制订修订方面，金沙县于 2019 年机构改革期间，对 36 个党政部门的"三定"方案进行了重新制订或修订，经县司法局等相关单位合法性审查后以县委办公室、县政府办公室文件印发实施，进一步完善部门职责，规范机构设置，优化编制配置。因 2019 年省、市编办未对公安部门的"三定"方案进行修订，故金沙县公安局目前仍执行 2010 年机构改革时修订的"三定"方案。

在机构统筹设置方面，金沙县将商务工作职能划入县工业和信息化局，在该局加挂县商务局牌子，2019 年加挂县大数据局牌子；将县民族宗教事务局工作职能划入县委统战部，在该部加挂县民族宗教事务局牌子。改革后，前者（商务工作）成效不够明显，后者（民族宗教工作）得到进一步强化，运行顺畅，效果较好。

在职能统筹方面，金沙县按照精简统一效能的原则，将一些技术性和具体事务从行政机关剥离，交给事业单位。围绕保障和改善民生，重点加强了在基础教育、社会保障、公共文化、安全生产、应急救援等涉及群众切身利益、关系国计民生方面的职能，明确了县卫生健康局、县医保局等部门在医疗、医保、医药等方面的职责，建立沟通协商机制，加强制度、政策衔接，促进"三医联动"。按照"一件事由一个部门负责"的原则，以组建综合行政执法局理顺职责关系，较好解决了长期存在的城区乱搭乱建"多头管理或都不管"的乱象。

在编制统筹使用方面，金沙县历次改革秉持编制只减不增原则，主要采取事业编制和领导职数动态调整的办法来盘活有限的编制资源、提升编制调配效能。事业编制动态调整聚焦涉及民生的教育和医疗两个重点领域，在保持全县学校和医疗机构事业编制总量不变的基础上，一是结合学生人数的增减情况，每年对全县教职工编制进行一次动态调整，二是根据各医疗机构床

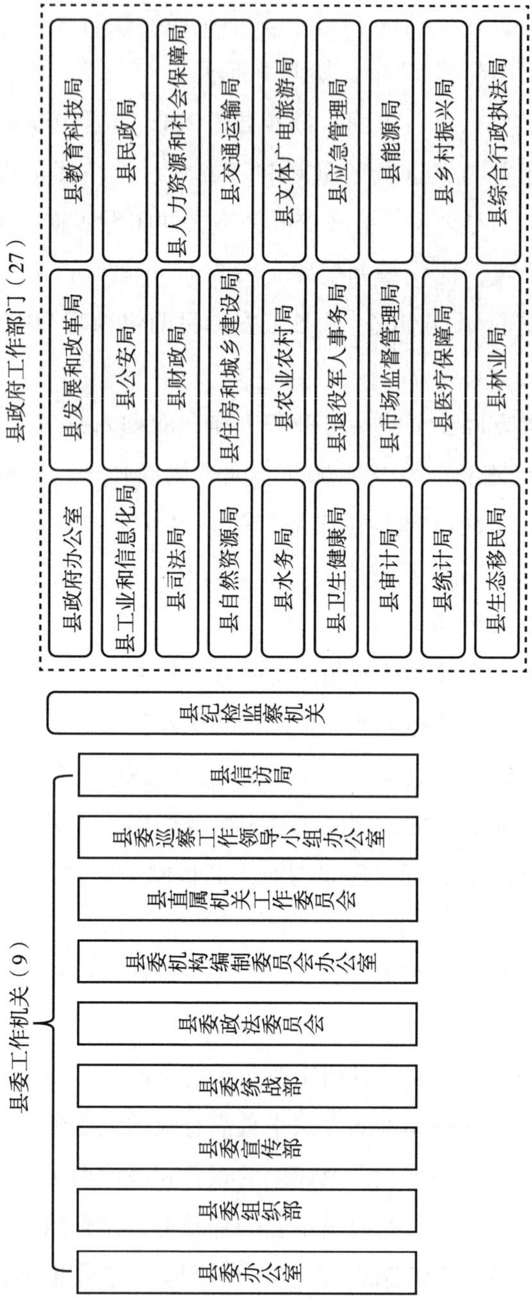

县委工作机关（9）

| 县委办公室 | 县委组织部 | 县委宣传部 | 县委统战部 | 县委政法委员会 | 县委机构编制委员会办公室 | 县直属机关工作委员会 | 县委巡察工作领导小组办公室 | 县信访局 |

县纪检监察机关

县政府工作部门（27）

县政府办公室	县发展和改革局	县教育科技局
县工业和信息化局	县公安局	县民政局
县司法局	县财政局	县人力资源和社会保障局
县自然资源局	县住房和城乡建设局	县交通运输局
县水务局	县农业农村局	县文体广电旅游局
县卫生健康局	县退役军人事务局	县应急管理局
县审计局	县市场监督管理局	县能源局
县统计局	县医疗保障局	县乡村振兴局
县生态移民局	县林业局	县综合行政执法局

图 1 贵州省金沙县机构设置情况

位设置和业务开展情况，在"医共体"范围内对各医疗机构的事业编制进行动态调整。领导职数动态调整在总量控制、增减平衡的前提下，对职责任务重、管理幅度大的部门适当多核1~2名，如县能源局领导为"一正四副"配置；职责相对单一、编制数较少的部门适当少核，如县生态移民局领导为"一正一副"配置。

（二）金沙县本轮机构改革趋向

1. 紧扣重点领域推进机构职能体系优化

据访谈了解，金沙县本轮机构改革方案严格对标对表中央、省、市要求，重点围绕"把党对金融工作的领导落到实处，加强对科技工作的领导，健全党的社会工作领导体系，强化大数据发展部门抓数字经济、数字产业发展的能力，调整优化'三农'工作机构，完善老龄工作体制等"要求，在县委工作机关序列增设社会工作部，该序列数量扩充为10个；在县政府工作部门将乡村振兴局职能并入农业农村局，恢复教育局单独设置，科技局在工信局加挂牌子，工信局加挂大数据局牌子划转至发改局，政府办加挂金融办牌子划转至财政局（地方金融监管权限主要在省市两级政府，县级不单设金融监管机构），该序列数量缩减为26个，如此党政机构总数维持在37个。

2. 推进综合行政执法体制改革

在2019年机构改革中，金沙县将分散在市场监管、交通运输、农业农村、文化市场、工业和能源、卫生健康、自然资源、应急救援、劳动保障、宗教、水务等部门内的执法职责集中，分别组建12支执法队伍，实现在同一领域内"一支队伍管执法"，同时将民政、财政、医疗保障、林业、统计等部门的执法职责集中划入主管部门，明确由一个内设机构承担。县综合行政执法局实质上为"城市管理局"，其所属综合行政执法大队主要负责县城管理执法工作。据访谈了解，金沙县本轮机构改革一是坚持"小综合"和"专业性"原则，重点推进行政监管和行政执法的衔接（"管执联动"），以提高行政执法效能为首要目的；二是在街道和经济发达镇设置综合行政执

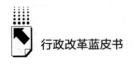
法队基础上,力争每一个乡镇都设置综合行政执法队。

3.持续完善简约高效便民的乡镇(街道)管理体制

参照经济发达镇改革试点经验,以县域副中心镇沙土镇为例(辖21个行政村/社区,总人口10万余人):一是推进机构扁平化设置,按照"职能归口、就近归类""因事设岗、分级管理"原则,综合设置"六办六中心一所一队"14个工作机构,如图2所示。二是推进派驻机构统筹管理,整合周边乡镇警力成立县公安局沙土中心派出所、整合应急力量成立县沙土东部应急救援处置中心、探索设立教师发展中心和家长学校,将司法所、派出所、市场监管分局等派驻机构纳入镇党委、政府统一指导协调,落实考核评价、工作报告、工作提示、考勤请休假等属地管理制度。三是推进编制扁平化使用,统筹行政事业机构编制资源,变"身份管理"为"岗位管理",建立统一的综合岗位目录清单,将所有工作纳入综合岗位,细化职责任务。打破行政事业机构、编制岗位、管理层级界限,逐步破解乡镇条块分割、多重管理和人员忙闲不均等问题,实行行政和事业人员"打捆使用"。四是推进乡镇扩权赋能,按照"依法下放、宜放则放"原则,将村镇建设、环境保护、安全生产等经济领域管理权限下放乡镇,将符合实际和群众需求的社会综治、矛盾纠纷排查化解、未成年人保护等社会事务管理权限下放乡镇,赋

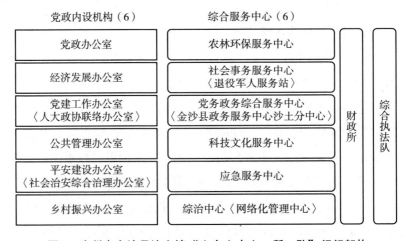

图2 贵州省金沙县沙土镇"六办六中心一所一队"组织架构

予乡镇灵活用编自主权，实行编制跨层级统筹，明确乡镇可根据情况使用空余编制，同时将县直部门延伸到乡镇的事业编制下沉统一管理，解决镇级层面对县级派驻部门管理不便的问题。

三　金沙县机构改革存在的主要问题

在本轮机构改革前，贵州省金沙县虽然围绕县域治理体系和治理能力现代化，结合地方经济社会发展实际，在建立完善适合推动本地区高质量发展的机构职能体系上进行了积极探索，但仍然存在一些政策难点和现实问题。

（一）编制约束问题最为突出

据访谈了解，县级机构"行政编制严重不足，行政、事业人员混岗情况严重"的问题最为突出。金沙县党政机构普遍行政编制过少，内设股室在人员不足的情况下往往会出现行政、事业人员混岗配置，这样就普遍存在同工不同酬现象。县人社局反映，该局行政编制10人，领导岗位4人、中层（股长或同级）岗位4人、一般人员2人，事业单位人员参与行政管理工作但没法有业绩申报专业技术职称晋升等。县工信局反映，如果大数据职能划归发改局，建议人不要划走，因为工信局编制本来就过少，任务却很重。

其次，根据规定，参公事业编制除执法队以外不能承担行政职能，而一个县参公管理的事业单位一般不超过事业单位总数的15%，且须报省里审批，这样一来县级机构实际上很少有具备公共管理职能的参公事业单位。县人社局反映，劳动监察大队、仲裁院未被列为参公管理单位，工伤认定事项没有机构、没有人员。

再次，面向民生保障的事业编制反映最为突出的是，医疗机构编制总量严重不足，医院不得已自己拿钱来聘用相关医务人员，缺口大制约了卫生健康事业发展。教师编制配置基本满足国家要求，但在偏远地区满足班师比等指标仍有困难。

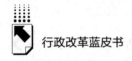

最后，26 个乡镇（街道）有 704 个行政编制、1500 多个事业编制，平均到每个乡镇捉襟见肘。此外由于乡镇财力有限，目前外聘人员也存在困难。

（二）职责衔接仍有不畅

据访谈了解，县级层面主要反映行政监管与行政执法的职责衔接不畅。县市场监管局反映，划定区域流动摊贩监管权责在该局，整治占道经营行为权责在综合行政执法局，二者权责衔接存在一定冲突。县住建局反映，住建领域执法权划转到综合行政执法局以后，住建局主要负责建筑质量、安全服务等监管事项，当发现工地违法行为，要移交给综合行政执法局来行使执法权，也不能及时得到反馈，这样相当于该局的监管执法功能大为弱化。县自然资源局反映，该局执法人员只有 20 人，但要负责全县执法，力量薄弱，且不具备强制执行职责，要移交给公安部门来强制执行，下一步乡镇成立综合执法队伍，有望缓解这一矛盾。

在镇级层面，沙土镇反映机构设置不够优化，行政内设机构平安建设办公室（社会治安综合治理办公室）和事业单位综治中心（网格化管理中心）职责相近、工作内容相似。县直部门和沙土镇均未按照职责准入制度提出委托或协助办理事项，但存在县直部门将法律规定可委托乡镇办理事项以部门文件形式委托给乡镇的情况，没有履行职责准入制度规定的程序，委托程序不规范、委托事实上无效。

（三）股级职级设置矛盾较大

在股级干部配备方面，中央对股级这一在县级普设岗位没有明确规定。县委组织部反映，由于股级干部工作责任特别重大，周末还需要抽一天加班，难以兼顾家庭，但无论是政治上的提拔，还是经济上的工资奖金，待遇和一般人员无异，这样就造成 80% 的现任和拟任股级岗位干部不愿意担任该职位，在乡镇这一问题更为突出。

在职级晋升方面，基层公务员对职级晋升的渴盼更为强烈，但面临职数限制。县委组织部反映，按规定县级的一级至四级科员不超过机关综合管理类职位数量的60%，其中一级、二级主任科员不超过一级至四级科员总数的50%，但乡镇（街道）尤其是边远乡镇工作很辛苦，领导占用职务也占用职级，普通公务员在该比例限制下竞争激烈，难以激发工作积极性。

（四）事权下放存在错配

事权下放的科学厘定和要素保障是实现乡镇（街道）扩权赋能的关键。沙土镇反映，该镇全面承接119项县级行政管理权限，但承接落实情况距理想预期存在差距，主要存在四个方面困难：一是相关县级职能部门没有严格落实相关事权保障措施和形成后续的有效县镇联动衔接机制，对沙土镇工作人员指导培训次数少、形式单一，不利于沙土镇相关人员熟悉办事事项内容、依据、流程、标准和提升能力。二是县级下放权限的主要是115项行政处罚和4项行政强制事项，有些县级职能部门一放了之，基层出现"以罚代管"现象。三是下放权限不符合乡镇发展的需要，有些增加了负担，有些难以满足乡镇需求，有些政务服务岗位仍保留"收发室"的定位不够便民高效。四是人才、资金、技术、设备等要素匮乏导致大部分权限承接落实困难，如沙土镇财源工作成效不明显，财政收支不平衡，难以加大人员、服务中心建设项目资金等投入，综合执法队伍18人负责乡镇所有执法事项，业务素质整体不高，导致开展执法工作比较乏力。

四 完善县级机构设置的对策建议

金沙县机构改革中的问题，既体现了中国县级机构设置的一般性，也体现了西部地区机构设置的特殊性，对其进行研究总结有利于推进县域机构职能体系走向系统完备、科学规范、运行高效。结合金沙县机构改革案例，当前完善县级机构设置应当把握关键点，从体制机制、机构职能、资源配置等方面补短板、强弱项、提效能、出实效。

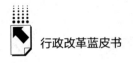

（一）优化重点领域机构职能配置

机构改革既服从于政令统一、上下贯通工作体系的要求，也服务于构建新发展格局、推动高质量发展的需要。

一是建议注重因地制宜赋予县级党委政府更大机构设置权，东中西部的经济文化发展水平、产业结构和发展规划、民族构成、人口数量、财力支持等具有较大差异性，在整个行政层级中县级既基础又重要，要根据工作实际需要，在该综合设置的领域推进机构、职能、力量整合，在可以弹性要求的领域适度给予县级选择空间。以金沙县为例，可以单设招商局，加挂投资促进局或营商环境局牌子，促进县域经济更好开放发展；可以将县农业农村局和县林业局整合为县农业农村和林业局；在科技不发达的地区，可以不单设科技局，维持县教育科技局设置；县综合行政执法局更名为县城市管理和综合行政执法局；县委办加挂改革办牌子；重点职能和编制资源可以向经济发展、社会管理领域的重点部门加大投放和保障力度。

二是建议发挥领导督办对议事协调机构的强化和补充作用，由于县级议事协调机构按规定不超过35个，新设立必须报上一级批准，且县一级主要是政策执行，所以应当更好发挥分管领导召开工作协调会及其后续调度、督办的作用，借助"职务权威"和会议纪要"制度约束"来促进部门间统筹协调。

三是建议完善行政监管与行政执法"管执联动"机制和综合行政执法"县镇联动"机制，厘清县、镇两级与专业执法之间行政执法主体责任并细化执法职责，在此基础上加强部门间、层级间、队伍间信息共享、行动协同、结果互认、人员联训、重大问题联合磋商和督办等工作协调及制度保障，构建权责清晰、协调联动、运转高效的执法体系。

四是建议在"三定方案"中进一步理顺职责交叉、职责模糊的部门关系，如金沙县反映的综合行政执法局与相关监管部门的权责关系。

（二）提高编制资源统筹使用效益

用好、用活编制资源是深化县级机构改革的重要抓手。

一是建议结合本轮机构改革，全面梳理摸排和评估现有党政机构的编制使用情况，对职能运转情况、机构管理情况、人员履职情况、工作任务饱和度和工作绩效等进行全面掌握和综合分析，评估甄别是"假性缺编"还是"刚性需求"、是"履职错位缺位"还是"职能发生变化"、是"自然减员"还是"能力不足"，针对职能持续弱化或已完成临时任务的单位及时撤并，收回编制以供统筹管理。

二是建议中央适当对县乡两级的行政编制、事业编制、参公事业编制的增减、转化给予适当政策松绑，特别是针对经济强县、经济发达镇给予适当政策倾斜照顾，并在此基础上建立动态调控机制，此外推进具有行政职责的事业单位加快改革，明确相关身份、待遇、转换通道等保障。

三是建议增强县级重要改革和重点领域编制调配能力，将精简优化机构统筹使用的各类编制、领导职数向符合县级发展实际和改革需求的重要改革事项、重点发展领域以及基层乡镇一线给予重点投放或下沉，按照"基础编制+周转编制"模式建立动态评估与调整机制，更好地保障"集中力量办大事、解难事"。

四是建议针对县级普遍存在的股级岗位设置，出台相关条例或指导意见，在政治晋升、工资津补贴和奖金、荣誉激励等方面给予适当制度保障，乡镇职级晋升可以突破比例限制，根据实际给予原基础之上的20%上浮空间，更好地激发基层公务员干事创业热情。

（三）推进党政机构扁平化管理

扁平化管理是科学配置权力、减少机构数量、简化中间层次、提高执行效能的有效路径。

一是建议持续深化适应县域特点和工作实际的综合设置机构，继续探索党委机关和政府部门合署办公、合并设立及归口领导、归口管理的工作关系，继续推进综合行政执法局及相关符合条件的执法队伍整合或平急协调，整合工青妇等群体工作力量设置综合办事机构，县级可以在党建、城市管理、公共安全、便民服务等领域打破地域壁垒，统筹力量资源设置相

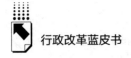

应机构。

二是建议按照"大股室""大中心"思路加大党政机构的内设机构综合设置力度，按照工作联系进行重构，该精简的精简、该加强的加强，同时优化事业单位布局结构。

三是建议乡镇（街道）充分整合党政、事业、派驻机构职能，以党政综合、经济发展、社会事务、基层治理、安全保障等模块化运行架构为基础，形成扁平化管理的业务组织单元，明确职能及管理服务事项上下对应关系，科学定岗、定人、定责、定标、定考评，建立健全"以块为主、条抓块统"的乡镇综合治理服务体系，县级开发区可参照这一思路进行扁平化处理，加大审批、服务、执法事项的"大综合"管理和"高效化"运行力度。

（四）完善乡镇（街道）管理体制

乡镇（街道）管理体制必须坚持面向人民群众、符合基层事务特点，围绕破解乡镇（街道）"小马拉大车"难题、人员晋升天花板问题和"权小责大"矛盾，既要合理"减负瘦身"，也要"强身塑形"。

一是建议突出扩权减压，按照依法下放、宜放则放的原则，按照法定程序下放经济社会管理权限并严格限定权限内容，优先突出社会管理、公共服务职能及其相应的资源、服务、管理一体投放，全面推行权责清单和公共服务事项清单制度，在建立下放专业性事项县镇联动衔接工作机制基础上，加强评估、考核和督办。

二是建议突出乡镇（街道）工作重心，转移到加强党的建设、公共服务、社会治理、公共安全上来，围绕重点工作适当组建工作专班，探索专兼结合、统分互补的工作模式，继续推进网格化治理等源头治理和大综合一体化的"审批、服务、执法"集中，在事业编制统筹、聘用外部人员、财力转移支付、（领导）干部包片抓点等方面按照"统一管理、分地施策"方式给予支持。

三是建议深化经济发达镇行政管理体制改革，参照沿海地区改革经验，给予更大经济社会管理权限、编制灵活使用和体制改革（如党政机构统筹设置、领导职数增加、领导级别高配、职级晋升比例调高、干部交流、工资待遇提高等）探索权限，加强科技应用和社会力量整合，充分发挥示范引领和辐射带动作用。

转变职能篇

B.6

"互联网+政务服务"改革：
进展、挑战与前瞻

樊继达　庞　凯*

摘　要： "互联网+政务服务"改革是国家治理现代化的重要内容，对政府结构的虚拟重构可有效地解决科层体制下各部门保护核心利益与有限改进边缘业务并存的问题。从政务服务模式转变层面看，呈现技术迭代智能化和数字治理的脱域化。从政府履职层面看，改革为政府履职提供了新方案，表现出政务服务"一网通办"、社会管理"一网通管"的一体化治理的特征。从政策供给方面看，中央宏观制度设计与地方政府的中观规范、条例的央地一体化政策宏观轮廓日趋清晰。从数字底座看，政务服务设施向纵深多级覆盖明显。从技术赋能看，数字化技术为未来场景开辟新空间。同时"互联网+政务服务"改革也面临集中领导统筹化制度短缺、政务服务均等化供给水平低下、政务资源体系化水平不足、安全防护体系化保障薄弱等问题和挑

* 樊继达，中央党校（国家行政学院）研究生院副院长、教授、博导；庞凯，中央党校（国家行政学院）研究生院博士研究生。

战。展望未来，改革将朝着跨界耦合、强化数字化职责、推广智能政务、完善法治建设等更高的目标推进。

关键词： "互联网+政务服务" 智能政务 政府首席数据官 数字鸿沟 跨界耦合

《国民经济和社会发展第十四个五年规划和 2035 年远景目标纲要》明确提出，"全面推进政府运行方式、业务流程和服务模式数字化智能化"，为"互联网+政务服务"改革指明了方向。"互联网+政务服务"已经成为中国政府推动职能转变的新动力，建设服务型政府、优化营商环境的重要路径和基本依托。梳理"互联网+政务服务"改革方案及其措施演变规律，不仅可以厘清改革思路，还能更好地认识问题和提出解决问题的办法。当前，改革已经取得阶段性成效，并开始进入下半场——"数字政府"建设。

一 "互联网+政务服务"改革的进展

随着数字技术的更新迭代，地方政府将数字技术嵌入政务服务的各个环节，各地方政府在政务服务改革中实践创新层出不穷，在数字技术的赋能作用下，政务服务供给模式正在发生微妙的变化，呈现服务供给的智能化和脱域化。

（一）模式转变：服务供给模式向智能化脱域化发展

技术迭代呈现智能化。当前，人工智能技术的发展为政务服务创新提供了可行性，工具逻辑下的政府顺应了工业社会的效率逻辑，人工智能已经成为推动政府信息化建设的重要外部牵引力[1]。《国务院关于进一步优化政务

---

[1] 刘玮、王锋：《政务服务智能化创新的演化、风险与图景——基于场域视角的分析》，《电子政务》2024 年第 2 期。

服务提升行政效能推动"高效办成一件事"的指导意见》提出，2027 年前将数字技术广泛应用于政府管理中，基本形成智慧化、普惠化、公平化、高效化的政务服务体系，实现个人和企业两个生命周期重要阶段"高效办成一件事"重点事项落地见效。各地区各部门在实践中融合发展智能技术和"互联网+政务服务"，并取得积极的进展。政府部门横纵间的信息共享、自动推送、业务流程与智能算法相结合，影响政务服务创新的重难点问题得到初步解决，有效地推动了政务服务质效的提升。国家级大数据中心、云计算平台以及各地方政府自建的算力中心项目逐步落地，智能政务服务的技术基础不断夯实。地方政府按照成熟稳定、适度超期的原则，将相关技术创新应用到政务服务中，推动政务服务由人力服务型向人机交互型转变，由经验判断型向数据分析型转变。在智能政务实践方面，地方政府积极推动智能技术在线上线下的应用，不断推动政务服务流程与模式的再造。其主要方式是以数据为基础，以人工智能算法为底层支撑，实现云网边端协同，构建具有深度学习能力的智慧政务新媒体。具体而言，一是通过共享智慧政务 App 数据管道接口方式，整合海量政务数据，实现政务服务在移动端、线上线下端互联互通，形成"一网通办""一网通管""一网共享"的政务服务平台。二是人机交互系统与政务服务系统结合，一方面，政务机器人广泛应用于政务服务中，运用语言、文字等方式与公众进行交互，提供政务咨询和业务办理等服务；另一方面，对政务数据进行挖掘处理，并基于各类主题的政务数据进行业务分析和智能化决策，借助语音、图像识别模式和大数据构筑的场景与图谱，快速精准地筛选服务受众，提升政务服务的便捷性。地方政府积极推进"智能+政务服务"创新实践，其中部分地区的实践经验已经上升为制度安排，为政务服务智能化提供了制度保障。[①]

数字治理呈现脱域化。近年来，为应对互联网时代政务服务供给方式面临的挑战和变革，随着"互联网+政务服务"改革不断深化，新型移动政务

[①] 王谦、刘大玉、陈放：《"智能+"场域条件下在线政务服务创新研究》，《学习与实践》2020 年第 3 期。

平台成为政府机构数字治理新的形态，政务服务供给方式不断向指尖延伸，这是现阶段我国政府治理实践的一个典型特征，为实现政务服务智能化奠定了坚实的基础①。政务服务供给理念由公共服务"通道下沉"逐渐向"脱域治理"理念转变，从"最多跑一次"转变为"一次都不跑"。整体而言，我国31个省级行政区划单位及新疆生产建设兵团都已经建成移动政务端（见表1）。各省份之间移动政务服务综合指数存在较大差距，就其评价指标体系而言，在包容性、有效性、便利性、偏好度、安全性5个方面，各个省级行政单位呈现不同的优劣态势，在总体评价中呈现6个不同的评价层次。

表1　我国省级政府移动政务服务综合指数

综合指数	省份	移动服务平台
A+（79分以上）	上海	随申办市民云
	浙江	浙里办
A（76~79分）	江西	赣服通
	山东	爱山东
A-（60~76分）	海南	椰省事
	湖北	鄂汇办
	重庆	渝快办
	安徽	皖事通
	天津	津心办
	北京	北京通
B+（49~60分）	河北	冀时办
	江苏	江苏政务服务
	陕西	秦务员
	湖南	新湘事成
	内蒙古	蒙速办
	宁夏	我的宁夏
	广东	广东政务服务

---

① 廖福崇：《基于"制度-行为"框架的数字治理能力生成模式研究》，《湖湘论坛》2022年第2期。

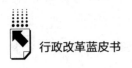

续表

综合指数	省份	移动服务平台
B(39~49分)	福建	闽政通
	贵州	云山贵州多彩宝
	甘肃	甘快办
	新疆生产建设兵团	兵政通
	四川	天府通办
	黑龙江	黑龙江全省事
	云南	办事通
	西藏	西藏政务
	山西	三晋通
	广西	广西政务
	辽宁	辽事通
	青海	青松办
	吉林	吉事办
B-(0~39分)	新疆	新疆政务服务
	河南	豫事办

资料来源：根据《中国省级移动政务服务报告（2023）》的相关数据整理所得。

（二）履职方案：政府数字履职渠道场景应用一体化

2022年国务院印发的《关于加强数字政府建设的指导意见》明确提出将数字技术广泛应用于政府管理服务，推进政府治理流程优化、模式创新和履职能力提升，构建数字化、智能化的政府运行新形态。"十四五"时期各地方政府创新公众参与模式和机制，利用多种数字技术打造一体化的政务服务平台，对政府的组织、职能、流程进行再造，打造智慧化的无缝隙政府，将数字技术嵌入政务服务平台，为政府部门履职提供了新方案。

一是政务服务"一网通办"。以上海政务服务"一网通办"为例，依托一体化的政务服务平台，以"全生命周期"政务服务链条为逻辑主线，构建政务服务标准化体系，推行政务服务事项和实行清单标准化建设，明确事项范围，推行跨部门、跨层级的并联审批模式，整合政府服务数据资源，优

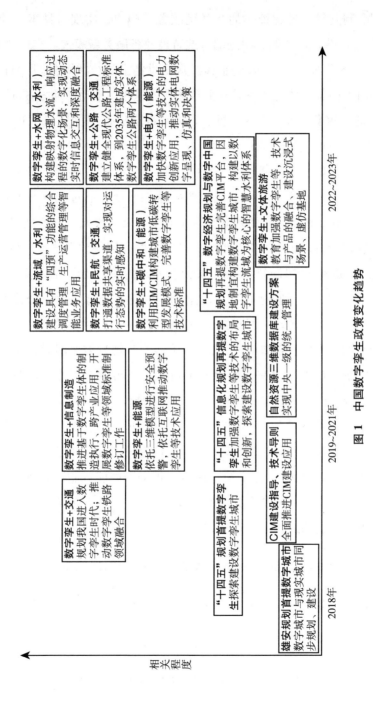

图 1 中国数字孪生政策变化趋势

化相关配套制度等，搭建统一的互联网政务总门户，实现一件事"全网通办"。通过 PC 端、移动端、网点端打造智慧政务服务新模式，实现"秒批""刷脸办""不见面审批"，为企业和群众提供精准的公共服务。① 当前，各地方各部门以国家一体化政务服务平台建设为枢纽，推动各地方各部门政务数据的流通、聚集、融通、跨域认证以及共性基础支撑服务，逐渐实现"一网通办"迈向"全国通办"。

二是社会管理"一网通管"。以区域探索为主，是一种自上而下治理模式。"一网统管"重塑了城市全域面貌的感知系统，通过优化政府协作框架，达到精细化、精准化、智能化治理的目标。其出发点是如何加强区域复杂系统的感知能力，运用人工智能、大数据、物联网等数字技术，整合城市感知系统。② 如整合"12345 热线、城管、综合治理、社会治安综合治理中心"，围绕决策分析、指挥调度、基层治理等，建立起系统性多维度城市运行监测和管理体系，实现一网感知、一网调度、一网共治的智慧城市建设。以数字孪生城市为例，自 2021 年国家"十四五"规划纲要明确指出"要探索建设数字孪生城市"以来，数字孪生技术向城市各个行业不断渗透，中央各部委陆续出台相关政策，将城市基础设施建设作为发展重点。水利领域提出向"数字孪生流域""数字孪生水网"等空间全方位扩展。交通领域提出建设"数字孪生公路体系"，民用航空领域提出"建立基于数字孪生的规划建设一体化运营模式"。能源领域提出"推动面向能源制造和系统的数字孪生模型，提高能源系统仿真分析的规模与精度"。电力领域提出"探索人工智能在电网智能辅助决策和调控方面的应用"。

（三）政策供给：央地一体化政策宏观轮廓日趋清晰

从我国数字政府建设的政策沿革看，2019 年党的十九届四中全会首

---

① 翟云：《"十四五"时期中国电子政务的基本理论问题：技术变革、价值嬗变及发展逻辑》，《电子政务》2021 年第 1 期。

② 邱倩、张继颖、初程程：《超大城市治理数字化转型：逻辑、进路与优化》，《北京行政学院学报》2023 年第 6 期。

次明确提出"推进数字政府建设"以来，中央政府数字政府建设的顶层设计不断深入布局，顶层设计和机制建设不断完善，逐渐形成从中央宏观到地方中观协同推进的一体化建设布局。

从中央政府层面看，一是"十四五"规划纲要勾勒了数字政府建设的宏观轮廓。"数字化"第一次在五年规划中被以专篇形式加以论述，规划中明确指出要"提高数字政府建设水平"并强调要加强公共数据开放共享、政务信息化共建共享，完善国家电子政务网络。二是《国务院关于加强数字政府建设的指导意见》正式确立了数字政府建设的总体架构，明确了数字政府建设目标，并成为各地方政府行动的纲领性文件。三是国家发改委印发《"十四五"推进国家政务信息化规划》，强调到2025年，国家政务信息化建设总体迈入以数据为支撑、协同治理、智慧决策、优质服务为主要特征的融汇治理新阶段。四是《全国一体化政务大数据体系建设指南》提出，到2023年年底前，初步形成全国一体化政务大数据体系，基本具备数据目录、数据归集、数据治理等能力，政府数据共享开放能力提升显著；到2025年，政务资源能够实现有序流通、配置高效，安全保障体系进一步强化；重点聚焦数据的管理、目录、资源、共享、服务、算力、标准、安全八大任务；提出全国一体化政务大数据体系的"1+32+N"总体框架结构，并论述了国家政务大数据平台同地方政府及部门之间的关系。

表2　省级政府一体化政务服务分项指数及领先地区

综合指数	省级政府					
非常高 ≥90分	北京 安徽 四川	河北（+） 福建（+） 贵州	吉林（+） 山东（+） 宁夏（+）	上海 河南（+）	江苏 湖北（+）	浙江 广东
高 （80~90分）	天津 广西	内蒙古 云南	辽宁 西藏（+）	黑龙江 陕西（+）	江西 海南	湖南 甘肃（+）
中 （65~80分）	山西	青海	新疆	新疆生产建设兵团		

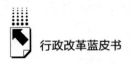
分项指标项	省级政府（前 10 名）
服务成熟度	北京 上海 江苏 浙江 安徽 福建 湖北 广东 四川 贵州
办理成熟度	北京 上海 江苏 浙江 安徽 福建 河南 广东 四川 贵州
方式完备度	北京 河北 上海 江苏 浙江 湖南 广东 重庆 四川 宁夏
事项覆盖度	北京 内蒙古 吉林 上海 江苏 浙江 安徽 江西 广东 贵州
指南准确度	北京 河北 上海 江苏 浙江 安徽 山东 广东 四川 贵州

注：按行政区划排序，省份名称后（＋）表示从较低组别升至更高的组别。

资料来源：《省级政府和重点城市一体化政务服务能力调查报告（2022 年 9 月）》。

　　从地方政府层面看，数字政府一体化建设是当前"互联网+政务服务"改革的主流方向。① 上海、浙江、广东作为我国互联网+政务服务改革的典型代表，因地施策，始终以数字政府一体化建设理念为指引，涌现出"最多跑一次""不见面审批""一网通办""政府数字化转型"等一系列的创新实践。2024 年 1 月，上海市政府印发《上海市优化政务服务提升行政效能深化"一网通办"改革行动方案（2024—2026 年）》，提出到 2026 年基本实现全方位、全流程、全要素数字化运维、精准化管理，为社会提供"公平可及""智慧精准"的"一网通办"政务服务，基本建立起与数字政府相匹配的政务服务体系。2023 年 4 月，重庆市各级政府围绕"1361"搭建数字政府整体架构，以一体化智能化公共数据平台为关键支撑，构建基于全市应用、感知、数据、云网、能力组件等数字资源的"一本账"管理模式以及数据资源体系，累计形成 229 个数据服务接口、能力组件 148 个。构建市县（区）街三级数字化运行和治理中心，打造政令"一键智达"、执行"一贯到底"、监督"一览无余"、全局"一屏掌握"的数字协同场景。推行数字化的党建、政务、经济、社会、文化、法治 6 个应用系统建设，并完善基层智治体系。

　　各省级政府一体化政务服务指数在一定程度上反映了政策环境和支持力

---

① 王海建：《数字技术赋能协同治理：长三角数字政府建设一体化的推进策略》，《湖南社会科学》2024 年第 1 期。

度（见表 2），根据表格分析，有 15 个省级政府的一体化政务服务能力表现出"非常高"的水平，占比约 50%。有 12 个省级政府一体化政务服务能力达到"高"水平。有 4 个省级政府达到中等水平，占比 12.5%。根据数据分析，北京、上海、江苏、浙江、广东、贵州等省级政府，在全国范围内有较为领先的一体化政务服务水平，发挥了很好的示范和引领作用。从一体化政务服务的 5 个分项指标看，前 10 名地区同一体化政务服务指数评价"非常高"的地区高度重合。整体而言，一体化的政务服务平台正在加速形成，一系列行政法规和部门规章制度纷纷出台，推动"互联网+政务服务"软环境不断健全完善。

（四）数字底座：数字政务设施向纵深多级覆盖显著

"互联网+政务服务"改革进程中"数字底座"的建设是至关重要的一步，作为数字政府的核心基础设施，它为各种智慧场景的应用提供强大的技术支撑和安全保障。当前，"数字底座"设施建设呈现一体化部署的特征。

首先，"设施底座"建设。"云网"政务设施正朝着纵深多级全面覆盖的方向发展。从政务云平台建设情况来看，基本形成了一体化推进的框架。从 31 个省级行政区和新疆生产建设兵团数字底座建设情况看，云基础设施建设基本完成，中国信息通信研究院公布的数据显示，目前，全国范围内有超过 70% 的地级市建有政务云平台，基本实现了政务服务信息系统对接云端。从政务外网建设情况来看，电子政务外网集约化建设稳步推进。全国范围内县级以上行政区域 100% 对接国家电子政务外网，同时 96.1% 的乡镇实现覆盖。在全国范围内各省级政府积极推动非涉密业务专网系统迁移整合，具体而言，北京、江苏等地基本完成非涉密业务专网系统向政务外网的迁移整合。四川、海南等区域由省直部门牵头推动各区域内的地市、区县等省垂管系统专网整合迁移。[①]

其次，"安全底座"建设。安全是"互联网+政务服务"改革的重要

---

① 中国信息通信研究院：《数字政府一体化建设白皮书（2024 年）》，2024。

基石，政务系统的正常运转依赖于"云网边端"等各个环节的稳定运行和数字安全的全方位保障。目前，"互联网+政务服务"改革的安全底座趋向于"边端云网数用"多维一体化防护能力建设。但改革中的政务系统风险防控依然存在片面、孤立看待数字安全问题、采用"打补丁"的方式解决问题。消极、被动、静态、局部的风险防控措施已经无法适应数字政府一体化建设的需求，迫切需要构建全局化的综合防御体系为数字政府保驾护航。

（五）技术赋能：数字化技术为未来场景开辟新空间

数字技术的融合发展不仅能够打造整体性政府，而且推动了政府向数字化治理模式的转型，同时还促进了政府组织结构的创新发展和治理能力的现代化。当前，"互联网+政务服务"改革有效提升了政务服务效能、优化了营商环境。基本形成了以"数智"化改造为手段的新型政府。各地区各部门通过集成多种信息技术打造一体化的政务服务平台，辅助政府数字化履职。特别是以"AI大模型"为核心的智能技术将加速新一轮的数字技术融合发展，为未来政务服务开辟新的场景和空间。AI大模型通过机器学习深度理解庞大的数据，完成各种复杂任务。大数据分析、物联网感知、数字孪生等技术融合，有效提升了政务服务的主动化、智能化、高效化水平。一方面，AI政务大模型能够大大拓展政府部门的数据处理和分析的广度和深度，通过学习大量的政务数据，它能够挖掘深层次的知识关联，精准识别企业、群众办事需求，为企业和群众提供全天候、全事项的政务服务模式。另一方面，主动感知、分析、决策、调度的有机一体化城市管理平台将成为未来的发展方向，通过在各类管理任务中的训练学习，推动政务服务运作的"不见面、网上办、零跑腿"。[1]

---

[1] 汪波、牛朝文：《从ChatGPT到GovGPT：生成式人工智能驱动的政务服务生态系统构建》，《电子政务》2023年第9期。

二　"互联网+政务服务"改革的新挑战

习近平总书记在党的二十大报告中明确指出"深化简政放权、放管结合、优化服务改革"，这为新时代政务服务改革指明了方向、明确了工作要求。尽管"互联网+政务服务"改革取得了一定的积极成果，我们同时也要清醒地认识到改革中仍然面临诸多问题，主要集中在以下几个方面。

（一）先决条件之弱：集中领导统筹化制度短缺

国家数据管理局成立后，各地方政府陆续成立大数据管理机构，有力地推动了各地政府"互联网+政务改革"改革，政府首席数据官制度成为当前推动数字治理制度建设和改革的新焦点。[1] 但当前我国各级政府的首席数据官制度处于探索阶段，存在制度供给不足、工作场景单一、专业能力不足等问题。

一是制度供给不足，权责边界模糊。当前大部分地方政府组建了数字化建设工作领导小组，建立起领导干部数据治理的"包干制"，统筹本级政府的数字协同。这就要求政府首席数据官对本级政府数字治理具有较大的发言权，同时也是监督管理责任人。但当前各级政府的数据官权利边界较为模糊，如相关政策中"政府首席数据官协调解决市级政府或本单位数字化项目建设中的重大问题""对数据治理运营、信息化建设等执行情况进行监督"，但在实际执行过程中对政府首席数据官对数字化项目的立项、验收等工作拥有多大的行政裁量权，缺乏明确的界定。

二是工作场景单一，重采集轻价值。一方面，当前政府首席行政官职能仅仅停留于对国家/省数据接口对接、数据资源目录编制、获取上级回流数据等方面，同时借助数据共享交换平台、公共数据资源平台，汇集不同市场主体数据。对政府内部数据的价值挖掘和应用不足，经验决策仍然占据主导

---

[1] 闫建、高华丽：《地方政府"互联网+政务服务"：应然性、存在问题与优化路径》，《理论探索》2020 年第 5 期。

地位,亟待向数据驱动型决策转变。另一方面,政府部门缺乏向体制外组织提供数据公共服务的通道。这就要求政府首席数据官扮演为新政务、新服务和新业态赋能的推动者角色。

三是体制内人才储备匮乏,技术型领导缺失。政府首席数据官是高端的复合型人才,不仅要具备较强的数据技术和数据治理能力,精通相关政策、安全和法规等方面的知识,而且要具备较强的领导、组织、创新能力。但根据相关调查,政府首席数据官拥有相关技术教育背景的比例较低,存在专业人才匮乏的问题。[①] 存在多数政府首席数据官对工作职能和运作机制不熟悉,缺少团队建设、执行能力欠缺等问题。[②]

(二)数据鸿沟之困:政务服务均等化供给水平低下

技术赋能造成技术工具内卷化。伴随数字技术的不断发展,民众对政府部门利用线上平台提供政务服务、履行政府职能的期待将逐步提高。届时政府对外部相关技术的整合及使用能力成为互联网+政务服务改革的重要助力。然而,政府部门间的条块分割致使政务数据集中于各职能部门中,审批许可权在部门组织体系内部长期以来形成了上下左右"合谋"的"自营"状态,忽视了流程整合和业务重构,最终沦落为"圈地"的工具。部门凭借数字技术实施权力扩张,造成"权力技术化""技术权力化"的异化风险,[③] 因此必须防范数字技术演变为"技术沙文主义"。"互联网+政务服务"改革中政府部门期望通过新技术的投入突破改革的瓶颈,往往造成解决了旧技术又带来新问题的局面,循环往复形成技术工具的"内卷化"。[④]

---

① 陈新明、高小平:《地方政府首席数据官制度运行的现实审视与优化路径》,《探索》2023年第6期。
② 蒋敏娟:《迈向数据驱动的政府:大数据时代的首席数据官——内涵、价值与推进策略》,《行政管理改革》2022年第5期。
③ 徐晓林、明承瀚、陈涛:《数字政府环境下政务服务数据共享研究》,《行政论坛》2018年第1期。
④ 陈毅、刘鼎申、徐长思:《以用户为中心:政务服务"一网通办"改革的四维要素分析——以上海市为例》,《中共天津市委党校学报》2022年第4期。

而这些技术的开发和使用对政府部门人员的专业化提出了更高的要求，但现阶段政府部门中专业技术人员较为匮乏，难以满足改革的长期需求。

弱势群体和区域中的数字鸿沟。政务服务改革进程中，技术嵌入行政体制当中尽管为社会带来了广泛的数字福利，但同时也强化了数字社会分配的失衡，造成数字冷漠、数字鸿沟等问题。这一方面表现为老年人、残障人士等数字弱势群体无法接触到数字资源或无法熟练使用数字化的设备，只能选择花费时间较长的线下窗口办理业务，无法享受数字技术带来的便利的智慧生活。另一方面表现为，全国范围内区域间经济和技术发展水平差距导致政务服务改革存在较大的差距，极大地影响了信息平台和系统整体效能的发挥。区域内城乡数字化治理不同步，乡村数字治理存在"悬浮化"现象，乡村治理方面数字负担、数字形式主义相互推涨。在乡村数字经济建设方面，脱离了乡村本土化特性，精准性、靶向性不足。在乡村数字社会建设方面，居民并未充分参与，其数字素养与知识等技能储备不足，限制了乡村居民数字化参与。[1] 总体而言，受区位因素及发展基础条件的影响，各地区"互联网+政务服务"改革所具备的技术禀赋、资源条件存在较大的差距，整体呈现"东强西弱，南强北弱"（见图2）、城强乡（村）弱的情况，距实现公共服务均等化、普惠化的整体目标还存在较大的差距。

（三）协同根基之阻：政务资源体系化水平不足

我国电子政务的发展过程先后经历了"先单位内部、后系统延伸、再实施服务，先分散推进、后整合业务、再实现协同"的科层体制下业务需求驱动的单一职能政务服务系统建设方式。毋庸置疑的是这种策略和方法，导致了以纵向信息化为主的发展模式，就其表征而言，政府信息化建设呈现"纵强横弱"的弊病，无论是信息网络还是应用系统建设，跨职能部门的横向信息化建设较为滞后。因此，如何借助数字技术实现跨职能边界的业务流

---

[1]　贾秀飞：《数字乡村建设悬浮现象：多维表征、成因探寻与破解路径》，《电子政务》2024年第6期。

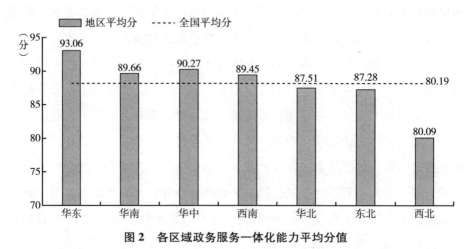

图 2　各区域政务服务一体化能力平均分值

资料来源：《省级政府和重点城市一体化政务服务能力调查报告（2022 年 9 月）》。

程再造，解决由体制机制造成的部门割裂、各自为政、服务供给的碎片化问题，实现部门间的条块耦合，成为当前亟待解决的问题。问题的根源在于高度集中的"条"和"块"的关系，导致双重架构下跨部门数字协同面临巨大的阻力。数据跨部门的流动使用机制和治理机制的不完善，最终导致政府整体性治理难以实现。"互联网+政务服务"改革更加强调业务导向，大量的政务信息成为双重框架信息系统下的副产品，其价值属性并没有得到开发应用，致使多部门的数据呈现分散状态，数据共享"部门主导"、地方政务服务的数据"拿不到"或"拿不全"、部门提供的数据无人问津的矛盾比较突出。在各部门自上而下问责机制的压力下，"谁的数据谁负责"，严重阻碍了政府数据公开的积极性。①

另外，数据共享以及审批权的下放打破了审批权在部门内部长期形成的"自营"状态，导致利益受损的部门不愿意参与数字化改革，基于行政审批行为的统一管理和业务监督想再"隐瞒"什么就变得非常困难了，部门利益仍然是阻碍数据共享的最大问题。在此背景下，政务服务的数据共享程度

---

① 喇娟娟：《中国数字政府现代化建设的逻辑链路与实现进路》，《湖南社会科学》2024 年第 1 期。

还有待提高。整体而言，各地方政府在改革理念、体制机制、管理模式等方面数智化思维及应用导向不够深入，同加快构建全国一体化的政务大数据体系、支撑数字政府建设的迫切需求相比，仍然存在差距。

（四）安全底线之乏：安全防护体系化保障薄弱

"互联网+政务服务"改革的深入推进在提高政务服务质量和效率的同时，也遇到了风险集中和数据泄露等安全事件的干扰。

一是政务数据共享存在安全风险，"互联网+政务服务"改革的核心在于打破政府组织结构的条块分割、多元异构的数据鸿沟状态。但数据来源的条块化、结构的多样化、类别的复杂化经过共享与组合后，非敏感数据经过大数据技术的清洗、分析、聚合能够衍生或精准地刻画出行政相对人的"肖像"特征，危及个人隐私权。另外，大数据、云计算等技术的大范围推广应用，催生出一批具有攻击范围广、命中率高、潜伏期长、隐蔽性高、感知困难等特征的网络攻击新模式，极易对各级政府部门数据共享造成泄露或篡改损坏。

二是孤岛式数据源造成数据保护措施分散。各级部门的"条块"在数字技术的赋能下基本实现了政务服务的整体化治理模式。但各部门间不同的数据库和数据存储系统之间缺乏统一的标准和协议，孤岛式、异构化、跨生态的数据库以及愈加细分的安全场景，让条块化的数据保护措施难以实现统一的策略编排和协同联动。例如在保护一个跨多个数据库和数据存储系统的数据时，需要在每个数据源中配置相同的安全策略和措施，这导致在"互联网+政务服务"改革中有限的资源下重复工作和资源浪费，同时也加大了管理和运维的成本和难度。

三是数据安全防护能力、法律体系、管理机制不健全。一方面，从数据的安全防护能力来讲，数据作为"互联网+政务服务"改革的关键要素极易遭遇黑客攻击。提高数据安全的技术密钥等级还有待大数据技术的进一步完善。另一方面，就数字安全法律体系建设而言，尽管国家出台了《个人信息保护法》，但相关配套性法律解释和执行政策并未落地，尤其是更新信息安全的争诉、救济、补偿的制度体系依然处于探索阶段。就数据安全的管理机制而言，全国范围内的管理主体、管理规范、管理平台正处于建设和更新阶段。数据安全管理仍旧存在"制度防线"不牢、"能力防线"不足、"意识防线"不强等问题。①。

四是长期以来，政务服务 App 普遍存在隐私条款内容不规范、不全面，未向用户明确具体告知义务，信息安全管理不到位，用户个人权利保障不到位等问题。隐私条款方面，政务 App 存在第三方 Cookies，信息收集范围、类型、用途及敏感行为警告等提示比较欠缺。不同政务 App 隐私政策存在大量雷同的现象，针对性不强；缺乏对要点目录及关键专业术语的解释，可读性不强。告知义务方面，政务 App 用户个人信息最大储存时限等隐私条款规定模糊，未明确行政相对人对个人信息的处置权，缺乏对个人信息删除处理的说明。信息保护方面，隐私条款未明确告知用户是否获取相应的安全认证，且条款过度强调用户的行为规范，忽略自身的责任，甚至有免责声明的"霸王条款"，征求用户授权同意时存在"一揽子"打包授权等现象。个人权利保障方面，《信息保护法》明确规定"个人信息处理不得以撤回同意为由，拒绝提供服务"，但仍有少数政务 App 无法修改注册时提供的个人信息，忽视用户权利。未充分尊重用户的"被遗忘权"，较少提及撤销、更改授权和注销账号的条款或设定前置条件，甚至用户同意撤回后，部分服务将无法正常使用。②

三 "互联网+政务服务"改革的发展趋势前瞻

（一）注重跨界耦合，强化一体化政务服务能力

"互联网+政务服务"中的"+"绝非算数层面的堆砌，而是信息技术与社会各个领域的深度融合，从而达到"互联网×"的效应，突破科层制边

---

① 王小芳、唐亚林：《大数据应用发展与数字政府建设：挑战与出路》，《中国大数据发展报告（2023）》，2023。
② 袁红、张苏娇：《"互联网+政务服务"环境下政务 APP 隐私政策的内容分析》，《现代情报》2022 年第 3 期。

界，在开放、共享、创新中实现重塑融合。"互联网+政务服务"改革将以效能提升作为价值目标，在政务服务供给能力、服务颗粒度等方面不断提升政务服务质量和效率。首先，提升政务服务能力方面，依据公共政策、区域协议、地方立法等政务协调机构，制定业务协调清单、数据端口标准等，持续优化泛在可及的政务平台一体化建设思路，以国家政务服务平台为核心枢纽，整合对接各级、各类线上线下政务服务系统，在打破各地区政府部门政务服务"自营"状态的前提下，全方位提升"标准统一，服务同质"的"合营"能力。其次，提升服务"颗粒度"方面，推动智慧服务模式创新，致力于解决"互联网+政务服务"中存在的瓶颈问题，优先推动民生领域政务服务高频事件的服务质量，打造一批特色化、个性化的创新服务模式。通过"互联网+政务服务"改革重塑和优化服务流程，构建一种"中央厨房"式的政务服务模型，形成群众"点菜"、平台"配菜"、部门"炒菜"，让信息多跑路、群众少跑腿的政务服务样板模型，实现政务服务从以"事项"为导向到以"场景"为导向的转变。[①] 最后，提升政务服务均等化水平方面，公平普惠的政务服务不仅要面向"少数人"政务服务网上办，更是惠及"多数人"的公共服务。因此，"互联网+政务服务"改革的价值导向要求数字化的政务服务具备普惠性、兜底性、基础性，推动解决发展不平衡的问题，充分让数字红利惠及不同地区、不同群体。

（二）完善数字化职责，进一步优化机构配置

"互联网+政务服务"改革，不能将线上办事量以及流程的优化程度作为唯一的标准，还要将政务服务"供给侧"与群众办事"需求侧"进行精准匹配，为群众和市场主体提供高效便捷的服务，同时还要对市场进行有效的监督。在此前提下，在行政机构改革进程中应强化各级政府部门的数字化职责和机构配置，其重点有以下几个方面。

---

① 米加宁、彭康珺、孙源：《第四次工业革命与"数字空间"政府》，《治理研究》2023年第1期。

一是明确各级政府的数字治理责权，根据政务数据生成的全生命周期，通过业务协同牵引，明确各级政府部门数据归集、共享、开放、应用、安全、存储、归档等职责，完善数据标准制度和标准体系，健全政府数据协调规则，[①] 构建"一数一源一标准"模式，提高政务数据利用效率，实现业务与数据归集的双向赋能。二是推动政府职责体系改革，以满足数字化治理新需求。通过明确各部门的职责范围，实现分工的规范化、标准化、精细化、程序化。在这一基础上，将部门核心业务职能映射到数据层面，实现核心业务的信息化和数字化。三是通过编制工作明确数字化责任和权力。即在定职、定机构、定编制的基础上明确各部门各岗位在数据采集、共享、应用方面的数据清单。强化"采数、管数、供数、用数"的权责，通过规则化、法治化的手段，推动各部门内部和外部数据治理中的关系、分工、责任链条分界点、衔接点的明晰。四是推进大平台、大系统与"条块"的协同联动。通过进一步建设、完善国家公共数据资源体系、国家数据共享交换平台、国家公共数据开放平台和开发利用端口、国家电子政务网络、一体化政务服务平台等"大平台""大系统"，打破信息孤岛，实现应联尽联、信息共享，强化条块之间、部门之间的协调联动。[②]

（三）推广智能服务，推动政务服务转型升级

面向未来，要基于"智能+"实现传统政务服务的转型升级，在顶层设计和宏观层面上，完善智能化和以国家"大系统""大平台"为核心的融合体制机制，加速推进各级政府部门政务系统的互联互通和政务数据的关联分析，提升全国一体化政务服务的智能化水平。要实现"智能+政务服务"标准的统一性，必须以制度的统一性保障技术层面的协同性，从而为智能化打

---

① 周维栋、周佑勇：《数字政府如何与法治政府更好结合?》，《中国行政管理》2023年第10期。
② 江小涓：《加强顶层设计解决突出问题协调推进数字政府建设与行政体制改革》，《中国行政管理》2021年第12期。

通制度性障碍。① 在国家层面，在统筹建设一体化数据中心和身份认证库基础上，加快构建智能算法云服务中心以及国家政务服务平台为枢纽、各地区各部门政务服务平台为基础载体的全域全流程一体化在线智能政务服务系统。在地方层面，进一步细化构建智能化政务服务平台实施细则，尤其是推动人机协同的政务服务，要加快完善相关制度，通过建立标准化、规范化程序，在实践经验的基础形成可复制推广的制度安排。在体制层面，要形成与"智能+政务服务"相应的领导机构，特别是要明确政府首席数据官与智能云平台负责人的权责关系，加强政务服务数据交换标准化体系建设，为智能政务服务整合打下良好的数据基础。

（四）重视软法规范性，拓展传统"法"的范畴

"互联网+政务服务"改革需要重视软法建设，反思硬法在学理上的边界范畴，将公共政策、操作指引、平台条例等软法等归纳到法律规范体系中予以统筹，并确定这些软法的适用领域以及效力层级。基于法的严谨性、体系性，以及对秩序构建、协商民主、程序公正的价值追求，引导优化软法，提升软法在拓宽技术应用、技术标准、职能权限配置、区域政务平台对接等事项上的效能。消除软法载体形态复杂、随意性强、缺乏体系化等弊病。②通过对指南、办法、规则等规范所明确的标准、适用情景、制定主体加以区分，并对这些规范的效力进行明确，减少认知性和适用性障碍。对行政审批等行政活动，要求软法与硬法相互协调，以软硬融贯的法律体系为准则，划分适用场域与调整范围，实现两者主次分明、互为补充。一是通过规划纲要、指导意见等软法规范，为"互联网+政务服务"改革制定整体框架，以权责清单、服务标准明确治理职能，限制电子行政的随意性，指引市场主体获得便捷的政务服务。由法律法规等硬法明确改革中各级部门在服务平台建设中的权力分配，为技术赋能提供制度性保障。二是硬法中对市场监管主

---

① 王谦、刘大玉、陈放：《智能技术视阈下"互联网+政务服务"研究》，《中国行政管理》2020 年第 6 期。

② 石佑启、陈可翔：《论互联网公共领域的软法治理》，《行政法学研究》2018 年第 4 期。

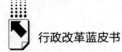

体、权限、程序的强制性规定不得以指南、指导意见等软法形式予以变动。特别在改革进程中涉及政府机构合并、审批制度改革等事项的软法制定时，必须经过合法性审查获得授权等。三是软法为"互联网+政务服务"改革提供指引，硬法为技术风险防范提供应急方案。①

---

① 陈可翔：《"互联网+政务服务"改革法治化的价值平衡与规范进路——以营商环境建设为视角》，《学术研究》2022 年第 4 期。

B.7
2023年我国优化营商环境的
两大特点与三大趋势

张洪云[*]

摘　要：　本报告梳理了2023年我国营商环境建设与优化的两大特点与营商环境变化的三大趋势。两大特点：一同一异、一新一稳。一同一异，即定位相同，工作各异。各地各部门对营商环境定位高度一致，在落实改革任务中积极探索，各具特色。一新一稳，即指标变了，目标稳定。世界银行启用营商环境评价新体系，我国对优化营商环境的认识和要求不断深化，十多年来我国坚持把营造市场化、法治化、国际化一流营商环境作为目标和要求。我国优化营商环境的三大趋势，一是重视度不断提高，二是实效性不断增强，三是系统化不断加速。党中央、国务院高度重视，各地各部门都将其作为重点工作、一号工程，聚焦经营主体需求，正视需求痛点，更大力度推进难点问题的解决，营商环境改革的系统性、整体性、协同性进一步增强。

关键词：　营商环境　营商环境的优化　营商环境新进展

近年来，营造市场化、法治化、国际化一流营商环境工作一直是我国经济社会发展中的一项重要任务。2023年我国营造"三化""一流"营商环境在持续优化中延伸到更多维度，在关键举措上体现出更大力度，在地区发展上呈现更多特色，在改革效果上凝聚出更多温度。

---

* 张洪云，清华大学人文社会科学院博士、博士后，北京民生智库研究总裁，主要研究方向为政府治理、公共管理。

一　两大特点：一同一异、一新一稳

（一）一同一异①：定位相同，工作各异

对营商环境定位高度一致：改革和活力②。2023年从各地、各级政府工作报告，到政策文件、工作落实，中央到各省市区对营商环境的定位和认知呈现高度一致性，即营商环境是全面深化改革的重要任务，是开放发展的关键环节，是持续激发经营主体活力、释放发展活力的关键之举。改革，是政府自我革命，涉及经营主体在市场经济活动中一系列体制机制性因素和条件，是政府经济治理思维和治理模式的变革，是刀刃向内的持续发力。活力，是持续降低民营企业、个体工商户、外资企业等各类经营主体的经营成本，持续破除经营主体发展中的桎梏，激发各类主体内在发展动力，服务经营主体的核心发展方向。

各地各部门在落实改革任务中积极探索特色。2023年3月底全国优化营商环境现场会中，国家发展改革委赵辰昕副主任提出，支持各地方因地制宜、因城施策，充分考虑城市发展水平和基础条件，主动探索差异化的营商环境优化路径。营商环境改革至今，由2018~2020年各地不断叠加减材料、减环节等"几减几省"，到2021~2022年强调办事便利、做好对企服务，到2023年结合各地要素禀赋，强调地区探索个性化、特色化服务和发展，如营商环境特色品牌、特色指标，营商环境标杆示范、单项冠军等。营商环境建设优化工作在规定动作之外，各地探索性、创新性的特色举措越来越多。

（二）一新一稳：指标变了，目标稳定

新动向：世界银行启用营商环境新体系。2023年，沿用十余年的营商

---

① 定位提法主要依据2023年31个省市区政府工作报告。

② 各省市区具体表述可参见附表1。

环境指标体系 DB 被新的 B-Ready 体系取代，营商环境评价由"营商环境便利度"转变为"营商环境成熟度"。这一调整涵盖了多重变化。理论基础由新制度经济学底座转向发展经济学；评价视角由单个企业的生命周期转向私营部门的发展；评价核心由单个企业开展业务的便利性转为私营部门在监管框架、公共服务和企业效率的平衡框架下的整体经济收益；数据采集由标准化情境案例下的专家调查转为没有严格案例研究限制的专家调查和企业调查；评价覆盖城市由 DB 下的北京、上海拓展到我国六个大区；计分规则由前沿距离法调整为综合方法；且 B-Ready 中设置了横跨 10 个指标的三个领域，即绿色可持续、数字化和性别平等。

世界银行营商环境新体系为营商环境优化工作提供了新的思考框架。一则，营商环境建设强调政府改革，也强调服务企业的内核，营商环境好不好，企业说了算；B-Ready 让营商环境工作重视企业感知和评价。二则，营商环境改革和优化不是某一地、某一企、某一策，而是广泛且普遍、切实发生、反复适用的常规做法；以往的典型案例可证明改革举措和政策的存在，B-Ready 考察样本框架下抽样企业的普遍反馈。三则，在企业效率之外，政府部门相关法律法规的透明度、监管质量、公共服务的可及性与服务质量等，同等重要。最后，评价的视角不是看政府端"有没有"，而是企业端的"能不能""顺不顺""贵不贵"，更为侧重改革和政策的实施效果、实际效果。

目标稳定：营造市场化、法治化、国际化营商环境。2014 年 5 月，习近平总书记在上海考察时提出，要切实把制度创新作为核心任务，以形成可复制、可推广的制度成果为着力点，努力创造更加国际化、市场化、法治化的公平、统一、高效的营商环境。2014 年 10 月，习近平总书记主持召开中央全面深化改革领导小组第六次会议，强调上海自由贸易试验区成立以来取得了多方面成果，其中包括营造市场化、国际化、法治化营商环境。此后近十年间，我国营商环境建设工作目标清晰、稳定。

"三化"营商环境目标成为我国各级、各地政府的工作方向，引领全国营商环境建设优化工作。市场化强调要让市场在资源配置中起决定性作用、

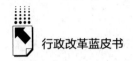

更好地发挥政府作用，法治化要求为经营主体提供最大程度的确定性行为预期、在法治框架内调整各类经营主体的利益关系，国际化体现了我国坚持对外开放的基本国策及更高水平对外开放、积极参与全球治理体系改革和建设的决心。上海市营商环境7.0方案中明确表述了"三化"的关系，即"以市场化为鲜明主线、法治化为基础保障、国际化为重要标准"，该论述简洁、深入，可为参考。

二 我国优化营商环境三大发展趋势

纵观2023年我国营商环境建设优化工作，从中央到地方，从区域到省市，从政府到企业，从政策出台到落地实施，有三大趋势表现得较为明显：重视度不断提高、实效性不断增强、系统化不断加速。

（一）趋势一：重视度不断提高

1. 顶层：党中央、国务院高度重视

2023年，习近平总书记在多次讲话中强调营商环境工作。在中央经济工作会议上，在金砖国家工商论坛闭幕式上，在新进中央委员会的委员、候补委员和省部级主要领导干部学习贯彻习近平新时代中国特色社会主义思想和党的二十大精神研讨班上，在二十届中央审计委员会第一次会议上，在亚太经合组织工商领导人峰会上，习近平总书记多次强调营商环境工作。对内，提出全面优化营商环境是当前经济工作中的几个重大问题之一；对外，强调"无论国际形势如何变化，中国打造市场化、法治化、国际化营商环境的决心不会变"①。

2023年，李强总理不断强调营商环境工作的重要性。在主持召开国务院常务会议，听取优化营商环境工作进展及下一步重点举措汇报时，李强总理提出"要把打造市场化、法治化、国际化营商环境摆在重要位置"；他在

---

① 习近平总书记在亚太经合组织工商领导人峰会上的书面演讲。

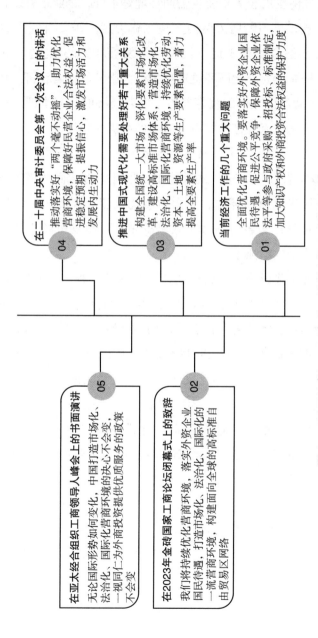

图 1 习近平总书记 2023 年公开讲话中提及 "营商环境"

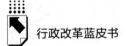

辽宁调研时强调大力优化营商环境，增强发展动力活力，并提出"营商环境对一个地方的经济发展至关重要，营商环境好不好，企业最有发言权"。

2023 年，机构调整不断增大营商环境工作力度。2023 年 7 月，新华社发布《中共中央　国务院关于促进民营经济发展壮大的意见》，2023 年 9 月，民营经济发展局设立。营商环境重点关注和服务的民营经济主体，正式有了"娘家"，民营经济主体的统筹发展，民营经济的政策措施，民营企业与官方的常态化沟通交流等，都具备了有力的组织保障。

2. 各省份：重点工作，一号工程，机构强化

2023 年，30 个省（区、市）的政府工作报告中将营商环境工作纳入年度重点工作，加快优化营商环境、更大力度优化营商环境、持续打造"三化"一流营商环境，成为各省份改革攻坚的重点、激发市场主体活力的关键、推动经济提质增效的抓手。

优化营商环境工作成为多个省份的"一号改革工程"。浙江、江西、西藏等多个省份提出坚持"两个毫不动摇"，实施营商环境"一号改革工程"，将优化营商环境摆在头等位置，让有效市场和有为政府更好结合，以高质量的营商环境改革助推高质量的经济社会发展。同时，多个省（区、市）强化营商环境"一把手"工程。如《关于北京市全面优化营商环境打造"北京服务"的意见》提出，把优化营商环境作为"一把手"工程，建立市优化营商环境工作领导小组，打造首善标准、国际一流"北京服务"。

营商环境建设统筹机构增多。继 2018 年 10 月辽宁省营商环境建设局、黑龙江省营商环境建设监督局两个正厅级机构设立后，2022 年 12 月，海南省营商环境建设厅设立，同为正厅级，主管全省营商环境建设工作。2023 年底，甘肃省营商环境建设局报批，2024 年 1 月设立。营商环境建设与优化工作，通常涉及市场监管、自然资源、税务、公安、住建、商务、财政、人社、政务、金融办、人行、公共资源交易、法院、检察院等众多部门，也涉及电力、水务等市政设施服务单位，沟通协调难度大，统筹推进需求大，全省营商环境建设机构的设立，意义重大。

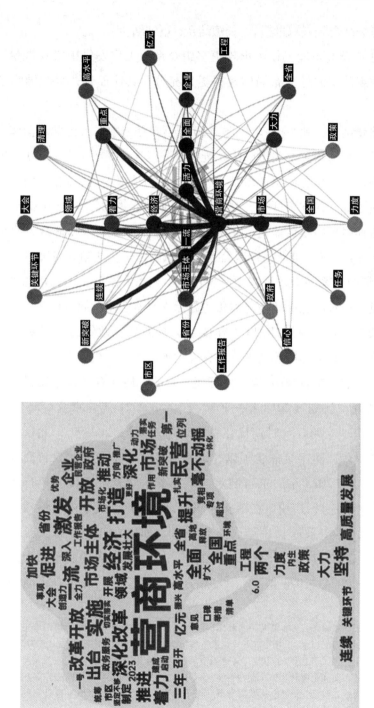

图2 2023年31个省（区、市）政府工作报告中关于营商环境的重点内容

3. "三个结合"：软硬结合、长短结合、虚实结合

2023 年，营商环境工作中出现更多组合拳，工作安排中宏观考量、中观布置、微观落实的综合布局体现得更为充分，具体而言，可归纳为"三个结合"。

一是软硬结合：硬举措+软服务。2023 年 8 月，中华人民共和国国务院令第 764 号公布《国务院关于修改和废止部分行政法规的决定》；2023 年 11 月，国务院发布《国务院关于取消和调整一批罚款事项的决定》。两份决定取消、调整了部分罚款事项，分类细化了不同罚款档次，降低了部分罚款额，并着力加强事中事后监管，优化服务、提升经营主体和群众办事便利度①。两份决定明确推进严格规范公正文明执法，优化法治化营商环境。各省份 2023 年的政策和工作举措中，也可看出相当一部分是动真格的硬性改革、部分真金白银的惠企政策与聚焦主题需求且有温度的政务服务。

二是长短结合：规划计划+工作要点。营商环境政策迭代升级速度较快，营商环境建设目标明确清晰，部分先行地区在工作模式上采取了长短结合的方式。如北京市自 2018 年营商环境 1.0 起，便伴有《北京市进一步优化营商环境行动计划（2018 年—2020 年）》；2021 年北京营商环境 4.0，伴有《北京市"十四五"时期优化营商环境规划》；2023 年，北京营商环境进入 6.0 时代，同年又搭建了以"北京服务"为核心的北京营商环境的"四梁八柱"。如 2023 年广东省制定《广东省优化营商环境三年行动方案（2023—2025 年）》，广州市在落实省级行动的同时，开启 6.0 版改革。部分中西部地区逐步采取长短结合工作方式，如黑龙江、青海、新疆等在 2023 年深入实施三年行动计划，贵州制定出台《贵州省营商环境大改善三年行动方案（2024—2026 年）》，大部分省（区、市）每年有不断细化的

---

① 引用几条，供参考：《中华人民共和国国际海运条例》第四十五条改为第四十条，将其中的"并处 2 万元以上 10 万元以下的罚款"修改为"处 2 万元以下的罚款；情节严重的，处 2 万元以上 10 万元以下的罚款"。《废旧金属收购业治安管理办法》"公安机关可以通过网络等方式，便利企业和个体工商户备案"。《中华人民共和国发票管理办法》第三条增加一款，作为第二款："发票包括纸质发票和电子发票。电子发票与纸质发票具有同等法律效力。国家积极推广使用电子发票。"

各项具体工作措施，有年度营商环境实施方案或任务清单。

三是虚实结合：开大会+实际行动。2023年多个省份召开了全省营商环境大会，大会成为部分省份新春第一会、部分省份两会后的第一会。各省份开大会的视角不尽相同，意义高度一致，皆传递出省（区、市）委省（区、市）政府对营商环境工作的高度重视和推进决心。如河北将营商环境大会作为新春第一会，强调把优化营商环境作为推进河北高质量发展的重要抓手。如已连续三年在"新春第一会"上聚焦优化营商环境的安徽，2023年的主题为"发扬自我革命精神，坚持严的基调，持续深化'一改两为'，全面提升工作效能"；如江苏召开全省机关作风建设暨优化营商环境大会，甘肃召开全省"优化营商环境攻坚突破年"行动动员大会，海南召开"对标国际国内评价指标体系，加快打造一流营商环境"大会，等等。大部分省（区、市）在大会现场或会后，实施了配套的行动方案。如辽宁召开全省优化营商环境大会，统筹推进"三个万件"行动，全面清理影响振兴发展的障碍；江西召开全省优化营商环境工作推进大会，出台加强数字赋能营商环境"15条"；宁夏召开全区历史上规模最大的民营经济高质量发展暨营商环境全方位提升大会，并开展金融服务实体经济、助企纾困等系列行动。

（二）趋势二：实效不断增强

1. 聚焦经营主体需求，提升基层政府能力

2021年《中共中央 国务院关于加强基层治理体系和治理能力现代化建设的意见》，强调"向基层放权赋能"。近几年随着各级事权不断下放，县区成为经营主体办事的前沿阵地，成为对企服务的窗口层。如何确保营商环境改革的有效落地，打通政策落地的最后一公里，强化对经营主体办事需求的有效响应、高效办理，是各地营商环境工作的重难点之一。在众多工作抓手中，评估评价成为多省份推动基层落实改革、优化服务的重要方式。通过评价对标对表、整改提升，有助于基层政府提高对营商环境的重视度，能在"埋头苦干"之时相对系统全面地认知营商环境，能"抬头"看见全国乃至全世界的先进经验和典型做法，能有更多工作的主动性和积极性。2023年，

《中共中央　国务院关于促进民营经济发展壮大的意见》明确提出，完善中国营商环境评价体系，健全政策实施效果第三方评价机制。营商环境评价有望在将来继续发挥重要作用。

表1　近年来部分开展（过）县区营商环境评价的省份

省份	评价情况
河北	对全省11个设市区、雄安新区及118个县(市)和49个市辖区进行评价
山西	对全省11个地级市、117县(市、区)及转型综改示范区开展营商环境评价
内蒙古	对全部盟市、旗县(市、区)开展评价
江苏	对全省13个设区市、32个城区、63个县(市、区)开展评价
江西	对全省11个设区市和赣江新区、100个县(市、区)开展评价
河南	对17个省辖市、济源示范区、102个县级区划(包括21个县级市、81个县)、55个市辖区以及18个国家级自贸区、经济技术开发区、高新技术产业开发区等功能区进行评价
湖北	对全省17个市(州)、99个县(市、区)、19个国家级开发区进行评价
湖南	对全省86个样本县(市区)开展评价
海南	对全省市县层面、自由贸易港重点园区层面和省级层面开展评价，包括18个市县(三沙市除外)、11个自由贸易港重点园区开展评价
贵州	《贵州省2023年度市(州)及县域营商环境评价实施方案》
青海	对8个市州、3个园区、45个县市区行委营商环境展开评价
宁夏	对全区5市、22个县(区)及宁东基地的营商环境开展调研、评价和分析，对园区进行评价
陕西	对全省各市(区)、区县、国家级开发区进行调研

2. 正视需求痛点，以更大力度推进难点问题解决

2023年一个"老问题"、一个"新情况"在全国营商环境工作中占据重要位置。

"老问题"是拖欠企业账款，反映出政务诚信是营商环境的重要考量。该问题由来已久，企业诉求强烈，党中央、国务院高度重视，2018年为清理政府部门和国有大企业拖欠民营企业账款，国务院常务会议决定开展专项清欠行动；2019年国务院常务会议提出，加大清理拖欠民营企业中小企业账款力度，并进一步完善长效机制；2020年国务院常务会议提出，压实责任，一抓到底，确保2020年年底前无分歧欠款应清尽清，并优先清偿农民工工资；2021年国务院常务会议指出，要加大对拖欠中小企业账款的整治力度；2022年工信部副部长徐晓兰在国务院政策例行吹风会上说，将全面排查、大力惩处拖欠中小企业账款；2023年4月，中共中央政治局会议要求，要下决心从根本上解决企业账款拖欠问题，并于7月再次强调。这一决心体现在依法治国的根本上，2023年司法部等有关部门加快推进民营经济促进法立法进程，中小企业账款拖欠治理有望被纳入法治范畴，法治是最好的营商环境。

2023年，工信部、市场监管总局等部门陆续开展清理拖欠企业账款专项行动。甘肃、福建、宁夏、辽宁、青海、新疆、内蒙古、陕西等省份加大对拖欠企业账款问题的清理力度，尤其是民营企业、中小企业。

"新情况"是"一件事"。优化营商环境改革以来，"一窗、一门、一网、一次"构成了改革的基础逻辑，2022年10月国务院办公厅发布《关于加快推进"一件事一次办"打造政务服务升级版的指导意见》，推动高频需求、相互关联的跨部门、跨层级事项实现"一件事一次办"。2023年相关部门、各省（区、市）大多将"一件事"纳入年度营商环境重点工作。在推进过程中，企业和群众对"一件事"的知晓度不高，基层政府推进的积极性不高，落实过程中的堵点仍未系统打通，多个"一件事"还需一件一件地办。2024年1月国务院发布《国务院关于进一步优化政务服务提升行政效能推动"高效办成一件事"的指导意见》将在更深层次、更大范围、更多领域推进"一件事一次办"的改革，将大幅提升企业和群众办事满意度、获得感。

更多特色打造区域营商环境关键举措。2023年各地营商环境聚焦区域属性，着眼区域难题，实施区域方案的形势较为明显。如北京的"一业一证"，上海的极简审批，浙江的无感监测，河北的招投标"双盲评审"，辽宁针对政务失信的重点举措，黑龙江在数字政府基础上的强化措施，安徽针对企业诉求的"一口收办"，西藏的油电价调整，广东在要素市场化上的有力措施，江苏对个体工商户的若干政策，海南自贸港的先行先试，湖北以控制成本为核心的若干措施，福建在航运上的多项改革，重庆在公共服务配套上的多项举措，四川针对民营企业环境短板的解决举措，陕西将2023作为营商环境突破年，甘肃将2023年作为营商环境攻坚突破年，等等。正如前文所言，2023年的营商环境优化在高度一致的目标下，百花齐放。

3. 突出发展重点，壮大民营经济，坚定民企发展信心

2023年7月《中共中央　国务院关于促进民营经济发展壮大的意见》（以下简称《意见》），明确提出"民营经济是推进中国式现代化的生力军"，强调了产权和权益、政商关系、公平公正等涉及民营经济发展的重要问题，在当前经济形势下，极大提振了民营主体发展信心。2023年10月，民生智库发布的《中国民营经济发展指数报告》表明，2022～2023年中国民营经济呈恢复向好态势，且政务服务、公开透明、金融服务、政商关系等指数，皆有明显提升；各省（自治区、直辖市）中，广东、江苏、浙江民营经济发展持续领先。

构建新型政商关系。2016年3月，习近平总书记提出构建新型政商关系，并以"亲""清"二字定调。近年来，全国各地区陆续出台构建新型政商关系的意见、措施、行为守则、各类清单等，落实总书记重要讲话精神。2022年，河北省创新性地将政商关系作为一级指标纳入全省营商环境调查评价工作中。2023年，《中共中央　国务院关于促进民营经济发展壮大的意见》提出"全面构建亲清政商关系""把构建亲清政商关系落到实处"；19个省份[①]将构建新型政商关系列入年度重点工作。2023年在全党大兴调研之风的背景下，各地各级政府部门与企业的定期常规走访，各类调研座谈会，问需问计工作等，显著增强，各种沟通反馈渠道更为顺畅，企业诉求的解决更为及时有效，亲清政商关系越发良性发展。

（三）趋势三：系统化不断加速

1. 要素营商，通过优化营商环境汇集区域发展的核心要素

近两年，要素市场化配置和统一大市场建设，成为党中央、国务院的一

---

① 河北、山西、辽宁、吉林、黑龙江、浙江、江苏、安徽、福建、江西、山东、湖南、广东、海南、重庆、贵州、甘肃、青海、宁夏等省份。

项重要工作。要素营商，是要素概念与营商环境指标内涵的结合，是发展区域要素和优化营商工作的结合。要素营商即关注区域的发展要素，聚焦区域具有比较优势和明显短板的要素，以优化营商环境提升经济发展要素，着眼于促进区域发展优化营商环境，形成区域某项要素高地，提升区域投资吸引力。优化营商环境也是一个区域发展经济的核心要素的汇集。要素营商即抓住区域发展的核心要素，以优化营商环境的决心和力度，优化区域的要素供给与要素质量，持续深入落实体制机制改革，探索形成区域一流核心要素，打造核心要素高地，打造投资发展高地。

要素营商成为部分欠发达地区迎头追赶，乃至尝试弯道超车的有效抓手。营商环境评价不单纯依赖于地方 GDP、财政收入等硬数据，营商环境优化更关注地方政府体制机制改革的力度、改革举措落实的深度、服务市场主体的温度，更强调企业、个体工商户和社会公众对营商环境的感知、获得感和满意度，是地方政府通过主动作为、服务改善可以取得良好成效的工作之一。新要素有可能带来弯道超车的机会。数据作为新兴要素，在各地数据资源禀赋上的差异尚不明显，在数据要素的应用和转化方面，各地区几乎处于同一起跑线。利用欠发达地区的后发优势，着力打通跨部门数据，真正让数据跑起来，真正便利化市场主体；用好公共政策数据，精准匹配企业，精准服务企业；用活公共服务数据，改变政府治理理念，提升城市治理水平；盘活存量数据，为投资创业提供扎实的本土化服务。数据要素与传统要素的结合，会带来无限惊喜；数据要素在制度探索保障下，会产生无限能量。

2. 区域协同，全面提升营商环境改革的系统性、整体性、协同性

2023 年世界银行营商环境新体系明显弱化了单个指标、单体企业、单个地区营商环境的分量，更多考虑整体平衡，包括整个私营部门、指标分组关联与跨领域指标以及在我国的大区概念等。在区域协同上，2023 年，我国营商环境改革成效显著。

三大城市群营商环境协同工作加速推进，营商环境改革的系统性、整体性、协同性增强。2022 年 10 月，国家发改委印发《长三角国际一流营

商环境建设三年行动方案》，2023年12月，印发《粤港澳大湾区国际一流营商环境建设三年行动计划》。2023年9月，京津冀三地政府发布《京津冀营商环境协同专题工作组工作机制运行规则》和《京津冀营商环境建设2023年工作要点》。三大城市群在营商环境协同中进一步推进政务服务的"一网通办""跨省通办"，探索推动同事同标、跨省联合监管模式等，加强政策协调，进一步破除区域分割和地方保护，在区域大市场建设中逐步发力。

多区域联合攻坚，营商环境跨区域协同态势明显。2022年1月，四川省人民政府办公厅、重庆市人民政府办公厅联合印发《成渝地区双城经济圈优化营商环境方案》；2023年11月，国家税务总局西北五省份的税务局发布《西北五省（区）税务行政处罚裁量基准》；2023年11月，沿黄9省区联合成立的黄河流域公共资源交易数据综合服务平台正式开通；2023年12月，四省一区自然资源部门签订《京津冀+晋蒙不动产登记"跨省通办"合作框架协议》，推出首批通办事项，并将围绕不动产登记领域高频事项，开展交流合作；2024年1月，吉林省、辽宁省、黑龙江省、内蒙古自治区四地市场监管部门共同签署了《东北三省一区市场监管领域执法协作框架协议》，并讨论通过了《东北三省一区市场监管领域轻微违法行为不予处罚和从轻减轻处罚规定》《东北三省一区市场监管领域免罚清单》《东北三省一区跨区域重大案件联合挂牌督办制度》等议题。

3. 内外兼顾，坚定营商环境国际化步伐

从中央政策看，2023年，国务院连续出台多项政策，充分体现了进一步优化外商投资环境、促进外资外贸企业发展，及我国坚定对外开放的决心。1月，国务院办公厅转发商务部、科技部《关于进一步鼓励外商投资设立研发中心的若干措施》的通知；7月，国务院发布《关于进一步优化外商投资环境加大吸引外商投资力度的意见》；12月，国务院办公厅印发《国务院关于加快内外贸一体化发展的若干措施》的通知。同时，6月，国务院印发《关于在有条件的自由贸易试验区和自由贸易港试点对接国际高标准推进制度型开放的若干措施》的通知；11月，国务院关于印发《全面对接国际高标准经贸规则推进中国（上海）自由贸易试验区高水平制度型开放总体方案》的通知。系列政策措施传递出明确信号，我国将持续扩大外资准入，鼓励外商投资；以自贸试验区建设为抓手，对接国际高标准经贸规则，推动营商环境国际化。从地方实践看，先进地区积极对标世行新体系，对标对表国际先进地区营商环境经验，以"对标国际一流"的标准自我加压，加快改革，努力提升区域和企业的国际竞争力。

附表1　2023年各省区市营商环境工作定位与突出工作成效

省份	定位(归类)	工作提法	2023年突出工作成效
北京	全面深化改革开放，大力提振市场信心	更大力度优化营商环境	积极营造企业更有获得感的营商环境，完成6.0版改革任务，制定实施"北京服务"意见和促进民营经济发展壮大行动方案
天津	聚焦培育新动能、增创新优势，着力建设高水平改革开放新高地	着力释放市场主体活力	稳经济运行33条等惠企政策精准落地，出台新一轮优化营商环境措施
河北	坚定不移深化改革开放。坚持发展出题目、改革做文章、开放添活力，加快打造更有吸引力、更具竞争力的营商环境	在营商环境上有新提升	修订省优化营商环境条例，推行招标投标"双盲"评审改革
山西	统筹推进市场主体倍增和营商环境建设，持续激发市场活力		清理涉及优化营商环境政府规章12部、文件1739件
辽宁	全力深化重点领域改革。坚持市场化改革方向，充分发挥市场在资源配置中的决定性作用，更好地发挥政府作用，切实落实"两个毫不动摇"，激发市场活力和社会创造力	持续优化营商环境	召开全省优化营商环境大会，统筹推进"三个万件"行动，全面清理影响振兴发展的障碍
吉林	着力深化改革开放。改革开放是推动吉林振兴发展的制胜法宝	持续优化营商环境	——

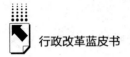
续表

省份	定位(归类)	工作提法	2023 年突出工作成效
黑龙江	持续深化重点领域和关键环节改革。坚持把改革作为推动发展"关键一招",坚持"两个毫不动摇",通过改革来激发市场活力和发展内生动力	持续优化营商环境	深入实施优化营商环境三年专项行动,营商环境进一步改善
上海	深入推进政府治理现代化	以效能建设提高服务质量,营商环境持续优化	对标世界银行新评估体系深化改革,优化营商环境 6.0 版,208 项改革任务全面完成
浙江	坚持"两个毫不动摇",充分激发各类市场主体活力		全面推广政务服务增值化改革,着力巩固改革开放先行先发优势。制定促进民营经济高质量发展 32 条政策
江苏	更大力度推动改革开放		编制实施国家营商环境试点和自主改革事项"两张清单"79 项改革举措,连续 5 年位列"营商环境最佳口碑省份"
安徽	坚决落实"两个毫不动摇",持续深化市场化改革	坚持不懈优化营商环境	启动营商环境改革创新示范区建设,首批 29 项改革全省复制推广
福建	扎实推动改革攻坚新突破	打造一流营商环境	深化营商环境创新改革,一体化政务服务能力连续 2 年位列全国第一梯队,工程建设项目审批制度改革评估位列全国第一
江西	全面深化改革、扩大开放,释放发展活力。推进全面深化改革攻坚行动,扩大高水平对外开放,打造资源要素"强磁场"	对标一流,提升"一号改革工程"质效	召开全省优化营商环境工作推进大会,出台加强数字赋能营商环境"15 条"
山东	扎实激发各类市场主体活力。着力落实"两个毫不动摇",在促进不同所有制企业竞相发展上加力提效	持续打造一流营商环境	实施营商环境创新提升行动,连续入选全国营商环境最好省份。出台支持民营经济高质量发展若干意见,首度发布民营企业家"挂帅出征"百强榜
河南	加快推进高水平开放合作	更大力度打造一流营商环境	全面开展营商环境综合配套改革,建成惠企政策"免申即享"平台、省营商环境投诉举报中心

续表

省份	定位(归类)	工作提法	2023年突出工作成效
湖北	坚定不移深化改革开放	切实打造湖北营商环境"金字招牌"	全年为企业降成本超过1300亿元,为中小微企业应急转贷续贷超过450亿元,全国工商联"万家民企评营商环境"湖北排名连续三年进位,进入全国前10
湖南	加快打造内陆地区改革开放高地	打造"三化"一流营商环境	"走找想促"活动和"三送三解三优"行动解决各类问题超20万个
广东	坚持社会主义市场经济改革方向,推动有效市场和有为政府更好结合,持续深化重点领域关键环节改革攻坚	深化营商环境综合改革	大湾区国际一流营商环境建设三年行动全面启动,广东连续4年获评全国营商环境最佳口碑省份
海南	确保经济提质加速	优化营商环境	惠企政策直达快享激发企业活力;告知承诺涉企经营许可事项数量保持全国第一
重庆	奋力抓好重点领域改革,激发各类市场主体活力	营造一流营商环境	出台促进民营经济高质量发展实施意见,制定优化营商环境、激发市场活力108条改革举措,出台构建亲清政商关系行为清单
四川	切实落实"两个毫不动摇"	优化民营企业发展环境	
贵州	深入推进改革开放,大力营造良好发展环境	着力优化营商环境、支持民营经济发展壮大	
云南	深化重点领域改革,在激发市场活力和社会创造力上取得新突破	持续打造一流营商环境	
西藏	狠抓改革开放,持续激发内生动力	加快优化营商环境	全力推进优化营商环境"一号工程",打造援藏"双招双引"品牌,招商引资到位资金突破500亿元
陕西	扭住改革开放关键环节,补齐短板、破解制约	持续优化营商环境	大力发展民营经济,推广运用"陕企通""秦务员""秦政通"一体化服务平台;实施"三整治四提升"专项行动,加大清理拖欠企业账款力度

续表

省份	定位（归类）	工作提法	2023 年突出工作成效
甘肃	聚力深化改革开放，大力提振市场信心	倾力营造一流营商环境	开展"优化营商环境攻坚突破年"和"引大引强引头部"行动。新签央地合作项目 72 个、金额 1443.6 亿元；出台支持民营经济发展"30 条"；建成公共资源交易"全省一张网"
青海	扩大投资、提升消费、做强实体，促进经济全面恢复、提质增效	实施优化营商环境三年行动	
宁夏	坚持第一要务，着力推动经济高质量发展实现新突破	大力实施营商环境提质升级行动	召开我区历史上规模最大的民营经济高质量发展暨营商环境全方位提升大会，开展金融服务实体经济、助企纾困等系列行动
新疆	大力激发各类市场主体发展活力，促进各类市场主体竞相发展	实施营商环境优化提升三年行动	出台促进民营经济发展壮大若干政策措施，实施民营企业培优工程

注：以上工作提法资料来自 2023 年各省（自治区、直辖市）政府工作报告，2023 年突出工作成效资料来自 2024 年各省区市政府工作报告。

近年我国优化营商环境的
政策演进和持续优化建议

张红凤　丁相江　陈晓彤*

摘　要： 优化营商环境是激发市场主体活力的重要推手，更是区域间经济竞争和经济高质量发展的重要驱动力。2023年我国在优化营商环境方面取得了显著进展，特别是在加快建设全国统一大市场、优化市场经济制度环境、扩大高水平对外开放以及打造数字化营商环境等方面均取得了显著成果，为经济的持续健康发展注入了新的活力。但目前仍面临地方保护主义、行业壁垒和法律法规落实不全等诸多挑战，优化营商环境迫在眉睫。为此，我国需要明晰数字时代背景下营商环境优化的重要性，通过促进公平竞争、强化法治保障以及优化外资外贸等途径，实现我国营商环境的市场化、法治化和国际化的目标，为我国经济的持续健康发展奠定坚实的基础。

关键词： 营商环境　全国统一大市场　法治化　国际化

当前，我国经济正处于关键转型期，全球经济格局的变化和技术革命的演进对我国市场主体提出了更高的要求。此外，国际形势的复杂性和不确定性进一步加剧，优化营商环境、提升我国市场主体的竞争力和创新能力已成为当务之急。2020年1月1日，《优化营商环境条例》正式实施，条例明确

* 张红凤，山东财经大学公共管理与法学学部部长，二级教授，博士生导师，山东省社科理论重点研究基地、山东财经大学新旧动能转换研究基地首席专家，主要研究方向为政府规制与公共政策；丁相江，中南大学商学院博士研究生，主要研究方向为绿色金融与数字经济；陈晓彤，浙江工商大学英贤慈善学院博士研究生，主要研究方向为社会组织与慈善信任。

了优化营商环境的总体要求和具体措施，规范了市场主体权利，增强了政策透明度和执行力。2020年7月，《国务院办公厅关于进一步优化营商环境更好服务市场主体的实施意见》发布，旨在打造更加高效、公正、透明的营商环境，提升市场主体的活力和创新能力，推动经济高质量发展。2021年11月，国务院发布《国务院关于开展营商环境创新试点工作的意见》，提出了在部分地区开展营商环境创新试点工作的意见，探索可复制、可推广的经验做法。2023年7月，《中共中央国务院关于促进民营经济发展壮大的意见》发布，提出优化民营企业发展环境，完善政策体系，保障民营企业公平竞争。优化营商环境是提升市场主体的竞争力和创新能力的重要手段，是推动经济高质量发展、实现现代化和可持续发展的重要保障。在政策推动和市场主体参与下，我国营商环境不断优化，为经济发展注入新动能。

一　近年优化营商环境的政策演进

2017年10月18日，习近平同志在党的十九大报告中明确表示，要"坚持市场化改革方向，完善市场经济体制，构建开放型经济新体制，优化营商环境，激发各类市场主体活力"。我国高度重视营商环境优化对促进经济高质量发展的重要作用，围绕营商环境优化经历了政策制定与实施、制度改革与创新、政策试点与经验探索等阶段，为我国市场经济的转型升级和持续繁荣奠定坚实基础。

（一）政策制定与实施阶段

2019年10月8日，国务院第66次常务会议通过了《优化营商环境条例》，并于2020年1月1日起正式施行。该条例旨在持续解放和发展社会生产力，加快建设现代化经济体系，推动高质量发展。条例明确提出了优化营商环境、保障市场主体的合法权益、实现公平竞争，从而提升市场主体满意度的总要求。在具体措施方面，一是精简审批程序，通过减少业务审批环节，推行"一网通办"，实现审批流程优化；二是保护市场主体权利，即加大知识产权的保护力度，依法保护企业和投资者的合法权益，并为其提供法律援助和经济渠道；三是提升政务服务效率，包括推行"互联网+政务服务"，建设统一的政务服务平台，推动政务数据共享，实现政务服务便捷化、高效化；四是优化市场准入环境，放宽市场准入条件，推行"证照分离"改革，降低企业开办难度；五是完善市场监管体系，实施"双随机、一公开"监管和事中事后监管，确保监管过程公平透明以及市场风险的事先防范；六是优化纳税服务，通过简化税务手续、推广电子税务局及提供税收优惠政策，实现在线缴纳税款和降低企业税负的目的。自条例实施后，相关政策执行主体的政务服务效率显著提升，市场主体的合法权益得到进一步保护。

（二）制度改革与创新阶段

在《优化营商环境条例》实施后，我国的营商环境已有显著改善，但依然存在一些不足和薄弱环节，尤其在新冠疫情的冲击下，企业面临的困难更加突出，急需对市场主体的需求给予更多的关注。2020年7月，《国务院办公厅关于进一步优化营商环境更好服务市场主体的实施意见》发布，提出的六大改革措施涵盖了投资建设、生产经营审批和条件、外贸外资企业经营环境、就业创业门槛、涉企服务质量和效率以及优化营商环境长效机制等重要方面。从制度改革的角度来看，该意见的主要目标是打破各种壁垒，破除制约企业发展的障碍，提高办事效率和服务质量。具体来说，通过优化再造投资项目前期审批流程，加快推动工程建设项目全流程在线审批，降低市场准入门槛，精简优化工业产品生产流通等环节的管理措施，提高进出口通关效率，减少外资外贸企业投资经营限制，优化货运驾驶员、兽医等部分行业从业条件，促进人才流动和灵活就业，推进企业开办经营便利化，提升纳税服务水平，进一步提高商标注册效率，以及建立健全政策评估制度，建立常态化政企沟通联系机制等措施来实现。

（三）政策试点与经验探索阶段

在政策试点和经验探索阶段，我国采取了选择特定区域进行创新探索的

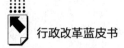

方式，推动营商环境优化。通过深化简政放权、放管结合、优化服务改革等措施，试点区域在简化行政审批、提升政务服务效率、优化市场准入环境等方面取得了显著成效。例如，北京市通过"互联网+政务服务"，实现政务事项全流程网上办理，减少企业办事成本，提升了政务服务效率；上海自贸试验区通过实施市场准入负面清单制度、简化行政审批和优化税务服务，大幅改善营商环境；广州市通过推广电子税务局，实现了办税流程的精简，降低了企业的税收负担，优化了纳税服务。

国家对这些试点区域的成功经验进行了总结和评估，提炼出可复制、可推广的模式。通过制定一系列政策文件，如 2022 年 10 月，国务院办公厅发布了《关于复制推广营商环境创新试点改革举措的通知》，明确各地区可复制的具体做法和规范，推动全国范围内的营商环境优化。在此基础上，各地结合实际情况，积极实施推广措施，通过推行"一网通办"、优化审批流程、实施信用分类监管、建立健全企业信用档案、推动信用体系建设、落实税收优惠政策等措施，切实为企业减负。

（四）持续优化与动态调整阶段

国家根据市场的需要和反馈，对政策进行动态调整，使营商环境持续得到优化。2023 年发布的《国务院关于支持民营企业改革发展的实施意见》中提出了一系列针对民营企业的具体支持措施。这些措施包括优化民营企业发展环境、健全相关的政策体系，保证民营企业的公平竞争，提高企业的自主创新能力和市场竞争力。文件强调要破除制约民营企业发展的隐性壁垒，确保各类市场主体平等获取生产要素、公平参与市场竞争。通过优化融资环境、完善融资担保体系、增强对民营企业的信贷支持等方式，解决民营企业融资难、融资贵的问题。

在地方层面，广东省作为经济大省，积极响应国家政策，实施了一系列税收优惠政策，减轻企业税负，特别是对中小企业的支持力度不断加大。广东省税务部门通过简化税务流程，提供在线办理和咨询服务，提高了税务服务效率，减轻了企业的办税负担。例如，广州市税务局推出的"税务 E 站通"平台，实现了涉税事项的一站式办理，大大缩短了企业的办税时间，提高了办税效率。此外，广东省还通过财政补贴、政府采购等多种方式，支持中小企业发展。

在相关法律法规方面，国家和地方政府还通过完善法律法规体系的方式，为民营企业发展提供法治保障。例如，修订《公司法》《企业破产法》等法律法规，完善企业退出机制，保护企业合法权益，营造稳定、公平、透明、可预期的营商环境。各地通过建立企业投诉处理机制，畅通企业诉求渠道，及时解决企业在经营过程中遇到的问题，提升企业满意度和获得感。

通过以上举措，我国的营商环境持续优化，市场主体的活力和创新能力显著增强。民营企业在公平竞争的市场环境中，发展势头更加迅猛，整体经济的高质量发展得到有力保障。

二 2023年优化营商环境的关键策略

进一步深化营商环境改革，要着重做好三个"着力"：继续深化市场化改革、强化法治化支撑、提升国际化水平，这有助于推动国内统一大市场的形成，推动我国营商环境市场化、法治化、国际化、便利化。

（一）加强前期突出问题整治，加快建设全国统一大市场

李强总理在2023年5月19日国务院常务会议上指出，加快建设高效规范、公平竞争、充分开放的全国统一大市场，要集中力量解决好各地区之间的利益保护、市场分割等突出问题。12月18日召开的国务院常务会议听取了推进全国统一大市场建设的工作进展，强调"加大典型案例通报力度，把不利于全国统一大市场建设的各种障碍掣肘破除掉"。着力破解制约全国统一大市场建设的体制障碍，是激发市场主体活力、优化市场环境、增强经济发展的新动能的关键。

2023年，我国对加强前期突出问题整治、加快建设全国统一大市场的决心越发坚定，旨在打破地域壁垒，优化资源配置，促进经济高质量发展。

地方保护主义、市场分割、不公平竞争等问题已成为阻碍市场效率提高和经济健康发展的重要因素。为此，我国采取了一系列有力措施，加大了对此类问题的整治力度。同时，通过约谈整改、问责评估和典型案例通报等手段，进一步加强了制度的刚性约束，保证了各项政策措施的落实。这有助于形成长效机制，防止问题反弹，确保市场环境的持续优化。在加快建设全国统一大市场方面，我国注重顶层设计，制定一系列政策措施以推动各地区市场互联互通。在政策清理和自我检查的过程中，对一批阻碍统一市场和公平竞争的政策和措施进行了废止、修改和纠正，并在市场基本制度、要素和资源市场统一、商品和服务市场高水平统一、市场监管公正统一等方面，制定了一系列的配套政策。同时，在深化"放管服"改革的过程中，简化了审批手续，降低了市场准入门槛，使企业的积极性和创造力得到了极大的提高。同时，加大对市场的监督力度，对各类违法行为进行了严肃查处，确保了市场的健康发展。这些举措使市场的活力得到了充分的释放、交易成本有效降低，从而推动了经济的畅通，同时也提高了监督效率，为创造一个更好的营商环境以及实现经济高质量发展打下了扎实的基础。

（二）促进监管执法精准高效，优化市场经济制度环境

习近平总书记在中央全面依法治国委员会第二次会议上强调，"法治是最好的营商环境"。同时2023年6月国务院政策例行吹风会又一次明确指出，要进一步提高我国营商环境的法治化水平，关键是要完善营商环境的法律制度体系，规范涉企行政执法，强化企业经营主体的权益。法治既是营商环境优化的内容，又是促进营商环境优化的制度保障，能够对市场经营活动、市场准入等进行有效的管理和激励。

中国正处于经济转轨与转型升级阶段，市场迫切需要更加准确、有效的监管与执行。特别是随着金融和互联网的发展、新技术和新业态的不断出现，市场对监管的灵活性和有效性提出了更高要求。2023年，国家对金融监管进行了重大变革，成立了中央金融委员会、国家金融监督管理总局等，初步建立起了"一行一局一会"的金融监管新模式。通过上述改革，强化

了宏观调控的整体性和协同性，提高了宏观调控的有效性。此外，国家还制定了更为明确、细致的执法规范与程序，保证了监督管理的合法性与合理性，从而大大降低了执法人员的自由裁量权，提升了执法的效率与公信力。在此基础上，结合大数据、人工智能等现代信息技术，实现了对市场的实时、动态监控，提高了监督的精准性和时效性。科学技术的应用，也可以降低规制成本，提升规制效率。在此过程中也加强了各领域的监管协作。通过建立信息共享、联合执法等机制，使跨部门、跨区域的壁垒得到了有效的突破，真正做到从注册到经营、从线下到网上的全过程监督。我国营造了一个更公平、更透明、更可预期的发展环境，充分发挥了市场活力，激发了全社会的创造力，促进经济向高质量方向发展。

（三）扩大高水平对外开放，驱动国内国际双循环

习近平同志在党的二十大报告中强调要"推进高水平对外开放"，这是一项重大战略部署。2023 年 12 月中央经济工作会议重申，要提高对外开放水平，要加速发展新的外贸动能，不断打造市场化、法治化、国际化的营商环境。这一系列重要讲话充分说明，营造优良的营商环境，有助于构建更高层次开放型经济体系，为我国的对外开放工作提供了根本遵循。

2023 年，中国持续推进高水平对外开放，着力优化营商环境，驱动国内国际双循环，取得了显著成效。通过完善外商投资法、加强知识产权保护，进一步稳定了外资企业的预期，增强了外资企业投资中国的信心。与此同时，中国还在不断缩减外资准入负面清单，将自贸试验区版缩减至 27 条，为外商在华发展提供了更大的空间。我国继续推进自贸试验区建设，确保自贸试验区数量增至 22 个，并覆盖东中西部地区，为全国统一大市场的形成和区域协调发展注入新的动能。我国对外资的吸引力也显著增强，以上海为例，2023 年上海实际使用外资达 240 亿美元，创历史新高。同时，跨国公司地区总部、外资研发中心纷纷落户中国，累计分别达到 956 家和 561 家。这些数字充分说明了中国作为投资目的地的吸引力。我国加大力度吸引外资、支持外资企业在中国持续深耕和更好发展，同时鼓励中国企业"走出

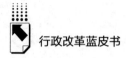
去"拓展市场，实现了国内市场和国际市场的有效对接。这些措施不仅有助于提升中国的国际竞争力，也为全球经济的复苏和发展贡献了中国智慧和中国方案。

（四）打造数字化营商环境，拓展创新实践新模式

2023年2月16日，"首届中国数字营商环境高峰论坛"在北京顺利举行，同时发布《中国数字赋能营商环境创新改革实践报告2022》和《中国数字赋能营商环境创新改革实践报告河北卷2022》等研究成果，并在此基础上提出了一系列具有前瞻性的、可持续发展的政策建议。这与数字经济情境下营商环境的动态优化发展趋势相吻合，有利于实现"市场"和"政府"的最大协作，并为构建数字化营商环境探索切实可行的途径。

2023年，随着数字技术的迅猛发展，中国在营商环境优化上迈出了坚实步伐，特别是在数字化营商环境的打造上取得了显著成效。一是加速推进数字基础设施建设。中国一直坚持问题导向，从区域发展的现实出发，基于工业和民生需求，科学规划"四新设施"，逐步向纵深发展。特别是对于5G基站、计算中心等关键基础设施的适度超前部署，是未来进一步推广应用的先决条件。二是数字化转型全面推进。在政务服务方面，通过采用基于云技术的智能交流平台，实现了全场景、全互动的交流体验。同时，数字化技术也促进了产业和服务的数字化，使工业的数字化、网络化和智能化水平持续提高。三是数据共享与流通机制建立。中国在数字经济的发展过程中，着力构建完善的跨部门信息交流机制，打破"数据壁垒"。该项目的实施，将极大地促进我国城市建设中跨层级、跨地域、跨系统、跨部门、跨业务的协同管理与服务。四是创新实践新模式不断涌现。例如，通过采用全球化的交流资源共享模式，将全球优秀的交流资源进行整合，实现资源共享和互通，同时还建立了多元化的交流机制，包括交流大会、座谈会、培训研讨等多个平台，促进了不同领域、不同层次的交流。这一系列措施，不但提高了政府的办事效率与透明度，而且为企业的发展营造了一个更稳定、更公平、更透明的投资环境。

三 营商环境改善的前瞻性思考

目前，部分地方政府在实际操作中仍存在"明放暗不放"，行业垄断、地方保护主义和法律法规执行落实不均等诸多问题。习近平总书记指出，"营商环境是企业生存与发展的基础"，并强调要"不断打造市场化、法治化、国际化的一流营商环境"，以推动经济高质量发展和国际竞争力的提升。今后一段时期，应坚持问题导向和系统思维，着力完善产权保护、市场准入、公平竞争和社会信用等基础制度，深化重点领域改革，加快要素流动，维护公平竞争，全面推进高水平开放，进一步建设市场化、法治化、国际化的一流营商环境。

（一）促进公平竞争，推动市场环境优化

聚焦企业关注，推动市场环境更加有序与公平。以市场主体需求为导向，消除地方保护和市场分割，消除制约经济循环的关键障碍，促进商品和要素资源在更大范围内自由流动。清理妨碍统一市场和公平竞争的政策措施，针对市场准入和退出、强制产业配套或投资、工程建设项目招标投标以及政府采购等领域的突出问题开展专项整治。制定防范不当市场干预行为的清单，建立快速响应机制，及时处理市场主体反映的问题。通过约谈整改、问效评估、案例通报等方式，强化制度的刚性约束。

推进一系列措施以优化市场环境，首先，应健全产权保护制度，确保企业财产和知识产权得到充分保障。强化市场准入制度，减少不必要的行政审批，提升市场准入的透明度和公平性。通过简化程序和提升服务质量，降低企业进入市场的门槛。其次，在推动公平竞争方面，需要打破行业垄断，促进更多企业参与市场竞争。通过反垄断执法和政策引导，遏制不公平竞争行为，确保市场竞争环境健康有序。进一步完善社会信用体系，建立健全企业信用档案，推动信用信息共享，促进诚信经营。再次，促进要素和资源的自由流通，是提高市场活力的根本保证。通过深化土地、劳动力和资金等要素

市场的改革，促进资源的市场化配置。加快土地流转制度改革，优化用地审批程序，支持企业用地需求。改革劳动力市场，提升劳动力流动性和匹配效率，满足企业多样化的人才需求。另外，要健全完善特许经营制度，鼓励民间资本参与公共服务和基础设施建设。通过公开、公平的特许经营权招标，提升民间投资的积极性和参与度。完善政府采购制度，确保采购过程透明、公正，为民营企业参与提供更多机会。最后，建立市场主体问题快速响应机制，确保企业反映的问题能够及时得到处理和解决。通过建立多渠道问题反馈平台，增强政府和企业间的沟通互动，及时调整政策，提升市场环境的适应性和包容性。

（二）强化法治保障，推动法治环境更加公平公正

聚焦企业权益保护，推动法治环境更加公平公正。以法治化为市场经济发展的基本原则，发挥法治在社会资源配置中的引导、规范、促进和保障作用，将法治理念和法治思维贯穿于优化营商环境的全过程。在立法、执法、司法、守法各个环节，依法保护企业产权和企业家权益，防止和纠正利用行政或刑事手段干预经济纠纷，对涉及财产的强制措施进行规制，建立健全冤错案件的有效防范和常态化纠正机制。

在立法层面，加强营商环境相关法律法规的制定和完善，确保法律体系的科学性和系统性，增强法律的可操作性和可预期性。推动建立健全产权保护法律体系，明确产权界定标准，强化对各类市场主体产权的法律保护。在执法环节，优化行政执法监管问责机制，推进严格、规范、公正、文明执法。通过深化行政执法体制改革，减少执法随意性，提升执法透明度和公信力。加强执法人员培训，提高其执法能力和法律素养，确保执法过程依法依规，杜绝选择性执法和随意性执法。在司法环节，加大司法保护力度，确保司法公正。完善知识产权司法保护机制，提升知识产权案件审判专业化水平，保障创新驱动发展。建立健全企业家权益保护机制，依法公正处理涉及企业和企业家的各类案件，防止因司法不公对企业和企业家造成不必要的损害。在守法环节，推动全社会树立法治观念，提升市场主体的法律意识和法

治素养。通过开展法治宣传教育，提升企业守法经营的自觉性。建立市场主体信用体系，将守法经营纳入信用评价体系，促进企业诚信经营。此外，健全冤错案件防范和纠正机制，完善监督机制，及时发现和纠正执法、司法过程中的错误，保障企业和企业家的合法权益不受侵害。设立冤错案件申诉渠道，建立快速反应和处理机制，确保冤错案件得到及时纠正。

（三）优化外资外贸环境，促进开放循环畅通

落实外资企业国民待遇是优化外资外贸环境、推动开放更加循环畅通的重要举措。这包括促进公平竞争，确保外资企业依法平等参与政府采购、招标投标和标准制定，同时加强对知识产权和外商投资合法权益的保护。国家积极对接国际高标准经贸规则，主动参与世贸组织规则改革，并积极推动加入《全面与进步跨太平洋伙伴关系协定》和《数字经济伙伴关系协定》。

在具体措施上，扎实推进自由贸易试验区和海南自由贸易港建设，通过改革促进贸易投资的便利化，不断扩大面向全球的高标准自贸区网络。例如，海南自由贸易港通过实施更为宽松的政策吸引了大量外资企业进驻，成为对外开放的新高地。在扩大开放的过程中，涉外法治建设也在稳步推进，为更高层次的对外开放打下了坚实的法治基础。国家通过制定和完善涉外经济法律法规，确保外资企业在华经营的法治环境更加公正、透明。

通过上述举措，提升外资企业的投资信心，优化国内市场环境，推动我国营商环境的国际化进程。持续优化和完善的法治环境，使得我国成为更具吸引力的投资目的地，为经济高质量发展提供强有力的支撑。

B.9
聚焦电力服务转型升级　全力打造
用电营商环境"海口品牌"

海南电网有限责任公司海口供电局 *

摘　要： 近年来，海口供电局坚定不移地执行党中央和国务院关于优化营商环境的决策部署，始终秉承以人民为中心的发展理念，主动融入和服务国家重大战略，紧扣海南自贸港战略定位，大力推进新型电力系统建设。坚持规划先行、建设先行、供保先行、服务先行，在优化用电营商环境上展现"海口决心"；坚持问题导向、目标导向、结果导向，为提升获得电力指数贡献"海口智慧"；坚持创新引领，加速智能电网建设，聚焦"双碳"目标，促进能源转型，探索创新服务模式，打造文化品牌，在构建新型电力系统中打造"海口特色"；坚持"服务至上"，在助力民生大局保障上凸显"海口担当"。海口供电局大力优化用电营商环境，为加快建设海南自由贸易港贡献电网力量。

关键词： 用电营商环境　海南自贸港　海口市

　　近年来，海口供电局坚定不移地执行党中央和国务院关于优化营商环境的决策部署，始终秉承以人民为中心的发展理念，主动融入和服务国家重大战略，紧扣海南自贸港"三区一中心"战略定位，大力推进新型电力系统建设，不断推动经济社会绿色低碳转型，努力为加快建设具有世界影响力的

---

　* 执笔人：左新宇，海南电网有限责任公司海口供电局党委书记、副总经理；艾闯，海南电网有限责任公司海口供电局党委委员、副总经理、工会主席；吴松泽，海南电网有限责任公司海口供电局市场营销部经理。

中国特色自由贸易港作出更大贡献。在 2022 年度海南省营商环境评价中海口市综合得分排名第一，其中"获得电力"指数达全国前沿水平。12345 政务服务便民热线服务质量突出，名列全国前茅。截至 2023 年年底，海口供电局年售电量达到 113.21 亿千瓦时，同比增长 13.3%，首次突破 100 亿大关，最大供电负荷达到 226.8 万千瓦，比历史最高负荷增长 6.28%，总体呈现稳中有进、进中向好的良好态势。

一　坚持"电力先行"，在优化用电营商环境上展现"海口决心"

经济发展，电力先行。电力不仅是经济发展的基础，也是城市发展水平的重要体现。在海口市政府的高度重视及大力推动下，海口供电局与市政府签署"十四五"电网发展战略合作协议，围绕海南"三区一中心"的发展定位，始终坚持经济发展、电力先行，当好经济发展的"电力先行官"，始终将满足人民群众追求美好生活的电力需要作为一切工作的出发点、落脚点，以更高标准、更快速度、更高质量主动融入和服务海南自贸港建设大局，推动电网规划与城市发展规划同频共振，为客户提供可靠、便捷、高效、智慧的新型供电服务，为经济社会高质量发展蓄力赋能。

（一）规划先行，绘制自贸港电网高标准蓝图

坚持规划引领，强化主配网网架，加快构建坚强局部电网，进一步提高海口电网供电可靠性。"十四五"海口市规划新建和改造变电站 25 座，新增 500 千伏、220 千伏、110 千伏变电容量分别为 1500 兆伏安、2160 兆伏安、2180 兆伏安，新建 500 千伏、220 千伏、110 千伏线路长度分别为 158 公里、195 公里、281 公里。新建线路工程全部按照差异化标准建设，具备抵御 50 年一遇气象台风能力，海口 500 千伏主网架按照 100 年一遇风速标准设计。海口市高压配电网网络结构水平、负荷供应能力均得到有效提高。"十四五"期间海口市变电站新出 10 千伏线路 342 回，新建电缆线路 680.2

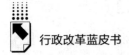

公里，架空线路 279.7 公里。海口市中低压配电网的网络结构水平、负荷供应能力、装备技术水平得到大幅提升，重过载线路和配变均得到解决。

（二）建设先行，保障自贸港电网高可靠运行

高标准打造本质可靠坚强电网，政企合作推动电网规划建设进入快车道，完成 500 千伏椰城站、220 千伏碧海站等 25 座新建变电站选址工作，其中江东新区智能电网规划至远景饱和年需新建的 13 座变电站全部完成选址，特别是促成 220 千伏滨江站容缺开工，极力突破多年主网项目建设前期选址难、手续杂、周期长等困局，为打造坚强电网奠定坚实基础。高质量完成海口"十四五"配电网规划中期调整工作，预计"十四五"期间海口配电网规划新建、扩建 15 座变电站，持续优化海口电网结构。加强配网项目建设全过程规范化管理，推动建设、物资、投资、财务、调度等领域协同，建立配网项目全流程管理问题的"缺陷清单"，提升进度计划执行效率。深化"运规合一"，着力推动配电网自主规划，解决线路不可转供和配网自动化未有效覆盖问题，预计可转供率、有效覆盖率分别提升至 94.3%、96.09%。坚决打赢配网项目攻坚战。

（三）保供先行，服务自贸港电网高质量供电

印发《海口市 2023 年负荷管理预案》，政企协作成立海口市电力负荷管理中心，联合市政府开展 2023 年电力负荷管理应急演练，培育形成最大负荷 20%的需求响应资源池，负荷控制能力达到上年最大负荷的 5%，确保关键时段可有效调控负荷侧资源。全面加强保供电核心能力建设，组建保供电核心团队，深化智慧保供电系统平台和作业视频监控平台应用，实现保供电全过程"可视化、智能化"管控。全年海口地区电力供应正常，平稳应对了台风、高温天气等 16 轮次自然灾害，圆满完成 4 次文昌卫星发射、博鳌亚洲论坛年会、中国国际消费品博览会等 103 项保电任务。完善"一对一""全天候"重点（重大）项目服务机制，累计跟踪服务省市重点（重大）项目 154 个，高标准服务好新海港"二线口岸"等 2025 年自贸港封关运作项目。

聚焦可能导致大面积停电等重大事故隐患，深入开展槟榔树障、加油加气站安全、三线互搭、导线与建筑物安全距离不足等安全隐患专项排查整治行动。统一将各类隐患录入电网管理平台安全隐患管理模块，实现对隐患注册登记、整改销号的全过程、透明化管理，2023 年全年共发现各类安全隐患 501 项，整改率 100%，未发生负有责任或造成不良影响的涉电公共安全事件。

（四）服务先行，助力自贸港电网高质量发展

海南全面启动自贸港封关运作准备，海口供电局应势而为，制定并推行《服务海南自贸港重点（重大）项目工作方案》，建立重点（重大）项目服务机制，成立服务重点（重大）项目工作机构，以"服务项目八项机制"为抓手，提前获知重点（重大）项目新增用电需求，制定政府重点项目、大客户项目供电服务保障清单，开通项目绿色通道，推动业务系统与政务系统交互共享，高效衔接规划建设、报建审批、电力迁改、增值服务等用户需求，实现精准、可靠服务，促进海南自贸港建设稳步发展。世界最大单体免税店海口国际免税城项目，用电建设全过程仅用时 29 天，比常规预期时间缩短了 64%。建成首个营商环境体验中心，通过集成实体供电营业厅功能与智慧用能服务内容，与绿色能源行业单位合作构建面向大众的新能源、新业态展示推广平台，为客户提供可靠、便捷、高效的新型供电服务，给客户带来更加优质、绿色低碳与智慧的用能服务体验。同时，培育内外联动的共享开放生态，积极探索电网企业市场化运营管理机制和向智能电网运营商、能源产业价值链整合商、能源生态系统服务商转型，构建生态伙伴体系，吸纳高精技术、数字服务、智慧用能等领域的优质服务商，进一步扩大合作领域，提升协同服务能力，不断满足市场多元化的用电用能需求。

二　坚持"三个导向"，为提升获得电力指数贡献"海口智慧"

为持续优化自贸港电力营商环境、进一步提高电力接入效率、打造海口

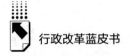
电力营商环境标杆示范区，海口供电局坚持务求实效，通过优化流程、简化审批、压缩时限、落实责任、加强协调等多措并举，夯实电力保障和配套服务基础，为海口经济发展提供有力支撑。

（一）突出问题导向，化客户"痛点"为满意点

精准施策，强基固本。加强专项精细化巡视，组建配网机巡班及专家精巡团队，推行"机巡为主、人巡为辅"的协同巡检模式，全力抓好频停高跳线路的巡视消缺工作，开展精细化巡检以消除缺陷，有效管控线路、台区停电风险。组建配网自愈工作专班，探索建立适宜本土技术路线，快速实现线路基本自愈，在全省率先实现闭环自愈有效动作，2023 年自愈成功动作36 次，自愈动作成功率达 80%，减少中压 920 时·户、低压 45112 时·户。锤炼自主不停电作业核心能力，全年不停电作业 1694 次（发电 114 次，带电作业 1580）次，同比增长 20.8%，减少客户平均停电时间 12.34 小时，最大限度减少用户停电影响。

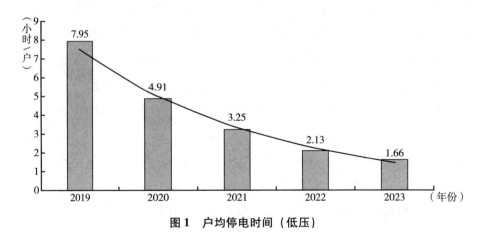

图 1　户均停电时间（低压）

超前布局，延伸投资。海口供电局在全市范围内实行小微企业 200 千瓦及以下用电报装"零投资"，进一步降低用户办电成本，减轻企业资金压力，助力小微企业更快融入自贸港建设浪潮；推动管理创新和服务创新，持续延伸用电工程投资界面，消除客户在建设、投运、电价等方面的疑虑，确

保招商引资到哪里，供电服务就到哪里，为海南自贸港重大项目早开工、早建设、早投运提供坚强的供电服务保障；对重点园区实现 10 千伏高压正式业扩工程全延伸，严格落实城镇规划建设用地范围内业扩工程投资界面延伸至客户建筑区划红线标准，做到"应延必延"，坚决将惠企降成本相关政策落实落地，切实提升企业在自贸港建设中的获得感，近年来累计为客户节约成本约 3.95 亿元。同时，结合海南自贸港建设工程多、建设快的特点，试点推广临时用电设施"以租代购"模式，多措并举降低客户用电成本，为企业用电客户提供"一站式"临时用电设施租赁服务，企业用电客户无须购置用电设施，仅需按期缴纳租金和电费即可享受便捷的用电服务，降低客户用电成本，提高客户办电"获得感"。

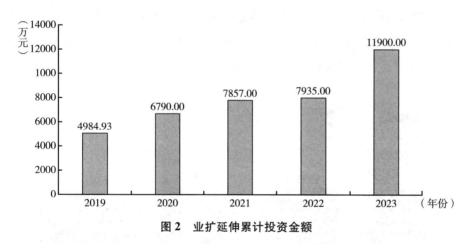

图 2　业扩延伸累计投资金额

提高站位，助力惠民。海口供电局始终秉持"人民电业为人民"的宗旨，积极发挥国有企业压舱石作用，坚决贯彻落实小区抄表到户各项决策部署，将其作为一项重大政治任务抓紧抓实，致力打通小区终端用户"最后一公里"，让百姓获得智能化、高效化、个性化的用电体验。加强政企联动，强化组织保障，与政府成立"市、区两级抄表工作专班"，建立难题集中会办及现场督导机制。通过深入老旧小区走访妨碍老旧小区抄表到户改造进度的痛点、难点问题，梳理形成问题清单，科学制定解决措施，2023 年实现老旧小区抄表到户 74 个，同比上升 284.62%，惠及居民用户 1.5 万户。

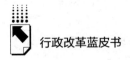

创新管理模式，加快改造进度，全面推行存量小区抄表到户改造"3+1"管控模式，通过应用信息化手段，确保改造服务宣传到位、现场管控到位、指标管理到位，高效完成由电网出资改造存量小区 156 个，惠及 12.8 万户居民。

（二）突出目标导向，让客户从"感知"到"认同"

精简流程，提升效率。试点将高压办电环节压缩至 2 个，取消"客户确定供电方案/答复供电方案"环节，达全国最优水平。深化"互联网+"电力应用，办电业务全面支持线上受理。完善电网资源基础信息，实现接电路径自动规划，打造国际一流"江东样板""高新模式"营商高地。打造"E 电通"办电品牌，小区业主安装充电桩需接入用电时，通过扫码方式进行更名过户，实现 1 个环节完成充电桩接电手续办理。目前已选取 6 个试点小区，2000 余客户可享受更加便捷、优质的供电服务。

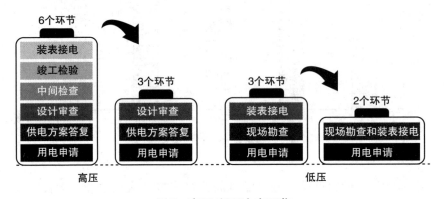

图 3　高压/低压办电环节

政企融合，并联审批。加强与政府部门联动，推出前期咨询服务，主动获取企业用地规划许可信息，超前为客户提供用电咨询，提前谋划电网规划和配套项目建设、开展电力基础设施建设，压缩客户办电时间，实现"电等客户"，客户办电"最多跑一次"。与海口市政府联合出台减少电力外线工程接入时限政策，推动电力外线接入工程"零审批""承诺备案制"落地实施，审批模式由串联优化为并联，再到重点园区实现免审批，同步实现与政务平台互联互通，低压业扩报装实现"一次都不跑"。

强化管控，精益管理。加强综合停电管理，严格落实"重复停电是资源浪费、停电须有规划"的管控机制。以计划停电时户数"趋零"为目标，印发海口供电局2023年供电可靠性管理提升行动方案，持续加大不停电作业力度，努力打造"作业自主、安全可控、技能过硬、创新高效"的配电网不停电作业新标杆。以建成生产领域"辅助决策支持中心、业务管控中心、运营分析中心"为导向，组建海口供电局生产指挥中心，推进指挥中心实体化运作，初步实现故障抢修指挥、停电全过程管控、作业线上视频巡查等核心业务全流程管控。生产指挥中心成立以来，有效提高了故障处置效率，人员平均到位时间下降30%，故障点定位时间平均下降45%，故障停电持续时间整体下降40%。

（三）突出结果导向，让客户体验到"获得感"

专属服务，一口对外。海口供电局建立健全业扩全流程管控机制，推动用电服务由"客户办"向"经理办"转变，围绕客户用电性质、类型、需求等分类要素，常态梳理高供电可靠性需求、规模以上企业、石化新材料产业、部队、政府关注项目等特殊用电客户，由客户经理牵头组成"1+N"服务团队，提供从技术咨询到装表接电的"一条龙"用电用能服务。为海口四个重点园区小微企业提供"专属用电报装客户经理制"服务模式，实现"一口对外、内转外不转"的专业化、精细化的全流程服务。

数据融合，一证受理。优化"在线签署"服务，积极应用电子合同及电子签章功能，建立政务数据和电子证照等共享机制，实现客户营业执照、身份证件、不动产登记等信息自动获取，实现"一证受理"客户用电申请。客户"刷脸办电"报装比例达90%以上。加强政企联动，联系供水、供气公司联合推进"水电气"业务"六联办"工作，实现客户办理公共服务业务不出窗口"最多跑一次"。在海口营业厅研究试点建设"共享营业厅"，进一步延伸水电气网联合服务范围。

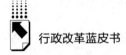

线上办电，一次不跑。推动用电业务由"线下办"向"线上办"升级。全面推广"南网在线"智慧营业厅，配合海口市全力推动"无实体证照""一件事一次办好"等事项建设，通过网上营业厅、"南网在线"App、微信服务号、支付宝生活号、"海易办"App等多种渠道，推动传统营业厅所有用电业务均可线上办理，方便客户"掌上办""指尖办"。通过线上线下多种渠道，对客户最为关心、涉及客户切身利益的用电信息，提供全方位、全过程、全透明的公开信息，让客户用上"透明电""放心电"。

"信用承诺"，一申即办。搭建"数据共享+""告知承诺+""履约信用+""智慧电费+"等多种业务场景，对于因项目立项审批等问题暂时无法提供权属证明及3年内无欠费、窃电、违约用电等行为的优良信用用电主体，优先采用告知承诺书和信用记录方式开展"无证明办电"，实现电力事项就近办、快速办，平均办电时限仅1.2天，实现今天报装、明天用电。2023年，海口供电局对124家优良信用用电主体，进行了"无证明办电"，提升优良信用客户用电体验。

三 坚持"创新引领"，在构建新型电力系统中打造"海口特色"

海南全面落实"碳中和、碳达峰"目标，深入推进能源综合改革，打造清洁能源岛。实现"双碳"目标，能源是主战场，电力是主力军，电网企业是排头兵，海口供电局以改革创新为根本动力，以满足用户多样化需求为出发点，以电网核心平台建设为抓手，助力打造新型电力系统，推动能源清洁低碳安全高效利用，引领绿色生产生活方式，促进经济社会发展全面绿色转型。

（一）加速智能电网建设，保障电力供应

海口供电局全面加快新型电力系统建设，500千伏椰城输变电工程采用装配式建筑BIM设计推进数字化电网建设，项目已于2024年2月29日开工建设，计划2025年建成投产，项目投产后海南主网架电压等级将由220千

伏升级至 500 千伏，并满足昌江核电二期、海上风电等大规模新能源项目送出需求，为服务海南自贸港建设、落实国家"双碳"目标及海南经济稳增长提供有力支撑。海口供电局着力打造城镇智能配电网新型示范区，以秀英区为先行地，全面推进智能电网 V3.0 标准设计落地，依托南网统一的全域物联网平台、电网管理平台、南网智瞰等系统平台，全面加快配网领域智能化、数字化建设，基本建成秀英城镇化智能电网示范区，实现对配网设备设施的全面感知和实时状态数据监测。近年来智能电网建设不断加快，海口供电可靠性快速提升，预计 2024 年海口停电时间将降至 1 小时以下，海口市的 A+类、A 类、C 类供电区域用电需求和用电保障将得到进一步满足。

海口供电局以提升供电可靠性为目标优化网架建设投资策略，以江东新区作为试点开展园区配电设备改造升级，推动园区智能配电房、智能台区项目建设工作，推广应用设备在线监测、无人机巡线、智能巡视机器人、故障定位、雷电定位以及视频监控等成熟智能技术，提升园区配电线路智能化运维水平，规划建成高可靠性配电网络，确保目标电网满足用电需求。目前，江东新区平均停电时间已降至 1 小时内，达到国内一流水平。

（二）持续聚焦双碳目标，促进能源转型

海口市是全国第二批次"十城千辆"节能与新能源汽车示范推广城市，同时也是海南省省级车联网先导区（项目）建设"揭榜挂帅"单位之一。海口供电局在推动海口市充换电基础设施建设上，不断展现海口担当。在业务上拓宽思路，主动靠前服务，充分做好新能源车发展与电力规划的有效衔接，开通"绿色通道"，全过程提供优质服务。2023 年完成 121 个充电桩项目的报装用电，报装投运容量 32.8 万千伏安；积极鼓励企业进行新能源项目的建设，并免费投资外线至客户红线，"十四五"以来，完成充电桩业扩配套项目 9 个，总投资额 1036.4 万元。同时，以海南自贸港用电营商环境海口体验中心为蓝本，构建基于全业务、全渠道、新服务、新能力的不同类型的智慧营业厅，全力打造江东"零碳"展厅，推广低碳生活方式和可持续发展的概念，提高公众对低碳环保的认识和参与度，培养消费者的环保消

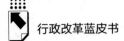

费习惯。打造集光伏或风电（新能源发电）、储能、用电设施、充电桩于一体，源、网、荷、储协调发展的微型电力系统投运的"零碳"体验中心，提高能源转换和使用效率，实现全部清洁能源供应和零碳运行。

建设综合能源示范基地，打造新能源技术和节能技术的试验和展示平台，开展供电所源网荷储多能互补供给的绿色清洁能源建设规划方法及多能互补的控制策略研究，实现清洁能源与电网多能互补的最优供电模式，高质量服务海南清洁能源岛建设。依托海南清洁能源岛建设，海口供电局稳步提升新技术新模式应用水平。建设海南首个"风光储充换"集中式充换电站，打造了电动汽车有序充电和协调控制的海南样本，并在小区以及充换电场站进行实际运用。海口供电局不断探索电动汽车与电网的融合发展以及共享充电桩等应用，促进汽车与能源、智能基础设施融合能力进一步提升。助力海南省充换电"一张网"监管与运营服务平台正式上线，实现全岛充换电基础设施互联互通及"一个 App 畅行全省"目标。

（三）探索创新服务模式，满足多元需求

以"解放用户"为导向，聚焦现代产业转型和居民消费升级的需要，探索从提供传统单一的供电服务转变为提供专业化、多元化的增值服务。紧紧围绕海南自贸港政策、立法开放的大环境，加强用户需求管理，主动对接政府平台，积极贯通政企系统，实现数据线上流转。构建新型用户需求管理模式，利用营销系统和数字电网平台等整合数据开展用户"画像"分析，按用电用能的基础和增值服务划分需求，匹配 8 种可推广产品套餐。完善用户分群分类管理，形成了《差异化价值客户清单》《典型用户问题库》，制定差异化服务策略，持续开展针对性服务。

结合海口市经济发展现状，不断创新增值服务产品，制定 4 大类 36 种增值产品，产品数量、质量及丰富度领跑全省。首创推出"近零碳""用电无忧"系列增值产品套餐，在服务于国家"双碳"指标完成的同时，为客户提供"一揽子"用电用能解决方案。精准客户需求画像，强化市场调研，完成《海口市商机分析报告》《海口地区重点园区商机分析报告》两份商机指导性

文件，为增值业务商机拓展打下坚实基础。秉承提高创新思维的意识，探索商业模式创新，深化拓展生态合作伙伴圈，与新能源车企、物流企业、零售企业、保险企业等12家公司建立战略合作伙伴关系、业务对接联络机制，形成"体验+销售"合作模式。重点围绕自贸港重点园区建设布局，创建"基础+增值"服务商业生态共享模式，与上下游企业共商共建共享市场。

（四）深挖营商环境内涵，打造文化品牌

近年来，海口供电局坚持以"椰城之光"为主题成体系推进企业文化建设，内聚人心、外树形象，交出了一份硕果累累的"文化答卷"。持续打造安全、廉洁、法治、服务和班组五个子文化，涌现出"偃文修武、丰情惠民""至善至美、兰心为民""做出榜样给大家看，为红旗争辉"等一批特色班组文化，获评第六届全国文明单位。拍摄《百年电力》专题纪录片，重新命名"芒果带电作业班"，建成"三馆一中心"，累计接待参观者达万余人次，打造灯博物馆线上展厅，切实将海口百年电力优秀文化挖掘出来、展示出来，灯博物馆成为海南首个南网企业文化一类展厅。成立"海电先锋"突击队、"电哥电嫂"服务队、"海电之声"合唱团、"海青华年"乐队，实现文化资源向文化品牌转化，"电哥电嫂"服务队被中国质量协会评为"中国企业品牌创新成果"。牢牢把握"时、度、效"，将镜头笔头对准基层一线，在《人民日报》《中国电力报》、人民网、新华社等国家级媒体发稿95篇次，海口供电局先后荣获全国电力行业设备管理工作先进单位、海南省五一劳动奖状、网络公司安全生产先进集体等34项省部级以上荣誉（称号），企业传播力和影响力大幅提升。

四　坚持"服务至上"，在助力民生保障上凸显"海口担当"

（一）持续推动提升数字应用场景水平

发挥"以数辅策"作用，构建数字应用场景，实现运维由经验驱动转

变为数据驱动。开发应用配变停电一张图，集合计量终端、客服报障、线路跳闸等信息，通过算法归集研判，生成配变停电告警工单，结合智瞰地图进行可视化展示，解决"停电在哪里"问题，实现主动运维和主动服务。开展低压透明化建设，推动营配融合终端研制和试点应用，推进"一台区一终端"建设，有效支撑台区拓扑自动识别、低压分支线停电和负荷监测、线损精准管理等业务应用。

（二）持续推动提升人才队伍专业水平

采取"走出去"策略，组织年轻干部赴长三角、京津冀、珠三角等先进地区交流学习，通过对标一流企业管理思路及先进工作理念，推动干部队伍经营管理能力整体提升。开展"沉浸式"对标学习，选派五批次95名业务骨干前往佛山供电局对标交流学习，深入学习借鉴佛山供电局优秀经验做法，组建5人自主规划团队、11人自愈技术团队、6人无人机精细化巡视团队，推进网架改造、抓实自愈重点、夯实配网基础。开展基于项目的人才培养，孵化科技项目9个、职创项目2个，不断提升员工专业能力及科创能力。实施"鲲鹏班"培养模式，集中优势资源对16名新入企员工实施小区域、集中式、大班制管理，着力打造人才培养新高地。

（三）持续推动提升乡村电力保障水平

持续推进巩固拓展脱贫攻坚成果同乡村振兴有效衔接，加大海口特色产业小镇电网升级改造力度，研究制定相匹配的农村电网建设策略、技术导则、发展目标及分布式能源应用方案，将电网规划纳入政府整体规划及空间规划，加大农村电网投资力度。结合海南新型电力系统示范区深化规划及海口"十四五"智能配电网规划，印发《海口秀英区新型城镇化配电网等示范区建设方案》，完成秀英区新型城镇化示范区108个项目投资下达，共计1764.16万元。积极打造精品智能配电示范，开展台区智能化改造102个，有效提升海口电网智能化、数字化水平。打造客户经理"专属"服务阵地，通过客户经理进社区、进乡镇、进村委等方式，为客户提供"管家式"贴心服务，常态化开展客户走访工作，加快解决城乡发展不平衡问题，促进供电服务均等化。

（四）持续推动提升管理体系水平

高质量完成管理成熟度第二方评价工作，服务海南自贸港建设集约化改革、打造现代供电服务体系等优秀管理实践得到了专家组高度评价。本地化修编制定供电局层面管理成熟度评价实施指南，为构建质量标准体系贡献海口样本。扎实开展自评诊断工作，识别主要优势 5 项、改进机会 4 项、逐项优势 51 项、逐项改进机会 28 项，积极参与国资委、网公司"质量月"活动，获评网公司全面质量管理竞赛优秀组织单位。

参考文献

中共中央、国务院：《海南自由贸易港建设总体方案》，2020。

中共中央、国务院：《关于完整准确全面贯彻新发展理念做好碳达峰碳中和工作的意见》，2021。

海南省委办公厅、省政府办公厅：《海南省创一流营商环境行动计划（2020—2021年）》，2020。

《国家发展改革委、国家能源局关于全面提升"获得电力"服务水平　持续优化用电营商环境的意见》（发改能源规〔2020〕1479 号）。

中国南方电网有限责任公司：《关于印发南方电网公司全面提升"获得电力"服务水平持续优化用电营商环境三年行动方案的通知》，2020。

数字政府建设篇

B.10
2023年我国数字政府建设的
进展、问题与建议

孟庆国　张少彤*

摘　要：　数字时代，加强数字政府建设是推进国家治理体系和治理能力现代化的重要途径。本报告梳理了当前我国数字政府的发展现状及各领域具体实践情形，分析了当前我国数字政府建设面临的主要问题和难点痛点，并根据发展的新形势提出了推进我国数字政府发展的策略建议。研究发现，在2023年，我国数字政府建设在制度、数据、设施、服务等方面均取得了明显进步，但仍在机构职能、制度建设、运营管理、数字应用、权责分配等方面存在问题和不足。因此，需要在有效加强全局统筹协调、创新运营管理模式、促进数字化履职应用效能提升、强化数据

* 孟庆国，清华大学公共管理学院教授、博士生导师，清华大学计算社会科学与国家治理实验室执行主任，主要研究方向为数字时代的政府治理、电子政务与数字政府、数字治理与数据治理。张少彤，清华大学计算社会科学与国家治理实验室高级工程师，主要研究方向为电子政务、数字政府、网上政府管理与评估。本研究得到国家自然科学基金重点项目"数字政府驱动的治理范式变革研究"的支持和资助。

资源全生命周期治理、布局新一代数字技术应用等方面持续提升政府数字治理能力。

关键词： 数字政府　数据管理　数字赋能

伴随着现代信息技术的快速发展和迭代，第四次科技革命深刻改变着人类社会的生产生活方式，人类文明正在经历快速、广域、深层次的数字化变革，数字时代的来临已经势不可当。数字政府建设作为现代政府治理理念、新兴科技革命和全球数字化转型交互融合的重要结果，亦已成为我国政府治理能力现代化改革的重要方向和议题。充分利用新兴信息技术、增强政府数字治理能力、改善政府公共服务质效，是提高人民群众幸福感、满意度和获得感的有效路径。

近年来，在党中央的坚强领导下，在各地区各部门的共同努力下，我国政府数字治理能力稳步提升。本报告梳理了2023年我国数字政府建设发展的主要情况和面临的客观问题，在此基础上对数字政府领域发展新形势进行研判，并提出针对性优化策略。

一　2023年我国数字政府建设的主要情况

（一）整体：我国数字政府建设水平明显提升

2023年，我国数字政府建设顶层设计和制度体系建设更趋完善，持续推进政府治理体系和治理能力现代化加速。各地区各部门相继印发实施多项政策法规，进一步推动我国数字政府建设的制度体系系统化、规范化。数字技术与政府管理服务融合应用水平不断提升，有效推动政府治理流程再造和模式优化，助力决策科学性和服务效率不断提高。公共数据开放共享显著进步，体制制度规则逐步健全，国家政务服务平台、共享交换平台等建设进一

189

步完善，政府数据授权运营试点探索，有效促进了公共数据资源体系建设；政务信息化共建共用明显改善，重大信息系统建设不断优化，电子政务外网、政务云平台等基础设施建设覆盖率提升，重点共性应用支撑能力增强，为实现一体化、数字化、智能化政务应用提供有力保障；数字化政务服务效能有效提升，各地"互联网+政务服务"能力稳步提高，数字化辅助决策能力、预警和应急处置能力不断强化，推动政务服务科学化、便捷化、高效化发展。

（二）制度：系统化体系化建设深入推进

近年来，我国不断强化数字政府建设顶层设计，逐步完善相关制度体系建设。在《中华人民共和国国民经济和社会发展第十四个五年规划和2035年远景目标纲要》《国务院关于加强数字政府建设的指导意见》等纲领性政策规划指导下，2023年，各部门加强相关法律法规制度建设，相继出台和实施了《国务院办公厅关于依托全国一体化政务服务平台建立政务服务效能提升常态化工作机制的意见》《政务服务电子文件归档和电子档案管理办法》《关于防治"指尖上的形式主义"的若干意见》等多项政策；各地方也相继出台相关政策法规制度，如广东、江苏、贵州、山西、青海、宁夏、江西等（见表1）。顶层设计和制度体系的持续完善，为数字政府建设系统化、一体化发展提供了良好的制度保障。

表1　我国2023年印发的数字政府建设相关政策文件

中央和国家层面数字政府相关政策文件			
序号	名称	序号	名称
1	《国务院办公厅关于依托全国一体化政务服务平台建立政务服务效能提升常态化工作机制的意见》	3	《关于防治"指尖上的形式主义"的若干意见》
2	《政务服务电子文件归档和电子档案管理办法》	4	《国务院关于同意扩大内地居民婚姻登记"跨省通办"试点的批复》

各地方数字政府相关政策文件

序号	名称	序号	名称
1	《青海省人民政府关于加快数字政府建设的实施意见》	14	《长沙市数据资源管理局关于印发〈长沙市新型智慧城市和数字政府建设专家管理办法(暂行)〉的通知》
2	《广东省人民政府关于进一步深化数字政府改革建设的实施意见》	15	《宁夏回族自治区人民政府关于加强数字政府建设的实施意见》
3	《山西省人民政府办公厅关于印发山西省数字政府建设规划(2023—2025年)的通知》	16	《鸡西市数字政府建设领导小组办公室关于印发〈鸡西市电子印章制作和使用管理制度〉的通知》
4	《省人民政府印发贵州省关于加强数字政府建设实施方案的通知》	17	《石家庄市人民政府关于加强数字政府建设的实施意见》
5	《山东省人民政府关于印发山东省数字政府建设实施方案的通知》	18	《安阳市人民政府关于印发安阳市加强数字政府建设实施方案(2023—2025年)的通知》
6	《云南省人民政府关于印发云南省数字政府建设总体方案的通知》	19	《长沙市新型智慧城市和数字政府建设工作领导小组关于印发〈长沙市数据官制度建设实施意见〉的通知》
7	《西藏自治区人民政府关于印发西藏自治区加强数字政府建设方案(2023—2025年)的通知》	20	《渭南市人民政府办公室关于印发数字政府建设三年规划(2023—2025年)的通知》
8	《河南省人民政府关于印发河南省加强数字政府建设实施方案(2023—2025年)的通知》	21	《郑州市人民政府关于印发郑州市数字政府建设行动方案的通知》
9	《省政府办公厅关于印发江苏省数字政府建设2023年工作要点的通知》	22	《景德镇市人民政府关于印发〈景德镇市数字政府建设总体方案〉的通知》
10	《江西省人民政府关于印发江西省数字政府建设总体方案的通知》	23	《秦皇岛市人民政府关于印发〈秦皇岛市加强数字政府建设实施方案〉的通知》
11	《江西省人民政府办公厅关于印发江西省2023年数字政府建设工作要点的通知》	24	《开封市人民政府关于印发开封市加强数字政府建设实施方案(2023—2025年)的通知》
12	《广东省政务服务数据管理局关于印发广东省数字政府改革建设2023年工作要点的通知》	25	《普洱市人民政府关于印发〈普洱市数字政府建设工作方案〉的通知》
13	《广州市人民政府关于印发进一步深化数字政府建设实施方案的通知》	26	《洛阳市人民政府关于印发洛阳市加强数字政府建设实施方案(2023—2025年)的通知》

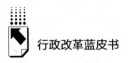

各地方数字政府相关政策文件

序号	名称	序号	名称
27	《宁夏回族自治区住房和城乡建设厅关于印发〈全区住房城乡建设系统数字政府建设暨数字住建三年行动（2023—2025年）实施方案〉的通知》	37	《本溪市人民政府办公室关于印发〈本溪市数字政府发展规划〉的通知》
28	《关于印发〈黑龙江省生态环境厅数字政府建设2023年工作方案〉的通知》	38	《平凉市人民政府办公室关于印发平凉市深化数字政府建设提升政务服务能力工作方案的通知》
29	《西宁市人民政府关于印发西宁市加快数字政府建设行动方案的通知》	39	《南阳市人民政府办公室关于印发南阳市2023年度数字政府和新型智慧城市建设计划的通知》
30	《抚顺市营商环境建设局关于2023年对市政协十四届二次会议〈助力数字政府建设提升政府履职能力的建议〉（197号提案）的答复》	40	《楚雄州人民政府办公室关于印发楚雄州贯彻落实云南省数字政府建设总体方案任务分解的通知》
31	《龙岩市人民政府办公室关于印发龙岩市数字政府建设提升行动方案（2023—2025年）的通知》	41	《安康市人民政府办公室关于印发安康市数字政府建设规划（2023—2025年）的通知》
32	《信阳市人民政府关于印发信阳市数字政府建设实施方案（2023—2025年）的通知》	42	《中山市政务服务数据管理局关于印发深化"数字政府2.0"建设落实"实体经济为本，制造业当家"工作措施的通知》
33	《许昌市人民政府关于印发许昌市数字政府建设实施方案（2023—2025年）的通知》	43	《西双版纳州人民政府关于印发西双版纳州数字政府建设工作方案的通知》
34	《中共湖南城陵矶新港区工作委员会关于合并成立湖南城陵矶新港区政府职能转变和数字政府建设工作领导小组的通知》	44	《市政府办公室关于印发连云港市数字政府建设2023年工作要点的通知》
35	《商丘市人民政府关于印发商丘市加强数字政府建设实施方案（2023—2025年）的通知》	45	《河源市人民政府办公室关于印发河源市数字政府基础能力均衡化发展工作实施方案的通知》
35		46	《数字青岛建设领导小组办公室关于印发〈青岛市深化数字政府建设持续优化营商环境2023年攻坚行动方案〉的通知》
36	《驻马店市人民政府关于印发驻马店市加强数字政府建设实施方案（2023—2025年）的通知》	47	《长春市人民政府办公厅关于印发长春市数字政府建设三年行动计划（2023—2025年）的通知》

各地方数字政府相关政策文件

序号	名称	序号	名称
48	《哈尔滨市人民政府关于印发哈尔滨市加快数字政府建设实施方案（2023—2025年）的通知》	51	《扬州市人民政府办公室关于印发〈扬州市数字政府建设2023年工作要点〉的通知》
49	《宁波市人民政府关于印发宁波市加快数字政府建设实施方案的通知》	52	《葫芦岛市人民政府办公室关于印发葫芦岛市数字政府发展规划（2022—2025年）的通知》
50	《菏泽市人民政府关于印发菏泽市数字政府建设实施方案的通知》	53	《桂林市人民政府办公室关于印发桂林市加强数字政府建设实施方案的通知》

资料来源：作者自制。

（三）数据：开放共享深度扩展

在制度机制、规则规范建设方面，各地持续完善公共数据开放共享体系，着力打造全方位、立体化公共数据开放共享体系。在政务数据主管部门组织体系建设和法规规章体系建设方面，目前，全国已有29个省（自治区、直辖市）成立了数字政府相关工作领导小组和政务数据主管部门（见表2），各地对数字政府建设重视程度普遍提升。2023年，省级地区累计颁布施行地方法规文件13项、规范性文件63项。全方位系统化的制度建设促进了政务数据、公共数据、社会数据统筹管理和融合应用，为各行业各领域运用公共数据推动经济社会发展创造了有利条件。

表2 地方数据管理部门建设情况

地区	机构名称
北京	北京市经济和信息化局(市大数据管理局)
天津	天津市大数据管理中心
内蒙古	内蒙古自治区大数据发展管理局
辽宁	辽宁省大数据管理局
黑龙江	黑龙江省政务大数据中心

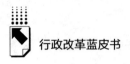
续表

地区	机构名称
上海	上海市大数据中心
江苏	江苏省大数据管理中心
浙江	浙江省大数据发展管理局
安徽	安徽省数据资源管理局（安徽省政务服务管理局）
福建	福建省数字福建建设领导小组办公室（福建省数据管理局）
江西	江西省信息中心（江西省大数据中心）
山东	山东省大数据局
河南	河南省大数据管理局
湖北	湖北省政务管理办公室
广东	广东省政务服务数据管理局
广西	广西壮族自治区大数据发展局
海南	海南省大数据管理局
重庆	重庆市大数据应用发展管理局
四川	四川省大数据中心
贵州	贵州省大数据发展管理局
陕西	陕西省政务大数据局
湖南	湖南省政务服务和大数据中心
甘肃	甘肃省大数据管理局
西藏	西藏自治区大数据中心
吉林	吉林省政务服务和数字化建设管理局
山西	山西省政务信息管理局
云南	云南省云上云中心
新疆	新疆维吾尔自治区数字化发展局
河北	河北省大数据中心

资料来源：作者自制。

在数据资源目录和责任清单制度的制定执行方面，截至 2023 年 12 月，共计 25 个地区发布了数据目录编制的相关政策文件和标准规范，22 个国家部委发布了相关政策文件，17 个部委发布了相关标准规范；共计 30 个地区编制了政务数据目录，其中，24 个地区实现了省市县三级政务数据目录全覆盖，5 个地区仅覆盖了省市两级，1 个地区编制了省级目录；与各地区相比，国家部委的数据目录编制工作相对滞后：共有 31 个部门编制了政务数据目录。2023

年，国务院印发第六批国务院部门数据共享责任清单和第四批国务院部门垂直业务系统与地方数据平台对接责任清单，将 35 个单位 181 类共享信息 1292 个数据项纳入共享范围，有效推动国务院部门垂管系统与地方数据平台进行数据交换共享。数据资源目录和责任清单制度建设稳步推进。

在系统平台建设方面，各省（自治区、直辖市）共享交换体系建设步伐不断加快。调查数据显示，25 个地区的数据共享交换平台能够受理共享申请以及根据共享申请提供服务；22 个地区开展了政务数据实时交换系统建设；17 个地区实现了数据共享交换平台的省-市-县三级全覆盖，13 个地区实现了省-市两级覆盖；24 个地区已能实现分钟级实时数据交换，占比达 80%，仅有 3 个地区未建立实时交换系统。各地区积极对接国务院垂直管理业务系统。2023 年年底，已有 14 个地区数据共享交换平台与多数垂管系统连通。人口、法人、地理信息、信用、证照等基础数据，税务数据、卫生健康数据、教育数据、自然资源数据、市场监管数据等成为各地区希望国家统建系统回流的主要数据。数据共享交换平台基本能够有效支撑跨部门、跨地区、跨层级的数据流通共享应用。

在公共数据共享共用方面，国家数据共享交换平台的数据显示，2023 年已有 82 个中央有关单位（按机构调整后统计）接入国家数据共享交换平台，31 个省（自治区、直辖市）和新疆生产建设兵团通过前置区接入国家数据共享交换平台。国家数据共享交换平台已汇聚发布部门共享目录 1.6 万余个，地方共享目录 6.7 万余个。通过服务接口累计面向 51 个部门和 31 个省（自治区、直辖市）提供查询/核验 112.83 亿次。全国电子证照共享服务累计 97 亿次，政务数据共享已成为提高政府治理和服务水平的重要支撑手段。

在公共数据开放利用方面，截至 2023 年 8 月，我国已有 226 个省级和城市上线政府数据开放平台，占比 81.84%；其中省级平台 22 个、城市平台 204 个。与 2022 年下半年相比，新增 18 个地方平台，平台总数增长约 9%，各地区的数据开放平台和端口建设持续推进。广东、广西、江苏、江西、山东、四川、浙江、福建、贵州等 9 个省区本级及其下辖所有地市都已上线数据开放平台，各地区数据开放发展水平差异性较为显著。

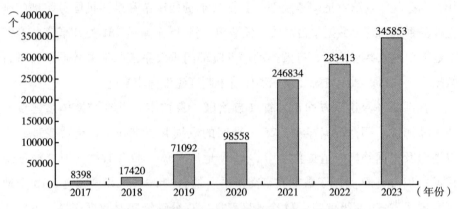

图1 中国地方政府有效数据集开放变化趋势

资料来源：复旦大学《2023中国地方公共数据开放利用报告》。

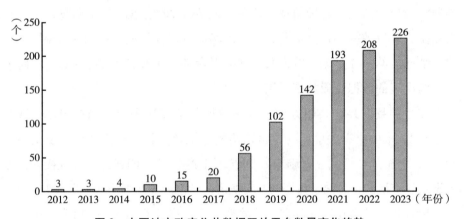

图2 中国地方政府公共数据开放平台数量变化趋势

资料来源：复旦大学《2023中国地方公共数据开放利用报告》。

在政府数据授权运营方面，一方面，各地区积极探索政府数据专区建设。其中，贵州省贵阳大数据交易所在建设"算力资源专区""气象数据专区""电力数据专区"等行业专区基础上，开设了全国首个"政府数据开放专区"。北京提出了建设数据专区的构想，并相继颁布一系列政策文件，如北京市经济和信息化局印发《关于推进北京市数据专区建设的指导意见》，北京市大数据工作推进小组办公室印发《关于推进北京市金融公共数据专区建设的意见》等。围绕特定行业领域需求及"原始数据不出域、数据可用不可见"等安全管理要求，政府数据专区建设的有益模式正在加快探索。另一方面，各地区积极健全完善体制机制。22个省（自治区、直辖市）已经明确建立数据安全管理相关机构，10个省（自治区、直辖市）已出台总纲性质的数据安全管理办法，15个省（自治区、直辖市）已经明确数据安全运行管理各方权责并建立运维运营保障机制，20多个省（自治区、直辖市）逐步建立起涉及事前管审批、事中全留痕、事后可追溯、合规性审查、白名单控制、全流程记录、数据异常使用行为发现溯源和处置等内容的安全运行监管机制。整体上，我国数据授权运营还处于早期探索阶段，在法规制度、安全责任等方面尚需要补齐短板。

（四）设施：政务信息化共建共用

在重大信息化系统建设方面，跨部门协同治理能力进一步提升。各地稳步推进集约化政务云平台、政务数据中心建设以及政务信息系统云迁移。我国已初步建成覆盖53个国务院部门、31个省（自治区、直辖市）和新疆生产建设兵团的全国一体化政务服务平台数据共享枢纽，基本实现资源目录统一管理、数据资源统一发布、共享需求统一受理、数据供需统一对接、数据异议统一处理、数据应用统一推广，支撑各地区各部门共享调用达5300余亿次。省、市、县三级电子政务外网的连通率已达到100%，乡镇级电子政务外网的连通率已达到96.1%，电子政务外网基本实现全面覆盖。

在网上政府建设方面，各地政府网站功能持续优化。2023年，各地政府网站持续增强快速部署和弹性扩展的能力。根据清华大学发布的《2023年网上政府创新发展报告》，商务部、国家税务总局、市场监督管理总局等15家部委网站，广东、贵州、四川等15家省（自治区）政府网站，北京、上海、重庆等3家直辖市政府网站，深圳、青岛、厦门等3家计划单列市政府网站，广州、济南、西安等10家省会城市政府网站，佛山、无锡、郴州等30个地市政府网站和30个区县政府网站进入领先政府网站序列。

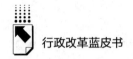

在各地区政务云平台建设和应用方面，30个省市基本建成省级公共数据基础支撑云平台（城市大脑）；多地依据自身优势和实际情况，聚焦城市治理（5个省份）、环境保护（7个省份）、生态建设（6个省份）、交通运输（3个省份）、食品安全（3个省份）、应急管理（5个省份）、金融服务（7个省份）、经济运行（9个省份）等应用场景，建立政务数据仓库，提高政务云平台对重点应用的承载能力。

（五）服务：数字化赋能提质增效

在"互联网+政务服务"方面，持续推动政务服务事项"一网通办""好办易办"。初步实现地方部门500万余项政务服务事项和1万多高频事项标准化服务，推动92.5%的省级行政许可事项实现网上受理和"最多跑一次"，推动长三角、西南、泛珠三角"跨省通办""区域通办"。截至2023年年底，全国一体化政务服务平台实名用户超过10亿人，其中国家平台实名注册用户达8.68亿人，使用总量超过800亿人次，平均月活用户超2000万人。国家"互联网+监管"系统功能不断完善，建成结构化、数字化、法律法规库和企业信息库，全年向各地区各部门推送信用评级数据46亿余条，推送风险预警线索8.1万余条。以电子证照扩大应用和互通互认支撑"减证便民"。持续完善电子证照共享服务体系，以汇聚全国31个地区和26个国务院部门58亿条目录信息，累计提供电子证照共享服务97亿余次。住房公积金异地转移接续、失业登记、电子社会保障卡申领、残疾人证新办等高频事项办理，通过"同事同标"无差别受理、电子证照互认等手段，基本在全国范围内实现"无感漫游"。

在数字化辅助决策、预警和应急处置方面，各地通过增强算力设施建设、开发多应用场景模型等方式，开始探索数字化辅助科学决策。多地依托大数据、物联网、区块链等技术，探索数字化预警和应急处置能力建设。北京开展"城市生命线"实时监测物联网应用示范工程，通过采集北京市燃气集团、热力集团、自来水集团、排水集团及北京市电力公司的业务系统实时数据，对城市运行管理的重要方面进行监测、预警、分析。上海市借助

"数字化管控"方式实现重大危险源监测预警。浙江以"六个一"即"一图一码一指数、一库一屏一键通"的数字化手段，建设自然灾害风险防控和应急救援平台等数字化平台，实现台风洪涝灾害"一网智治"。江苏积极推进"智慧应急"建设，聚焦应急管理信息化数字化，通过5万多个传感器接入系统实现全天候监测预警，初步形成覆盖监测预警、监管执法、辅助决策、救援实战和社会动员的应急管理信息化服务能力。

二　当前我国数字政府建设面临的主要问题

（一）主管机构职能定位不够清晰

多数地方设立了高规格的数字化领导小组，但是实际工作中仍然存在体制机制不顺、协同推进工作较难的问题。各地组建大数据局或政务服务数据管理局作为具体工作的主管部门，但也存在机构定位、职责和边界不清晰的情况。部分机构仅负责数据的汇总、归集、共享、交换；部分机构职能局限在政务数据、便民服务的范畴；一些机构既要负责项目审批，又要负责统筹数字政府项目建设。作为数字政府的牵头单位及落实主体，职责边界不清晰会带来各地信息化建设的巨大差异，不利于国家政策落地与执行，也不利于形成省、市、县数字政府建设一体化统筹局面。

（二）制度机制建设系统性较欠缺

当前，数字政府建设作为推进数字中国战略和实现区域治理现代化的重要组成部分，目前已进入精细化、实战化、场景化阶段。顶层设计与系统工程的有机衔接至关重要，决定了资金投入的规模、效果和效益。但各地政府对于全国"一盘棋"数字政务总体布局的认识和重视程度不够，系统性思维和理念仍有差距，表现在：一是对实际现状和前期基础了解不够，部分城市在推动数字政府项目时提出"一年全国领先"的口号，缺乏顶层设计下的区域系统工程规划和统筹推进制度机制保障，造成目标不切实际，项目建设缺乏系统工程评估和监管机制，导致结果不如人意。二是对建设持续性和实战性预估不足，部分地区基于当前视角、现有数据、当下需求去规划设计数字政府体系，前瞻性不够，对未来预判不足，导致系统建成之时就已无法满足实战需要。三是系统散乱和"数据孤岛"的问题普遍存在，由于缺少科学有效的系统工程设计、协调推进机制和系统性立项评审管理制度，导致系统平台和数据资源难以规统整合，"信息烟囱"林立，多级部署、多家设计、运维分散、碎片管理，导致数字政府项目系统性的功能重复，跨部门、跨区域的应用协同和大系统、大平台建设薄弱，数字政府的整体性治理水平亟待提升。

（三）建设运营管理工作较为僵化

部分地区项目缺乏系统性管理流程和制度化专业化评审机制，影响建设时效性。以项目作为核心载体支撑数字政府建设过程中，项目的审批流程耗时过长，导致项目在按照当初立项设计内容实施后，已经脱离了当前的技术、环境和趋势，建成即落后现象层出不穷。例如，某市500万元以上项目自立项开始要经过大数据局、发改委、财政局审批，平均审批周期为1~2年；尤其是5000万元以上项目，从立项到招标，平均需要3年时间，项目批复了，技术及应用理念也过时了（对立项、可研、初设内容的变革，缺少在建设过程中期的评审纠错机制，导致项目建设只能按照当初的设计才能实现顺利验收和通过审计，但建设内容已脱离当时的最新形势和需求），大量投入并未实现真正的目标和效果。

建设运营脱节，重建设轻运营的问题比较普遍。数字化建设项目是持续性、长期性工程，数据的鲜活、功能的稳定、业务的变化都高度依赖系统的运维运营。一些项目不考虑运维制度与经费，认为建成即成功，导致诸多数字化系统生命周期短暂，未发挥支撑数字政府能力提升的应有作用。同时，缺乏专业运营队伍，尚未形成从数据归集共享提升到数据治理、数据分析、数据应用脱敏脱密、数据决策的模式，很难做到利用数字化持续优化政府服务流程和提升政府履职能力。

（四）数字应用赋能履职水平偏低

一是一些系统平台集约化建设浮于表面，赋能体系未形成。在诸多省份、城市的"数字政府""城市大脑""智慧城市"建设过程中，表面看实现了整个省级、市级政府信息化的统筹和集约建设，但实质上只是一些演示系统，并未形成"大数据底座+赋能体系支撑+应用多样化"的科学发展模式。一些地方简单将 N 个智慧行业（如智慧城管、智慧教育、智慧医疗等组合）拼凑起来即作为数字政府体系，换汤不换药，数据和技术赋能部门履职、行业治理和基层治理的效果未能充分体现，一部分集约化建设仅仅实现了服务器的集约化。

二是新建应用较多，有效使用较难。一些新建应用缺乏对业务实际需求的敏捷响应能力，缺少个性化场景设计，功能更新难以适应业务改革的需要。一些新应用开发缺乏落地性、基层化需求分析，项目前期论证和调研不足，导致用户体验差、数据更新困难、业务逻辑不合规。线上线下协同布局的广度和深度不够，线上数字化流程与线下业务处理脱节。一些地方盲目追求新技术，新概念、新名词层出不穷，建设中缺乏对新技术的科学论证，盲目投资造成资源浪费。

三是对系统功能与业务模式的有机统一考虑不充分。一些政府信息化建设比较重视系统开发和功能设计，弱化了业务契合度、数字治理模式与制度机制的统一，导致功能有亮点、页面也美观，但系统无法有效支撑政务协同，特别是跨部门、跨系统的业务协同工作和运转。

（五）数据权责管理体系尚未健全

部分部门以把握住自有数据作为巩固权力手段的思想倾向依然严重，特别是数据多、数据全、数据鲜活的部门和机构，往往以各种理由不愿意共享公共数据。如何打破部门壁垒，建立规范化的数据共享、开放、分类分级管理的技术手段、制度机制和安全防护措施，这是进一步提升数字政府发展水平的关键。

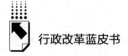

部分业务部门的数据意识有待提升，部门履行职能职责的能力尚未延伸到数据维度，履行职能应需要和产生哪些数据资源未能固化为制度规则，造成数据资源供给的持续性稳定性差，数据资源的质量标准和政务数据目录体系一体化建设水平有待进一步提高。同时，由于简政放权、下放业务事项权限，业务过程中所产生的数据资源也面临管理缺位的问题，上级部门认为数权已随事权下放，下级部门往往因业务执行标准不一造成数据难以汇聚，导致数据碎片化问题突出。

三 加强我国数字政府建设的策略选择

（一）数字政府领域发展的新趋势新形势

1. 政务网络设施更加趋向统建共用

网络平台支撑能力不断提高。运行管理体系更加趋向多元一体。政务外网向基层深度覆盖，各部门各地区非涉密专网加速向电子政务外网整合迁移。政务云从分散建设向统一管理推进。政务数字化系统和平台更加集约化、智能化。

2. 数字履职更加趋向高效协同

大数据技术支撑科学决策和风险防控更加高效。立体化新型市场监管体系加速构建。社会管理向横纵协同、线上线下融合。公共服务日益向便捷化、普惠化、智能化发展。泛在感知系统与立体防控能力进一步升级。监测与监督执法协同一体化、智能化水平不断提升。

3. 数据资源更加趋向价值释放

数据基础制度体系进一步健全。一体化数据资源体系构建日趋完善。数据全生命周期治理体系逐步形成。数据共享开放水平持续提升。公共数据授权运营越发关注调动市场主体的积极性。数据流通从效率优先转向安全优先。数据应用场景和应用生态不断拓展延伸。

4. 制度规则更加趋向系统化体系化

国家更加重视数字政府建设的顶层设计，重要基础设施和共性支撑能力的整体布局，不断鼓励和强调各个领域深化数字技术应用，越来越多的部门加强行业数据标准的制订工作，完善数据安全与管理相关的法律法规，从宏观政策引导到重点领域扎实推进，系统化体系化的制度规则将为数字政府建设营造良好发展环境。

（二）推进我国数字政府发展的策略建议

1. 加强全局统筹协调

强化领导小组和组织机构的职能，加强对制度机制改革、政策规划、重点工程项目等的统筹。深化管理制度改革，进一步明确各组织机构权责，建立多方会商协调机制，加强数据部门和业务部门、政府与企事业单位间的各方合作。加强全国和各个地区数字政府的顶层设计与各级规划的衔接，不断提升数字政府建设的系统化程度和整体性水平。

2. 创新运营管理模式

建立数字政府建设项目统筹管理、立项评审与资金统筹利用机制，形成政府和社会资本良性合作机制。推动建设数字政府"运维联合体"运行模式，探索建设单位、承建单位、运维单位联合运维机制，加强运维知识共享，推进平台系统由建设阶段向运维阶段平滑过渡。制定运维管理与考核管理办法，定期组织培训学习，实现运维服务的全生命周期管理。提升数字政府运维服务智能水平，完善数字化业务感知与追溯能力，对数字政府平台系统运行中的活跃用户数、报错业务数、错误影响用户数等关键业务指标进行数字化监控，提升主动发现问题、解决问题能力。

3. 促进数字化履职应用效能提升

强化数据赋能应用能力建设，变输出数据为输出能力，构建大数据、隐私计算、人工智能、物联网、数字孪生等技术相结合的数据治理与赋能平台，从以部门需求为主的信息系统建设转变为聚焦跨层级、跨部门的一体化政务服务体系和服务场景建设，从输出数据，到实现数据分析、研判再输出

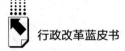

结果和服务，既确保数据安全，又能高效输出和响应部门需求。同时，省级、市级在做好赋能的同时，兼顾区县、街道的自主性和特点，不能大包大揽，应尊重基层实践性。提升干部数字化工作思维，加强各级工作人员的技能培训。

4. 着力加强数据资源全生命周期治理

数据治理是基础性持续性工程、里子工程，各级政府要摒弃"只关注开花不重视滋养"的理念，既要瞄着业务走，又要做好大数据的全生命周期规划、管理、治理、安全，才能避免设计空中楼阁、系统建而无用的问题。要建立"数据职责化、职责数据化"的治理体系，以部门职能业务为出发点梳理数据资源，界定数据资源的责任属性，形成"业务-数据-系统"相关联的链条，夯实数字政府发展基础。加强数据资源标准规范体系建设，重点解决数字化转型过程中规范化程度较低的"野蛮生长"环境下数据"采、用、管"标准不一、数据冲突、数据碎片化问题，以标准化推动并保障一体化数据资源体系的建设。做实数据质量和分类分级管理工作，积极开展数据质量攻坚行动，广泛提升数据的价值和服务效率，变垃圾数据为价值数据；识别重要数据、核心数据并做好分类分级管理，制定实施相应的安全防护策略，建立技术防护手段，确保在安全的前提下科学合理使用数据资源。推动公共数据面向社会开放。加强国家级公共数据开发平台建设，以立法的形式推动各地开放公共数据，优先将企业登记监管、卫生、交通、气象等高价值数据集向社会开放；对于包含敏感信息的数据，加大力度探索政府数据授权运营的方式，在安全可控前提下推动有能力的机构深化公共数据资源挖掘利用。

5. 高度关注新一代数字技术应用布局

随着新技术、新模式的涌现，数字政府领域要敏锐、及时地分析研究趋势变化和技术变革。推动隐私计算，破除数据和行业壁垒。针对保护与共享、安全与效率之间的矛盾，要高效、安全地实现数据或能力共建、共享、共用，亟须以多方安全计算、标签体系、模型输出等为支撑的隐私计算发挥更大作用，既能实现结果输出和需求响应，又能确保数据安全。利用好大模型（AI），提高政务服务效率。以 ChatGPT 为代表的人工智能达到了一个新高度，数字政府领域要以安全、可控的大模型为前提和基础，自主训练行业模型，例如政府 12345 便民问答服务、非紧急警情处理等领域，以深度治理和大数据、大模型为基础提升精准预判预警的辅助决策能力。发挥好卫星资源的作用，助力数字政府及数字产业发展。在数字孪生城市和元宇宙城市建设中，发挥遥感卫星的影像资源高精度、大范围、真实、成本低等优势，与城市基础设施等数据动态结合，实现在生态环保、安全应急、精准治理等领域的数字化应用的质变提升。

主要参考文献

《数字中国发展报告（2020 年）》
《数字中国发展报告（2021 年）》
《数字中国发展报告（2022 年）》
《"十四五"国家信息化规划》
《国务院关于加强数字政府建设的指导意见》
《"十四五"推进国家政务信息化规划》
《2023 中国地方公共数据开放利用报告》
《关于推进北京市数据专区建设的指导意见》
《关于推进北京市金融公共数据专区建设的意见》
《2023 年中国政府网站绩效评估报告》
《数字政府发展趋势与建设路径研究报告（2022 年）》
《我国数据开放共享报告（2021 年）》
《中国公共数据开放发展报告（2022 年）》
《中华人民共和国国民经济和社会发展第十四个五年规划和 2035 年远景目标纲要》

B.11
省级数字政府建设的路径选择研究

——基于27个省级数字政府专项规划的比较

顾平安　李鹏远*

摘　要：　省级数字政府建设是构筑国家一体化数字政府体系的核心环节，是创新政府治理方式、形成数字治理新格局、推进国家治理体系和治理能力现代化的重要举措。基于27个省份数字政府专项建设规划的研究发现，我国省级数字政府建设已经形成"立足工程化、面向品牌化，实现差异化竞争"的新格局，呈现以"育才融智"谋取数字治理体系变革、以数据为核心构建多要素协同、以"全栈政务"探索智慧应用场景、以落实数据驱动优化平台建设、以部门职责调适主导平台优化、以品牌化推进体系化建设全覆盖等六大路径选择。数字政府建设的工程化、品牌化和差异化路径及其背后的价值理性值得地方政府充分重视。

关键词：　数字政府　数字政府建设规划　数字政府建设路径

党的十八大以来，我国省级数字政府建设经历了"互联网+—数据共享—规划响应—政策对话"四个主要阶段。

2018年，粤浙鲁三省在"互联网+政务服务"改革经验基础上，先后开展数字政府建设规划尝试。

2019年10月，党的十九届四中全会提出"推进数字政府建设，加快数

---

* 顾平安，中央党校（国家行政学院）教授，研究方向为政府治理、公共管理；李鹏远，中央党校（国家行政学院）博士研究生。

据有序共享",鄂晋皖豫宁等中西部省份相继出台了数字政府建设规划,确立了数据要素在数字政府建设中的重要地位,明确提出以数据驱动业务的建设逻辑,加强以数据要素为核心的多要素统筹。

2021年3月,《国民经济和社会发展第十四个五年规划和2035年远景目标纲要》(简称"十四五"规划)发布,12个省份按照"十四五"规划的要求,结合当地先期探索经验,密集出台本级政府"十四五"时期的数字政府建设规划,集中绘制各自省级数字政府蓝图。

2022年6月,《关于加强数字政府建设的指导意见》(以下简称《指导意见》)发布后,在国家数字政府建设战略框架指引下,我国省级数字政府建设规划进入"央地政策对话"新阶段。海南、新疆等9个省份首次出台其数字政府建设规划或实施方案,山东、河南、宁夏、江西、山西等省份陆续更新了各自先前发布的数字政府建设规划。

省级数字政府建设规划是构筑国家一体化数字政府建设体系中不可或缺的一环。在国家数字政府建设战略框架指引下,我国省级数字政府建设存在哪些可选项?地方数字政府建设该如何做出实施路径选择,其背后的行动逻辑是什么?本研究将以27个省份出台的34份省级数字政府建设规划文本为研究对象,探讨省级数字政府建设的核心行动体系和实施路径选择,分析当下省级数字政府建设路径选择的得失,为进一步完善地方数字政府建设提供借鉴和参考。

一 围绕数据赋能构建数字政府建设行动体系

数据赋能是数字政府建设的核心。2020年和2022年联合国发布的《联合国电子政务调查报告》较之以往更注重考察数据在政府数字化转型中的赋能作用,"数据赋能"也被《指导意见》确定为我国数字政府建设的基本原则。运用TF-IDF算法[①]分析省级数字政府规划文本关键词(见表1),结果表明"数据"已经成为为各省份推进数字政府建设的重点。

---

① 《TFIDF算法研究综述》,《计算机应用》2009年第S1期。

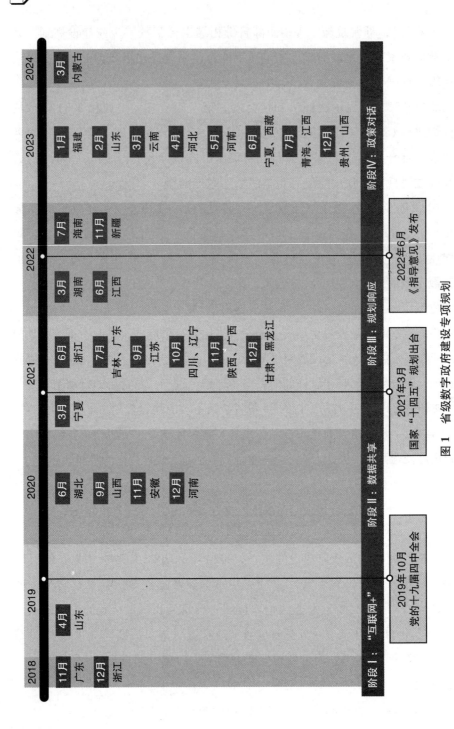

图1 省级数字政府建设专项规划

表 1　省级数字政府规划文本中排名前五的关键词

	TF-IDF 值排名前五的关键词				
	关键词#1	关键词#2	关键词#3	关键词#4	关键词#5
第一阶段:互联网+	数据	服务	系统	信息	管理
第二阶段:数据共享	数据	服务	平台	系统	管理
第三阶段:规划响应	数据	服务	平台	管理	体系
第四阶段:政策对话	数据	服务	体系	管理	平台

基于数字政府建设的整体性和协同性特点,本研究首先按照《指导意见》《联合国电子政务调查报告》等权威文件对数字政府建设行动的描述,以及国内外数字政府建设实践,圈定数字政府建设行动的范围,列举能够体现各个行动特征的词语作为关键词备选列表。然后根据各省级专项规划,生成"数据"一词的二阶共现词①,剔除其中词频低于 3 且无具体指代的词语,得到基于关联规则的关键词备选列表。整合前面两个步骤得到的关键词列表,将整合结果还原至规划文本中,抽象形成推进举措。结果显示,我国省级数字政府建设规划包含九大类型核心行动(见表 2)。

表 2　省级数字政府建设的核心行动体系

编号	核心行动	推进举措	行动关键词
1	数字领导力建设	组织机构布局	领导小组、委员会、管理局、数据局
		角色岗位设置	首席、专员、经纪人
2	数字软环境建设	壮大才智队伍	培养、培训、引进、晋升、激励、交流、课程、专业、专家、智库
3	积淀数据潜力	完善基础库	基础数据库、三维、空间、地理、国土、人口、自然人、法人、证照、主体
		设置主题/专题库	主题、专题、特色、视频、多源、感知、行为

---

① 本研究定义给定词的二阶共现关系词,即:文本中处在给定词紧前两个和紧后两个位置的词语。基于高频二阶共现词,可以观察给定词通常所处的语境,方便识别词语的不同主题表达。

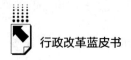

续表

编号	核心行动	推进举措	行动关键词
4	数据要素化	贯通数治体系	多用、叠加、可持续
		完善制度细节	法律、法规、法治、依法、标准、规范、目录、考核、清单、手册、流程
		探路变革方向	示范、试点、沙盒、实验、带动
5	前馈数智治理增效	加强经济调节	调控、产业、投资、金融、财政、转型、业态、孵化
		创新监管模式	双随机、非现场、穿透式
		社会预警智治	交通、气象、应急、舆情、指挥、救灾
		提升环保能力	农业、林草、水利、环保、大气、土壤、噪声、污染、排放、辐射
6	反馈数智行政提质	优化营商环境	商务、信用、法人、审计、企业、便捷、满意、产权、涉税、跨境、信贷
		改进公共服务	养老、医疗、校园、客运、住房、惠民、民政、警务、防疫、矩阵
		重塑办公模式	档案、移动、公文、印章、驾驶舱、指挥、督察、采购
7	软硬技术筑基	筑牢云网基础	云、存储、流量、无线、同步、隔离、IPv6、外网、节点、机房、算力、涉密、北斗、卫星、遥感、无人、传感
		引入智能技术	AI、VR、AR、链、图谱、5G、物联网
8	平台助力协作	跨平台贯通	平台、归集、接入、接口、终端、纵向、横向、回流、交换、中间件、仓、模型、检索
		布局中台模式	异构、同步、IaaS、PaaS
9	聚焦安全保障	引导信息安全	容灾、分布式、评估、异地、备份、加密、脱敏、销毁、隐私、监控
		对标国家安全	国产、替代、自主、平战、人防、灾备

资料来源：作者自制。

参考 OECD 关于数据驱动公共部门模式的研究报告①，本研究将省级数字政府建设九大行动进一步概括为"战略类行动、战术类行动和进程类行

---

① Ooijen C. V., Ubaldi B., Welby B., A Data-driven Public Sector. OECD Working Papers on Public Governance, 2019, (33)：1-59.

动"三大行动类别。

其中，战略类行动是数字政府建设的决定性行动，事关数字政府建设方向、原则和持续的动力，集中体现为领导力与文化建设，由表3中第1、第2类行动组成；战术类行动涉及数字政府的建设周期，聚焦政务数据分阶段的形态演变和价值跃迁，由表3中第3、第4、第5、第6类行动组成；进程类行动则是顺应数字政府的建设需要，围绕数据而开展的一系列活动，确保数字政府建设的秩序，由表3中第7、第8、第9类行动组成。

（一）战略类行动：面向领导力与数字化愿景

贯彻落实数字政府建设重大决策部署，一方面离不开国家的政治体制、组织制度提供的强大动力和坚实保障，另一方面需要理念创新、制度创新和技术创新等为数字政府建设提供有效支撑。面向政府数字化领导力和数字化发展愿景的行动要素，从战略层面引领数字政府建设向前迈进。

1. 面向数字赋能的组织建设

组织建设的核心是数字领导力建设，映射数字化发展愿景，直接呼应政府在特定场景下的数字化转型任务举措，主要涉及机构设置、职能调整两个方面。

《指导意见》强调，各级政府要从组织机构变革入手推进数字政府建设，举措包括成立数字政府建设工作领导小组统筹指导和协调数字政府建设等。对此，山西、辽宁、黑龙江等9个省份在数字政府建设规划中，明确提及地方大数据管理机构设置，并将其作为政府的组成部门或直属单位，负责数字政府建设项目的组织实施。这些机构多以"数据局""管理局"作为名称后缀，有关统筹数字政府建设的职能集中在：政策制定、标准化和跨部门协调。其中，政策制定涉及提出政府数字化转型战略规划、编制年度任务计划，标准化涉及对公共数据资源的制度、规范建设，跨部门协调涉及对其他部门政务服务和数据工作的监督、指导能力。浙江、广东、安徽等14个省份在规划中进一步明确提出设置首席数据官、数据专员、数据经纪人等岗位，突出政府数据管理中发挥重要作用的组织内部角色。

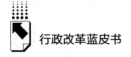

2. 数字素养与技能提升

数字素养与技能提升对加强政府数字领导力、支撑数字化发展愿景具有长期、持续影响，相关行动集中围绕数字政府建设的中坚力量、革新力量、储备力量这三个部分展开。

第一，面向数字政府建设的中坚力量，加强公务人员数字知识和技能培训。《指导意见》强调要利用各级党校（行政学院）资源提升干部队伍的数字思维、技能和素养，实现"讲政治、懂业务、精技术"的复合型干部队伍建设，最大化凝聚发展合力，更好地服务党和国家重大战略，更好地服务经济社会发展大局。以"培训""培养"为关键词检索收集到的34份省级数字政府建设规划文件，涉及领导干部数字化"思维""素质""意识"等要素提升的内容共有116处之多。

第二，面向数字政府建设的革新力量，以联盟学习形式提升干部队伍活力。在《指导意见》提及创新数字政府建设人才引进培养使用机制的基础上，省级数字政府建设规划中普遍对人员晋升、激励、交流等渠道建设予以布局，意在实现体制内外、政企之间的人才多向流动，确保在优化数字社会环境、营造良好数字生态的同时吸收先进经验以加快数字政府建设。例如，江苏在其规划中除设置人才吸引、流动机制外，亦提到要组建政务大数据联盟，组织相关交流合作活动。

第三，面向数字政府建设的储备力量，以人才培养为重点增强数字政府建设的可持续性。根据《指导意见》，推进数字政府建设一方面要通过深入研究实践问题形成理论创新，另一方面要以系统完备的数字政府建设理论体系为依托，实现专业对口的高等教育人才供给。经梳理，省级数字政府建设规划中除普遍重视专家咨询力量建设外，一些省份还强调高校专业开设与数字政府建设需求的有机对接，具体涉及课程、专业等渠道体系，实现数字政府建设由非系统化参与向生态化引领的方向突破。

（二）战术类行动：聚焦政务数据价值周期

数据作为数字社会的一种新型生产要素，可以被多方同时使用且互不干扰，蕴藏在数据中的价值也不会因被多次挖掘而衰减。数字政府建设的重要任务在于有序促进数字资源的全生命周期运用，持续增大数据价值密度。政务数据的价值周期以原始数据价值积淀为基础，围绕数据流转的规则建设，推动数据要素化进程、增大数据价值密度，进而通过数据前馈和反馈等形式，助力数字化治理提质增效。在此过程中数据得到有效复用，开启新一轮的数据价值周期（见图2）。探索政务数据价值的周期变化规律，有助于我们识别推进数字政府建设的若干核心行动。

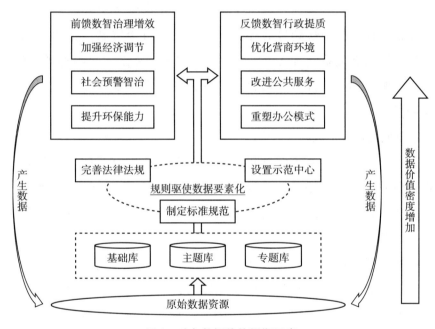

图2　政务数据价值周期示意

1. 从数据资源积淀迈向数据价值跃迁

政府数据价值周期始于政务数据的基础库、主题库和专题库建设，这是数据作为资源向要素演进的必要环节。其中，基础库建设是创新数据管理机制的基石，关系到政府数据价值周期的流转能否顺利开启；主题库和专题库立足于基础库建设，依照特定主题场景和专业应用等需要，实现对政务信息资源的单元化精细管理。

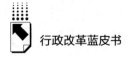

主题库和专题库拓展基础库中的信息维度，支撑某个专业领域内或特定事项中描述个体行为、趋势的数据汇集并建立联系，使政府更加立体、生动地感知治理对象，从而推动政务数据实现价值跃迁。主题库和专题库的建设规划源于数字治理需求驱动，与地方推进数字政府建设的阶段布局紧密关联。

省级数字政府建设规划对于数据资源积淀方法的关注更甚于对个性化建设目标的把握。研究显示，各地的规划普遍是在基础库提供的静态特征描述框架之上，进一步强调主题库和专题库侧重记录政府治理对象状态变迁特征，借助视频等时序数据理顺对象行为链条，感知蕴藏在静态本体内的动态关系，最终由多源异构数据呈现主题、事项种类。因此，视频、多源、感知、行为等概念元素成为各地推进主题库和专题库建设的突破口。

2. 规则建设守护数据要素化进程

数字政府规则体系建设对数据的价值守护产生直接影响，并为政府数据价值周期性运转提供路径导航。从总体布局看，构建科学规范的数字政府建设制度规则体系是《指导意见》列出的数字政府建设重点任务之一。2022年12月，中共中央、国务院印发《关于构建数据基础制度更好发挥数据要素作用的意见》，围绕数据产权、流通交易、收益分配、安全治理等方面，明确基础制度构建是推进数据要素化进程的重点。从价值跃迁看，对原始数据按照统一标准体系清洗、加工、治理，使之变成一种能够直接拿来即可使用并具有交易价值的虚拟物品，是数据由资源向要素蜕变的任务主线①。因此，审视政府数据价值周期，基于数据资源积淀提炼出高价值密度数据的过程，本质上就是规则驱使下的数据要素化进程。

省级政府的数据治理规则体系建设以贯通包容策略主轴，以制度优化、示范创新作为策略组合，支撑数据要素化落地，以"多用""叠加""可持

---

① 唐建国：《新数据观下的数据权属制度实践与思考》，《法学杂志》2022年第5期。

续"等作为修饰词，显示规则体系建设的方向与侧重点。其中，制度优化关注现行法律法规和标准体系框架同数据要素化的适配，瞄准数据要素化所遵循的各类标准、规范，通过编制目录、清单、手册、流程等规则载体，努力促成政府数字化履职"有据可循""有据必循"。

3. 前馈式数智化助力治理增效

前馈式数智化是指政务数据经过要素化萃取，通过依法有序流动，经由大数据技术加持，对社会发展变量的刻画更加实时、细致和全面，将数据智能广泛嵌入社会治理各类场景，实现"数智"和"人智"融合，政府借此有效解析事物演变的成因并开展趋势预测，提高其在各领域决策的科学性。

省级数字政府建设规划文本显示，前馈式数智化主要服务于政府经济调节、市场监管、社会建设、生态环境保护等领域。其中，经济调节突出大数据技术在宏观调控精准决策、经济社会发展分析、财政预算管理、金融投资监管和产业经济政策规划等场景下的作用。市场监管数智化重点在推进一系列监管模式创新，如双随机监管、非现场监管、穿透式监管等等。社会建设聚焦各类矛盾风险预测预警，通过推进社会治安防控体系智能化，加强政府在交通、气象、舆情等场景下的风险源头预防和应急指挥化解能力。生态环保瞄准构建精准感知、智慧管控的协同治理体系，强化农业、林草、水利、噪声、辐射等多领域、多情景下数据资源的综合开发利用。

4. 反馈式数智化助力行政提质

反馈式数智化是指政府及其部门运用数据技术，对相关履职结果和公民诉求等数据进行加工处理，总结经验、发现问题、寻找优化路径，不断创新和完善政府治理方式。数字政府建设规划中强调政府部门要应用数据分析工具优化营商环境、改进公共服务、重塑办公模式等属于此类行动。

例如，在营商环境建设中，有省级规划强调要推动审计等环节监管数据和行政执法信息的归集共享和有效利用，根据市场主体信用实施差异化监管，为企业提供产权、涉税、跨境、信贷等多场景下的服务便利。在提升公共服务质量方面，有省级规划尝试通过构建政务新媒体矩阵体系，在大数据

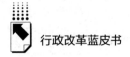

技术加持下有效识别公民涉及养老、医疗、校园、住房、出行等方面的诉求，精准回应公民关切。在增强政府智能决策方面，省级数字政府建设规划有些基于对多源数据的整合汇聚，打造数字驾驶舱等新型决策指挥模式；也有些基于"互联网+督查"数据反馈，形成目标精准、讲求实效、穿透性强的新型督查模式。

（三）进程类行动：数字政府建设之秩序

进程类行动是指计算机操作系统中，以"进程"刻画计算机程序关于某数据集合上的一次运行活动。数字政府建设作为一项系统工程，其诸多推进建设举措皆可定义为围绕数据赋能的进程类运行活动。数字政府建设进程类行动可细分为系统进程、交互进程和守护进程。其中，系统进程涉及新型基础设施建设与技术引入，关乎筑牢数字政府建设根基；交互进程包括数字政府平台化建设的各项举措，确保数字政府实现整体协作的行政运行体系；守护进程聚焦安全防护举措，确保数字政府建设安全可控。

1. 系统进程：新型基础设施与新技术引入

系统进程事关数字政府建设的基础性和先进性，是其他类型进程运行的基石。各地数字政府建设规划表明：集约化硬件基础设施体系建设、新型数字技术和自动化感知设备成为系统进程的三大组成部分。其中，围绕"云网"的集约化基础设施建设排在系统进程队伍前列，以实现政务云资源统筹建设、互联互通、集约共享为目标，涵盖软硬件（如机房、算力、存储）、网络服务（如 IPv6、北斗）和安全（涉密）等基本元素。新型数字技术如 AI、VR、AR、区块链、知识图谱、5G、物联网等，其中一部分是为构建"云网"基础设施所必要的技术（如 5G），另一部分为交互进程背后的各类型应用开发提供空间（如 AI、知识图谱、区块链）。

2. 交互进程：平台化助力整体协同

交互进程包括数字政府各类应用建设的任务，事关政府部门上下、左右、内外多主体互动协作能力，推进举措直接影响跨平台贯通程度。在省级数字政府建设规划中，涉及数字政府建设交互进程的任务队列主要包括两个方面：一是与交互可能性相关的推进举措，主要涉及平台、接口、终端等要素处理；二是与交互状态相关的推进举措，主要涉及纵向、横向、归集、回流、交换等指向性动作。此外，立足整体视角加强数字政府中台建设，推进举措主要体现为基于 IaaS（基础设施即服务）、PaaS（平台即服务）的中台模式选择，涉及异构、同步等关键词描述。

3.守护进程：数据及整体安全防护

守护进程直接反映数字政府建设各项工作的秩序维护。省级数字政府建设规划从守护对象的层次区分出发，围绕政务数据本身构建信息安全运行体系和面向总体国家安全观推动信息安全建设，已经成为守护数字政府建设平稳推进的共识。

围绕数据本身构建自主可控的安全防御体系，一方面要具备有关数据安全评估、备份、加密、销毁、监控等操作的能力，另一方面要围绕政府治理各领域的应用场景，对落实安全制度责任做出全局性部署，强调分布式、异地等系统属性。围绕落实总体国家安全观，省级数字政府建设规划在战略上以国产化为切入点，提高设备和软件自主可控水平；在战术上以平战结合为主要特征，将数字政府建设同人防灾备建设统筹推进。

二　省级数字政府建设的路径选择

根据前文数字政府建设九大核心行动的关键词，本研究采用雷达图的形式呈现不同省份专项规划中核心行动的分布情况，提炼出省级数字政府建设的路径选择种类。雷达图生成流程如下：首先，由关键词频加总得到各行动出现在不同文本的频数；其次，将各行动频数作归一化处理，消除规划文本篇幅不同造成的结果差异；最后，对各省份的规划文本的行动频率做归一化处理，以便突出各省份在不同行动间的选择偏好。

将表 2 所示的核心行动关键词还原至 27 个省份的政策文本中，生成省级数字政府建设在核心行动上的雷达分布图（见图 3），其中编号 1 至 9 对应表 2 中的九大核心行动。

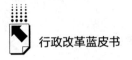

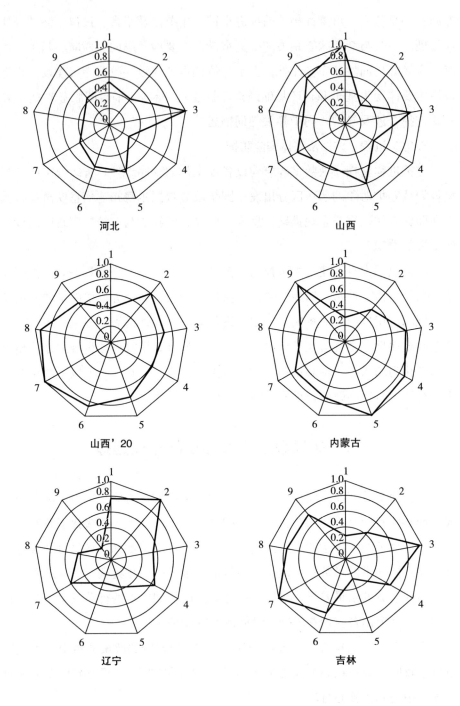

河北

山西

山西' 20

内蒙古

辽宁

吉林

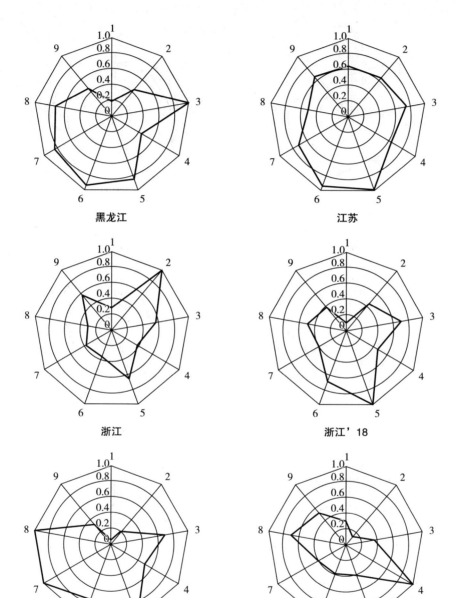

黑龙江

江苏

浙江

浙江'18

安徽

福建

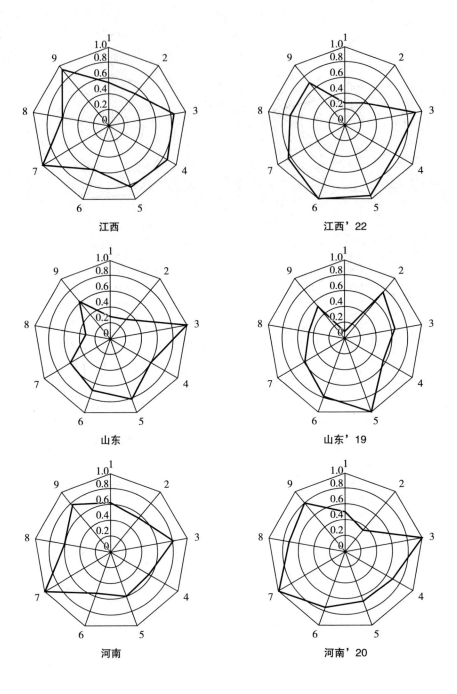

江西

江西'22

山东

山东'19

河南

河南'20

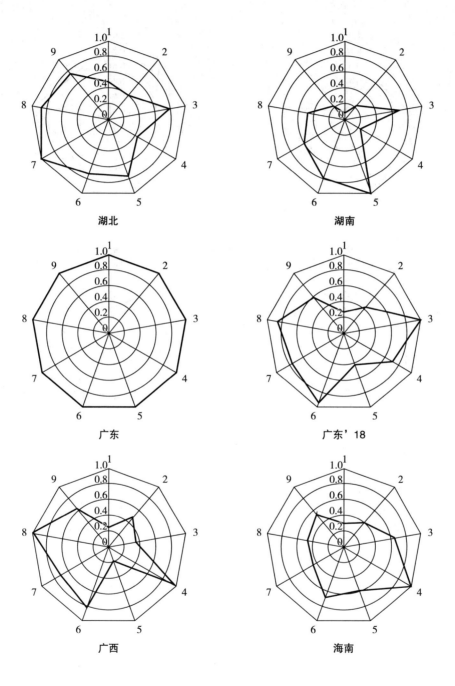

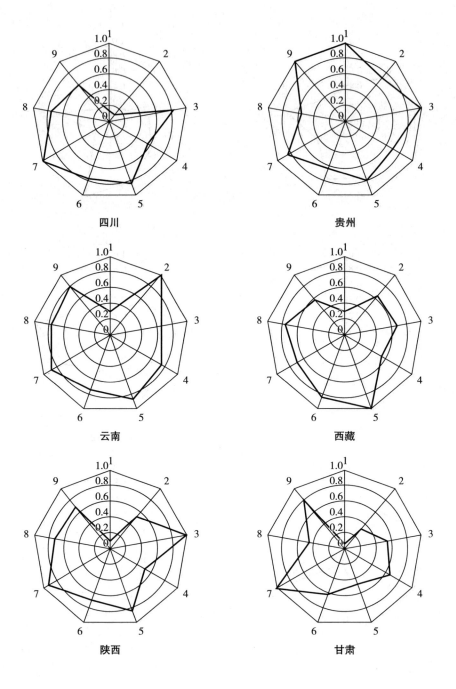

四川

贵州

云南

西藏

陕西

甘肃

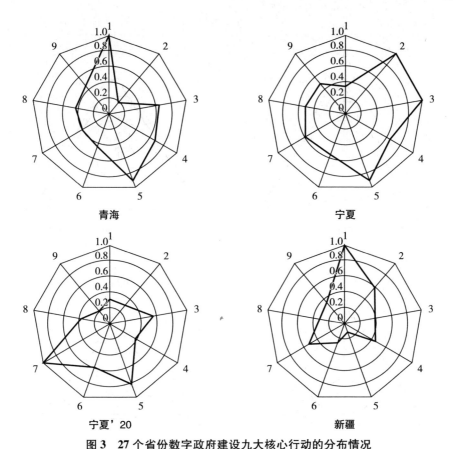

图 3　27 个省份数字政府建设九大核心行动的分布情况

注：山西、浙江、江西、山东、河南、广东、宁夏先期发布的规划均标注年份。

整合战略类、战术类、进程类三大行动所对应的关键词集合，将其还原至 27 个省份的政策文本，生成省级数字政府建设三大行动雷达图（见图 4），其中编号 1 至 3 分别对应战略类、战术类、进程类行动。在提炼省级数字政府建设路径的过程中，行动类属分布相似性是分类的首要依据。

雷达图中的突出部位对应各省份所选择推进路径中相对关键的行动，雷达图的形状体现各省份推进数字政府建设的行动特征。

综合图 3 和图 4 各省份推进数字政府建设的行动分布特点，将推进省级数字政府建设归纳为六种路径选择（见表 3），并基于这六种不同路径探讨省级数字政府建设路径选择的逻辑。

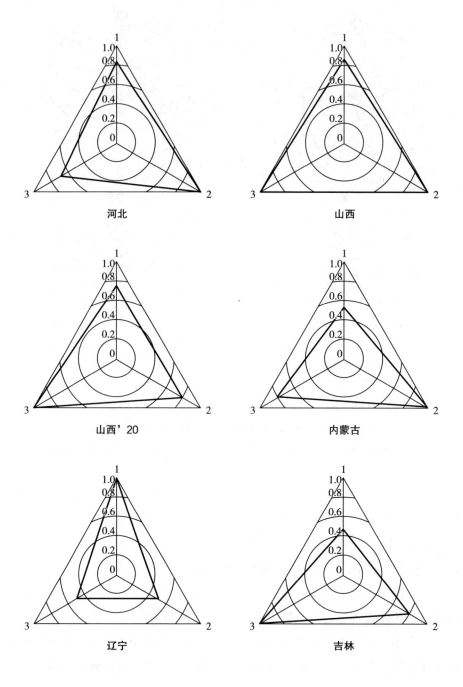

河北

山西

山西' 20

内蒙古

辽宁

吉林

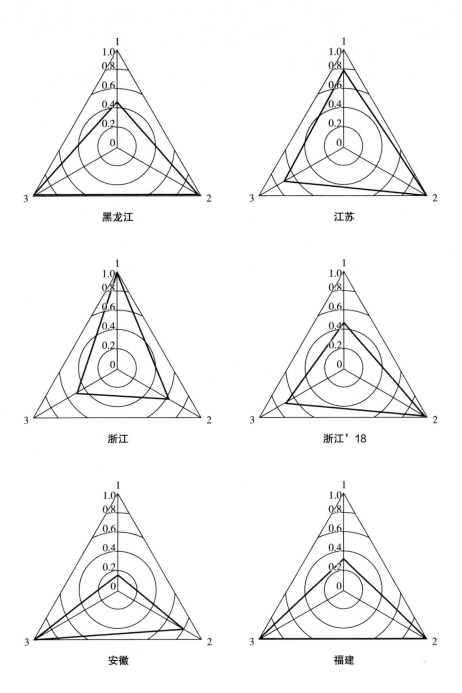

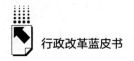

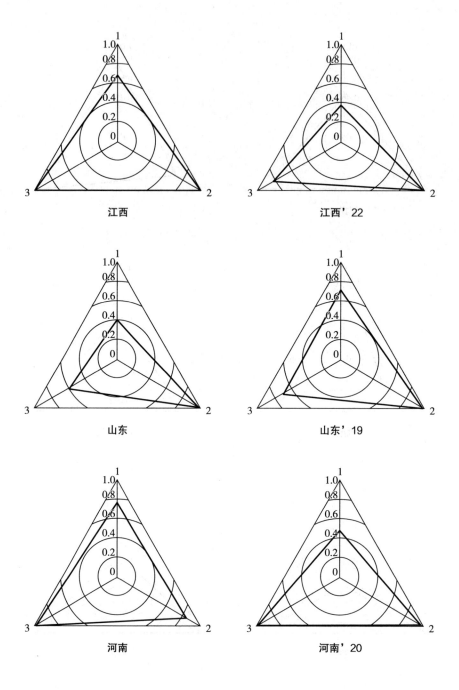

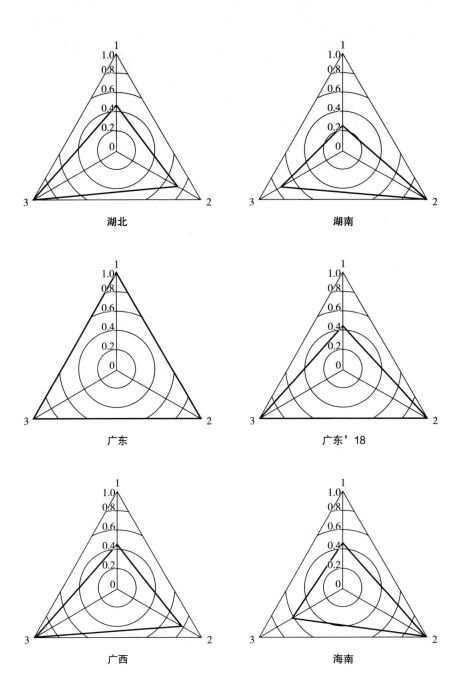

湖北

湖南

广东

广东' 18

广西

海南

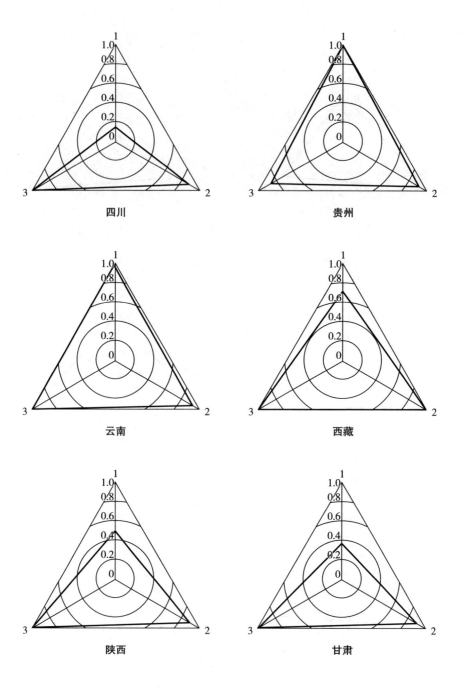

四川

贵州

云南

西藏

陕西

甘肃

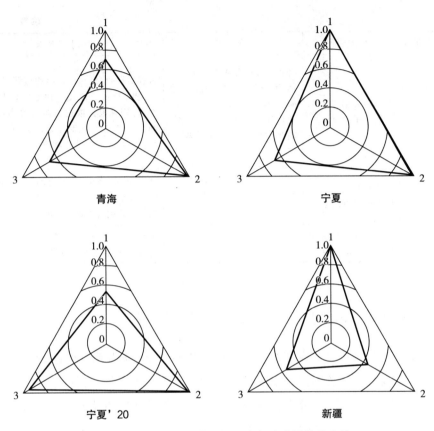

图4　27个省份数字政府建设三大行动类属的分布情况

注：山西、浙江、江西、山东、河南、广东、宁夏先期发布的规划均标注年份。

表3　省级数字政府建设路径选择

路径序号	路径特征	选择省份	行动分布上的特点
1	以"育才融智"谋取数字治理体系变革	浙江、辽宁	战略类行动地位最突出，核心行动层面突出软环境建设(#2)
2	以数据要素化引领多要素协同	福建、海南	突出战术类行动，与数据要素化有关的核心行动(#4)尤其突出
3	以"全栈政务"探索智慧应用场景	内蒙古、江苏、浙江(早期)、江西(早期)、江西、山东(早期)、山东、湖南、西藏、青海	突出战术类行动，进程类行动的地位亦相对显著。核心行动层面，突出直接事关治理提质增效的行动(#5、#6)

续表

路径序号	路径特征	选择省份	行动分布上的特点
4	以完善数据馈送机制优化平台建设	河北、山西(早期)、山西、吉林、黑龙江、安徽、河南(早期)、河南、湖北、广东(早期)、广西、四川、贵州、云南、陕西、甘肃、宁夏(早期)、宁夏	进程类行动、战术类行动均显著,但普遍以前者更突出。核心行动层面,与完善数据馈送机制有关的行动(#3、#4)地位相对显著,且普遍在#7、#8、#9上有一或多项突出
5	以政府职责调适主导平台建设优化	新疆	进程类行动较战术类行动显著,但均不及战略类行动突出。核心行动层面完全倒向领导力建设(#1)
6	数字化政务品牌化促核心行动整合	广东	无论是三大行动类属还是九大核心行动,都做到了均衡分布

(一)以"育才融智"谋取数字治理体系变革

才智资源是数字政府建设可持续的动力资源[1]。《指导意见》强调数字政府建设以习近平总书记关于网络强国的重要思想为引领,要构建包括领导干部在内的全民数字素养和技能提升体系。加强才智队伍建设、增进政产学研的交流互鉴,是从战略高度把握推进数字政府建设方向、构建数字治理新格局的重要举措。

作为最早开展数字政府建设的省份之一,浙江省是国内数字政府建设领跑者,较高的社会经济发展水平、相对发达的科教资源、领先全国的数字产业集群等优势,为浙江省在数字政府建设中汇聚数字化人才、开展政企交流合作、引入互联网企业数字化建设经验等提供了巨大便利。浙江省数字政府建设规划突出强调以人才培养与技术交流合作引领本地数字治理的变革,成就具有浙江特色的跨层级、跨部门、跨领域高效协同的"项目化实施+专班化推进"的数字政府建设模式。

---

[1] 郭蕾、黄郑恺:《中国数字政府建设影响因素的实证研究》,《湖南社会科学》2021年第6期。

辽宁省数字产业、数字人才的基础相对薄弱，全面推进政府数字化改革面临不同程度的才智资源困境。因此，省级数字政府建设规划明确自身追赶型发展定位，从加强人才支撑入手，谋划充分利用本地的科教资源，设置数字化领域相关专业，增加数字化应用人才供给。同时，强化公务人员数字素养和全社会数字化意识的培育，将打造营商环境新优势确定为数字政府建设的阶段性重要目标，确保政府数字化服务方式和流程的系统性重塑得到社会侧的有效反馈，真正突破层级、部门、业务间的条块分割界限。

浙江、辽宁两省的数字政府建设规划布局阐释了以"育才融智"为切入点推动数字治理体系变革的两重逻辑：全社会良好的数字素养和充沛的人才支撑有助于夯实并长期赋能数字政府建设，推动政府部门在规模、结构、流程、效能等方面发生显著改变[1]，后发省份的政府数字化改革可以此实现弯道超车；提升全社会的数字素养有助于从源头缩小数字鸿沟，加快形成良好的数字生态，实现数字化公共服务和社会治理效益最大化。

（二）以数据要素化引领多要素协同

以数据要素化牵引政府数字化转型从系统向平台演进，是推进数字政府建设的可行性路径。福建、海南两省数字政府建设规划以数据要素化为中心拟定数字政府建设的任务主线，突出数据要素化对于建构多要素协同秩序的引领作用。两省围绕数据赋能布局数字政府基础平台体系建设，针对数据要素化过程中技术支撑问题，进一步明确数据交换、处理、分析和治理等技术，强化多源异构大数据多模态融合分析与可解释性分析；针对数据要素化面临的权属性质问题，布局行政许可事项清单、监管主体清单与治理内容有效衔接；针对建设高效的数据流通交易体系问题，明确提出将数据交易产业链与技术服务嵌入省域治理"一网统管"各领域，完善数据要素市场化运营机制，提升政府数字化治理效能。

《指导意见》将"充分释放数据要素价值"作为构建开放共享的数据资

---

① 马亮：《数字领导力的结构与维度》，《求索》2022年第6期。

源体系的目标。欲摘得数据要素化"果实"，就离不开包括创新数据管理机制、深化数据高效共享、促进数据的有序开发利用在内的工作的"浇灌"。福建、海南数字政府建设规划路径选择进一步表明，通过做大做强数据要素化这篇文章，直面数据要素化的系列诉求，将数据要素化全面融入数字政府建设的实践中，推动政府数字化管理机制创新，才能夯实政务数据资源使用的制度基础，促进数据高效共享机制落地，为实现数字政府多要素协同营造良好的秩序氛围。

（三）以"全栈政务"探索智慧应用场景

在一个计算机软件开发领域中，"全栈（Full-Stack）"是指一种解决问题域全局性技术问题的能力模型。在数字政府建设中，政府聚焦数字化治理的对象，采用一系列数字技术贯通政府侧与需求侧全流程，整合形成面向各种应用场景、解决不同问题的技术复合体，最终实现既定的数字化治理目标，此范式被定义为"全栈政务"。

数字政府的建设成效依赖于数字技术在简化政府运作流程、提高行政效率中的合理运用[1]。各种类型的智慧应用场景是政府实现数字治理的有效载体，开发和应用不同的智慧应用场景需要运用"全栈政务"的系统思维，集制度、技术、需求、偏好等诸多要素于一体，构建问题导向、面向用户的整体性技术复合体，打通需求侧与供给侧各种堵点，全面提升政府数字化治理效能。

内蒙古、江苏、江西、山东、湖南、西藏、青海七省份，以及早期的浙江、江西、山东三省数字政府建设规划皆以"全栈政务"的系统思维，谋划智慧化应用场景在数字政府建设中的布局。江苏和早期的山东、浙江的数字政府建设规划基于各自"互联网+政务服务"建设的成功经验，立足信息工程视角，在理顺政务数据共享和流动体制机制的基础上，将重点

---

① 雷鸿竹、王谦：《技术赋能、用户驱动与创新实践：智能时代下政府治理模式创新》，《西南民族大学学报》（人文社会科学版）2021年第2期。

建设任务细化为一系列主题场景下的若干个应用，切实推进政府数字治理多跨协同。

"全栈政务"指出了一条基于战术层面推进数字政府建设的路径。数智化治理提质增效需要建立在政务数据资源充分开发利用的基础之上，相关省份的规划揭示了数字政府建设中的一对伴生关系：创建智慧应用场景需要在"全栈政务"的理念引导下，构建问题导向、面向用户的整体性技术复合体；整体性技术复合体要充分发挥效能取决于政务数据资源归集、碰撞、触发而产生的价值。因此，以"全栈政务"统合政务数据资源的开发应用有助于更好地开展政务数智化场景建设。

（四）以完善数据馈送机制优化平台建设

数据馈送（Data Feed）是描述从联机数据源生成的流向目标文档或应用程序的一个或多个数据流，涉及数据"聚通用"等多种技术。建立完善的数据馈送机制是数字政府一体化业务协同和数据交换平台建设的价值内核。在政府数智化应用场景中，政务数据高效共享、交换、加工、处理等都必须建立在一系列完善的数据馈送机制基础之上。加强推进政务数据馈送机制建设，在制度保障、平台架构和数据服务等方面探索出新经验，可以为我国数字政府平台建设提供可借鉴、可推广的样本。

以数据"聚通用"等技术完善数据馈送机制，推进和优化数字政府平台建设，是推进省级数字政府建设最普遍的路径选择。河北、山西、吉林、黑龙江、安徽、河南、湖北、广西、四川、贵州、云南、陕西、甘肃、宁夏等14省份，以及山西、河南、广东、宁夏4省份的早期规划皆属于这一路径选择的典型代表。广东是数字政府建设的领跑者，数字政府建设规划重视通过各种数据技术采纳，完善数据馈送机制，推动形成以平台为核心的数字政府建设路径。居于追赶和发展位置的中西部省份①，受到数字化发展基础

---

① 资料来源：https：//www.dps.tsinghua.edu.cn/_ _ local/A/F6/E2/27F9F56999BF0D99D0F9780A067_ 1CB0296C_ 3B1EA7.pdf。

和数字化发展环境的影响，更多选择从云计算、网络架构、数据库、接口设计等对应数字技术入手完善数据馈送机制，面向大数据能力平台、应用支撑平台和安全管理体系等数据活动载体，围绕应用活动中政务数据的汇聚清洗、交换共享、安全维护等技术链条，不断增强数字政府平台的支撑能力，为基于平台的数字化治理场景赋能。

（五）以政府职责调适主导平台建设优化

新疆数字政府建设规划是围绕调适政府职责关系推进平台基建协同化的典型代表。基于特殊的地理和历史因素，新疆形成了自治区地方政府和建设兵团并存的治理格局，后者拥有一套相对独立的行政系统。在数字政府建设中，协调好两者之间职责是实现业务协同落地实施的关键。不同于多数省份将建设数字基础设施或数字底座设置为首要任务，新疆数字政府建设将"建立自治区数字政府改革统筹协调工作机制"作为推进工作的起点，一方面通过成立自治区数字化改革领导小组建立改革统筹协调机制，另一方面理顺数字化发展管理体制，在推进"一网通办""一网协同""一网统管"等业务应用体系中持续优化数字政府平台，形成数字信息基础设施共建、资源共享、融合发展的新格局。

加强部门、层级间的业务协同机制是数字政府建设布局的重点。与信息技术应用相配套的部门间、组织间、层级间的职责调适，较之信息技术应用本身更为重要。跨部门、跨层级、跨区域政府职责不断调适在更大程度上依赖数字化转型推进机构来完成[1]。因此，数字政府建设的主导机构有必要从源头建立以政务数据共享为核心的职责调适机制，完善政府数字化转型的管理、协同机制与平台基础设施建设推进之间共生关系。

（六）以数字化政务品牌整合核心行动

新版广东数字政府建设规划中，"粤"系列数字化政务品牌成为推进数

---

[1] 张鸣：《从行政主导到制度化协同推进——政府数字化转型推进机制构建的浙江实践与经验》，《治理研究》2020 年第 3 期。

字政府建设的主轴，整合数字政府核心行动全方位推进。作为广东迈向数字政府建设"2.0"时代的标志，新版广东数字政府建设规划更注重统合政府层级间的价值理念，进一步厘清省、市、县（市、区）三级政府在平台统建、数据共享、功能应用等方面的职责。

在总结前期"省域统筹"流程再造经验基础上，广东数字政府建设规划通过打造"粤"系列数字化政务品牌，将功能场景嵌入系列品牌定位之中，并提炼形成建设目标，提高部门、层级间信息系统一体化程度。市级政府立足系列数字化政务品牌，统筹地方建设需求、推动技术架构对接，县（市、区）级政府围绕系列数字化政务品牌开展应用推广和业务创新，不断丰富系列数字化政务品牌内涵，擦亮品牌整体形象。

数字政府的整体性决定其难以通过单个核心建设行动来建成，需要来自不同层级政府和部门相关核心行动的协同推进。基于信息工程模式将数字政府建设任务按单向度"自上而下整合条条"来分包，是其他省份乃至广东早期推进数字政府建设的相同的路径选择。相比之下，新版广东数字政府建设规划立足品牌化战略，在业务流程再造的基础上，将数字政府建设具象为系列数字化政务品牌打造行动，致力于增强系列品牌的用户黏性，引导各类建设主体为更好发展、维护品牌，整合各方愿景、挖掘用户需求、创新业务应用，基层的"块块"行动不仅愿意而且能够承接和消化更高层级"条条"任务，在满足省级总体建设要求的同时形成地方特色，达成对省级数字政府整体布局的回应和优化，推动数字政府建设向更高级范式迈进。

三　省级数字政府建设路径选择分析

省级数字政府建设规划中呈现的六大路径选择是各地基于前期探索的经验提升，也是结合自身发展特点回应《指导意见》五大建设任务及其逻辑关系的创新探索，更是我们理解和把握国家一体化数字政府体系建设的一把钥匙。

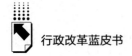
以"育才融智"谋取数字治理体系变革属于从战略层面推动数字政府建设，沿此路径推进数字政府建设则培育数字领导力是关键，需要将培育数字领导力、提升数字素养、展望数字愿景与变革治理体系联系起来，加强地方党委对数字政府建设的领导。提升数字素养作为支撑此路径的核心行动，取得成效非朝夕之事，需要切实安排配合规划的专项行动；治理体系系统性变革是达成数字治理效能的保障，其成效难以测定，变革过程也可能受到多种因素干扰，这意味着数字政府建设的绩效评价将面临诸多挑战。

以数据要素化引领多要素协同、以"全栈政务"探索智慧应用场景，这两条路径属于从战术层面推进数字政府建设，需要省级政府依托共性支撑平台和综合性基础环境，统筹建设架构、标准、运维等多要素统一协同的数字政府治理智能中枢，推进算法、模型等数字资源一体集成部署，建立共性组件、模块等共享协作机制，充分发挥数据的基础资源和创新引擎作用。在省级数字政府建设规划中，大多数省份对这两条路径的描述皆以知识库构建为统揽，推进各领域政务数字化智能应用，对深化数据赋能所面临的一系列重大问题缺乏统筹解决之道，尚需从技术、制度和价值融会贯通层面形成更具战略性的通盘思考。

以完善数据馈送机制优化平台建设和以政府职责调适优化平台建设同属于进程型路径，是推进政府数字化转型的基础性工程。数据馈送机制的完善需要在厘清政府及其部门职责的基础上，基于应用场景构建多层次、跨部门政务数据血缘关系，推进重点应用场景业务数据"按需共享、应享尽享"，建立健全分类分级的数据资源管理体系和数据质量评估评价机制，推动政务数据全过程各环节关联融通，为以数据驱动的智能集约平台建设与优化奠定坚实的基础。在工具逻辑引领下，省级数字政府建设规划大多聚焦于战术和进程行动秩序构建，对建设路径内在动力的刻画缺乏新意和战略指引。不过，这两条路径均紧紧围绕快速构筑数字政府建设基础，紧密贴合现阶段地方数字政府建设的迫切需要，易于取得阶段性的建设成果。

相较于其他路径，数字化政务品牌打开了互联网流量时代的政务服务密码，着眼于数字政府建设成果的产出及其效果，建立府际数字化合作伙伴关系，彰显省级数字政府建设的整合能力。以数字化政务品牌整合数字政府建设行动，较好回答了数字政府建设"为了什么"而非"何以成行"。其中不仅蕴含对前期工程化系列路径选择的反思，而且开启了数字政府价值追求的新路径。广东是该路径的倡导者和实践者，其数字政府建设规划依托系列数字政务品牌的打造，实现了核心行动类型全覆盖，坚持问题导向、牵引平台自主迭代，进一步发掘数字政府建设任务框架之间隐含的价值逻辑。当然，数字化政务品牌的塑造及效果还需交由时间检验，对核心行动的整合要完成对整体布局的回应和优化，还有赖于系列品牌的持续建设与维护来保障。

四　结论与启示

从战略、战术、进程三个层面对 27 个省份数字政府专项规划中的九大核心行动进行比较，相关省份数字政府建设路径选择的差异，反映各省份为最大化自身优势、加快补齐短板、攻克数字化所面临难题而付出的努力。

基于"育才融智"谋取数字治理体系变革既可作为数字政府发展较先进省份维持领跑地位的路径选择，也可为虽有一定科教资源优势，但在数字化浪潮中未能抢占先机的省份提供弯道超车机会；以数据要素化引领多要素协同需要强化问题导向，从战略性全局视角，务实回应数字政府建设中如何更好释放数据要素价值的一系列诉求；以"全栈政务"触发智慧主题场景的探索，相关省份或是借由自身在政务服务数字化建设中取得的优势地位，或是借鉴先进省份成功经验，坚持以数据资源建设为主导不断丰富数智化应用；以完善数据馈送机制优化平台建设是践行数据赋能的关键环节，先行地区为后发省份提供了样本参照，选择此路径需要就数字政府多要素融合拓宽视野，并就战略、战术类行动做好提前布局；以政府职责调适主导平台建设优化为府际关系复杂的地区提供建设样板，但如何将平台建设的成果嵌入政务服务、社会治理的细分领域，考验路径选择者通过体制整合和机制融合释放数据价值的能力。以品牌整合数字政府建设核心行动已经具备平台自主迭

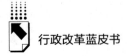

代、可持续推进的能力，是推动数字政府建设迈向更高级范式的有价值探索。

我国省级数字政府建设路径选择的总体特征可概括为：立足工程化、面向品牌化，因时因地开展差异化竞争。除后期的广东外，各省份数字政府建设规划皆以工程化为内核，即根据中央关于政府数字化转型的系列布局，基于当地信息化基础，结合自身推进数字化转型的经验，明确核心行动方向，在"命令—执行"与府际关系的约束作用下，差异化制订数字政府建设的推进方案。总体上看，信息化基础、发展环境和建设目标是影响数字政府建设路径选择的关键。由于数字政府建设核心行动间没有明显的主次、先后关系，一些数字化基础薄弱的省份与高水平省份的建设路径存在一致性选择，但其背后建设目标的设定不尽相同，如浙江与辽宁。建设条件相仿的省份所选择路径也不必然相同，如中部的江西、湖南、河南、湖北、山西和安徽六省，前两省较后四省在数字政府建设上布局稍晚，但是，都通过落实《指导意见》和吸收先进省份的经验，选择了与浙江、山东、江苏一致的建设路径，数字政府建设规划聚焦战术类而非直接影响数字政府运作的进程类核心行动。同一省份可能随时间推移调整其路径选择，发掘核心行动间潜在逻辑以寻找提升竞争力的更多可能，如浙江和广东。需要指出的是，广东作为数字政府建设开路者，随着自身数字政府建设愈发成熟，最先尝试跳出基于过程效能的推进思路，开创一条面向品牌效能的建设路径，这为其他省份可持续推进数字政府建设提供了样板。

省级数字政府建设的路径从工程化向品牌化演进，反映出我国政府数字化由工具理性转向价值理性的大趋势，是我国数字政府建设走向成熟的真实写照。工程化路径一方面受制于"命令—执行"与府际关系的约束，另一方面也受各地政务服务数字化建设的惯性思维与经验主义影响，无论核心行动侧重于政府供给还是社会需求，最终在逻辑上皆是围绕数字化管理和服务展开。相比之下，品牌化路径彰显数字政府建设自适应推进的韧性，通过数字化政务品牌"共用"实现品牌"共塑"。纵向府际关系作为数字政府建设的内在动力逻辑，需要从价值逻辑出发，通过整合多主体的使用者与建设者，以品牌筑起数字政府建设各方对业务价值的认同。可以预见，品牌化路径更契合数字政府建设的公共价值主张①，也更有助于落实"从群众中来、到群众中去"的治理实践。不过，如何进一步丰富品牌化路径建设内涵，以及品牌化之外是否还有其他凸显数字政府价值理性的建设路径，还有待学界与政府勠力探索。

参考文献

Spreitzer G. , Giving Peace a Chance：Organizational Leadership, Empowerment, and Peace ［J］. *Journal of Organizational Behavior*, 2007, 28（8）：1077-1095.

Swift C. , Levin G. , Empowerment：An Emerging Mental Health Technology ［J］. *Journal of Primary Prevention*, 1987, 8（1）：71-94.

关婷、薛澜、赵静：《技术赋能的治理创新：基于中国环境领域的实践案例》，《中国行政管理》2019 年第 4 期。

Zimmerman M. A. , Taking Aim on Empowerment Research：On the Distinction between Individual and Psychological Conceptions ［J］. *American Journal of Community Psychology*, 1990, 18（1）：169-177.

章燕华、王力平：《国外政府数字化转型战略研究及启示》，《电子政务》2020 年第 11 期。

---

① 翟云：《数字政府替代电子政务了吗？——基于政务信息化与治理现代化的分野》，《中国行政管理》2022 年第 2 期。

B.12
2023年我国数字政府建设的
顶层设计和典型案例分析

关 欣 刘 云 黄桢晟*

摘 要： 2023年，数字政府建设在国家政策的引领下取得显著进展。通过顶层设计明确方向，结合地方优秀案例实践，我国数字政府治理体系日趋完善。政策层面，主要聚焦"数据要素市场、规范标准建设、数据与技术安全、宏观战略规划、机构改革深化、政务服务管理"六个方面。实践层面，在智慧城市建设与城市运营管理、政务服务数字化转型、工程建设项目管理创新、公共服务与社会治理的创新示范等方面积累了成功经验。这些努力不仅支撑了数字经济的蓬勃发展，更为国家治理体系和治理能力现代化注入了新动力。展望未来，数字政府将在提升国家治理效能方面发挥更大作用，持续推动社会进步与发展。

关键词： 数字政府 数据要素 用户需求 数字经济

2023年，数字政府领域迎来了国家前瞻性的政策引领，地方各级政府积极响应，涌现出诸多创新性实践，共同推动我国数字政府建设迈向新的里程碑。这些举措不仅持续推动数字政府领域的创新与变革，更在构建系统完备、科学规范、运行流畅的数字政府治理体系上取得显著成果。

---

* 关欣，中国科学院大学公共政策与管理学院副教授，研究方向为公共管理；刘云，中国科学院大学公共政策与管理学院长聘教授、副院长，研究方向为公共政策和行政管理；黄桢晟，中国科学院大学公共政策与管理学院硕士研究生。

一 2023年数字政府建设的顶层设计

2023年，国家政策全面引领数字政府建设。国家政策主要聚焦"数据要素市场、规范标准建设、数据与技术安全、宏观战略规划、机构改革深化、政务服务管理"六个方面。

（一）培育数据要素市场、激活数据要素价值、强化数据资产管理

将数据作为新型生产要素是我国首次提出的重大理论创新。数据要素目前已成为与土地、劳动力、资产、技术并列的第五大生产要素。要构建以数据为关键要素的数字经济，是价值创造的重要源泉和释放数据价值的关键动力。

2023年，我国组建国家数据局。财政部发布的《关于加强数据资产管理的指导意见》和国家数据局等部门发布的《"数据要素×"三年行动计划（2024—2026年）》，旨在推动数据资源的有效整合和利用，提升数据资产的价值创造能力，凸显了激发数据要素价值和加强数据资产管理的重要性。通过明确总体要求、主要任务和保障措施，为数据资产管理提供了指导框架。

2023年12月31日，财政部发布《关于加强数据资产管理的指导意见》（财资〔2023〕141号），指出"加强和规范公共数据资产基础管理工作，探索公共数据资产应用机制，促进公共数据资产高质量供给，有效释放公共数据价值，为赋能实体经济数字化转型升级，推进数字经济高质量发展，加快推进共同富裕提供有力支撑"。① 强调了数据作为一种重要的战略资源，需要加强管理和利用，通过建立数据资产管理体系、加强数据资产管理能力建设、推进数据资产管理的市场化运作等具体任务，为加强数据资产管理提供指导，推动数字经济的发展。同时，提出数据价值化的路径，积极推行公

---

① 财政部：《关于加强数据资产管理的指导意见》，2023年12月31日。

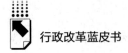

共数据资产入表、加强公共数据资产化的全过程监督管理、鼓励公共数据资产化及授权经营等，推动公共数据开发利用和价值实现，助力数字经济发展。

2023 年 12 月 31 日，国家数据局等部门发布《"数据要素×"三年行动计划（2024—2026 年）》（国数政策〔2023〕11 号），明确了数据要素市场培育的目标、任务、重点行动和重点工程。该计划以推动数据要素高水平应用为主线，以推进数据要素协同优化、复用增效、融合创新作用发挥为重点，充分激活数据要素潜能，发挥数据要素乘数效应。提出了 2026 年年底数据要素市场规模达到 10 万亿元的工作目标；明确了推进数据要素市场化配置、加强数据要素基础设施建设、培育数据要素市场主体、强化数据保证支撑等重点任务[①]；在工业制造、现代农业、商贸流通、交通运输、金融服务、科技创新、文化旅游、医疗健康、应急管理、气象服务、城市治理、绿色低碳等领域实施"数据要素×"行动；还提出了一系列重点工程，如数据要素交易平台建设工程、数据要素标准化建设工程、数据要素人才培养工程等，为促进数据要素市场的健康发展提供了具体的举措。

这些政策的出台，在国家层面，确定数据为战略资源，有助于推动数据资源的整合和利用、数据资产的价值激发与创造，有助于培育和促进数据要素市场健康发展、加强数据资产管理，提出了系列重点工程，为我国经济社会发展注入新的动力。

（二）规范网信部门行政执法程序，建设基本公共服务标准体系

为贯彻落实党中央、国务院关于加强数字政府建设的重大决策部署，积极顺应经济社会数字化转型趋势，我国政府出台了一系列政策措施，规范网信部门行政执法程序，建设基本公共服务标准体系。

2023 年 3 月 23 日，国家互联网信息办公室公布《网信部门行政执法程序规定》，规范了行政法程序，使网信部门的执法活动有章可循，确保执法

---

① 国家数据局等：《"数据要素×"三年行动计划（2024-2026 年）》，2023 年 12 月 31 日。

的公正与透明。通过规范行政法程序，确保了网信部门的执法活动依法依规行使职权，保障了公民、法人和其他组织的合法权益。同时，也提高了行政执法的公正性和透明度，提升了社会公众对行政执法的信任和满意度。

2023 年 7 月 30 日，国家发改委等部门联合印发《国家基本公共服务标准（2023 年版）》（发改社会〔2023〕1072 号），建立了服务标准体系，明确了基本公共服务的范围和质量要求，保障了公民的基本权益。此次国标出台涵盖了幼儿、教育、就业、医疗、住房、社会保障、文体服务等多个领域共 41 个服务项目，明确了各级政府部门在提供基本公共服务时应该具备的服务内容、达到的服务标准、支出责任和具体要求等。通过建立统一的服务标准体系，保障了公民在全国范围内享有公平、均等的基本公共服务。同时，也促进了基本公共服务的规范化和标准化建设，提升了政府部门的服务质量和效率。

这些政策的出台，相互配合、相互支撑，共同推动了我国政府在行政执法、公共服务等方面的规范化建设，促进了社会的稳定和发展。通过建立公正的、行政执法程序统一的服务标准和技术标准，提高了政府部门的工作效率和服务质量，保障了公民的合法权益，促进了社会的公平正义与和谐发展。

（三）高度重视数据安全与技术安全，构建全方位、多层次的安全监测与管理体系

随着数字经济的快速发展，数据安全和技术安全问题已成为社会关注焦点。为保障数据安全和技术安全，需要构建完善数字政府全方位安全保障体系，强化安全管理、日常监测、平台技术、态势感知和应急处置等工作。各政务部门、相关行业领域纷纷开展网络安全监测平台规划建设，出台政策文件，为相关产业的健康发展提供有力支持。

2023 年 1 月 23 日，工业和信息化部等十六部门发布《关于促进数据安全产业发展的指导意见》，为数据安全产业的发展提供了专项指导，强调了数据安全的重要性。该意见明确了数据安全产业的发展目标、重点任务和保

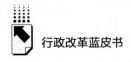

障措施，提出了加强数据安全技术研发、推动数据安全产品和服务创新、加强数据安全人才培养等具体举措，旨在推动数据安全产业的健康发展，保障国家数据安全。

2023 年 5 月 23 日，国家市场监督管理总局、国家标准化管理委员会发布《信息安全 技术政务网络安全监测平台技术规范》，为政务网络安全监测提供了技术标准，确保了政务信息的安全。通过统一的技术标准，确保各级政府部门在构建和使用政务网络安全监测平台时能够遵循一致的规范，实现有效的安全监测和预警，保障政务信息的安全可靠。

2023 年 7 月 24 日，中国人民银行发布《中国人民银行业务领域数据安全管理办法（征求意见稿）》，对金融领域的数据安全进行了具体规范。该办法明确了金融数据安全管理架构、分类分级标准和安全管理要求，规范了银行金融机构的数据收集、存储、使用、加工、传输、提供等环节，促进了数据合理开发利用，加强了金融数据安全管理，保障了金融消费者的合法权益。

2023 年 8 月 8 日，国家互联网信息办公室发布《人脸识别技术应用安全管理规定（试行）（征求意见稿）》，旨在提升人脸识别技术的应用与合规水平，保障技术安全。该规定明确了人脸识别技术应用的安全管理要求，规范了人脸识别技术的应用场景和安全保障措施，加强了人脸识别技术应用的安全管理，保障了公民的个人信息安全及人身财产权益，维护了社会秩序与公共安全。

这些政策的出台，体现了我国政府对数据安全和技术安全问题的高度重视，从不同行业和领域出发，对数据的收集、存储、使用等环节进行了明确规定，为保障数据安全和技术安全提供了有力的政策支持与指导。

（四）全面强化宏观战略引领，精心策划数字发展的未来蓝图

2023 年度针对数字中国、数字乡村建设进行了战略部署，谋划数字中国、数字乡村建设发展的新篇章。

2023 年 2 月，中共中央、国务院印发了《数字中国建设整体布局规

划》，为中国数字化发展提供了高水平的设计和全面的战略指导。该规划确定了建设数字中国的战略目标和优先任务，强调了统筹推进数字技术创新、数字基础设施建设、数字经济发展、数字政府建设、数字文化建设、数字社会建设和数字绿色生态建设的重要意义。

2023年4月，由互联网中央信息办公室等五部门发布的《2023年数字乡村发展工作要点》，在中国数字建设的总体框架下，对农村发展的具体行动进行了更详细的介绍和概括。政策聚焦数字乡村治理、农村数字产业发展等数字乡村建设方面，勾画了数字乡村建设的战略蓝图。

这些政策共同努力促进中国的全面发展。通过加强顶层设计和战略部署，可以更好地整合资源，共同努力实现数字技术与许多经济和社会领域之间的深刻一体化，并大力推动国家发展。

（五）精准施策，深化机构改革，构建灵活适应的组织体系

2023年3月，中共中央、国务院发布《党和国家机构改革方案》，提出组建"国家数据局"，调整推进数据基础设施体系建设，统筹数据资源整合、共享、开发和利用，调整数字中国、数字经济、数字社会规划建设，由国家发改委管理。这些措施是深化体制改革的重要组成部分，目的是建立更加科学、更加规范、更加高效的监管体系，以适应新时代、新征程的要求。

国家数据局的成立是我国深化体制改革的重要举措，对于促进数字经济发展、加强数据管理和利用、提升政府治理能力和公共服务水平具有重要意义。

（六）精细优化政务服务管理流程与机制

国务院办公厅发布的一系列政策文件为深化政府服务管理机制和方法提供了强有力的指导。2023年9月4日，国务院办公厅发布《国务院办公厅关于依托全国一体化政务服务平台建立政务服务效能提升常态化工作机制的意见》，强调要通过整合资源和改进流程来提高政务服务的总体效率。这意味着政府将进一步加强政务服务的整合和改进，减少批准、认证等的频率，

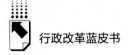

提高服务的效率和质量。与此同时，政府还将努力促进政务服务标准化，制定统一的服务标准和规则，确保不同地区和部门的机构和公众享有相同的服务。此外，政府还将努力优化政务服务的信息结构，加强与在线政务服务的互动，以减少机构和公众的任务，使他们更容易完成工作，而不会增加拥堵。

2023年8月22日，国务院办公厅印发《政务服务电子文件归档和电子档案管理办法》，对政务服务期间的电子文件和档案管理作出了明确规定，以确保政务服务信息的安全、准确。这意味着政府将加强公共部门电子文件和记录的管理，发展和改进电子文件和记录管理系统及其规则，并确保电子文件和记录的有效性、完整性、可用性和安全性。与此同时，政府还将加强和优化电子文件和档案的交换和使用，提高政务服务的效率和质量。

这些政策的颁布与实施将进一步促进公共服务的改善，提高政府的数据治理能力和政务服务水平，使机构和公众能够获得更高质量的公共服务。

二 2023年我国数字政府建设典型案例分析

（一）案例来源

新京报社携手中国人民大学国家发展与战略研究院、北京师范大学中国教育与社会发展研究院、南开大学周恩来政府管理学院，以及网络媒体平台千龙网，共同策划并主办了备受瞩目的"2023数字政府建设优秀案例"评选活动。此次活动由新京报社旗下的新京智库承办，旨在挖掘和展示我国数字政府建设领域的杰出实践和创新成果。

征集活动自2023年5月正式启动以来，便得到了全国各地的热烈响应和积极参与。这些案例涵盖了政府数字化转型的各个方面，从政务服务创新到智慧城市建设，再到大数据分析和人工智能技术应用，充分展现了我国数字政府建设的丰硕成果。

最终评选出 30 个数字政府建设优秀案例。这些案例在创新性、实用性、推广性等方面均表现出色，被分别评为"2023 数字政府建设卓越示范案例""2023 数字政府建设创新引领案例""2023 数字政府建设实践领航案例"。此外，新京智库在此次活动中还公布了 14 个"2023 数字政府建设特色案例"，这些案例在某一特定方面表现出色，具有独特的创新点和示范意义。

本研究关注上述 30 个数字政府建设优秀案例和 14 个特色案例，基于这 44 个案例开展分析。

（二）案例描述

2023 年数字政府建设优秀案例申报单位中，行政机关的参与比例占据了绝对的主导地位，具体占比高达 82.7%。这一数据清楚地反映出行政机关在推动数字政府建设方面的积极态度和显著努力。与此同时，企业虽然占比仅 17.3%，但它是市场力量的代表，其参与也为我们揭示了数字政府建设中的多元共治格局。

在行政机关中，大数据管理中心（局）、服务中心（局）及行政审批局等事业单位表现尤为突出。这些单位不仅数量众多，而且申报的案例质量也普遍较高，充分展示了对数字政府工作的深刻理解和高度重视，其以数据管理和政务服务为核心业务，积极采纳并融合新技术、新应用，致力于持续提升政府工作的智能化水平。通过一系列的创新举措，政府服务效率得到了显著提升，群众满意度也随之大幅提升。

此外，由数据统计分析可得，市级行政单位在获奖案例的申报中表现较佳。在总计 44 个获奖案例中，市级行政单位申报的获奖案例总计 22 个，占比达到 50%，充分展现了其在数字政府建设领域的引领作用。同时，县级行政单位也展现出极高的参与热情，由其申报的获奖案例达到 20 个，占比 46%。市、县级基层行政单位在推动数字政府建设的道路上，不仅积极投入，更以其实际行动和显著成果，为数字政府建设树立了积极示范标杆。

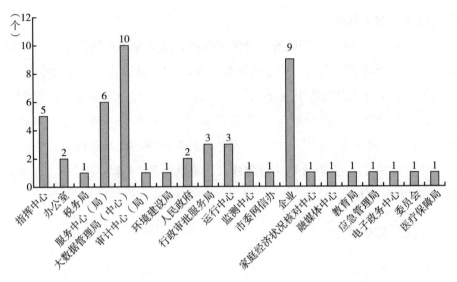

图1　申报单位统计

数据来源：《十个案例入选"2023数字政府建设创新引领案例"｜新京智库》，《新京报》2023年12月12日，https：//baijiahao.baidu.com/s？id=1785037141167356050&wfr=spider&for=pc。

　　市级和县级行政单位在数字政府建设中的积极参与和显著成果，不仅体现了它们对数字政府建设工作的重视和投入，也反映了数字政府建设在地方层面的成熟度和实践深度。这些单位通过不断探索和创新，积累了丰富的经验，为其他地区提供了可借鉴的宝贵经验，同时也推动了数字政府建设的深入发展。

　　此外，多个单位共同申报的情况也存在。这种跨界合作展示了数字政府建设领域需要广泛参与和深度协作，也揭示了政企协作成为推动数字政府建设发展的重要趋势。政企协作的模式在数字政府建设中具有独特的优势，政府和企业能够充分发挥各自的优势，形成互补效应。政府做好资源整合、政策引导，确保数字政府建设的方向正确、目标明确。企业则凭借其在技术创新、市场运营等方面的专长，为数字政府建设提供了强有力的技术支持和解决方案。

　　与此同时，企业的参与也为数字政府建设注入了新的活力。这些企业凭

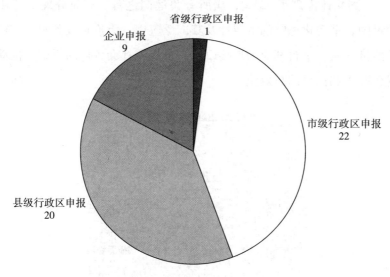

图 2　申报单位分类统计

资料来源：《十个案例入选"2023 数字政府建设实践领航案例" | 新京智库》，《新京报》2023 年 12 月 12 日，https：//baijiahao.baidu.com/s？id=1785036984867236540&wfr=spider&for=pc。

借敏锐的市场洞察力和创新能力，在数字政府建设中发挥了积极作用。它们不仅为政府提供了技术支持和解决方案，还通过自身的业务实践，为政府提供了宝贵的经验借鉴。这些企业的参与，不仅推动了数字政府建设的深入发展，也促进了政府与市场、群众的良性互动。

可以看出，无论是行政机关还是企业，都在为数字政府建设贡献着自己的力量。这种多元参与的协作模式不仅推动了数字政府建设的深入发展，也为我们构建更加智能、高效、便捷的政府服务体系提供了有力的支持。

（三）案例领域分析

"2023 数字政府建设卓越示范案例"、"2023 数字政府建设创新引领案例"、"2023 数字政府建设实践领航案例"及"2023 数字政府建设特色案例"这四大类共计 44 个"2023 数字政府建设优秀案例"的案例名称中，

"平台"一词共计出现了 15 次，居所有关键词之首。这充分展示了在数字政府建设中，平台化思维的重要性及其广泛应用。无论是政务服务、社会治理还是经济发展，平台都成为连接政府、企业和社会各界的桥梁，推动着资源的优化配置和信息的高效流通。

图 3　案例标题的关键词云

除了"平台"外，"数据"一词也频繁出现，这体现了数据在数字政府建设中的核心地位。数据是决策的基础，也是创新的动力。通过对海量数据的收集、分析和应用，政府能够更好地了解社会需求、精准施策、提升社会治理能力。

"基层""智慧""治理""助力""城市""数字化""政务服务""创新"等这些词语出现的频率也较高。这些词语不仅揭示了数字政府建设的多元维度和丰富内涵，也反映了我国数字政府建设在各个领域的广泛应用和深入探索。

"基层"的提及体现了数字政府建设在聚焦基层治理；"智慧"则展现了数字政府建设与人工智能等技术融合，推动着社会治理的智慧化发展；"治理"和"助力"则揭示了数字政府建设在提升国家治理体系和治理能力现代化水平方面的重要作用；"城市"和"数字化"则强调了数字政建设在城市治理和数字化转型中的核心地位;"政务服务"是数字政府建设的重点任务,政府积极利用数字化手段,努力提升政府服务效率和质量,以满足公众日益增长的需求;"创新"则是对数字政府建设不断探索的最好诠释。

这些高频词不仅揭示了数字政府建设的核心要素和发展趋势,也为我们理解数字政府建设的内涵和价值提供了新的视角与思路。

(四)基于业务场景的数字政府优秀案例分析

分析新京智库44个案例内容[①],发现案例聚焦四个场景:智慧城市建设与城市运营管理,政务服务数字化转型,工程建设项目管理创新与实践,公共服务与社会治理的创新示范。

1. 智慧城市建设与城市运营管理

获奖的优秀案例有无锡市"一网统管"城市运行管理平台项目、禅城区智慧社会治理改革、基层智治大脑(衢州市基层智治系统)等。

这些案例集中展示了智慧城市建设与城市运营管理的方法论和实践经验,凸显了几个关键点,这些点反映了智慧城市建设的重要理念和路径。

首先,综合治理与一体化平台是智慧城市建设的核心。这一理念强调通过整合各方资源和数据,构建统一的平台体系,实现多部门、多领域的协同治理。其次,数字化技术的应用是智慧城市建设的关键驱动力。相关案例充分利用了大数据分析、人工智能等先进技术,实现了对城市运行情况的智能感知、风险预警和决策支持。这种技术应用不仅提高了治理效率和决策精准度,也为城市管理带来了更多创新和发展机遇。再次,服务民生、优化治理

---

① 2023数字政府建设创新引领案例具体内容可参见 https://baijiahao.baidu.com/s?id=1785037141167356050&wfr=spider&for=pc,2023数字政府建设实践领航案例具体内容可参见 https://baijiahao.baidu.com/s?id=1785036984867236540&wfr=spider&for=pc,2023数字政府建设卓越示范案例具体内容可参见 https://baijiahao.baidu.com/s?id=1785036952422093674&wfr=spider&for=pc。

是智慧城市建设的根本目标。通过构建智能化服务平台、推进政务服务数字化，禅城区智慧社会治理改革等案例提高了政府服务的便捷性和效率，提升了人民群众的获得感和满意度。最后，信用体系建设是智慧城市建设的重要保障。多个案例中提及了信用体系的建设，通过建立信用库和一体化信用评价机制，推动政务服务从"材料审批"转向"数据审批"，提高了行政效能和社会治理水平。

综上所述，智慧城市建设与城市运营管理的关键在于整合资源、应用数字技术、服务民生、优化治理，同时建立信用体系，促进政务服务的智能化、精细化，推动城市治理向着更加高效、便捷、人性化的方向发展。

2. 政务服务数字化转型

获奖的优秀案例有：纳税信用管家（六盘水市税务局）、"数治东李"微平台打造乡村"慧"治新模式（东李官屯镇联合移动公司搭建了"智慧东李"云平台）、江阴社情民意研判平台等。

以用户为中心的服务理念是政务服务数字化的核心。获奖案例中的纳税信用管家、江阴社情民意研判平台等项目，均以提升用户体验和满意度为目标，通过整合信息、提供便捷服务，满足用户的多样化需求，实现了政务服务的数字化升级。

创新应用数字技术是政务服务数字化的重要手段。案例中提到的纳税信用管家利用贵州税务信用云平台建立专属模块，实现了线上一键实时查询和数据归集，提高了纳税人、缴费人对税务工作的参与度和信任度。而"数治东李"微平台则利用微信小程序搭建基层社会治理平台，实现了乡村慧治的目标，为基层治理带来了数字化的便捷与高效。

数据驱动的决策和服务优化是政务服务数字化的重要特征。案例中提到的江阴社情民意研判平台通过数据汇聚和分析，实现了对群发多发问题、民生热点问题的提前发现和预防，促进了城市运行效率的提升。这种基于数据的决策和服务优化，使政务服务更加精准、高效，为政府决策提供了科学依据。

综上所述，政务服务数字化转型关键在于以用户为中心、创新应用数字技术、数据驱动的决策和服务优化。

3.工程建设项目管理创新与实践

获奖的优秀案例有：济南市工程建设项目市政公用基础设施审批全周期数字化管理、东营市工程建设项目"无纸化、零见面审批"、滨州市房屋预售许可"随 e 查"等。

这些案例集中展示了工程建设项目管理创新的方法论和实践经验，凸显了以下几个关键点。

首先，数字化管理是工程建设项目管理创新的核心。案例中提到的济南市工程建设项目市政公用基础设施审批全周期数字化管理、东营市工程建设项目"无纸化、零见面审批"等，均以数字化手段为基础，实现了审批流程的简化和优化，提高了审批效率和透明度。

其次，一体化平台建设是工程建设项目管理创新的重要手段。案例中提到的滨州市房屋预售许可"随 e 查"项目采用了全市域房屋预售许可"六统一"的办理模式，通过统一申报表单、申请材料、服务流程等方式，实现了各个环节的规范和统一，提高了审批的效率和准确性。

最后，以用户需求为导向的服务理念是工程建设项目管理创新的关键。案例中提到的济南市工程建设项目市政公用基础设施审批全周期数字化管理项目，在取消环节、优化服务方面，均是以优化用户体验和提升满意度为出发点，通过数字化手段提高了审批效率和服务质量。

综上所述，工程建设项目管理创新的关键在于数字化管理、一体化平台建设和以用户需求为导向的服务理念，为提升工程建设项目管理效率和质量提供了有效的路径和策略。

4.公共服务与社会治理的创新示范

获奖的优秀案例有：入园入学"一件事一次办"（乌海市行政审批和政务服务局）、大数据技术助力低收入家庭经济状况核对的创新案例（宝鸡市）、"北京东城"App 等。

首先，以用户需求为中心的服务理念是公共服务和社会治理的核心。案例中提到的乌海市新生入学"一件事一次办"改革、宝鸡市低收入家庭经济状况核对项目，以及"北京东城"App 的推出，均以提升用户体验和满意度

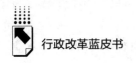

为出发点，通过优化服务流程和提供便捷渠道，实现了政务服务的创新。

其次，数字化技术的应用是社会服务及公共管理创新的重要手段。案例中提到的乌海市新生入学"一件事一次办"改革通过打通数据网络、实现信息共享，实现了入学报名"零材料"的目标。宝鸡市低收入家庭经济状况核对项目利用大数据技术，建立了信息核对平台，实现了快速查询和在线申办，提高了救助资金的使用效率。

最后，及时有效的信息传递是社会服务及公共管理创新的重要内容。案例中提到的"北京东城"App通过发布新闻资讯、专题报道等形式，及时向公众传递政府工作和社会动态信息，提升了政府形象和透明度。同时，为基层街道和委办局开设稿件发布账号，打通了基层新闻宣传的渠道，实现了信息传递的全覆盖。

综上所述，社会服务及公共管理创新的关键在于以用户需求为中心、数字化技术的应用和及时有效的信息传递。这些方法论和实践经验为指导未来社会服务和公共管理的创新提供了有益的启示。

三 数字政府建设的总结与展望

2023年，政府在数字政府建设方面进行了全面而深入的探索，不仅在政策顶层设计上进行了全方位的规划，还在实践中积极创新，取得了显著成效。

在政策层面，主要聚焦"数据要素市场、规范标准建设、数据与技术安全、宏观战略规划、机构改革深化、政务服务管理"六个方面。首先，政府高度重视培育数据要素市场，旨在推动数据资源的高效流通和充分利用。通过制定相关政策和优化制度环境，政府助力数据要素市场健康发展，以推动数字经济发展。其次，在数据安全和技术安全方面，通过发布一系列指导意见、技术规范和管理办法，构建了全方位、多层次的监测与管理体系。这些政策旨在加强数据安全技术研发、推动数据安全产品和服务创新、加强人才培养等，为数据安全和技术安全提供了有力的政策支持。再次，数字政府建设的政策着眼于全面且细致的整体布局与规划，力求在顶层设计上实现各部门的协同与高效。最后，政府高度重视标准和规范的制定与出台，确保数字化服务的标准化、规范化运行，为公众提供统一、便捷、高效的政务服务体验。

在实践层面，政府通过智慧城市建设、政务服务数字化转型、工程建设项目管理创新、公共服务与社会治理方面的案例实践，进一步推动了数字政府建设的深入发展。例如，在智慧城市建设方面，政府注重整合资源、应用数字技术、服务民生、优化治理，并建立信用体系，推动城市治理向更加高效、便捷、人性化的方向发展。在政务服务数字化转型方面，政府以用户为中心，创新应用数字技术，通过数据驱动的决策和服务优化，提升了政务服务的效率和质量。在工程建设项目管理方面，政府基于数字化管理、一体化平台建设和以用户需求为导向的服务理念，提高了工程建设项目管理的效率和质量。在公共服务与社会治理方面，政府和社会各方利用数字化技术提供更加智能化的社会治理平台和便捷化的公共服务模式，以满足人民群众日益增长的多样化、个性化需求。这些实践案例展示了政府在数字政府建设中的积极探索和创新成果，为未来数字政府建设指明了发展方向。

在数字政府建设方面，政策顶层设计的目标是为数字政府建设提供指导和支持，而数字政府优秀案例则是对政策的具体实践和生动体现。政策顶层设计为数字政府建设提供了战略方向和指导思想，通过明确数字经济发展的重要性和数据要素的核心地位，政策顶层设计为各级政府提供了明确的发展目标和指导原则，引领着数字政府建设向着更加高效、智能、人性化的方向迈进。与此同时，数字政府建设优秀案例则是政策执行的有力证明和具体实践，案例通过在智慧城市建设、政务服务数字化转型、工程建设项目管理创新、公共服务与社会治理的创新示范等方面的成功实践，展示了政策的可行性和有效性，为其他地区提供了借鉴和参考。因此，政策顶层设计和数字政府建设优秀案例场景的相互促进，为数字政府建设提供了坚实的基础和有力的保障，推动着数字政府建设迈向新的高度。

展望未来，数字政府建设将继续围绕多方面展开。首先，政策顶层设计

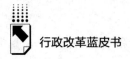
应当继续突出数据要素的重要性，鼓励各地区各部门在数字化转型中充分发挥数据的作用，提升治理效率和服务水平。其次，政府将继续推动数字经济的发展，促进数字技术创新、数字基础设施建设等，为经济社会的数字化转型提供更加有力的支撑。再次，政府将进一步加强数据安全和技术安全的保障，以确保数据的安全可靠，为数字经济的健康发展提供有力支持。政府应继续以用户为中心，不断优化政务服务，提高服务的便捷性和效率，满足人民群众日益增长的多样化需求。最后，政府还将加强与各行业、各领域的合作，共同推动数字政府建设向着更加智能化、精细化、人性化的方向发展，为建设数字中国、推动数字经济发展、提升国家治理能力和公共服务水平做出努力。

B.13
2023年北京市西城区政府履职
数字化转型实践研究

邓　攀*

摘　要： 北京市西城区为推动政府履职数字化转型，通过创新敏捷型技术与管理机制的融合，构建了以技术赋能推动管理创新，以业务牵引组织动态重塑的体制机制。本报告详细论述了其在管理机制探索、创新和落地过程中，选择的主要路径和手段，以及智慧城市建设过程中取得的突出成绩。本报告以西城区管理改革实践为出发点，阐述了当前政府数字化转型过程中面临的认知、思维、价值和技术等主要困境，结合西城区工作实践，提出以"人智"驱动"数智"的解决方法。

关键词： 数字化转型　政府履职　智慧城市　技术驱动　数字困境

党的二十大报告中明确提出要"加快建设数字中国，促进数字经济与实体经济深度融合""转变政府职能，优化政府职责体系和组织结构"。数字时代背景下，数字技术日益嵌入政府日常履职工作中，政府履职数字化已是大势所趋。2022年6月，国务院印发《关于加强数字政府建设的指导意见》，明确提出要健全完善与数字化发展相适应的政府职责体系。数字化转型是政府职责体系优化的重要驱动力量，以数字技术、智慧平台等助推政府治理现代化成为时代要求。北京市西城区基于多年信息

---

* 邓攀，博士，北京航空航天大学软件学院副教授、博士生导师，主要研究方向为大数据科学、精准人工智能、政务大数据等。

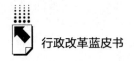

化建设基础，不断探索技术与管理双轮驱动模式，推动政府履职模式的数字化转型。

一　政府履职数字化转型管理机制的探索与落地

（一）制度机制驱动创新

1.推广跨领域专班靶向发力机制，激发业务创新动能

为推进智慧城市建设，实现对规划指引、技术驱动、项目需求和数据要素的全面统筹，北京市西城区成立了大数据领导小组，下设领导小组办公室、统筹会商小组、专项工作推进专班和专家委员会。领导小组办公室与专项工作推进专班紧密对接，统筹推进数字政府建设，跟踪检查专项工作进展。统筹会商小组在智慧城市建设中发挥决策协调作用，统筹协商和审议涉及各部门的重要事项和项目。专项工作推进专班是集中资源、靶向发力解决智慧城市建设过程中重点、难点、痛点问题的有效组织体系。专家委员会为智慧城市建设工作"把脉开方"，提供前瞻性规划和技术指导把关，围绕痛点难点问题提供战略性建议与指导，以前瞻性、战略性、专业性决策咨询助力智慧城市建设工作的高质量发展。

西城区智慧城市建设实行专班负责制，将原先各职能部门"单兵作战、各自为政"工作模式，升级为"专班牵头、协同运作、兵团作战、高效推进"的集成模式，切实抓住了智慧城市建设工作的"牛鼻子"，保障协调有力的一体化推进格局。例如先期建立的"城市大脑"专班，由区城市管理委、区科技和信息化局（现区数据局）、区生态环境局、市规划自然资源委西城分局和各街道组成，专班从业务应用场景需求出发，聚焦系统性、兼容性、实用性等建设要求，协同开展城市运行领域治理多平台建设应用，取得了显著成效。根据"城市大脑"专班经验，组建"图像专班"，由区科技和信息化局（现区数据局）、西城公安分局、各领域各行业视频图像承担单位联合负责推进，专班围绕"建、联、管、用"重点环节，统筹开展全区视

频图像的规划设计、建设管理、数据共享、考核评价等工作，构建强韧根基、高效协同、规范发展的全区视频图像感知体系，促进视频图像数据的采集汇聚、共享与智慧化应用，为疫情防控、领航西城、城市大脑提供了视频图像资源保障。

2. 构建市区街居数据循环反哺机制，释放数据要素价值

市区大数据中心持续探索数据精准下沉、赋能应用、校验更新、循环反哺的闭环路径。利用市区目录链将多主体多批次多维度数据下沉，赋能区、街、居三级疫情防控、区域管理、应急风险管控、健康卡管理、民政救助人员管理、服刑人员管理等工作，为西城区探索"数据驱动应用"模式提供有力支撑。在城市大脑等数据应用中，区目录链累计注册 53 个单位，30 个系统的 275 个服务接口，生成数据存证 1680 万余条，并逐步开展基于场景的数据确权探索，在确保数据唯一性基础上，由数据联合生产应用部门共同确定的数据加工主体对原始数据进行打标签更新和订正，赋予数据多重应用侧内涵，并将标签化数据反哺至市级大数据中心，协助提升市级数据质量，实现市、区、街、居不同生产与加工主体之间的数据要素跨层级流动，保证了数据准确性，增强了数据可用性，从而提升了数据价值水平，实现了数据价值再创造，同时利用数据流打通决策流、业务流、执行流，使数据精准到楼、到企、到车、到人，实现高效协同、整体智治。

3. 创新敏捷型技术管理融合机制，实现技术韧性赋能

通过技术拉动管理流程再造，数字技术的应用促进数据在各部门之间流转互通，打通数据壁垒，推动与之对应的管理流程再造，利用数字技术优势进行韧性赋能，实现技术与治理机制的融合。同时，以数字技术为依托，以管理办法为手段，在垃圾分类、市容环境治理、大气污染防治等"城市大脑"典型场景中，面向不同业务需求和场景重塑组织部门结构，优化机构职能，以模块化、功能化的动态调整敏捷适配业务需求，弹性满足场景应用创新，提高市域社会治理效能。

4. 强化规划统筹引领作用，健全智慧西城管理体系

一是指引智慧城市总体建设。印发《西城区"十四五"时期智慧城市

建设规划》，围绕强基础、保安全、提服务、促发展的建设理念和"海绵城市"、韧性城市建设需求，力争在"一个核心、两个基础、五个体系"建设上取得突破性成效，为推动西城区智慧城市发展指明了方向；印发《北京市西城区建设全球数字经济标杆城市示范区实施方案》，围绕北京市建设全球数字经济标杆城市的总体战略构想，以数据为关键要素，协同推进数字产业化和产业数字化，赋能传统产业转型升级，培育新产业新业态新模式。

二是完善项目建设管理规范。印发《西城区智慧城市建设项目指引（2023—2024年）》，构建"以建设规划为统领、以实施方案为路径、以项目指引为参考、以年中评估+年底总结+年初计划为抓手"的智慧城市建设全周期、全流程管理机制。修订《北京市西城区信息化项目管理办法》，提出以"统筹规划、共建共享、绩效跟踪、闭环管理"为原则，将政府购买服务、公共数据授权运营等项目首次纳入管理范围，重点强调规划引领和统筹集约建设，进一步明确项目单位应承担的主体责任。

三是加强基础设施建设管理。印发《西城区新型智慧城市感知体系建设三年行动方案》，提出了构建西城区新型智慧城市感知体系的"五大任务九大重点工程"，围绕城市影像、城市脉搏构建新型智慧城市感知体系，打造"一套码、两本账、一标准"规范，推动感知前端集约化和感知能力全域化，搭建"物联、数联、智联"的数字原生体，提升感知管理和服务数智化水平，从而将西城区打造成高效敏捷的全感知示范先行区，助力全区数字化转型发展。编制《西城区政务外网管理办法》《西城区政务云管理办法（修订版）》，完善计算、存储、网络等云基础服务目录，持续深入推动政务系统入云，促进更多的信息系统向云平台迁移。

5.加强项目统筹集约建设，实现共建共享有序管理

加强项目集约管理，推进全区信息化项目高质量、高成效建设实施。对信息化项目进行统筹规划、共建共享、绩效跟踪、闭环管理，杜绝重复建设、违规建设、低效建设，强化顶层设计引导、执行过程监督和绩效考核评价。按照原区科技和信息化局初审、统筹会商审查、区政府决策及批复的统筹工作机制，核减项目与资金，加大项目统筹管理力度。

（二）智慧城市建设成果

1.构建集约共性平台支撑，打通数字基础设施动脉

一是坚持"云网为先"，加速建设高速泛在的信息基础设施。协调北京铁塔、三大通信运营商推动5G网络织密增强，截至2023年年底，全区建设的5G基站平均站址密度31个/平方公里，列全市首位。积极推进千兆宽带入网，推动全区核心汇聚节点实现互联、互通、互备；加速部署基于IPv6的下一代互联网，推动网络智能化水平不断提升；增强政务外网服务能力，促进800M无线政务网用户向1.4G宽带集群网迁移，实现政务专网与行业专网的全面融合。完善计算、存储、网络、安全防护等云基础服务目录，分期规划建设区级专题云、行业云、混合云和融合云，促进全区政务系统规范入云，推动云数据中心从"云+端"集中式架构向"云+边+端"分布式架构提质升级。

二是坚持"感知为本"，积极构建精治善治的数字原生体。感知基础设施日益完善，感知终端已初具规模，据统计，全区自建摄像头2万余部，初步实现了城市运行、生态环境等领域的城市脉搏实时检测和感知，以及重点区域、重点道路、重点部位周边等公共区域及重点行业领域重要部位"全方位、多视角、立体化"的城市影像监测，为指挥调度、城市大脑建设提供支撑。

三是坚持"数据为擎"，不断增强大数据中心平台的聚合能力。全面提升数据存储融通、区块链核验等基础支撑能力，推动多源数据高效汇聚、深度融合，实现建好用好全区"一平台"。以区基础地理数据为基础，以各领域业务数据空间化为出发点，基于地理实体开展数据融合治理，在建设中完善"一张图"时空实体引擎和可生长的时空语义分析能力，实现空间数据和业务数据的融合关联，提升空间数据采集生产、汇聚管理、流通使用的全过程治理与服务能力，为区街两级提供业务数据空间化服务，累计构建8大类152个实体数据API、27个实体功能服务API、3大类13个地图SDK和12大主题场景42个SDK，共计调用百万次，成果已用于全区30余个部门，

实现建好用好全区"一张图"。推动"职责目录-系统目录-库表目录-数据目录"权责统一、全面匹配,实现数据的"汇聚-互通-共用-评估"全生命周期共享服务与存证留痕,完成市、区、街、居四级数据共享和协同办理,实现建好用好"一条链"。

四是坚持"安全为重",筑牢可信可控的数字安全屏障。结合重大任务和重要活动,重点对全区各接入政务外网单位的机房设施、管井安全状况、网络服务器、路由器、交换机设备运行情况,局域网及用户终端安全防护、访问控制管理等情况开展督促检查,消除事故隐患。围绕"政务网络'零事故'"和"网络安全'看得见'"的目标,以防范网络袭击和黑客破坏为重点,强化监测预警、态势感知和漏洞扫描,面向全区部署"网络安全分析与管理系统"和"网信动态监管系统",常态化开展机房安全设备值守运维及网络系统安全检测监测审计,实施政府网站群安全云防护和云监测,按计划开展应急响应安全演练。强化重要时期、重大任务保障及日常巡检巡查,确保问题隐患动态清零,加强正版办公软件、查杀毒软件等统筹保障,确保全区政务网络及承载系统平台安全可靠运行。增强数据安全保障能力,建立数据分类分级保护基础制度,健全网络数据监测预警和应急处置工作体系。

2.推动区域应用体系建设,提高区域治理能力现代化水平

一是推进"指尖西城"服务体系建设,提升移动端决策支持能力。"领航西城"移动应用赋能领导指挥决策。在"城市大脑"现有能力基础上融合"时空云平台"的三维地图能力、"物联网"平台的视频监控能力,以及"目录链"数据管理能力,快速搭建基于移动端的"领航西城",集合了数据决策、图像监控、视频会议、领导日程四大功能,归集了城市运行、大气防治、城市活动、接诉即办、城市公共安全事件处置、信息专刊等6大领域26小类辅助决策信息。"领航西城"移动应用围绕城市治理工作的"人、地、事、物、情、组织",按照"一网统管"的理念实现"一屏总领全局",按需调用"雪亮工程"的监控视频,对现场情况进行查看,便于及时发现问题,为领导及相关业务人员决策分析提供数据和视频图像支撑,全力推动

政府数字化转型提质增效。"领航西城"移动应用不仅满足各级领导及时、准确、全面、便捷获取数据的需求，为城市治理决策提供支持，还可将统计数据实时反哺至街道、社区等一线工作人员，推动社区减负，真正实现全面感知、科学决策、综合协调、指挥控制的"指尖政府"。

"西城家园"社会治理服务平台推进基层治理创新。平台构建区-街-居三级功能体系，面向西城居民、西城企业、在西城工作的人群、临时到访西城的人群等四类用户人群提供多终端服务，至今累计建设49个对外提供服务的专题栏目，形成多项服务能力。建设资讯和活动功能，整合办事功能，实现"三个中心"贯通。搭建"区-街道-社区-小区-楼门"五级"线上西城"网格体系，建设通知公告、党员之家、民呼有应、议事协商、邻里之间、西城的邻居等社区应用，让百姓充分参与到基层治理工作中，构建社区自治共治新格局。整合法律咨询、卫生健康、文化旅游、便民停车、智慧体育等服务，汇聚区级优质服务资源，面向公众提供统一服务出口。"西城家园"当前注册用户超90万人，平台年访问量超1400万人次，微信公众号关注量超56万人，在全区信息宣传、基层治理和居民服务等方面发挥了重要作用。

"蓝信"应用移动端加强政务流程优化再造。蓝信平台作为政府办公集中枢纽，推进各业务应用融合互通，加强政务流程优化再造，打造多角色参与、全流程覆盖、现场实时监控接入、多端全时在线联动等功能，实现与行政办公相关事项的多渠道、一站式查询办理，提高"指尖"办文、办会、办事水平，扎实推进基层减负，为全区各部门提供全新的智能化、一体化、协同化、智能化和自主化智慧政务服务，提高全区各单位跨层级、跨部门、跨系统、跨业务的协同联动能力，加速推进政务办公的数字化进程。

二是推进智慧城市应用场景开放，各领域建设亮点纷呈。"一网通办"领域，完成政务服务领域区块链试点工作，开展政务服务区块链9个应用场景建设，协调申请国家层面和市级层面8个部门、14类、72项数据，横向打通跨部门15类数据链上应用；在区级政务服务大厅窗口实现331个事项的政务服务电子证照平台核验。开展一体化政务服务平台2.0行动，建设了

"统一预约、统一收件、统一受理、统一审批、统一出件、统一办结"全流程服务的综窗服务 2.0 系统，统一区级政务服务数据资源管理与应用，推进电子证照和电子签章应用，实现区、街、居三级事项受理以及"好差评"全覆盖。开展统一业务支撑服务和应用推广，为需要登录市政务服务事项电子档案管理系统的各单位，建立操作人员账号并对各部门提交的事项归档配置进行审核，同步进行综窗系统改造，积极开展与市电子档案系统对接工作。推进政府网站集约化平台升级迭代，建设网站新媒体的融合平台和网上履职的治理平台，联合区融媒体中心对区政府网站与微信公众号信息融合栏目功能进行调整。提升政务服务标准化水平，统筹相关部门和街道对政务服务事项管理相关内容进行修改完善，配合市级探索设计引导式的办事指南，推出"办好一件事"200 项主题服务事项清单，对 200 个主题服务事项进行梳理并制作办事指南及流程。深入实施"12345 市民服务热线智慧化提升工程"，开展西城区接诉即办项目建设，搭建了"每月一题""央产小区""七有五性"等 9 个专题的"9+N"可视化专题场景，提供区级街道、企业、委办局、社区、科所站队承办案件实时三率指标统计，开发了街道用户"未诉先办"功能，加强了全流程一体化智能支撑，提升了数据分析辅助决策能力，进一步提高决策和措施的前瞻性。

交通领域，区城市管理委建设"西城区城市大脑城市运行领域场景建设项目"，改变传统交通治理模式，按照"问题诊断、决策支持、仿真推演、效果评估"，对接市交通委和高德地图交通数据 10 大类 60 小类，构建数智交通数据底盘，形成线上线下协同的"评诊治估"治理闭环，为解决超大城市交通拥堵问题探索西城模式。相较措施实施之前，人民医院周边道路拥堵状况明显缓解，西二环辅路北向南方向平均时速由 17.01km/h 提升至 26.01km/h，增幅 52.9%，高峰排队进院时间由 1.5 小时减少至 10 分钟，医院院内停车场排队长度也由过去高峰时段的 300 多米缩减到不足 70 米，群众获得感大幅提高。同时，在停车治理方面，全区备案停车场 276 个，车位共计 54923 个，已经全部实现实时停车数据的采集，并将数据上报到市交通委停车资源平台，通过全市一体化出行服务平台（MaaS）进行发布，为公众停车提供实时车位空余信息服务，提高人民群众交通出行便利度。

城市管理领域，区城市管理委建设"垃圾分类数智化综合管理项目"，根据"垃圾减量、厨余分出、居民源头分类"的业务需求，将涉及垃圾分类的8类数据进行融合，全面分析垃圾"从哪儿来、到哪儿去、谁收运、收运是否及时"，将考核指标分解到街道、社区乃至责任主体，压实各级责任。同时，通过数据分析，对收运异常、数据异常等情况自动报警，对业务系统中存在的数据"断点""错点"予以纠正，有效支撑垃圾分类管理工作。"市容环境大数据分析与处置管理系统"将人工巡查282个、首环办209个以及接诉即办涉及市容环境的310个事项进行对应，并把三类数据的事件时间、地址进行对齐，归纳高频事件类型。构建分析预测模型，通过数据发现重点、难点问题，在日常巡查、专项检查和重大活动服务保障过程中，主动推送需要关注的点位、事项，提升管理效能。同时，基于预测分析功能，促进系统优化迭代，从单点到融合、变被动为主动，实现市容环境秩序管理全程留痕。目前该场景已完成全部功能开发、进行试运行。

生态环保领域，区生态环境局建设"城市大脑大气子站联动处置项目"和"扬尘巡查监管项目"，通过对生态环境数据进行深入挖掘、多维分析，将生态环境大数据分析结果叠加至二维地理平台上，制作污染防治环境专题图，展示西城区大气污染防治环境质量状况，实现业务信息和环境信息的可视化，提供俯瞰环境管理全景视图。面向不同层级的管理和处置需求，形成"局级揽全局，科室智调度，子站责任人快处置"的分级决策支持体系，再通过移动端推送、智能外呼、短信通知实现多端触达，提升大气污染事件处置效率。

规管应急领域，区应急局建设"安全生产'双预防'大数据可视化分析平台优化改造与业务系统整合升级项目"，以数据动态采集和结果智能推送为目标，实现"双预防"大数据可视化分析平台移动化，提升数据采集效率，扩大数据采集覆盖面，形成以消除隐患为核心的企业、安全员和执法人员之间的闭环管理，并对业务系统进行整合升级改造。建设"西城区城市安全风险动态可视化防控系统"，依托信息化手段提高安全风险防控能

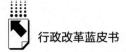

力，形成风险防控动态闭环管理。市规划自然资源委西城分局建设"智慧西城时空信息云平台"，通过优化更新机制和建立地名地址语料库，提升地名地址数据库的全面性、准确性、现势性，建成全区统一、权威的标准地名地址库，提供智能化地名地址查询与匹配服务，支持各单位对各类业务数据进行更加高效、便捷的空间化管理。西城区自然资源领域"基层治理信息化平台"实现了执法全流程记录监管和多部门协同执法，夯实数据基础，支撑精准违法建设查处和名城保护公众参与工作，实现自然资源领域基层治理一张图。

人文环境领域，区文旅局建设文化和旅游大数据平台，整合 14 个西城区涉文涉旅行业，实现区域旅游行业数据的统一管理和互联互通。完成对什刹海及周边区域、大栅栏商业街区、恭王府、景山公园和北海公园的客流监测预警和旅游人口分析。为切实保证文物安全、保障博物馆正常运营，开展"历代帝王庙安防升级改造工程"，对安防系统进行整体建设，通过电话网络、光纤网络或无线网络与文物保护相关的单位完成报警和视频音频联网，从而有效地防止文物被盗、被破坏案件的发生，同时，做到对已发生的事件搜索快捷、有据可查。

执法公安领域，西城公安分局"高清智能卡口扩建项目"实现西城区管辖范围内二环主路各个进出口卡口摄像机 100% 覆盖，政治中心区周围重点防控点卡口摄像机 100% 覆盖，保证建设卡口采集数据的有效传输、长期存储和支撑应用能力。建设"执法办案管理系统升级项目"，对分局办案中心、案管中心和涉案财物管理中心实施一体式信息化管理，加强对案件流程、卷宗质量、涉案财物库管等相关数据的收集与应用，实现市局执法办案管理平台数据对接，形成执法全流程信息化闭环管理。"西城公安移动警务应用"以市局移动警务应用平台为支撑，结合物联感知、视频应用等新技术手段，支撑社会治安治理、移动执法检查、基础信息采集等公安业务，实现分局专业化、智能化、精准化移动应用，创新警务模式和警务运行机制，为打造智慧警务提供支撑。

医疗健康领域，区卫健委建设"互联网诊疗服务平台"，为辖区内 15

家社区卫生服务中心提供在线问询、在线诊疗、在线护理预约、远程医疗、互联网诊疗监管等5个互联网诊疗服务。在"智慧医院"建设方面，"北京市肛肠医院智慧服务项目"以"智慧医院"4级为标准推动医院建设迈向"智慧化"，实现"一站式"医疗结算服务，提升患者就诊的满意度，提高服务水平。"北京市西城区妇幼保健院智慧服务项目"实现患者诊间支付、医保脱卡实时结算，优化就诊流程，实现"一站式"服务，减少孕产妇无效往返医院的次数，使孕产妇能真正享受到智慧服务带来的便捷。

终身教育领域，北京八中、北京师范大学附属中学、北京市第一五六中学等学校在双新背景下建设"智慧课堂创新信息化项目"，将信息化手段和教育教学过程中的教、学、评环节进行深度融合，以校级教育资源平台为基础，开展教师以数据为支撑的新教材新课程教研升级，努力达到差异化教学、信息化教学，助力学生开展个性化学习，同时提高学业评价的全面性和科学性，以评价促教学，优化学校教育资源配置，促进学校教育质量提升。

民生服务领域，区民政局建设完成区级"智慧养老大数据平台"，依托"一键呼"整合区、街道、社区三级养老服务监督平台，对接全市养老服务管理平台，实现养老服务供给侧和需求侧的有效对接，提升养老服务机构的智慧化管理水平；依托"西城家园"平台搭建西城智慧关爱平台，通过系统走访共1万多人次，填报调查问卷共2万余人次，系统使用频次较高，实现对困难家庭的精准画像，平台还按照困难家庭救助情况划分困难程度类别，为基层经办人员提供了参考依据，进一步提升社会救助精细化、规范化管理水平；开展大数据在社会救助领域的应用，基于优化的多维贫困模型对社会救助对象进行困难程度综合评估，探索建立分级预警制度，对全区低收入家庭进行精准识别和有效监测。区体育局建设"智慧体育服务管理平台建设项目"，综合运用物联网、人工智能、大数据等技术，对区级公共体育场馆进行智能化运营管理，形成涵盖电脑端、手机端、大屏端等多终端的一体化管理体系，共完成区内5家大型体育场馆的数字升级改造，并基于"西城家园"设置了智慧体育服务统一入口，不断提高居民运动健身的便捷性。

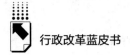

市场监管领域，以信用监管为切入点，探索传统自上而下任务主导型的被动监管向风险主导型的主动监管的转型，区市场监管局搭建区级"企业监管信息共享平台"，将市级部门下沉数据以接口形式引入平台，扩充了平台数据库，夯实智慧监管的数据基础；将平台预警规则加入时间效应，提高预警主体的针对性和精准度；依托平台有序实施了联合惩戒等新型监管措施，惩戒了重点监管企业1142户；在平台设置外网页面将经营风险较高的企业向社会公示，共公示高风险预警企业、未按要求履行疫情防控主体责任及失信被执行的企业3712户，"互联网+监管"效能进一步提升，监管精准化水平明显提高。

三是"智慧+"产业建设初具规模。推动传统商圈业态智慧化转型升级，支持传统商业数字化、智能化创新思维，拓展"实体+互联网"、场景化体验经营模式。汉光百货、菜百、张一元、内联升等企业已形成成熟的"线下+线上+直播"的新消费模式。强化"西城消费"平台数字赋能作用，升级"西城消费"2.0版，探索沉浸式"云逛街"探店+带货直播，发挥政府撬动作用，促进传统商业拓展微信小程序、网上商城、直播带货等线上业务，推进商业数字化转型。

拓展"5G+河图"数字场景应用，依托"5G+河图"数字场景应用，探索数字经济下新型商业赋能及服务模式，试点西单-金融街商圈、前门-大栅栏商圈，充分拓展虚拟商业空间，实现AR虚拟导航、商品展示、智能停车、场景搭建、数字消费等功能，让市民"云"购物、逛展览、走中轴，打造传统商圈数字消费打卡地。2022年春节开展"河图献宝金虎纳福"专场活动，在西单、大栅栏、北京坊等十余个点位，首次打通核销通道，完成新春河图AR场景基础搭建，上线知名动漫IP等近万个虚拟数字内容，营造节日氛围，吸引消费者在购物的同时领券、互动、打卡，有效实现线上引流。

优化便民服务体验，坚持便利居民原则，持续开展便民商业网点核查与更新工作，结合居民诉求，动态梳理亟待补建的便民服务业态。区商务局发布并定期更新《社区商业生活服务业建设导则》，通过西城区生活性服务业公共服务平台，进行生活性服务业覆盖率、连锁化率等数据统计和分析，从便民服务业的网点布局、社区功能覆盖、便利性等多个维度进行动态更新和监测，为各街道提供个性多元的"一街一则"支持，指导各街道"缺什么补什么"，实现优势互补、错位发展，因地制宜形成不同的主题街区文化和地方特色文化，实现商业与居民生活和谐发展。强化企业科技创新主体地位，发挥科技型骨干企业引领支撑作用，在场景应用上创新优化，让百姓生活更便捷。"万象中轴"数字文化体验，让传统文化具有更浓厚的科技感和文化味；二龙路医院智慧药房应用，实现取药"零等候"；北京宣房楼宇的智慧热网、智慧供热暖进百姓心坎里；牛街地铁口自动摊煎饼机器人，节约消费者等待时间。

3. 强化经济运行数据洞察，实现数实融合转型发展

强化经济领域数字决策支持能力。区统计局搭建"宏观经济社会发展数据监测平台"，整合了西城区经济社会数据，数据颗粒度延伸至街道、社区、小区、单体建筑物和个体，解决了数据精度不够、数据多口径多、数据关联度不够等数据使用过程中存在的痛点问题，实现了跨领域的大数据开发使用。建立商用楼宇发展情况监测评价体系，开展了西城区经济社会发展指数的研发与测算，完善了商用楼宇专题数据库和动态监测平台，为不断提升区域经济效能、优化楼宇经济产业结构提供了大量基础数据资源和工作决策依据。

二　数字化转型建设进入深水区，新问题涌现

（一）认知困境：数字素养缺乏系统培育

2023 年，中共中央、国务院印发了《数字中国建设整体布局规划》（以下简称《规划》），《规划》全面提升了数字中国建设整体性系统性协同性，标志着数字中国的发展进入快车道。干部队伍的数字素养与数字化意识，直接关系到数字中国、智慧城市建设的质量和效率。西城区智慧城市各领域建

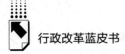

设的不完善不平衡现象,与各领域部门间在智慧城市理念、内涵、目标、路径、方法等方面未达成科学一致认知有一定关联,各单位业务与信息化主要负责同志在数字意识、计算思维、数字化学习与创新、数字社会责任方面的学习不够、认知不清正成为阻碍智慧城市发展的重要困境之一。

(二)思维困境:数字治理转型能力不足

智慧城市建设中普遍存在数据治理思路和方向不明确,各部门找不到解决业务问题的技术路线和有效手段。经历了数据、信息、业务不可用、不能用的几次尝试之后,全盘否定技术作用,也未适应数字治理的转型而做出治理方式和结构的调整。或是只依赖算法来设计解决方案,缺乏对业务和技术深度耦合的解读和分析,缺乏各领域智慧城市顶层设计,造成对问题的不当建构,也不能找到科学的决策方案,建设单位缺乏对所建系统功能的充分认知,承建公司又缺乏对区情业务的全面认知,双向思维困境造成了建设与需求间的脱离和偏差。

(三)价值困境:领域应用创新有待突破

应用场景促进创新已成为政企各界的普遍共识,北京、天津、厦门等城市连续举办场景发布与供需对接专场活动,均希望发挥场景的示范引领作用。2023年6月,北京市发布《北京市关于推进场景创新开放加快智慧城市产业发展的若干措施》,力图通过场景创新开放,助力智慧城市创新企业成长,带动智慧城市相关产业发展,可见场景创新对智慧城市发展的重要意义。各地均面临创新乏力,大型科技企业出于成本、市场考虑转入保守发展周期,主要聚焦有重大项目前景的业务整合与场景整合,导致新场景创新不丰富不高质不落地。西城区智慧城市建设虽在城市运行领域打造多个标杆场景,但在服务民生方面距离百姓日益增长的对美好生活的需要还有一定差距。

(四)技术困境:技术迅猛发展难以驾驭

技术的突破与创新正从原来需耗费几年、几十年,转变为如今每个领域每天都有新进展新发现，大模型、信创、ChatGPT等技术和产品不断迭代更新，为社会经济发展带来了新契机，同时，也加剧了个体隐私安全问题、机器判断的伦理问题以及技术强权下的政府独立性等风险。技术倒逼政府改革的过程中，超越时代的技术难以在短时期内与业务需求紧密结合，在技术不成熟阶段的大规模应用，既无法带来治理效能和服务水平的提升，又往往会造成资金和人力的浪费，技术整体应用的试错成本较高。

三　以"人智"驱动"数智"，突破"数字困境"

第一，结合西城区"双提升"工程和"红墙先锋工程"的深入开展，一要提倡自学习，以自西城完善、自西城革新、自西城提高为目标，通过公共数字资源共享平台了解数字政策、数字潮流、数字技术，初步吸纳数字知识。二要鼓励走出去，以调研走访、交流合作、论坛学习等多种形式，打通信息交互渠道，消弭信息壁垒，建立数字认知。三要构建培育体系，利用全区科研院所、大数据专家委、科技企业资源，制定培育方针，出台配套行动计划，系统地提升数字能力。

第二，将综合运用物联网、人工智能、数字孪生等现代信息技术，驱动治理方式变革的思想根植进思维层面，使干部队伍尝试向自己要答案、向技术要答案，使城市治理各领域、各环节和各事务迈向精准化、智能化和高效化。同时，也要树立智慧数据治理理念，强调技术组合与人相结合而产生的技术应用综合效应，更多地将技术应用置于"人—技术—技术"和"技术—技术—人"能级层面，进而提升治理有效性。

第三，结合"大思考、大调研、大讨论、大实践"新机制，加强对城市运行、民生服务等领域应用创新发展的引导和支持，激发各部门的主动性和创造性，由领域牵头部门针对急难痛业务困境群策群力，制定本领域智慧城市建设顶层设计，同时加强应用场景赋能街道社区级区域治理，开展解决超大城市发展沉疴顽疾的应用场景试点，以解决区域性痛点难点问题"小切口"，撬动政府治理方式大转变，提升城市治理效能。

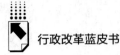

第四，要秉持审慎态度，以敏捷治理观念面对新技术的冲击，积极寻求对不确定性问题的有效治理方法。在制度层面，组建包括技术应用、效果评估、法律风险防范职能在内的多元协同治理机构，制定技术应用评估体系，从而避免技术应用的安全、伦理风险。在管理层面，将被动回应与主动治理相结合，加大对技术应用的风险监控，从解决技术应用具体问题向解决技术本身根源性问题转变。在技术层面，以敏捷软件开发试点方式进行技术试错，快速识别风险与挑战，从而避免大规模应用带来的严重损失。

法治政府建设篇 ⟩⟩

B.14

行政执法公权力行使中的问题与建议

范 必*

摘 要： 当前行政执法中还存在一些突出问题，主要表现为行政检查高频低效、行政处罚任性失序、信用监管泛化异化、行政执法权下放过急过快等现象，一定程度上侵害了经营主体合法权益，对营商环境造成负面影响。要从立法质量、程序正义、授权立法、监督制约机制和法外公权等角度分析问题成因。纠正行政执法中的权力任性，必须加强立法修法，对行政执法开展合法性审查，清理一般授权立法，依法审慎下放行政执法权，严格规制法外公权。

关键词： 行政执法 行政检查 行政处罚 信用监管

行政执法是行政机关履行政府职能、管理经济社会事务的重要方式。近年来，我国经营主体特别是小微企业、个体户的活力有所减弱，在多种影响

---

* 范必，清华大学管理学博士，长期从事宏观经济、体制改革和行政监督研究。

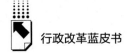

因素中，行政机关任性执法是一个重要的影响因素。主要表现在，行政检查频繁、行政处罚随意、信用监管泛化异化，以及很多行政执法权过度快速下放到乡镇（街道），导致大量经营主体合法权益受损、经营负担增加，对营商环境造成很大负面影响。出现这些问题，很大程度上可以归咎于立法不完善、程序正义遭忽视、立法执法监督制约不足、法外公权力的扩张。基于对辽宁、安徽、山东、湖北、湖南、重庆、陕西等地的实地调查，本报告分析了行政执法中权力任性的成因，并有针对性地提出了对策建议。

一　行政检查高频低效

行政检查是经营主体在存续期间与政府接触最多、体验最深的行政执法行为。行政机关一般通过行政检查收集执法信息、发现违法事实。行政检查后会有一部分检查对象受到行政处罚，而处罚结果又会自动进入信用记录，导致经营主体在投资、信贷、招投标和经营活动中遭受广泛限制。当前，检查事项多、频次高、随意性强的问题十分突出，经营主体迎检压力加大、合规成本上升，妨碍正常的生产经营。

第一，行政检查名目繁多。行政机关对经营主体的检查有多种表现形式，除直接称为某某检查外，还有调查、排查、走访、工作指导、日常监督、巡查、巡检、督导、抽查等。这些要求经营主体承担配合义务的行政行为，虽名称各异但都可能给经营主体带来不利后果，属于实质上的行政检查。行政机关可以依检查结果进行处分，经营主体只能被动接受。

第二，检查频次过高。不同层级、不同部门或者同一部门的不同内设机构对同一经营主体反复检查，主要集中在安全生产、消防、环保、市场监管、城管等领域。随着各地大量行政执法权下放乡镇（街道），检查频次高的问题越发凸显。多地营商环境问卷调查显示，执法检查过多是企业最反感、最迫切需要解决的问题。

第三，检查人员无权越权检查泛滥。未经法律授权或超越法定权限进行检查的情形十分普遍。检查人员成分十分复杂，大量不具备行政执法资格的人员进入检查队伍。多省实地抽查表明，乡镇（街道）执法队平均20人左右，有正式编制且持有执法证的也就三四个人，其他队员主要由劳务公司派遣或科室干部兼任。执法队统一着装、真假难辨。很多地方将社区网格员也纳入行政检查队伍，如山东青岛一些街道要求网格员每周对"九小场所"①进行检查。此外，还存在临时工检查、外包检查现象，无执法资格的人员持工作证、通知书、检查证频繁入企入户检查，经营主体不堪其扰。

第四，任性检查、运动式检查蔓延。近年来，为了遏制过多的行政检查，很多地方出台措施，如要求各部门制定检查计划、实行"双随机、一公开"等。这些措施成效有限，大量计划外检查、临时性检查仍然存在。很多检查被事故牵着鼻子走。在安全生产、食品、消防等事故多发领域，一旦某地出现事故，全国性或地区性的运动式检查便接踵而至。如2022年湖南长沙市"4·29"自建房倒塌事故发生后，县、市、省前后分别组织了挨户排查，时隔不久省里又组织"回头看"，再次进行排查。每次排查都要求村（社区）干部上门拍照并上传资料，波及面广、工作量大、工作内容相近。

第五，很多检查重形式轻实效。行政检查耗费了大量行政资源，但实际效果往往难以验证。有的高频检查只浮于表面，对改进工作无实质性帮助。通过查阅一些基层安全生产和消防的检查台账发现，安全检查查出的隐患大多是资料记录不规范、培训记录不全、安全教育不到位、安全标志不清等表面现象，技术含量很低，起不到控制风险和伤害因素的作用。

第六，以查设租索贿受贿。一些行政机关在行政检查中，先出具带印章的红头文件威胁企业要进行行政处罚，企业在花钱找关系后不再进入行政处罚程序。比如，山东某地应急、生态环境、税务等部门和部分乡镇工作人员在行政检查中，以罚款相要挟，向企业索要礼品礼金，少则一两千元，多则一两万元，有的要求企业为其吃喝买单，有的指定第三方检测机构收费却不提供实质性服务。

---

① 九小场所指小学校或幼儿园、小医院、小商店、小餐饮场所、小旅馆、小歌舞娱乐场所、小网吧、小美容洗浴场所、小生产加工企业。

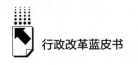

二 行政处罚任性失序

行政处罚是指行政机关依法对违反行政管理秩序的公民、法人或者其他组织，以减损权益或者增加义务的方式予以惩戒的行政行为①。我国行政处罚事项之多、规定之宽泛、执行之随意，已极大地影响了地方的营商环境，引发大量社会矛盾。行政处罚也滋生了大量寻租腐败现象，增加了企业的交易费用，影响了党和政府在人民群众中的公信力。

第一，处罚事项数量庞大。我国各种法律法规的违法责任中，大多设有行政处罚。尤其在经济活动中，行政处罚遍及政府管理的诸多环节。究竟全国有多少处罚事项，目前尚难以统计。随机抽取湖南省政府网的公开信息，该省级政府保留的 2831 项行政管理事项中，行政处罚事项多达 1709 项（占60%），涉及 35 个部门，而同期行政许可事项只有 322 项（占 11%）。可以进行行政处罚的领域主要有城市管理、市场监管、生态环境、文化市场、交通运输、应急管理、农业等。

市场监管部门是掌握行政处罚事项较多的部门。由该系统负责实施的行政处罚有 1200 余项。执法职能涉及法律 121 部、行政法规 207 部、部门规章 326 部，而行政许可事项只有 70 多项②。处罚范围包括：企业注册、年报、经营范围、行业准入、商标、知识产权、计量、认证、检验检测、合同管理、质量安全、价格、销售、注销等，涵盖了经营主体"从生到死"的各个环节。据对市场监管总局处罚文书网的抽样调查，发现处罚对象主要是小微企业和个体户。各种处罚依据复杂，既有国家颁布的法律法规，也有地方人大和行政机关出台的法规、规章和规范性文件。基层市场监管执法单位掌握着如此庞大的处罚权，可以说"只要想处罚，总有一款适合你"。

---

① 《中华人民共和国行政处罚法》第二条。
② 范必：《变革的逻辑——制度决定发展的经济学原理》，人民出版社，2022，第 275 页。

第二，逐利式执法。近年来，在各地财政收入普遍低增长甚至负增长情况下，很多地方罚没收入逆势增长。越是税源少、收支压力大的地方，往往越热衷于以罚代管、以罚促收，通过罚没收入弥补财力不足。2013~2022年，全国罚没收入总量从 1658.77 亿元增长至 4283.98 亿元，增长了 1.6倍，全国人均罚没收入从 121.3 元增长至 303.5 元。而同期全国一般公共预算收入从 12.9 万亿元增长至 20.4 万亿元，只增长了 0.6 倍。中央三令五申不得将罚没收入提留返还、用于本部门经费福利。近年来这类情况由明转暗，实际执行中仍大量存在部门预算与罚没收入挂钩情况。

第三，运动式执法。一些行政机关将处罚数量与考核挂钩。如 2022 年实地调查发现，国家市场监管部门按案件数量与人口比例、移送公安机关的案件数量、罚没 50 万元以上大要案数量等进行打分排名。这在客观上激励了地方市场监管机构多办案、多罚款。有的省份在落实 2022 "铁拳"行动方案中，组织了很多领域的专项行动，背离公平公正监管的原则，提出要立足严的主基调，让执法长出牙齿，严惩重处、打出威慑。在基层市场监管部门，"铁拳"行动由执法办案机构承担牵头责任，日常监管机构处于配合地位，办案数量和金额成为重要考核标准。这种为打击而打击的执法，已经超出日常监管范围，在短时间内成为一场运动式执法。

第四，小过重罚。过罚相当是行政处罚的一项基本原则。行政处罚法对违法行为轻微、没有造成危害后果、初次违法、没有主观过错、及时改正等情形，作出从轻处罚、减轻处罚、不予处罚的规定[①]。实际执行中，很多处罚案件案值低、罚额高，与违法行为的性质、情节和社会危害程度不相当。

如，陕西铜川新区红火火煎饼店 2022 年 3 月购进 1 瓶芥末油，单价 5元/瓶，用于制作铁板烧汁茄子。市场监管部门检查时发现，该芥末油未标明生产日期，该店采购时未查验供货者的许可证和合格证明文件，认定违法所得 1.6 元。处罚决定没收违法所得，对当事人罚款 5000 元[②]。又如，榆林

---

① 《中华人民共和国行政处罚法》第三十三条。
② 行政处罚决定文号：铜川市监处罚〔2022〕53 号。

市榆阳区好太太调味品销售部进货 7 斤芹菜,市场监管部门提取 2 斤检验,结论为不合格。售出 5 斤芹菜共计违法所得 20 元。处罚决定没收违法所得,对当事人罚款 6.6 万元。当事人表示,罚款金额接近其一年纯收入[1](见案例)。查阅榆林市市场监管局行政处罚台账发现,2021~2022 年,该局对小微市场主体罚款超过 5 万元的食品安全案件有 21 起,案值一般在几十元或几百元,罚款为违法所得的 100 倍至 200 倍,个别案件超过 500 倍,明显属于过罚不当。

案例:陕西榆林"芹菜案"

2021 年 10 月,榆林市榆阳区好太太调味品销售部进货 7 斤芹菜,市场监管部门提取 2 斤检验。因有一项农药残留指标超标,检验结论为不合格。当事人无法提供不合格芹菜供货方许可证明及票据,未履行进货查验义务。榆林市市场监管局根据《食品安全法》第一百二十四条"违法生产经营的食品、食品添加剂货值金额不足一万元的,并处五万元以上十万元以下罚款"的规定,认定商家销售不合格产品,决定没收违法所得 20 元,并处罚款 6.6 万元。[2]

在 2022 年 8 月开展的国务院第九次大督查中,中央电视台曝光了这一行政处罚案。之后连续两三天此案信息占据各大网站、热搜的首页或头条,仅新浪微博阅读量就超过 3.1 亿次,引发了公众对执法公正性和合理性的广泛讨论。大部分报道和评论对被罚小店报以同情,认为经过三年新冠疫情,小店生存艰难,对他们小过施以重罚,不符合国家保护小微市场主体、保就业的政策。但是,也有媒体提出不同意见,认为市场监管部门依法行政并无不当。按照食品安全法,这类案件起罚点就是 5 万元。习近平总书记对食品药品安全提出了"四个最严"的要求,对售卖农残超标食品就应当进行"最严厉的处罚"。很多市场监管部门的同志也持有此类看法,对媒体和社

---

[1] 行政处罚决定文号:(榆阳)市监处罚〔2022〕2 号。
[2] 行政处罚决定文号:(榆阳)市监处罚〔2022〕2 号。

会上的批评有抵触情绪。

针对各方的不同意见，督查组与陕西省、榆林市的市场监管部门一起学习了习近平总书记"四个最严"的要求、行政处罚法、食品安全法和国家有关政策。经过分析案情和深入讨论，基层市场监管部门认识到，在行政执法中，不能将落实总书记"四个最严"要求与保小微市场主体的政策对立起来。"芹菜案"在法律适用、责任主体认定、履行溯源责任等方面存在不足，对当事人的处罚存在过罚不当的问题。

1. 适用法律不全面

本案处罚金额从表面上看无懈可击，但不符合行政处罚法规定的一般原则。该法明确要求，实施行政处罚必须与违法行为的事实、性质、情节以及社会危害程度相当①。本案调查终结报告和行政处罚决定书均未涉及违法行为性质、情节和危害后果的调查分析，作出处罚金额决定只考虑了货值金额。除榆林"芹菜案"外，陕西还有多起类似案例，涉及销售不合格蔬菜、过期食品等，发现部分"类案不同罚"问题，即对违法事实、情节、性质、社会危害程度相似的案件，有的予以重罚、有的免于处罚，处罚尺度不一，有失执法公平。

2. 责任主体认定有误

发现芹菜农残超标后，市场监管部门只对销售者进行了处罚。食品安全法第一百二十四条设定的法律责任适用于食品生产和经营两种情形、生产者和经营者两类主体。在生产者和经营者中，应当对谁进行处罚、处罚如何分担，首先要看谁负主要责任。在本案中，涉事芹菜的生产者应当对农残超标承担主要责任②；销售者承担进货查验义务③，没有农药残留的检验义务和检验能力，也不存在主观故意，负次要责任。本案处罚决定只处罚销售者，属主要责任者认定错误。从陕西大量食品安全处罚案例来看，市场监管部门一般是从终端经营者处抽取检验样本。发现不合格产品后，本应由生产者承

---

① 《中华人民共和国行政处罚法》第五条第二款。
② 《中华人民共和国食品安全法》第四十九条。
③ 《中华人民共和国食品安全法》第六十五条。

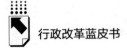

担违法责任，但基本上只对经营者进行了处罚。也就是说，只处罚了次要责任者，放过了主要责任者。

3. 处罚决定过罚不当

过罚相当是行政处罚的一项基本原则。行政处罚法对违法行为轻微、没有造成危害后果、初次违法、没有主观过错、及时改正等情形，作出从轻处罚、减轻处罚、不予处罚的规定①。国务院办公厅 2022 年发文就规范行政裁量权提出要求，强调要坚持过罚相当、宽严相济，避免畸轻畸重、显失公平。要求各地、各部门明确情节轻微、情节较轻、情节较重、情节严重的具体情形②。在本案中，芹菜的残留农药不是当事人添加或不合规处理造成的，当事人对农药残留并无主观故意或重大过失。与农产品生产者、批发商相比，本案当事人从中获取的利益极小。仅因未履行进货查验等义务，5 斤问题芹菜就罚 6 万多元，明显存在过罚不当的问题。

4. 未履行全程追溯职责

根据食品安全法规定，我国建立食品安全全程追溯制度，并且市场监管部门会同农业行政部门建立了"食品安全全程追溯协作机制"③。在本案中，榆林市场监管部门发现芹菜农残超标后，对涉案芹菜的来源并未开展有效调查。对该批芹菜生产者是谁、总量有多少、源头和流向如何、是否造成危害后果等关键问题均未查清，对相关责任人也未追究到位。一定程度上纵容了食品安全违法行为的蔓延，不符合"最严格的监管"要求。

陕西省和国务院有关部门对"芹菜案"高度重视。时任陕西省副省长叶牛平召开推进全省市场监管执法检查工作电视电话会，通报案情并要求相关部门尽快制定整改方案④。之后，陕西省陆续出台《陕西省市场监督管理局行政处罚裁量权适用规则》《陕西省市场监督管理局行政处罚裁量

---

① 《中华人民共和国行政处罚法》第三十三条。
② 《国务院办公厅关于进一步规范行政裁量权基准制定和管理工作的意见》（国办发〔2022〕27 号）。
③ 《中华人民共和国食品安全法》第四十二条。
④ 《国务院大督查在行动｜陕西榆林等地行政处罚"过罚不当"全省通报部署整改》，新华社2022 年 8 月 29 日电。

基准》《陕西省市场监管轻微违法行为不予行政处罚清单（2022 版）》《陕西省市场监管轻微违法行为减轻行政处罚清单（2022 版）》等文件。对此类过罚不当问题部署了整改措施，推动行政执法更加合理、公正。国家市场监督管理总局也于同年 10 月印发修订后的《关于规范市场监督管理行政处罚裁量权的指导意见》。对原意见中与新行政处罚法规定不一致、不衔接、不配套的内容作出修订。增加了规范行政处罚裁量权基准的相关规定，从制度层面推动行政处罚裁量适当，确保处罚裁量基准于法有据。

第五，类案不同罚。对违法事实、情节、性质、危害程度相似的案件，有的行政机关予以重罚，有的免于处罚，甚至同一城市的处罚尺度也不一致。如，陕西榆林市物美新百超市出售 4 板超出保质期 4 天的酸奶，被榆林市高新区市场监管分局处以罚款 2 万元①。而相似案情，该市榆阳区市场监管局一般仅对过期食品作没收处理，不予行政处罚。武汉市硚口区李公文生鲜店购入泥鳅 12.3 公斤，货值 129 元，销售金额 318 元。经检验有一项兽药残留超标，市场监管部门没收违法所得 318 元②。类似的案件，武汉市新洲区松爱蔬菜经营部购入豇豆 5 公斤，货值 10 元，销售金额 20 元，经检验有一项农药残留超标，市场监管部门没收违法所得 20 元并罚款 5000 元③。这两个案例中，当事人都是销售者，不具备检测能力和检测义务，不是检测项目超标的责任主体。二者违法事实、情节、性质、危害程度相似，但同一城市的处罚额度差别甚大，有失执法公平。

第六，自由裁量权大。很多关于行政处罚的法律法规、行政规定制定的时间较早，且未及时修改，存在处罚内容宽泛、表述抽象、缺乏客观标准的问题。有的处罚金额从 1 万元以下、几万元到几百万元，从违法所得的 1 倍到 10 倍不等，裁量空间过大。处罚情节从"较轻"免于处罚，到"严重"

---

① 行政处罚决定文号：榆林高新市监处罚〔2022〕7-2 号。
② 行政处罚决定文号：硚市监处罚〔2022〕152 号。
③ 行政处罚决定文号：新市监处罚〔2022〕64 号。

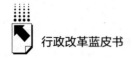

顶格处罚，罚与不罚、罚多罚少全凭执法人员掌握。很多关于处罚的规定在列举的应予处罚事项外，还有"其他行为""其他手段""其他方式""其他形式"等兜底条款，更增加了处罚的随意性。

三 信用监管泛化异化

良好的社会信用体系有利于优化营商环境。近年来，各级政府越来越多地采用信用手段履行政府职能、进行社会治理。在肯定积极成效的同时，其负面影响也不容忽视。很多行政机关对经营主体和公民个人的信用信息进行记录和评价，对认定的失信人公开信用记录、开展联合惩戒。广大经营主体和公民在履行宪法和法律赋予的权利义务之外，增加了新的"守信"义务。一旦被行政机关认定为"失信"，就要承担降低社会评价、限制人身权利和财产权利等不利后果，侵害了经营主体和公民的合法权益，增加了营商和进行正常社会生活的交易成本。广泛开展的信用监管背离了这一制度设计的初衷。

第一，失信群体数量庞大。我国开展社会信用体系建设以来，纳入信用监管的失信事项数量快速增长，覆盖面极其广泛。为保护信用主体合法权益，国务院要求对失信惩戒措施实行清单管理[1]。国家发改委、人民银行会同有关部门发布的 2021 年失信惩戒基础清单，包括 14 个大项、160 个细项[2]。2024 年版增加至 221 个细项[3]，扩大了 38%，呈快速增长态势。由于允许各地制定补充清单，实际执行的数量要大于国家颁布的基础清单中的数量。目前，我国形成了庞大的失信群体。仅失信被执行人（包括个人、企

---

① 《国务院办公厅关于进一步完善失信约束制度　构建诚信建设长效机制的指导意见》（国办发〔2020〕49 号）。

② 国家发改委、中国人民银行印发《全国失信惩戒措施基础清单（2021 年版）》（发改财金规〔2021〕1827 号）。

③ 国家发改委、中国人民银行印发《全国失信惩戒措施基础清单（2024 年版）》（发改财金规〔2024〕203 号）。

业、个体工商户等）一项，2013 年 7 月只有 2.6 万个，目前增长至 832.9 万个[1]。"信用中国"网站除公布失信被执行人外，还公布政府采购、统计、安全生产、税收、市场监管领域严重失信企业等多类失信主体名单。估计全国失信人总数达千万级。

第二，商誉和人格损害无法弥补。对失信人的惩戒措施包括，限制参与经济活动，限制消费和人身自由，减损失信人信誉，等等。广大经营主体普遍反映失信容易修复难，有关部门和地方采取了很多改进措施。如，山东省实行"两书同达"，将行政处罚通知书和信用修复告知书同时送达经营主体，主动告知信用修复程序[2]。但是，这些努力并未减少信用修复的程序。信用修复仍然要经过多道审批，且耗时冗长。在互联网时代，信用信息一旦加载到网页上，就可以被反复浏览、聚合、共享，难以彻底消除。从"信用中国"移除的失信信息，在企查查、天眼查等第三方信息平台上仍可查到。互联网是有记忆的，网上信用公示对当事人的商誉和人格会造成不可逆的永久伤害。

第三，妨碍企业公平竞争。信用记录被公示后，"失信"主体要比正常情况下付出更多的时间、精力和资金寻找交易对手、进行商务谈判，在生产经营中处于不利地位。近年来，很多地方政府建立企业融资服务平台，其本意是解决银企信息不对称问题。平台中归集和共享了大量各部门掌握的企业信用信息，经过评价、排序向金融机构推送，反映了行政机关对好企业和差企业的认知和诉求。比如，山东青岛市的本地企业融资服务平台设立了企业"红黑名单"。"红名单"主要是符合本地各部门评价标准的企业，如国资委认可的青岛市国有企业，民营经济局认可的"小巨人"企业，科技局认可的科技型中小企业，等等。"黑名单"主要是当地各部门推送的有行政处罚记录和不符合部门评价考核标准的企业。通过这种方式，对国有企业与民营企业、

---

① 据中国执行信息公开网（http://zxgk.court.gov.cn），此数据为存量数据，不包含从失信名单中退出、同一被执行人因多个案件被多次纳入失信名单的情形。

② 《关于实施行政处罚决定和行政处罚信息信用修复告知"两书同达"的通知》（鲁发改财金〔2023〕643 号）。

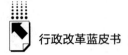
上市公司与非上市公司、企业纳税情况等进行了标识，形成了清晰的地域区别度、所有制区别度、规模区别度和政府认可度。政府部门根据行政目标认可的企业与市场对企业的评价往往存在很大差异，行政机关无论以明示还是默示的方式向金融机构推荐或否定融资项目，都会影响企业公平获得融资。

第四，形成市场隐性壁垒。一些行政机关利用广大人民群众对建立诚信社会的期待、对公权力的信任，打着信用建设的旗号，对市场和企业进行干预，以达到地方保护的目的。如，湖北省以规范建筑市场秩序、营造诚信守法市场环境的名义，针对投标企业构建了集信用平台、信用证书、信用打分在内的"三位一体"信用管理体系。各地市制定的信用打分标准中大多数加分项为在本地（市）纳税、评优、表彰、获奖及参加本地公益活动等强调本地属性的事项，对企业在外地相同事项不予认可。2023年黄冈市的打分标准中，建筑施工单位良好行为信用评价有69项指标，其中与地域相关的指标达47项①。同时，还将信用评价结果应用在开展行政许可、市场准入、招标投标等工作中，进一步排斥或者限制外地建筑企业参加经营活动。

针对这类在全国有一定普遍性的问题，国家发改委在落实全国统一大市场政策过程中②，于2023年10月发文要求，各地不得以信用评价、信用评分等方式变相设立招标投标交易壁垒③。经过近半年的整改，在2024年3月实地调查中发现，此类问题仍大量存在。如山东青岛市在建筑市场信用考核管理办法中，将迎接上级检查视为社会责任并给予信用加分④。山东淄博在建筑施工企业信用评价办法中，将规模、业绩作为评价加分项⑤。河南将

---

① 《黄冈市住建局关于开展2023年度全市建筑市场主体第一期信用评价工作的通知》2023年7月19日。该文件由黄冈市住建局于2023年9月28日废止。
② 《中共中央、国务院关于加快建设全国统一大市场的意见》（2022年3月25日）。
③ 《国家发展改革委办公厅关于规范招标投标领域信用评价应用的通知》（发改办财金〔2023〕860号）。
④ 青岛市住房和城乡建设局印发《青岛市建筑市场信用考核管理办法》的通知（青建规字〔2020〕5号）。
⑤ 淄博市住房和城乡建设局印发《淄博市建筑施工企业信用评价管理办法》（淄建发〔2021〕155号）。

获得本省建筑工程奖、科技进步奖设置为加分项①。广东韶关市将当地缴纳税金、设置分支机构作为信用评价加分项②。山东济南、菏泽倡导慎用信用评价等级为 B、C 级的建筑业企业③，直接用信用评价方式设置了交易壁垒。

第五，惩戒力度超出必要与合理的界限。最早失信联合惩戒主要针对法院判决后欠账不还的"老赖"。随着信用体系建设的深化，惩戒的范围和主体几乎涵盖了所有行政处罚对象，以及违反各部门相关规定后由部门推送的个人和企业，处罚的手段以减损人身权、财产权和人格权，以及增加某些义务为主。我国行政法遵循禁止不当联结原则，即行政目的和手段之间必须要有实质合理的内在联结。按照这一原则，行政机关对市场主体的违法失信行为进行惩戒时，惩戒手段与惩戒目的要有必然的关联。但是在信用联合惩戒中，不当联结导致的过度惩罚现象十分普遍④。

比如，按照市场监管部门的规定，企业若未按时报送年报，就会被列入经营异常名录。在联合惩戒机制下，其正常的生产经营活动将受到严重影响。陕西某公司反映，企业因地址登记与实际地址不一致被列入经营异常名录。虽然此类情形在经营活动中十分常见，但信用惩戒对此的宽容度很低，该企业 3 年后被列入严重违法失信企业名单。这导致企业在参与政府采购、工程招投标、贷款担保、银行开户、评优评先等方面都受到限制或禁入。

我国行政处罚遵循过罚相当的原则，受到行政处罚的企业可以被认为付出了与其过失相当的代价。普遍将受过行政处罚的企业纳入失信记录，等于对他们进行了二次处罚。二次处罚与其过失并无必然联系，属不当联结。比如，我国市场监管领域有多部法规规章对营业执照摆放位置不对设

---

① 河南省住房和城乡建设厅印发《河南省建筑市场主体信用评价办法（暂行）》（豫建行规〔2021〕2 号）。

② 广东韶关市住建管理局《关于加强我市建筑行业企业及注册执业人员诚信管理的通知》（韶市建字〔2020〕226 号）。

③ 济南市住房和城乡建设局印发《济南市建筑市场主体信用评价管理办法》（济建发〔2020〕2 号）；菏泽市住房和城乡建设局《菏泽市建筑业企业信用评价管理办法》（菏建办〔2022〕47 号）。

④ 沈岿：《社会信用惩戒的禁止不当联结》，《暨南学报》（哲学社会科学版）2021 年第 11 期。

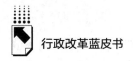

置了行政处罚，将这类处罚纳入失信联合惩戒就属于不当联结，因为摆放营业执照与是否有能力参加招投标、各种金融活动及获取荣誉之间，显然并无关联。

四　行政执法权过度下放

行政执法权下放是关系到我国政府权力配置、行政方式的一项重大变革，其调整范围之广、涉及法规之多前所未有，对维护行政秩序形成严峻挑战。下放行政执法权很大程度上是为了解决部门多头重复执法、基层"看得见、管不着"的难题，其初衷是好的。但在实际执行中，很多地方不实事求是，将众多执法事项一次性下放，陡然增加基层行政执法权力，同时夹杂很多不宜下放的执法事项，一定程度上加剧了基层的执法困境。

第一，行政执法权下放过急过快。各地在事权下放的同时，基本没有同步增加人员编制、经费预算、办公场所。比如，安徽省 2022 年 12 月发布的执法权下放目录涉及 19 个部门，赋权 471 项，其中基层必选的基本盘有 273 项，自选盘有 198 项①。根据该目录，合肥市肥西县各乡镇的综合执法队拥有 271 项执法权②。海南省 2021 年 1 月发布的乡镇（街道）行政处罚事项有 103 项③，海口市乡镇（街道）可独立行使的行政处罚 93 项，同时委托乡镇（街道）行使的行政处罚事项多达 365 项。上海市政府先后于2021 年、2022 年印发了两批赋权清单，共下放街道、乡镇 434 项行政执法事项④。目前，乡镇（街道）的执法队伍一般只有十几人、二十几人，普遍存在文化水平低、专业知识不足、年龄老化问题。有的基层干部调侃，执法

---

① 《安徽省人民政府关于赋予乡镇街道部分县级审批执法权限的决定》（皖政〔2022〕112 号）。

② 《肥西县人民政府关于赋予乡镇部分县级审批执法权限的通知》（肥政秘〔2023〕45 号）。

③ 《中共海南省委机构编制委员会办公室　海南省司法厅关于印发〈海南省乡镇和街道行政处罚事项清单〉的通知》（琼编办〔2021〕5 号）。

④ 《上海市人民政府关于印发〈上海市街道办事处乡镇人民政府首批行政执法事项目录清单〉的通知》（沪府规〔2021〕10 号）、《上海市人民政府关于印发〈上海市街道办事处、乡镇人民政府第二批行政执法事项目录清单〉的通知》（沪府规〔2022〕7 号）。

队里"5 个人 4 个没牙"。

第二，很多不宜下放的事项被下放。有的地方将一些专业技术性强、执法过程危险、没有适用场景、未获法律授权的事项也下放区县和乡镇（街道），部分权力事项由于执法效果不理想又被收回。对于跨部门、跨领域、跨区域复杂案件的办理，执法人员从"专科医生"变身"全科医生"，面临不少困难。比如，安徽省下放了噪声污染的监管和处罚事项，此类事项包括工业生产、建筑施工、交通运输和社会生活噪声 4 种情形，涉及多个监管部门、多部法律法规，基层执法人员业务能力、检测手段难以满足执法需要。

第三，有的下放事项未获得法律授权。2021 年修订的行政处罚法规定，"省、自治区、直辖市根据当地实际情况，可以决定将基层管理迫切需要的县级人民政府部门的行政处罚权交由能够有效承接的乡镇人民政府、街道办事处行使"①。这一修订为行政处罚权下放乡镇（街道）提供了法律依据。但一些地方下放的行政许可、行政强制事项，因行政许可法、行政强制法尚未作出相应修订，下放乡镇（街道）缺乏法律依据，据以执法易引起行政复议和行政诉讼。如安徽省下放的乡村建设规划的行政许可事项；查封、扣押涉嫌用于户外公共场所无照经营有关物品的行政强制事项。

第四，基层执法力量不足。改革过程中，基层执法队伍面临整合、重建，现阶段力量配置不足的问题较为突出。比如，重庆市大渡口区建胜镇是全市首批实施综合行政执法改革的 41 个乡镇（街道）之一，法定和赋权的行政执法事项共 66 项，还有上级行政执法部门委托的其他执法事项。镇综合执法大队号称有 18 人，但真正属于综合执法队的编制只有 3 人，区城管局下沉至镇里的有 4 人，其他则是由其他有关科室、站所的工作人员兼职。目前的配置实际上是一支混编队伍，能够真正从事日常执法工作的就 2～3 人。

第五，专业执法能力不强。乡镇（街道）行政执法内容涉及村镇规划、农田保护、安全生产、消防安全、食品安全、劳动争议等各领域内容，执法

---

① 《中华人民共和国行政处罚法》第二十四条。

依据来自不同的法律法规，立案、取证、确认、处罚等各个程序环节都有专业化的要求。湖南省娄底市杉山镇负责同志表示，虽然鼓励乡镇（街道）干部积极参加执法资格证考试，能考尽考，但拿证不等于就具备执法的能力，像土地规划这些技术专业性强，拿到图纸都不一定能看懂，不少干部对参与执法存在着明显的畏难情绪。重庆市大渡口区建胜镇整理的综合行政执法汇编材料中，执法文书模板就有近100种，该镇执法队负责人表示，要学习掌握的法律知识实在太多了，对一些适用性条款在实践中如何裁量难以把握，处罚后还面临被诉的风险。

第六，权责下放不规范。推进乡镇（街道）扩权赋能应当实事求是、循序渐进。基层反映，在赋权过程中存在着"舍不得放"和"一放了之"两种倾向，赋权由上级机关、行政执法部门主导，乡镇（街道）缺乏话语权，基层需要的、想接的不一定能放下来，不该放的、接不住的反而往下放了。重庆市的实施意见中，赋权行政执法事项共99项，分为通用赋权事项和可选赋权事项。通用赋权清单里的下放事项，有一些是在具体执法中有难度、得罪人的活儿，上面不愿意干，就往下放给了乡镇。上级执法部门在赋权后原本应当共管、对基层指导，但权力下放后基本就甩手不管了，有些专业性的巡查工作，镇里的执法队也就走马观花地看一看。

五　公权任性成因分析

行政执法中公权任性的表现不同，其原因则有一定的共性。在任何一个法治国家，公权力的行使必须遵循合法性原则和程序正义原则，在制度安排上应当形成对权力运用有效的监督制约机制。但我国普遍使用的行政检查、行政处罚、信用监管等执法手段，出现了立法随意、程序缺位、监督缺失、救济不足等制度性缺陷，导致行政执法自由裁量空间过大，极易造成对行政相对人合法权益的侵害。加上行政执法权过急过快下放、执法队伍建设滞后，使得一些行政执法人员以罚设租、执法过苛，一定程度上加剧了党群干群矛盾、恶化了营商环境。行政执法中公权任性的原因可以从以下几个方面分析。

（一）立法质量不高

法律法规是行政机关执法的依据。按照立法法的要求，立法必须科学合理地规定公民、法人和其他组织的权利与义务，及国家机关的权力与责任；法律规范应当明确、具体，具有针对性和可执行性[①]。随着立法技术不断提高，我国法律规范的表述更加明确、逻辑更加严密，增强了法律的可操作性和实施效果。但也要看到，立法泛化、立法缺位，过度授权、模糊授权的问题十分突出。行政执法中出现对行政相对人合法权益的侵害，很多与立法质量不高有关。

第一，行政处罚设定权过宽。涉及公民、法人或其他社会组织的减损权利或增加义务，各国在立法上一般都十分慎重。与其他法治国家相比，我国行政处罚立法相对容易，导致经营主体面临较多的行政制裁风险。我国可以设定行政处罚的立法主体较多。除各级人大外，很多行政机关也加入立法主体行列。修订后的行政处罚法于 2021 年颁布实施后，进一步扩大了行政法规、地方性法规的行政处罚设定权限。新法规定，上位法对违法行为未作出行政处罚规定，行政法规、地方性法规为实施上位法，可以补充设定行政处罚。这为很多行政机关将本来不属于行政处罚的行为增设为应当受到行政处罚的行为提供了便利。

行政处罚设定权过大带来的后果是，扩大了行政机关的处罚权能。地方性法规可以对同一违法行为补充设定行政处罚，地方政府规章也可以在尚未制定法律、法规的情形下，设定一定种类的行政处罚。立法主体的泛化相应带来立法质量的下降。比如，设立行政处罚时，为保证处罚力度，往往不会主动将处罚设定的标准、实际处罚的程度与行政违法所造成的危害挂钩，成为实践中过罚不当的制度源头。又如，行政机关在制定行政处罚具体实施办法时，设定的违法认定标准往往较严。这就容易造成行政相对人普遍违法，使行政执法部门有较大自由裁量空间，进而导向选择性执法。

---

① 《中华人民共和国立法法》第七条。

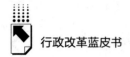

第二，无法可依致行政检查失序。我国一直没有对行政检查进行单独立法。行政机关将行政管理权、执法权等同于行政检查权，有的仅依据"三定"方案赋予的职权就开展检查，甚至在一项职权下衍生出多项检查。除此之外，行政机关还依据各种领导指示、红头文件设立行政检查事项。多头设置导致行政检查名目繁多、频次升高。行政机关普遍认为，行政检查权依附于行政机关的管理权、执法权，这些单位自然可以开展行政检查。但要看到，行政检查与行政处罚、行政强制、行政许可一样，会对行政相对人权益造成实质影响，是有职权性和强制性的单方行政行为。我国对行政处罚、行政强制、行政许可已单独立法，建立起有效的法律规制和监督制约机制。相比之下，行政检查于法无据，极易造成权力滥用、腐败滋生，这是导致行政检查失序最主要的原因。

第三，信用含义模糊助长任性执法。目前大部分省市出台了信用建设方面的地方性法规，其中大量使用信用主体、失信、失信行为、信用惩戒、联合惩戒等表述。这些概念也偶见于全国人大立法和国务院行政法规。看上去信用监管已经有法可依，实际情况并非如此。信用监管是我国信用建设中的一个组成部分。关于信用建设全国人大没有制定专门法。2023 年公开的社会信用体系建设法征求意见稿①，在没有对信用作出定义的情况下，直接对信用信息、信用承诺、信用监管等一系列含有信用的法律术语进行了解释。一定程度上反映了立法部门在这个问题上认识尚不清晰。各种法规中这些含糊的概念，为一些机构行使信用惩戒权留下了自由解释和裁量的空间。

第四，立法对行政相对人权益保护不足。行政检查、行政处罚、信用监管的对象主要是小微企业和个体户。由于行政执法事项多、规定宽泛、执行任性，影响了很多地方的营商环境，引发大量社会矛盾。无论是行政处罚法还是各部门法和其他规范性文件，涉及行政处罚的条款普遍倾向于强化行政机关的权力，疏于保护行政相对人的权益。在信用监管中，受到行政处罚的信用主体大多会自动归集在"信用中国"网站公示，失信惩戒基础清单中

---

① 《中华人民共和国社会信用体系建设法（征求意见稿）》，见国家发展改革委网站。

大部分是行政处罚事项。信用记录与行政处罚绑定，相当于信用主体在受到行政处罚后又增加了一道信用罚①。信用记录在网上公示后，对经营主体商誉和人格的损害具有永久性、不可逆性，客观上形成一事多罚，惩戒力度超出必要与合理的界限，突破了行政处罚的过罚相当原则。各地在信用立法中，对涉及信用罚的当事人权益保护作了一些规定，但总体上力度不大、可操作性不强。

（二）立法执法忽视程序正义

程序不正义，结果难公正。我国立法和司法正逐步从偏重实体正义向兼顾实体正义与程序正义转变。在涉及各种行政行为的立法活动中越来越注重程序性规定，一般规定的行政执法程序包括"发起—实施—决定—执行"，以及告知、管辖、救济等。虽然我国推进程序正义已取得明显进步，但一些法律法规仍然存在程序性规定缺失，或者规定不够明确具体的问题，导致在实际操作中存在较大的自由裁量空间。某些行政执法中，执法人员对程序正义的重要性认识不足，程序公正尚未得到充分保障。

第一，行政检查程序缺位。行政检查缺少程序约束，导致发起检查比较随意。除依计划检查外，仅凭领导指示，甚至检查人员的意愿都可以发起检查。于是计划外检查、临时性检查大量出现。缺少管辖规则，导致同一事项不同层级、不同行政机关重复检查。缺少救济规则、监督机制，导致当事人受到敲诈勒索、合法权益遭侵害后往往求告无门。

第二，行政处罚程序不利于经营主体。各专门法和规范性文件中涉及行政处罚的内容，其程序性规定大多失之笼统粗疏。在执法中广泛存在程序性违法现象，如处罚告知不充分、不尊重相对人的陈述申辩权等。这些法规对

---

① 行政处罚法第九条中明确列举了5种处罚类型，分别是申诫罚（警告、通报批评）、财产罚（罚款、没收违法所得、没收非法财物）、资格罚（暂扣许可证件、降低资质等级、吊销许可证件）、行为罚（限制开展生产经营活动、责令停产停业、责令关闭、限制从业）、人身罚（行政拘留）。失信惩戒是一种新型处罚手段，可被称为信用罚，当属行政处罚法第九条第（六）项中所称的"法律、行政法规规定的其他行政处罚"，目前尚缺少统一的规制。

行政机关违反法定程序的法律责任规定也比较原则，很难有效防范违反程序的行政行为。在行政处罚的救济阶段，我国采取的是争议不影响执行的制度。但是，行政处罚与其他行政决定不同，它是对经营主体权益作出的直接制裁，其后果的严重性和不可逆性往往超过其他的行政处理决定。比如，现行的信用监管办法将行政处罚决定直接纳入当事人信用记录，在申请救济期间相关记录就会影响当事人的经营活动。

第三，信用惩戒的程序不利于当事人。如果将信用惩戒的程序进行细分，可以包括信息获取、惩戒决定、惩戒执行、惩戒监督等几个环节。这些行政行为往往由一个部门或由该部门委托某些机构完成，各环节之间缺少监督制约。这往往导致一些不恰当的信用惩戒畅行无阻，也使错误的惩戒决定一旦作出便很难更正。

第四，对行政执法权下放缺少程序性规定。中央有关文件和行政处罚法关于行政处罚权下放只作了概括性表述，没有规定具体程序。比如，下放执法权由谁提出、如何论证、按何种标准筛选、由谁批准、如何承接和衔接等，没有一个统一的规范。这导致各地的放权方式、放权内容各不相同。有的省份试点后遇到困难不再推动下放，有的省份放权后又收回一部分权限。行政执法权的纵向配置一般都有法律法规的明确依据，未经法定程序改变执法权归属有碍法律的严肃性。

（三）授权立法扩大行政执法权

随着近年来各级党委政府深入推进依法行政，目前地方政府完全无法规依据行政执法的现象已大为减少，但野蛮执法仍然存在，很多处罚的公正性、合理性受到质疑。行政执法中任性的公权多多少少有一些法律法规或规范性文件作依据。对这些所谓的依据溯源可以发现，它们往往是有关部门或地方政府根据上位法的授权制定的行政规定。

授权立法是指拥有立法权的主体将立法权授予行政机关，由其依据授权开展立法活动。比如，消防法中，大量条款要求行政相对人执行国家标准、行业标准、消防技术标准。这些标准由公安、质监、住建等有关部门制定。

海商法规定，海上运输管理具体办法由国务院交通主管部门制定。授权立法的初衷是弥补立法机关在专业性和实践经验上的不足，通过制定部门规章、地方性法规或规章对上位法进行补充。很多原本层级较低的规范性文件，如标准、规划、规章等，在实际使用中被认为具有与授权的法律文件同等的强制力。

一些部门利用授权立法，设置行政检查、行政处罚、信用监管、行政许可事项，谋取和扩张部门利益，减轻甚至规避部门责任。以行政处罚为例：（1）行政处罚法规定，国务院部门和地方政府可以对尚未制定法律、法规的违反行政管理秩序的行为，通过部门和地方规章设定警告、通报批评或者一定数量的罚款①。这实际上是授权部门和地方以下位法突破上位法设定行政处罚。（2）原行政处罚法规定，行政处罚由县级以上行政机关实施②。新修订的行政处罚法规定，行政处罚权在一定条件下可以下放至乡镇、街道③。这一规定笼统地授权省级地方政府可以变更法律法规规定的行政处罚级别管辖权。于是出现了省级政府通过一个文件向乡镇（街道）下放几百项行政执法权的现象。我国行政处罚的种类和事项繁多，不同行政处罚对人员素质、装备、程序、技术的要求各有不同，各地执法能力参差不齐。将大量行政执法权下放乡镇（街道），侵害行政相对人的处罚会变得更加容易、更为普遍。（3）涉及行政处罚的部门行政法中，对处罚的规定一般比较原则，往往通过授权立法，由部门和地方制定实施办法。而这些规定中设定的标准往往较严，容易造成小微主体普遍违法、执法人员选择性执法。

（四）对行政执法监督制约不足

对权力没有制约，就会产生腐败。行政法立法中，有的对立法权设定过宽、有的立法缺位、有的程序性规定不完善，加上执法中大量存在忽视程序正义的现象，导致对行政执法权的监督制约不足，给公权任性留下了空间。

---

① 《中华人民共和国行政处罚法》第十三条、第十四条。
② 原《中华人民共和国行政处罚法》（2017修订）第二十条。
③ 《中华人民共和国行政处罚法》第二十四条。

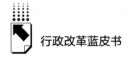

第一，对行政检查权的监督尚未提上日程。我国尚未将行政检查作为一种单独的行政行为进行立法，对行政检查的范围和种类未作清晰界定。党中央、国务院对遏制检查事项过多过滥、为基层减负作出了系列部署安排。但是，由于行政检查的法定含义一直没有明确，很多单位以排查、巡查、巡检、督导甚至走访的名义，开展事实上的行政检查，导致行政检查过多现象愈演愈烈。缺少明确的管辖规则，导致不同层级和部门之间在行政检查上的重复和冲突，增加了行政相对人的负担。救济规则缺失，使得当事人在合法权益受到侵害时难以寻求有效的法律保护。

第二，对行政处罚权缺少有效制衡。行政处罚全过程可以细分为调查、决定、执行等环节，这些行为大部分由一个部门完成，相互之间缺少监督制约，导致一些不恰当的行政处罚畅行无阻，同时也增加了救济的难度。比如，当事人对执法人员提出回避申请的，由行政机关审查、行政机关负责人作出是否回避的决定。决定作出之前，不停止调查①。又如，当事人对行政处罚不服的，有权申请行政复议或提起行政诉讼。但申请行政复议或者提起行政诉讼的，行政处罚不停止执行②。实践中行政复议申请比例低、纠错比例低。行政诉讼则程序复杂、旷日持久，往往令当事人望而生畏。因此，当事人一旦受到行政处罚，得到救济的难度很大。

第三，监督缺位致信用监管渐失信用。信用监管产生大量侵权后果，很大程度上是因为对失信事项的设定权、信用惩戒的执行权和信用监管程序缺少有效的监督制约。已有的信用规范性文件重行政机关扩权，轻行政相对人权益保护。一些行政机关为达到行政目的任性使用信用手段，出现大量错误认定、不当联结，导致经营主体财产权和人身自由受到侵害。很多企业因微小过失被纳入失信主体名单，其主要负责人便遭遇限制任职、限制消费、限制出行，企业不得参与投标、不得享受优惠政策等不利后果，受到的惩罚远超其行为的社会危害程度。

---

① 《中华人民共和国行政处罚法》第四十三条。
② 《中华人民共和国行政处罚法》第七十三条。

（五）法外公权造成侵权

行政机关法无授权不可为。行政机关以外的各类社会组织行使公权力，要获得法律法规的授权或行政机关的委托。但在行政执法中，存在大量法律授权以外的执法行为。

第一，采用非正常程序以查设租。一些行政机关在行政检查中，先出具带红头和印章的文件威胁企业要进行行政处罚，企业在花钱找关系后不再进入行政处罚程序。这意味着同时掌握行政检查权、行政处罚权的机关，在法律规定之外增加了一个"预处罚"程序。此类执法中的非正式程序大量存在，隐蔽性强，危害性大，行政相对人合法权益受到侵害后很难得到救济。

第二，信用监管越权干预影响公平竞争。从事信用监管的行政机关在自身法律法规授权不清晰的情况下，又将大量信用监管权交由事业单位和企业行使。比如，在信用修复中，失信人要在最短公示期①结束后尽快修复，需向作出行政处罚的单位提出修复申请，经批准后通过"信用中国"网站向国家公共信用信息中心提出申请，经中心审查后作出是否终止公示的决定。这一过程在事实上构成了对信用修复的多道行政许可。虽然有关部门对这一程序作出了规定②，但根据行政许可法，规范性文件不可设置行政许可，省级政府规章只能设定临时性行政许可③。在过去几年国家大幅度减少和取消行政审批事项的情况下，信用监管在现行法规体系之外构建了一套规制经营主体行为的公权体系。而且这套体系无监督制约机制、无救济渠道，经营主体受到侵权后不可申请行政复议、不可提起行政诉讼。我国已形成千万级的失信人群体，其他经营主体也处于信用惩戒的风险之下，这困扰了其正常的生产经营。

---

① 国家发改委《失信行为纠正后的信用信息修复管理办法（试行）》（2023年国家发改委令第58号）第十五条规定，行政处罚信息最短公示期为三个月，最长公示期为三年，其中涉及食品、药品、特种设备、安全生产、消防领域行政处罚信息最短公示期一年。
② 《失信行为纠正后的信用信息修复管理办法（试行）》（国家发改委第58号令），2023年1月。
③ 《中华人民共和国行政许可法》第十四条、十五条、十六条、十七条。

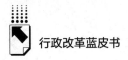
信用监管法外公权存在的后果是严重的。行政机关对经营主体进行信用评价、分级分类、定向推送，其本质是利用政府公权力和公信力干预市场经济活动。良好的营商环境中，政府应当秉持公平公正的原则，对所有经营主体一视同仁，而不是按照行政标准对企业的好坏作出价值判断，如将不同的企业纳入"红黑名单"、进行信用评分。现在公示的信用信息基本上是经营主体负面信息的归集，为求客观全面，有关方面也在尝试归集正面信息。但要看到，政府与市场间的信息是不对称的，行政机关不可能掌握所有经济活动的信息，其对经营主体的信用评价必然是片面的。行政机关使用公权力，以其不容置疑的权威性推送片面的评价信息。经营主体在经营活动中被动接受行政机关对交易对手的评价，这对双方的自主决策形成干扰，而行政机关对交易结果又不承担任何责任。长此以往，势必会减损政府公信力和改善营商环境的努力。

第三，无执法资格人员进行行政执法。目前，除个别部门外①，各地行政执法资格由省级政府进行管理，全国没有统一规定。各地执法人员录用门槛普遍较低、规则不健全。有的地方规定公务员或在编人员就可以具有执法资格，有的地方基层工作人员经过简单考试甚至无须考试就可以获得执法证件。大量不具备执法资格和执法能力的人员进入执法队伍从事行政检查，加上执法证件、人员着装辨识度不高，造成无权越权检查的泛滥。

六　立规整治行政执法乱象

遏制行政执法中以法扩权、以权谋私、越权执法、以罚设租等一系列乱象已迫在眉睫。当前，有必要针对常用的行政检查、行政处罚、信用监管手段和行政执法权下放中存在的问题，从提高立法质量、坚持程序正义、加强

---

① 个别部门以规范性文件的形式对执法人员提出了要求，如税务部门、安全生产部门、人民银行。

监督制约，以及遏制法外公权的角度出发，对行政执法进行全面规范，从约束公权力入手维护公民法人和各类经营主体合法权益。可以考虑从以下几个方面开展工作。

（一）加强立法修法

第一，尽快形成规制行政检查的专门法规。可以考虑制定国务院行政法规，对检查权设定、检查主体、检查种类、管辖适用、检查范围、检查程序、法律责任和救济渠道作出规定。明确行政检查应遵循法定原则、参与原则、比例原则、科学高效原则。规定行政检查的设定权是一种立法权。明确只有行政执法人员才有权进行行政检查。完善行政检查监督救济机制，明确行政检查的可诉性，最大限度保障相对人的合法权益。

第二，从严控制和规范新设行政处罚事项。地方各级政府、国务院各部门应从严控制新设行政处罚事项。对涉及行政处罚的行政法规、国务院部门规章、地方政府规章加强备案审查。司法部门重点做好实质性审查，切实保护经营主体的权益。

第三，进一步规范和落实行政处罚裁量权基准。对于目前正在执行中的行政处罚事项，在行政执法过程中要建立细化量化的执法尺度。各地方、各部门在行政处罚执法中应坚持过罚相当、宽严相济、包容审慎的原则。明确违法情节轻微、情节较轻、情节较重、情节严重的具体情形，量化罚款幅度，避免处罚畸轻畸重、显失公平。

第四，审慎开展信用立法。不再将尚未达成共识、实践中存在偏差的信用概念、信用手段纳入法律和行政法规。对已纳入法律法规的信用条款进行清理。

（二）对行政执法开展合法性审查

由司法行政部门牵头，组织经济和法律专家、经营主体代表、相关主管部门代表共同参加，对各部门、各地方涉及行政检查、行政处罚、信用监管的法规、规章、规范性文件进行审查，做到应审尽审、审查全覆盖。重点审

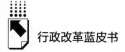

查行政执法事项的设定是否违反法定权限和程序，行政执法条款是否与上位法冲突、违背立法宗旨、擅自扩大权限，行政执法程序是否充分保障经营主体权益、有效监督制约执法主体权力，行政执法事项是否滞后于经济发展实际、妨碍公平竞争。对审查中发现存在问题的行政执法事项或条款，经原立法机关批准后修改或撤销。比如，对信用监管规定的清理，要根据立法法、行政许可法、行政处罚法的相关规定，严格规制信用监管权。对正在制定和执行中的关于信用监管的行政规范性文件开展合法性审核。取消各有关部门和地方没有法律法规依据行使的信用公示权和信用修复审批权。

（三）清理一般授权立法

组织专门力量，对各部门、各地方依据法律、行政法规中的一般授权条款进行立法的行为进行尽职调查。对调查中发现的与上位法相冲突、违背立法宗旨、擅自扩大权限的立法条款提出改变或撤销的建议，经国务院批准后执行。从源头上遏制部门和地方滥用立法权，以及借法扩权、借法逐利的"立法腐败"现象。

（四）依法审慎下放行政执法权

第一，依照重大行政决策程序决定赋权事项。各省级政府在作出行政执法权下放决定时，应严格执行国务院颁布的《重大行政决策程序暂行条例》（国务院令第 713 号）。每一项执法权下放，都要严格履行公众参与、专家论证、风险评估、合法性审查、集体讨论决定等法定程序。

第二，合理掌握行政执法权下放的节奏。行政执法权下放应试点先行、成熟一项、下放一项，防止一哄而下。目前尚无法律依据的行政许可、行政强制事项暂不下放。在下放执法事项时，要同时制定能满足执法需求的编制、预算方案。

第三，统一基层行政执法规范。为保证全国性法律执法的统一性，克服上级分散执法与基层综合执法的矛盾，司法部门有必要对需要下放的行政执法权制定统一的执法标准、行政程序等执法规范并下达给地方执行。

（五）严格规制法外公权

第一，清理现有行政检查事项。各部门、各级地方政府列出行政检查清单，并说明法规依据、检查主体、启动条件、检查程序、救济措施。将以其他各种名义开展的事实检查行为一并纳入清理范围和清单管理。应向社会公开各级行政检查事项清单，接受经营主体监督。各级政府和部门不得将考核结果与检查频次、检查数量、处罚数额挂钩。

第二，清理各类信用公示平台。暂停各部门以及地方各级政府相关部门的信用征信平台公示信用信息。禁止任何机构以政府名义或依托政府公信力对经营主体的信用进行公示、评价、排序、审批、推送，严禁非行政机关实施信用监管和惩戒，依法严格保护经营主体商誉。

第三，统一行政执法人员资格管理。由司法部规定全国统一的行政执法人员录用条件。统一行政执法证件，未获得执法证件的个人不得从事行政执法活动。

综上所述，行政执法是政府依法行政的关键环节。当前行政执法中出现的任性与失序，本质上是对法治原则的背离，不仅削弱了法律的权威性，也损害了公民对法治的信心。为了纠正这一偏差，需要加强立法修法，确保法律规范的明确性和可操作性；坚持程序正义，保障行政相对人的合法权益；加强监督制约，防止权力滥用；提升执法人员的专业素养和法治意识，提高其依法行政的能力和水平。通过这些努力，不断提升行政执法的规范性，切实保障法律的权威和公正，为全面推进依法治国、建设社会主义法治国家提供坚实支撑。

B.15
三亚市"制度建设执行创新"三年行动（2021~2023年）的举措、成效和展望

中国行政体制改革研究会课题组 *

摘　要： 　三亚市认真贯彻落实习近平总书记关于"把制度集成创新摆在突出位置"的指示批示精神，着眼于贯彻落实中央决策部署的战略需要、加快海南自由贸易港建设的现实需要和依法治市、建设现代化新三亚的实践需要，决定从2021年至2023年在全市范围剥笋式、滚动式开展"制度建设执行创新"三年行动。三年行动是三亚在市级层面推进治理体系和治理能力现代化的一项重要探索，是推动国家治理体系和治理能力现代化的有益实践探索；对推进海南自由贸易港建设迈上新台阶具有重要意义，为推动三亚实现高质量发展提供坚实有力的制度保障。

关键词： 　制度建设　制度执行　制度创新　依法治市　三亚市

三亚市是海南自由贸易港的前沿阵地和重要窗口，担负着自由贸易港建设在2025年全岛封关前先行先试的任务。随着海南自由贸易港建设封关运作进入攻坚的关键时期，三亚市面临的战略性、全局性、专业性问题日益增

---

* 课题指导人：魏礼群，中国行政体制研究会学术委员会主任，原会长，国务院研究室原党组书记、主任，原国家行政学院党委书记、常务副院长，主要研究方向为应用经济学、公共管理学、社会学。课题组组长：慕海平，中国行政体制改革研究会学术委员会委员，原国家行政学院决策咨询部主任，研究员，主要研究方向为公共政策、行政改革。课题组成员：孙文营，中国行政体制改革研究会学术委员会秘书长；田青，中国行政体制改革研究会智慧治理委员会副主任；王蓉，中国行政体制改革研究会研究部主任。执笔人：慕海平、孙文营。

多、日趋复杂，需要通过制度建设予以解决。三亚市认真贯彻落实习近平总书记关于"把制度集成创新摆在突出位置"的指示批示精神，着眼于贯彻落实中央决策部署的战略需要、加快海南自由贸易港建设的现实需要和依法治市、建设现代化新三亚的实践需要，从 2021 年至 2023 年在全市范围剥笋式、滚动式开展"制度建设执行创新"三年行动（以下简称三年行动），用三年时间抓制度建设、执行和创新，目的就是要针对制度缺失、制度漏洞、制度短板，以制度建设破冰引领改革突围，发挥好制度建设固根本、稳预期、利长远的作用，提升依法治市、制度兴市水平。三年行动是三亚在市级层面推进治理体系和治理能力现代化的重要探索，是以制度建设执行创新推动自由贸易港建设、实现高水平制度型对外开放的重要举措，为推动三亚实现高质量发展提供坚实有力的制度保障。三年来，三亚通过三年行动破解了很多发展中的难题，形成了依法治市、制度兴市的良好格局。总结好三年行动的实践成效和经验启示，提出进一步推进制度创新的思路和重点，对于推动中国式现代化三亚新实践、海南自由贸易港建设迈上新台阶，具有重要意义。

一　三年行动的主要举措

三年行动分为制度建设、制度执行、制度创新三个实施阶段，在 2021年、2022 年、2023 年三个年度分别制定了《三亚市"制度建设年"行动方案》《三亚市"制度执行年"行动方案》《三亚市"制度创新年"行动方案》，加强制度建设执行创新的顶层设计，对每年度的主要工作任务、实施举措和保障措施做出具体安排。各阶段既有侧重又完整统一，对行政、市场、社会治理进行了全方位的制度梳理，在体制、机制、技术层面进行了多维度的制度创新，在经济、文化、社会、民生、生态、政府治理等领域进行了多方面的建章立制，通过有力的组织实施和措施保障，使三年行动的各项任务得以有序推进、有效落实。

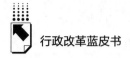

（一）通过体制性制度创新推进三年行动

三亚瞄准中国特色自由贸易港建设和市域现代化发展目标，编制并动态调整部门权责清单，优化组织结构，科学合理配置机构职能，强化权责统一，在体制性制度创新方面迈出了一大步。

一是厘清行政权力边界和政府各部门职责。梳理部门权力和职责边界。根据部门"三定"方案，梳理部门职责、内设机构及职责、下属单位及职责，及议事协调机构承担的、市委市政府交办的其他任务职责等。各行业主管部门通过自查填报《三亚市行业分类及行业主管部门清单》，清晰各部门职责边界。调整部门权力和责任清单。全市各部门结合"三定"规定、设立方案，在全面梳理本部门工作职责基础上，进一步深化、细化权力清单和责任清单。2021年8月，向社会公布了《三亚市市级各部门权力清单》和《三亚市市级各部门责任清单》，按照"一张清单四项内容"（包括部门职责、与相关部门的职责边界、事中事后监管制度、公共服务事项）的统一格式汇总编制。对未协商一致的职责边界事项单独列出，进行集中攻坚，通过召集协商、召开专题会议等方式，促成多数权责内容达成一致意见。对于需要由两个以上部门（单位）共同完成的职责事项，明确了责任主体和履职范围，理顺了部门职责分工。在制度建设年，市区两级共调整权责清单21206项、建立制度清单5973项。优化市区两级政府权责关系。根据法律法规"立改废释"要求、行政权力依据变化、机构职能调整等情况，对市级部门权力清单和责任清单事项作出相应的增加、取消、变更，以更好地适应各级政府履职实际。拟定了《市区权限划分清单》，重点理顺市级与区级、与重点园区的权责关系。

二是开展政府机构改革。2023年2月成立市营商环境建设局（市行政审批服务局），区级层面也设立营商环境建设局。2023年2月，成立三亚市重大项目推进领导小组办公室，负责统筹、指导、协调和督办推进全市重大项目建设，加快推进项目建设。根据实际需要，提出制度建设执行创新的要求，以制度创新为抓手，推动重大建设项目落实。设立全国首家经编制部门批准的涉外仲裁庭，市人力资源和社会保障局劳动人事争议仲裁院建立涉外仲裁庭。市人力资源和社会保障局、市中级人民法院共同发布《关于建立三亚市涉外劳动争议裁审衔接机制的意见》，搭建跨部门的劳动争议多元解纷机制，强化对劳动者的一站式保护，为外商、港澳台投资者快速解决劳资纠纷提供法律服务。

三是推行法定机构改革试点。为打造政府与市场的良性关系，通过立法或授权建立一系列新的法定机构，作为市政府下属特设机构，探索治理特定地域、特定领域或特定事项，实行企业化管理、市场化运作，不列入行政机构序列。为探索建立适应全市招商引资工作发展需要的体制机制，创新和优化园区管理体制机制，2019年2月，设立三亚崖州湾科技城管理局，负责三亚崖州湾科技城的开发建设、运营管理、招商引资、制度创新、综合协调等工作。为更好统筹和推动三亚总部经济和中央商务区及邮轮游艇产业园区的建设管理工作，在更宽领域、以更大力度推进全方位高水平开放，打造更具国际市场影响力和竞争力的特殊经济功能区，2019年12月设立三亚中央商务区管理局。2023年9月，海南省人大通过《海南自由贸易港三亚中央商务区条例》，进一步明确了三亚中央商务区的管理体制。为加大力度开展全方位旅游市场拓展，提高三亚城市知名度和美誉度，2020年2月设立三亚市旅游推广局（后更名为三亚市旅游发展局），负责承担制定旅游营销计划、推广三亚旅游目的地形象、为三亚市政府提供旅游市场发展咨询建议等旅游推广职责。为更好地统筹推动全市招商引资和投资促进工作、服务海南中国特色自由贸易港建设，2020年2月设立三亚市投资促进局，经授权代表政府在法定职责范围内开展招商引资和投资促进等经贸活动。

（二）通过机制性制度创新推进三年行动

为保证制度得以刚性执行，三年行动在实现权责制度化、流程标准化、运行规范化上下了很大功夫，各行各业在规范权力行使、加强内部管理、推动部门协同和上下联动等方面推出大量改革举措，做足了文章。

一是普查修订行业规范制度、对外行权制度。梳理、修订行业规范制度。全市 22 个行业主管部门（单位）结合本行业领域发展特点和工作需要，对涉及的 87 个行业制度规范进行系统梳理，重点弄清楚现有哪些行业制度，尚缺哪些行业制度，哪些制度发挥作用不到位，还存在什么漏洞短板，下一步怎么解决完善等内容。修订完善与当前形势任务不相适应的制度规范。梳理、规范局（委、办）对外行权制度。为优化权责事项运行流程，确保运行链条中的每个岗位、每个环节有章可循、有规可依，进一步细化、完善自由裁量基准。结合行业领域发展特点和工作需要，持续健全对外行权制度。在制度建设年，市级部门对外行权制度共修订 90 项、新建 151 项。梳理和清理了与海南自由贸易港建设不一致的地方性法规、规章，为制度建设执行创新减少了障碍。

二是完善规范性文件和内部管理制度。清理党内规范性文件和行政规范性文件。2021 年制定出台《三亚市行政规范性文件清理指导性方案》《三亚市党内规范性制度文件清理指导性方案》，对规范性文件的清理范围、清理主体、清理程序等予以明确。市司法局将行政规范性文件的清理范围分为市政府的行政规范性文件、各部门的行政规范性文件和区级层面的行政规范性文件三个层级，依据层级不同确定清理责任主体，按照"谁起草、谁实施、谁清理"的原则有序开展行政规范性文件清理工作。在制度建设年，共清理党内规范性文件 64 件、行政规范性文件 237 件。清理完善内部管理制度，切实加强本级本部门本单位内部管理制度建设，有针对性地建立"以工作岗位为点、业务流程为线、监管制度为面"环环相扣的完整工作制度体系，强化学习制度、请销假规定、会风会纪等制度建设和执行。进一步修订完善相关内部管理制度。在制度建设年，市级部门内部管理制度共修订 719 项，新建 600 项。

三是建立协同联动机制。为建立各部门间各司其职、各负其责、齐抓共管、运转高效的工作格局，各级各部门之间加强沟通协作，形成推动工作的强大合力。如，针对一支队伍管执法新体制中暴露出来的跨部门执法与监管职责边界不清、跨部门行政执法协作效率低等问题，编制了《综合执法协作备忘录》，明确了各个行业主管单位与市综合行政执法局权责边界划分标准，建立案件移送、联合执法检查、业务交流、联合惩戒等协作配合机制，加强执法协作联系。这一执法协同联动机制改革在全省属于首创。加强上下政府的联动，重点理顺市级与区级、重点园区在自然资源管理、城市规划建设、综合行政执法、生态环境保护、市场监管、公共服务、行政复议等方面的权责关系，特别是在决策、审批、执行、监督内容和程序上，形成市、区两级分工合理、权责明晰的制度体系。

（三）通过技术性制度创新推进三年行动

三年行动坚持用法治思维和手段推进制度创新，增强全社会对制度环境的稳定预期；用标准化方法规范制度和创新行为，减少自由裁量权；用数字化、智能化手段为制度赋能，提高制度运行效率。

一是提供法治化保障。强化合法性审查。制定每年度的行动计划，均以书面方式征求市委全面依法治市委员会重大决策咨询论证专家库专家的意见建议，按程序请司法部门对年度行动进行法核。为确保权责清单编制程序规范，组织专家论证评审会，移交司法部门进行合法性审查。做好新制定行政规范性文件的合法性审核和备案审查工作，确保文件制定程序依法依规。以第三批全国法治政府示范市创建为契机，加快推进《法治三亚建设规划（2021—2025年）》的落实工作，大力推进全面依法治市。落实"十四五"法治三亚建设规划，聚焦海南自由贸易港建设的制度需求，用好设区市地方立法权，在制度创新基础上加强重点领域、重要事项立法，推动出台了有关国土空间规划、文明行为促进、生态环境保护、低空旅游管理等领域的地方性法规和政府规章。市人大常委会印发年度立法计划，着力加强重点领域、新兴领域立法工作；在全省率先推行法律助理制度，聘请31名法律助理开展立法协商工作。为完善行政矛盾纠纷多元化解决体系，市司法局出台执行《关于预防和化解行政争议的指导意见》，印发实施《三亚市行政应诉工作规定》。

二是提供标准化规范。行动方案标准化。三年行动的每一年都分别制订了年度行动方案和工作流程标准，提出可衡量的目标、可操作的措施，特别是制定了清晰的、可量化的工作流程。对于每一个阶段的工作都提出了方便量化、评估的工作要求。制度建设标准化。及时清理了与海南自由贸易港建设不相适应的地方性法规、规章和规范性文件；根据省、市最新立法规定，及时对现有的行政规范性文件进行系统清理，通过修改、废止等方式，确保规范体系的一致性。持续规范内部管理制度，持续健全对外行权制度。对于权力运行制度的修订，进一步细化、完善了自由裁量基准，推动了权责运行的制度化、流程的标准化。制度创新标准化。根据制度创新程度将制度创新案例划分为标志性创新、突破性创新、改进性创新三类，对于每一类创新作出了不同的定义、提出了不同的评定标准。

三是提供数智化支撑。认真贯彻落实《国务院关于加强数字政府建设的指导意见》和党的二十大关于数字政府建设的部署要求，通过数字化手段，深化信息共享，打破部门界限壁垒，推动各部门以联动方式开展行动，以集成方式提升执行效能，打破数据孤岛和数据烟囱。利用现代信息技术，在全省率先建立三亚市"制度共享库"平台，推动全市分散的制度数据整合管理。探索打造了"工作落实执行"平台，统筹全市各部门重点任务，从收文、办文到后期督办，实现全流程跟踪，推动工作任务落实、考核、评估等集成式办理。

（四）围绕重点领域任务推进三年行动

三年行动紧紧围绕服务海南自由贸易港建设，聚焦影响经济社会发展、营商环境改善、人民生活提升等重点领域，通过广泛建章立制，大胆集成创新，推进各领域治理现代化。

一是加强优化营商环境立制。在全省率先出台政府规章《三亚市优化营商环境若干规定》，印发实施三亚市创建一流营商环境2021年度、2022年度、2023年度实施方案。市委依法治市委员会办公室印发了《关于加强法治化营商环境建设的行动方案（2022—2025年）》。坚持以三亚中央商务区、三亚崖州湾科技城等重点园区作为营商环境改革创新试点，开展先行先试，推动制度集成创新、系统创新。优化行政审批流程，以"一窗受理、一门办结"的模式，利用"网上办、掌上办、就近办"的便利，实施"告知承诺制、容缺受理、免证办"。推动"智能快办"审批事项的应用，推行"一建一码"数字化改革。建立包容审慎的市场监管机制，推进试点行业"一业一证"改革，建立内外协同的"大招商"格局。深入推进"综合查一次改革"，建立健全联席机制，实现"进一扇门、查多项事"的规范化、常态化、法治化，破解执法难点问题。

二是加强科技和产业创新立制。持续出台和完善科技创新扶持政策和制度，深入推进科技创新体制机制改革。崖州湾科技城管理局在全国率先探索培育种业CRO模式，在海南实现一流育种技术共享和育种全过程知识产权保护，以及全年高效育种，帮助种企节约育种实验设施设备、基地和人才培养等方面投入，提升育种研发效率，助力"南繁硅谷"建设。加强种业知识产权立制，搭建了国家级知识产权功能性平台，即三亚市知识产权保护中心。大力发展深海科技和海洋产业，打造国家深海技术创新中心。聚焦海洋产业精细化管理，通过合理配置海域资源、控制各类建设用海规模等措施，建立科学的海域使用管理秩序。探索发展特色现代服务业，通过畅通高端康养企业落地三亚的渠道、制定财富管理相关的园区扶持政策等措施，加速康养产业与财富管理产业等特色产业主体在三亚聚集。

三是加强旅游业高质量发展立制。出台系列促进旅游业高质量发展的制度。为推动旅游行业服务品质整体提升，市旅游和文化广电体育局制定了《三亚市旅游饭店品质保障创建与评价细则》《三亚婚庆产业高质量服务标准》《潜水旅游行业高质量服务标准》等相关制度。加强旅游市场监管。针对海上运动、婚庆旅游、游艇旅游等新兴业态市场秩序混乱、监管无据问题，市旅游和文化广电体育局研究出台了《三亚市旅游市场综合监管整治工作方案》等一系列旅游新业态发展与监管制度。为了旅游产业高质量快速发展，建立了三亚旅游行业发展会商制度，制定出台了旅游产业发展专项资金奖励办法，加强旅游产业融合发展资金支持。

四是加强民生保障立制。加强教育制度保障，积极推进教育强市建设，组建8家教育集团，推进义务教育优质均衡发展和城乡一体化。深化基层卫生专业技术人才激励机制改革，持续推进医疗人才队伍建设，稳步推进国家区域医疗中心建设，积极探索智慧医保便捷应用，实现"一码全流程就医"。加快构建多层次住房保障体系，优化安居房项目区位布局；修订印发物业管理实施办法，在制度层面有效解决物业管理行业存在的客观实际问题；修订《三亚市房地产经营性管理办法》，促进房地产市场持续平稳健康发展。推行高龄老人津贴动态调整机制，优化调整企业职工养老保险退休预审，帮助参保职工尽早发现并预留充分时间解决档案材料不齐、参保缴费记录不完整等影响待遇领取问题。市民政局制定出台了《三亚市临时救助工作实施办法》，创新社会救助模式，保障残疾人生存发展权益。

五是加强基层社会治理立制。推出基层党建"十大工程"活动，推进党群服务阵地体系建设，探索实行新业态、新就业群体参与基层治理积分管理制度，深化拓展直通联办工作机制和"热线+督查+制度"三位一体同推互促破难题机制。建立风险防控和常态化破案机制。建立按季调度风险防控工作机制，落实"首席风险官"制度，压紧压实15个风险防控专项工作组职责。市公安局整合"反电诈中心""市局疫情防控指挥部"等功能，以及网警、技侦、情报等力量，组建"合成作战中心"，先后建立常态化控（破）案、专项行动"红黑榜"考核、综合绩效考核标准和奖惩等制度机制，不断强化"控发案、多破案"工作。市信访局印发了《三亚市信访工作领导包案制度》《三亚市领导接访下访工作制度》《三亚市信访局来访接访业务工作规程》，稳步推进治理重复信访、化解信访积案三年攻坚专项工作。

六是加强生态环保治理立制。创新生态保护机制，编制了全国首个海域使用详细规划，创新完善四级类海域使用分类体系。积极探索生态产品价值实现机制，顺利完成崖州湾科技城生态系统生产总值（GEP）核算。狠抓生态环境治理，陆续出台《三亚市扬尘污染防治办法》《三亚市饮用水水源保护办法》，实施三亚市环境污染"黑名单"、环保信用评价、信息强制披露等制度，有效推动污染防治工作。把生态文明建设纳入考核，在全省率先在市委层面设立生态文明建设委员会，完善分责、定责、追责全过程管理制度链条。

七是加强精神文明建设立制。为加强意识形态建设，市委宣传部在全国首创"首席风险官"制度，通过建立"市级统筹、属地管理、分级负责、分类施策"为主要内容的制度体系，协助各行业、各单位人员在思想意识、思想文化方面开展风险防控工作。加强文明行为立法。2023 年 7 月 1 日施行的《三亚市文明行为促进条例》，从完善工作机制、建立规范体系、细化保障措施、加强监管治理等方面对三亚文明行为促进工作作出规定，填补了三亚市在文明行为立法方面的空白。

八是加强乡村振兴建设立制。把"美丽乡村建设管理提升"与三年行动结合起来，大力推动乡村建设规划、产权制度改革、产业政策扶持等方面的制度创新。市自然资源和规划局统筹推动城乡和垦地融合发展、村域与垦地间的产业联动、基础设施与公共服务设施的共联共建共享、社会资本参与生态修复，加强美丽乡村建设规划。针对三亚市农村产权流转交易缺少规范流程及公开平台的问题，出台了《三亚市鼓励和引导农村产权入场流转办法（试行）》《三亚市农村产权流转管理办法（试行）》，鼓励和引导各类农村产权入场流转。为推动乡村特色产业发展壮大，市农业农村局联合市发改委等部门创新出台《乡村产业融合发展重点项目库入库管理方案》，为符合入库条件的优质项目提供资金、技术、土地等支持。

九是加强城市规划管理立制。在国家实施城市更新行动的大背景下，三亚城市投资建设集团有限公司（三亚市城市更新中心）会同三亚市住房和城乡建设局、三亚市自然资源和规划局、三亚市财政局等部门探索推出城市更新实施新路径，通过建立城市更新实施平台、"1+N"城市更新政策体系、征收补偿工作机制、投融资体系等方式，结合区域发展格局和国土空间规划确定的各区功能定位，稳步推进城市更新的制度化、规范化进程。为加强各领域城市管理建设精细化，出台了系列城市精细化管理制度。

（五）完善三年行动的组织和推进方式

三亚市委、市政府高度重视对三年行动的组织领导，持续开展动态评估，加强干部队伍作风建设，有效推动三年行动各项工作任务落实到位。

一是加强组织领导。推出了专班（专项）化运作模式，市级层面建立党群工作专班、人大工作专班、行政工作专班、政协工作专班等4个专班，分别由市委办公室、市人大常委会办公室、市政府办公室、市政协办公室牵头，负责联系、指导、协调、跟进、汇总各相关单位制度建设。各部门组建部门（单位）工作专班，负责本系统本部门本单位制度建设工作。各行业主管部门（单位）组建行业工作专班，负责本行业制度建设工作。区级参照市级做法也组建了工作专班，释放一级抓一级的攻坚带动效应，实现统筹整合联动、跨界打通融合、扁平一体高效目的。

二是及时督查、评估和问责。持续开展督查，做好舆情处置工作和跟踪问效。市信访局保持信访举报渠道畅通，留意相关信访举报件，并及时进行研判分办。市纪委各监督检查室、各派驻组强化对三年行动的日常监督检查，着力纠治活动中的形式主义、官僚主义。委托智库机构定期开展第三方评估。各单位参照评估结论，对制度及时予以调整完善；对实践证明行之有效的制度，及时通过法定程序上升为政府规章或地方性法规。结合第三方评估意见，加强考核奖励和惩戒机制建设，根据考核结果，予以奖惩。

三是加强干部作风建设。以制度建设来加强作风整顿。市制度办公室（市委办公室）集中办公人员严格遵守工作纪律，做好考勤、考核工作，全身心地投入三年行动各项工作中。市委组织部出台了《关于在重点项目建设、重要专项工作、重大突发事件等急难险重任务一线考察评价干部的实施意见》《保障公职人员干事创业工作实施办法（试行）》，激励公职人员在新时代担当新使命、展现新作为。为加强村（社区）基层工作者干部建设，市委组织部出台了《关于建设适应海南自由贸易港需要的高素质专业化村干部队伍的意见》《三亚市村（社区）工作者职业化管理办法（试行）》等配套措施。

四是调整优化财力支撑。在全国范围内率先制定《三亚市基本建设领域市区两级财政事权和支出责任划分实施方案》，建立健全权责配置更合理、收入划分更规范、财力分布更均衡、基层保障更有力的财政体制。调整优化了市与区债务管理层级，全市债务风险等级从红色降为橙色。各级财政部门加强资金统筹，保障三年行动正常推进。

二　三年行动的成效和经验

通过三年行动，三亚初步探索出了一条具有自身特色、体现时代要求的制度创新之路，开启了三亚制度建设执行创新的新篇章，取得显著成效，积累了宝贵经验。

（一）三年行动的成效

一是推动社会经济发展。经过三年行动，三亚经济保持快速发展，开放水平明显提高，产业创新能力和竞争力显著提升，进入创新型城市行列。经济发展提速向好。2021~2023年，地区生产总值年均增长3.3%。创新发展迈出重要步伐。依托崖州湾科技城等重点园区平台，知识产权代理、知识产权保护、科技金融等各类科技创新服务资源加快整合集聚，科技创新服务生态持续完善。创新人才引育能力显著提升。对外开放水平不断提高，2023年全市实际使用外资8.7亿美元，同比增长22%。

二是推动集成示范引领。重点领域制度创新初步系统集成，形成了一批跨部门、跨行业、跨系统的制度集成创新成果，制度基础大盘更加稳固。形成一批全省全国领先的制度创新实践案例。截至2023年12月，海南省累计发布制度创新案例140项，其中三亚市有17项成果入选，在全省各市县中排名前列。获得国家级和省级制度创新试点。根据国家标准委下达的第八批社会管理和公共服务综合标准化试点项目的通知，市市场监督管理局与市数字化城管监控中心共同开展的"海南三亚12345政务服务便民热线标准化服务项目"获得国家级制度创新试点。市纪委监委、市林业局、市城郊人民检察院、市人民检察院、市市场监督管理局五个部门共获得6项省级制度创新试点。

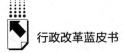

三是推动治理效能提升。各级政府权责关系更加明晰。通过权责清单调整，基本厘清了部门权责边界，理顺了部门与部门、部门与区、部门与区部门间工作权限，初步建立起"边界清晰、分工合理、权责一致、运转高效"的部门权责体系，较好地解决了权责交叉、边界不清、遇事推诿、执行不力等问题。在决策、审批、执行、监督内容和程序上，形成市、区两级分工合理、权责明晰的制度体系。政府治理效能显著提升。三年行动推动行政体系更加完善，政府作用更好发挥，行政效率和公信力显著提升。三亚中央商务区"主题式"场景审批创新事项入选海南省政务公开"十佳"案例。"主题式"场景审批实现了"四减两免"，即项目申请材料缩减 90% 以上，审批时间缩减 90%，审批环节缩减 80%，跑动次数缩减 100%，大大提高了审批效率。三年行动推动了联合执法机制创新，大幅提升了执法效率。在全省首推的信用修复提醒和"互联网+"企业信用修复资格审核服务，优化了信用修复流程中处罚机关审核环节，使企业"一次不用跑"即可确认其行政处罚履行义务情况。市政府办发文《三亚市人民政府办公室公文处理工作规程》，要求公文处理"限时办结"：特提件 3 个小时内办结，特急件 24 小时内办结，急件 3 日内办结，其他公文原则上在 7 个工作日内办结。各部门严格遵守这一规程，大幅提升了公文处理工作的规范化、制度化、科学化水平。

四是依法治市水平不断提高。通过权责清单建设，堵塞了制度漏洞，建立"以制度管人、用制度管事"的机制，为行政机关恪守"法定职责必须为、法无授权不可为"提供了规范引导，为全面依法治市提供了坚实的制度保障。通过谋划出台的一批与海南自由贸易港法相适应的小切口、可落实、真管用、不溯及既往的地方性法规和政府规章，确保了重大改革、重要工作、重点项目有据可依。组建依法治市委员会专家库，推进行政机关负责人出庭应诉常态化。建立健全府院联动机制，加强诉源治理，推动在源头化解矛盾纠纷。

五是推动发展环境优化。三年行动初步形成打造一流营商环境的制度保障，并触达营商环境各指标领域，推动营商环境便利化、法治化、国际化。

破除了各种市场准入隐性门槛、隐性壁垒，推动各类市场要素便捷高效流动，市场主体大幅增长、更具活力。大幅提高审批效率。工程建设项目审批时长大幅减少，由108个工作日减少至28个工作日。三亚市场主体数量由2018年的7.9万家增至2023年突破25万家。制度文化深入人心，在全社会凝聚"尊崇制度、执行制度、维护制度"的社会共识，在全市上下形成了维护制度权威的意识和对制度的敬畏之心。社会主义核心价值观深入人心，人民思想道德素质、科学文化素质和身心健康素质明显提高，城市文明程度和市民文明素质明显提升，在社会文明大行动测评中成绩位列全省第一名。国土空间开发保护格局得到优化，生态环境基础设施建设全面加强，全面提升了污染天气应急处置能力，成为国家生态文明建设生动范例。

六是推动重大项目落实。通过在政务服务、行政执法和营商环境等方面出台制度，加强了与三亚经济圈其他市、县的合作，促进了三亚经济圈一体化发展。提升了三亚市的国际旅游胜地美誉度和国际影响力。2023年全年接待过夜游客超过2500万人次，实现旅游收入近900亿元，均同比增长一倍左右。旅游消费环境提档升级。旅游新业态发展与监管制度为全国行业管理树立了"三亚样本"。旅游影响力持续扩大。2023年9月28日，《人民日报》刊文《以精细化治理塑造旅游城市品牌》，介绍了三亚打造"放心游"品牌的新举措。打造自由贸易港科创高地形成亮点。推动三亚成为全国种业创新高地。崖州湾现代种业产业入选全省首批百亿级重点产业集群。积极探索专利运营新模式，在全国率先建立"育种材料第三方存证""育种材料惠益分享"等种业知识产权保护新机制，全国首单全方位保障植物新品种权保险、自由贸易港首单植物新品种权质押融资贷款等业务相继落地。2023年10月23日，中国版权保护中心海南分中心在三亚崖州湾科技城正式运行，这是中国版权保护中心在全国设立的首家分中心。

七是推动民生福祉改善。三年行动大幅提升了百姓生活幸福指数，使人民获得感、幸福感、安全感进一步提升。城市治理精细化水平大幅提升，城市形象更加靓丽。基层治理体系持续完善，成功入选全国市域社会治理现代化试点合格城市。2023年妥善化解信访积案191件，稳妥解决7000余户房产证办证难问题，有力地打造民生幸福标杆。风险防控有力有效。民生保障增效升温推动国家医保谈判药品"双通道"政策落地，持续抓好药品和医用耗材集中带量采购，进一步减轻群众就医负担。加快构建多层次住房保障体系，优化安居房项目区位布局。在全省率先出台农村低收入人口商业医疗保险保障方案，进一步提升三亚市农村低收入人口医疗保障水平，减少因病致贫、因病返贫问题发生。在2023数字营商环境改革创新发展峰会暨中国政务热线40周年发展大会上，三亚市被授予2023年政务热线数智创新发展城市称号。平安三亚建设稳步推进，连续5年未发生较大以上生产安全事故。城市魅力增添光彩。2023年3月，三亚创新发展主题展"制度创新"展亮相博鳌亚洲论坛，以"小切口""大平台""广视角"向中外来宾呈现近几年三亚推出的一系列制度创新案例。中央电视台对三亚制度创新工作进行了相关报道。

（二）经验启示

三年行动之所以能够在较短时间内取得明显成效，在全市、全省乃至全国范围推出创新性制度建设成果和典型案例，最根本的原因有以下几个方面。

一是坚持正确前进方向。三亚市认真学习贯彻习近平新时代中国特色社会主义思想，突出政治站位，把习近平总书记关于完善和发展中国特色社会主义制度、推进国家治理体系和治理能力现代化的重要论述、关于海南自由贸易港建设的重要讲话，特别是关于制度集成创新的重要批示精神，作为开展三年行动的前进方向和根本遵循。三亚市深入贯彻新发展理念，紧紧围绕自由贸易港建设、推动高水平制度型对外开放、促进高质量发展推进三年行动，落实国家战略和自身发展战略，为发展培育动能，为开放创造条件，为创新提供支撑，使高质量发展的需要成为制度建设执行创新的内生动力，二者互相促进，共同服务于现代化发展目标。

二是坚持科学系统布局。三年行动具有科学的总体设计、统筹安排、整体推进计划。坚持问题导向，把找准问题和整体设计作为制度集成创新的关键点，着眼制度执行中存在的权责不清、制度不完善、程序不顺畅、执行不到位等重点问题，针对市场主体、人民群众反映突出的、影响发展改革稳定的难点堵点焦点问题，从制度层面查找症结、破除障碍。注重制度的系统集成。持续开展全方位、深层次制度集成创新，强化整体设计和系统集成、横向协同和纵向联动，把单项的创新做法加以系统集成，促进各方面制度创新举措相互配合、相得益彰。坚持整体推进和分步实施相统一。三年行动是三位一体、有机统一、不可分割的整体。制度建设、执行和创新是逐步推进的，注重抓好抓实"学习制度、建设制度、执行制度、优化制度"全周期管理，推动形成"建设—执行—创新"的完整制度管理闭环。

三是坚持人民至上理念。三年行动得以持之以恒予以推进的最根本的力量来源，就是坚持人民至上理念，坚守解决人民群众实际难题、让百姓有更多的幸福感和获得感的初心，从而使三年行动得到人民群众的广泛支持。推行问计于民。持续通过12345专席热线、信访留言、网上督查室、"电视问政"、新媒体、"请您吐槽"等各类平台"开门立制"。在确保安全和依法依规的前提下向社会公开公布制度，把市场需不需要、群众满不满意作为制度建设的重要衡量标准，让更多市场主体和群众广泛参与，接受人民监督。加强与中央、省级媒体的沟通，在市内主流媒体开设活动专栏，广泛宣传报道三年行动的意义，有效激发了人民群众参与制度建设执行创新热情，凝聚了人民的共识。

四是坚持自主创新与学习借鉴结合。三年行动在海南省无先例可循，三年行动立足于海南自由贸易港建设大局，从资源区位优势和资源禀赋优势出发，坚持以特色为先导，充分发挥海南自由贸易港开放平台先行先试作用，谋划推动重大功能平台、高能级科创平台、做优做精三亚经济圈、国际旅游胜地重点项目等新一批改革事项率先突破，着力在推动高端康养等三亚有优势、市场有潜力、企业有动力的产业发展上挖掘更多制度创新点。各级各部门严格按照三年行动方案的要求，聚焦制度建设目标任务，敢于打破常规和"思维定式"，加强体制机制创新，推动制度落实。同时，善学他山之石。很多制度创新都基于学习借鉴了兄弟城市的有益经验。借鉴南宁"爱南宁

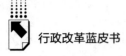

App 一码通办"经验，结合"城市超级大脑"建设，在"一鹿快办"小程序基础上，研发面向市民、旅客的"爱三亚 App"。"商鹿通"园区借鉴深圳前海、上海浦东等先进地区的经验做法，开展了园区商事综合服务制度改革。市发改委通过梳理固定资产投资项目推进过程中的问题清单，借鉴南宁、福州等城市的经验做法，制定《加快推进三亚市固定资产投资项目建设的措施》。

五是坚持边评边改相协调。注重吸收外部智力资源，进行阶段性评估，参照咨询建议、评估结论改进下一步工作。注重吸收专家意见。在海南全省率先探索建立三亚市全面依法治市委员会重大决策咨询论证专家库，并印发实施相关管理办法，每年围绕制度建设执行创新主题举办一场专家咨询会，提高了市委、市政府科学决策和民主决策水平。坚持边评边改。建立第三方观察机制，从制度需求、结构设计、运行效率、实施效果等维度开展固定频率的动态评价。根据动态评估结果，调整已出台的与新形势新任务有冲突或有滞后、与具体执行有出入的制度。强调统筹协同。正确处理三年行动与海南自由贸易港建设、主题教育、"查堵点、破难题、促发展"活动、城市规划建设管理提升行动、美丽乡村建设管理提升行动等各方面的关系，把三年行动与各项具体工作有机结合起来，实现机制融合、力量整合、措施联合，推动三年行动走深走实。

六是坚持党建引领保障。三年行动坚持把党的领导贯穿工作的各环节、全过程，始终保持高度的思想自觉、政治自觉、行动自觉。三亚市委高度重视对三年行动工作的统筹部署和组织领导，市委书记亲任制度建设执行创新三年行动工作领导小组组长，以市委常委会、专题会、推进会、领导小组会、咨询会等形式研究和部署有关制度工作；各区委、市直各单位党委（党组）书记为三年行动第一责任人，带头统筹谋划、聚力攻坚。各单位严格按照行动方案要求，明确任务"进度图"、具体"施工图"、人员"责任图"，把"执行"视为铁律，把"担当"作为自觉，以"虎口夺食"的闯劲、"黄牛爬坡"的拼劲、"蚂蚁啃骨"的韧劲，全力以赴开展好三年行动。

三　今后努力方向

制度建设、执行和创新是一个长期的过程，三年行动只是阶段性探索、完成阶段性任务。要从发挥三亚新优势、实现三亚新目标、服务国家新战略的高度，持续进行前瞻性的制度研究和设计，常态化推进制度建设执行创新工作，以制度集成创新引领三亚高质量发展，打造自由贸易港建设新标杆，创造市域现代化发展和治理的新范例。

（一）用城市治理现代化统领制度建设创新

目前，我国已进入以中国式现代化全面推进中华民族伟大复兴的新阶段，工业化、城镇化发展也达到了较高水平，城市治理现代化已成为实现国家总体改革目标的重要组成部分。地级市是我国城市的主体，类型多样，共性很多，个性差异也很大，是推动国家治理体系和能力现代化必须高度重视的一个行政层级和空间群体。提高城市治理水平，从制度上理顺关系，带动破解治理体制、运行机制、区划层级、经济社会、城乡融合、基层治理等方面存在的诸多问题，都需要在实践中不断探索，找到与中国式现代化相适应的城市治理模式和制度安排。三亚要充分利用三年行动创造的有利条件、形成的良好形势，充分利用自由贸易港建设区域的自主权和先行先试条件，用城市治理现代化统领未来制度建设创新，全面提高城市治理水平和效能，提高制度的竞争力，为中国式现代化三亚新实践创造更好的制度支撑和发展环境。

（二）强化制度建设执行创新目标导向

在中国式现代化发展新阶段，自由贸易港建设已经进入封关的关键时期，三亚城市治理和制度建设必须立足长远、着眼全局，在坚持问题导向的基础上，加大目标导向的力度，科学规划、系统谋划，提出与基本实现现代化相一致的制度建设执行创新思路和目标。要把三年行动作为新起点，将建设有效市场、有为政府和有序社会更紧密结合起来，统筹推进体制性、机制性、技术性制度建设执行创新，正确处理好制度建设执行创新过程中战略与策略、公平与效率、有序与活力等重要关系，推动法治效能和服务型政府建设，增强市场配置资源的功能，不断释放社会创新活力，全面提高城市治理的科学化、精细化、数智化水平，使三亚持续走在制度建设执行创新的前列。

（三）在完善自由贸易港制度建设上做文章

推进海南自由贸易港建设，也为三亚开辟了制度建设执行创新的试验场。要针对自由贸易港建设的制度需求找差距，比照高水平的制度型开放想问题，参考国际通行的标准做判断，使三亚制度创新与海南自由贸易港建设实际和进程相辅相成。海南自由贸易港封关运作后，有条件成为中国和东盟全面战略合作的重要枢纽，对三亚在资金流动、法律安排、人才引培、贸易服务等跨境交流方面会提出新课题。要对标国际高水平经贸规则、全球最新自由贸易港政策制度、全国前沿政策制度等，持续深化商品、服务、资金、人才等要素流动型开放，通过制度创新稳步拓展规则、规制、管理、标准等制度型开放，围绕推进"五个自由便利、一个安全有序"进行重点领域制度设计和创新。

（四）着力推动优化营商环境制度的常态化

目前，从国家发改委营商环境评价结果以及营商环境问题投诉受理情况来看，与先进地区相比，三亚的营商环境与市场主体期望相比还存在差距。要充分利用海南自由贸易港政策优势，要围绕如何增强企业投资信心，加快推进标志性、引领性外资项目落地开展制度设计。组织开展企业实地调研，与企业建立问询机制，了解企业的真实诉求及其对制度创新的评价，结合三亚实际与当地已有以及潜在的市场主体需求，实现制度创新与市场主体的需求相契合。

（五）继续加强制度创新的系统集成

三年行动还处于"点状突破"的阶段，制度建设创新大多处于单个部门、单一领域，创新的系统性、集成性、协同性还有待提高。要推动跨层级、跨领域、跨部门协同创新和整体协同创新，加强部门之间的统筹协调、联动协作，开展系统性制度集成创新。要在推动科技进步和产业升级的制度集成创新上下功夫，通过平台集成创新，打造有竞争力的产业链和产业园区，推动旅游业、现代服务业、高新技术产业、热带特色高效农业，特别是种业与深海实现补链、延链、强链，构建现代化产业体系。要聚焦行政审批优化服务、综合执法体制机制改革等现实需要，探索通过制度集成创新，解决一批跨部门、跨领域、跨区域联动的问题。要通过制度集成创新，向上追索，向下拓展，走深一步，更好地解决制度运行的"最后一公里"问题。

（六）提高制度建设的精细化水平

制度建设需要持之以恒，不断打磨，形成制度文化。制度规则越细致，越有利于执行和形成行为规范。推动制度建设执行创新见实效、可持续，关键要在精细化管理上下功夫。城市发展不仅有实力和能级问题，也有一个城市的环境和形象问题，各类城市无论大小，都有一个专属于自己的城市品牌和城市文化，这必定是长期精细化管理沉淀下来的城市财富。三亚是享有盛名的国际旅游城市，在提高制度建设执行创新的精细化水平上不懈努力，实现城市优越的生态环境和人文环境相映生辉，应成为题中应有之义。

（七）大力探索数智化赋能制度创新

数智化发展日新月异，对制度建设执行创新影响越来越大、越来越深远，正在改变城市的运行模式和治理方式，权力配置、机构设置、机制流程、标准规范等制度建设创新的范畴，都将随数智化的发展和应用而产生深刻变化。要充分运用数智化推动简政放权、加强监管和优化服

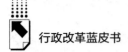

务，探索机构设置的扁平化和大部制改革，提高跨层级、跨部门、跨领域的制度执行配合水平。要抢抓技术变革机遇，将互联网、大数据、区块链、人工智能等现代技术运用于制度创新中，加快用数智化方法和手段赋能制度创新重点领域，推动数智化政务服务、政务流程再造、一网通办等取得更多实际成效。

（八）强化制度建设执行创新经验总结和宣传推广

三年行动的很多举措具有首创性，但需要更长时间验证其可持续性，对于经验和基本规律的认识也需要进一步在实践中积累。对三年行动已经形成的优秀制度创新成果，要积极推动尽快落地实施，努力形成可复制的创新案例。要尽力争取国家级媒体加大宣传报道力度，进一步提升三年行动做法、成效和经验的传播力度、广度和深度。三亚是先行先试区，站在制度创新前沿，有条件、有能力为国家治理体系和能力现代化探路示范，这也是三亚未来制度建设创新应该展现出来的历史担当。

B.16
构建非警务事项协同处置机制

——浙江省永康市的改革探索

邓文奎　王道勤　李满龙[*]

摘　要：　长期以来，"110"报警服务台承接了大量非警务事项，超出了警务职责范围。2023年，浙江省永康市探索构建非警务事项协同处置新机制，构建"12345及时响应一般诉求、110快速处置突发警情、基层智治综合应用平台协同处置非警务事项"新格局。主要措施包括：构建非警务事项处置双向流转、应急联动、会商协作、协同处置、研判预警、考核评估六个机制；建设市社会治理中心、镇街社会治理分中心、村企社会治理微中心，规范非警务事项相关部门权责边界、流转程序、处置工作，建立非警务事项分流、签收、处置、反馈、督导、考评全周期闭环管理制度，对非警务事项协同处置实行全周期闭环管理。永康市的改革探索取得了明显成效，建立了规范高效的非警务事项对接流转协同处置新机制，健全了县域基层社会治理体系，提升了行政效能和政务服务效率。

关键词：　非警务事项　社会治理中心　永康市

一　问题提出："110"接警大量为非警务事项

党的二十大报告指出"完善社会治理体系，健全共建共治共享的社会

---

* 邓文奎，中国行政体制改革研究会常务副会长、学术委员会副主任，高级经济师，主要研究方向为公共管理、行政改革、社会治理；王道勤，中央党校（国家行政学院）科研部原助理巡视员；李满龙，中国行政体制改革研究会县域现代化研究中心秘书长、研究员。

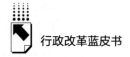

治理制度，提升社会治理效能"。多年来，有事打"110"的观念已深入人心，但是，群众并不了解，这其中许多是不应由公安机关受理或超出公安机关权限的非警务事项。"110"报警服务台承接了大量非警务事项，超出了警务职责范围，占用了大量警务资源，使基层公安机关长期处于超负荷工作状态，在影响派出所"主防"效能的同时，群众诉求问题也得不到第一时间有效解决。

近些年来，浙江省永康市公安机关致力于在压降违法犯罪警情和打击违法犯罪工作上狠下功夫，"110"接报警情数量连续下降，社会治安总体向好，但是接报的非警务事项总量和占比均不降反升。例如：2022年，永康市共接有效警情约8万件，其中近3.2万件是非警务事项，占接警总量的40%；2023年派出所辖区内接报有效警情7.8万件，非警务事项2.67万件，占34.2%（2023年开始探索构建非警务事项协同处置机制改革，非警务事项占比有所下降）。从接报警情的结构看，非警务事项占比较大的有拖欠工资、拖欠货款、债务纠纷、消费纠纷、家庭纠纷、环境噪音等，其中经济纠纷类、城市管理类、家庭邻里类纠纷最多，2022年分别占非警务事项总数的34.3%、22.8%、18.3%。

公安机关处理"110"接报的大量非警务事项，第一，占用大量基层警力，使基层公安机关应接不暇，影响本职工作。据统计，近年来，永康市"110"接报的有效警情现场处置平均用时30分钟，需联动处置的非警务事项现场处置平均用时50分钟。可以看出，非警务事项现场处置用时明显高于有效警情。

第二，对于非警务事项，基层民警虽然出警，却往往没有相应的执法权限，无法有效处置，使群众反映的情况无法第一时间解决，导致群众误认为民警不作为，对公安工作产生不满，影响警民关系，甚至使民警成为群众发泄出气的对象。非警务事项由于不能得到相关部门及时处置，有的甚至激化矛盾，演化为治安、刑事案件。

第三，大量非警务事项挤占"110"线路，使有限的接警资源变得更加紧张，接警高峰期有时会出现报警电话排队的情况，真正的危难求助和案件报警不能及时接通，可能影响公安机关对突发紧急警务警情的处置。

产生这些问题的主要原因，是实际工作中仍然存在"12345"政务服务便民热线与"110"报警服务台职责边界不清晰、数据共享不充分、信息化支撑不到位等问题，12345与110对接联动机制不健全、工作效率不高。

为了有效解决以上问题，2022年5月，国务院办公厅下发了《关于推动"12345"政务服务便民热线与"110"报警服务台高效对接联动的意见》（国办发〔2022〕12号），提出推动"12345"与"110"高效对接联动，科学合理分流非警务求助、快速有效处置突发警情，进一步提升协同服务效能。

推动建立非警务事项分流联动、协同处置机制，涉及政府部门管理体制和运行机制改革调整，是一个亟须探索和研究的重要实践课题，浙江省永康市开展了这方面的改革试点。其改革试点方面的探索实践，值得总结和借鉴。

二　永康实践：构建非警务事项协同处置新机制

永康市委、市政府贯彻落实国务院办公厅《关于推动12345政务服务便民热线与110报警服务台高效对接联动的意见》及各级党委、政府部署要求。2023年3月，永康市委、市政府办公室制定下发了《关于推动12345政务服务便民热线与110报警服务台高效对接联动的实施意见》，在市委、市政府统一领导下，由市委政法委牵头，协调全市各有关部门和镇（街道、区）开展工作。

（一）明确目标任务，落实工作责任

永康市委、市政府办公室《关于推动12345政务服务便民热线与110报警服务台高效对接联动的实施意见》明确提出了目标任务：高质量完成省级非警务事项协同处置机制试点任务，推动12345政务服务便民热线、110报警服务台、基层智治综合应用平台高效对接联动，构建"12345及时响应

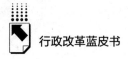

一般诉求、110 快速处置突发警情、基层智治综合应用平台协同处置非警务事项"新格局，打造职责清晰、部门联动、高效便捷的非警务事项协同处置县域样板。

同时明确了 12345（市信访局）、110（市公安局）、基层智治综合应用平台（市社会治理中心）和其他部门、各镇（街道、区）的分工和职责。12345（市信访局）主要负责受理辖区内各领域的咨询、非紧急求助、投诉举报和意见建议等；110（市公安局）主要负责受理刑事类警情、治安类警情、道路交通类警情、危及人身财产安全警情、危及社会治安秩序的群体性事件警情，其他需要公安机关处置的与违法犯罪相关的警情，以及公共设施、灾害事故、其他危害公共安全等需要公安机关参与的紧急求助。基层智治综合应用平台（市社会治理中心）主要负责与有关职能部门对接交办和协同处置从 12345、110、镇（街道、区）综合执法、网格等流转的事项，对处置情况进行综合监管、通报考核。其他部门、各镇（街道、区）主要负责平台流转交办事项的处置和反馈。

（二）构建"六个机制"，强化联动协同

永康市构建非警务事项协同处置机制，具体包括构建六个机制：一是双向流转机制，二是应急联动机制，三是会商协作机制，四是协同处置机制，五是研判预警机制，六是考核评估机制。构建这六个机制，都是通过深入调研、从当地实际出发、坚持问题导向和目标导向确定的。构建这六个机制，永康市坚持制度先行、规范先行，要求具体明确。

永康市制定了《12345、110、基层智治综合应用平台双向流转机制（试行）》，对 110 流转至 12345 受理事项、12345 流转至 110 受理事项、110 流转至基层智治综合应用一键接平台受理事项分别作了明确规定，并对流转程序进行了规范，制定了流转操作指引。同时对一键转接、三方通话（诉求方、12345、110）、工单流转和首接责任、会商研判、信息流转等作了具体规定，提出了明确要求。

制定了《永康市非警务事项应急联动机制（试行）》《永康市非警务事

项会商协作机制（试行）》《永康市非警务事项协同处置工作机制（试行）》，这些工作机制对工作目标、工作内容、工作流程、工作方式、工作职责都作了具体明确规定。建立了研判预警机制，基层智治综合应用平台（市社会治理中心）实时监测风险治理数据，常态化分析研判，以"一书一函一报告"形式将风险点及时推送至有关部门，提升了风险研判预警、应对处置能力。2023 年，共形成风险研判报告 15 份、风险预警提示 9 次、整治高风险隐患 6 个。

制定了《永康市非警务事项协同处置工作考核办法（试行）》和《永康市非警务事项协同处置考核细则》，市级成立考核工作小组，将制度建设、按期规范办理、满意度、重复报警率等纳入考核范围，相应设置分值和加、扣分标准。同时加强工作督查督导。由市委政法委牵头，对办结率、部门到场率、处置效率等进行督查督导和监测评估，通过督办交办、回访倒查、排名晾晒等方式倒逼责任落地。2023 年以来，开展全市覆盖式督查 9 次，下发交办单 25 份。

（三）建设"三级社会治理中心"，健全社会治理组织体系

永康市构建非警务事项协同处置机制，建立健全了纵向的市、镇、村三级社会治理中心，构建了纵向联动响应的组织体系。

一是市社会治理中心（基层智治综合应用平台）。由市委副书记任中心主任，职能部门实体化入驻，统一归集从 12345、110、专职网格员等渠道获取的非警务事项信息，向各职能部门下达处置指令，统一承担流转交接、运行监测、分析研判、督导督查、评估考核等职能。

二是镇街社会治理分中心（综合信息指挥室）。建强镇街社会治理分中心，由属地党委书记主抓，赋予基层治理指挥权、督导权、考核权，对上承接市社会治理中心（基层智治综合应用平台），对下负责网格管理，并与公安派出所综合指挥室双向联动，形成高效指挥体系。同时组建非警务事项处置专职队伍，明确处置规范，实行 24 小时值班值守。

三是村企社会治理微中心。由村企基层党组织书记任中心主任，规上企

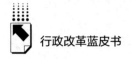

业由企业法人代表任中心主任，通过整合基层网格、党员、企业员工等力量，组建"义警"队伍，在辖区镇（街道、区）和公安派出所指导下，开展矛盾纠纷排查化解、非警务事项先期处置等工作。

（四）明确"三个规范"，明晰责任，高效对接处置

永康市构建非警务事项协同处置机制，按照"明权明责明法"的要求，对处置非警务事项"接收-办理-反馈"全流程进行规范，以确保机制联动顺畅、运行高效。

一是规范权责边界。永康市全面梳理公安、行政执法、市场监管等部门权责，梳理12345、110、基层智治综合应用平台日常工作中接报的事项和警情，形成4807项非警务事项归属清单，明确了承办单位。对边界模糊、情况复杂、无法确定承办单位或涉及多部门、多层级的非警务事项，转入市社会治理中心，由市社会治理中心决定牵头部门负责处置，其他相关部门、属地镇（街道、区）做好协助。

二是规范流转程序。永康市细化对接转办的具体规则和事项清单，制定了《12345与110联动分流事项清单》《基层智治综合应用平台与110联动分流事项清单》，建立健全了对接转办和日常联动机制，在贯通110、12345、基层智治综合应用基础上，贯通浙警派出所模块2.0和基层智治系统，实现无缝对接、双向分流。一方通过电话接到明确属于对方受理范围内的事项，即时以一键转接方式转交对方受理，在网上接到明确属于对方受理范围内的事项，即时在线转交对方受理。责任单位不明确或者职责交叉的，通过三方通话（诉求方、12345、110）方式了解具体诉求后，由12345与110协商确定受理单位，协商后仍无法确定的，由首接方先行受理，如遇危及人身和财产安全、公共安全等紧急情况，由110及时派警先行处置。

三是规范处置工作。永康市从四个方面探索对非警务事项协同处置工作进行规范。第一，规范协同处置流程。非警务事项被推送到基层智治综合应用平台后，由镇（街道、区）综合信息指挥室、区综合监督管理办公室负责签收，并指派即时处置队伍前往现场处置。对现场完成处置的，由镇

（街道、区）综合信息指挥室或区综合监督管理办公室在基层智治综合应用平台上反馈。对现场不能完成处置的，由即时处置队伍会同镇（街道、区）有关部门开展联合调解。对不能完成处置的事项，由镇（街道、区）综合信息指挥室、区综合监督管理办公室通过基层智治综合应用平台将事项流转至相应的镇（街道、区）职能科室处置，由职能科室在基层智治综合应用平台上反馈处置结果。

第二，规范群众诉求即时响应。非警务事项流转至基层智治综合应用平台后，镇（街道、区）综合信息指挥室、区综合监督管理办公室需在1分钟内签收指令并通知即时处置队伍前往处置，2分钟内由镇（街道、区）综合信息指挥室、区综合监督管理办公室联系基层组织协处，3分钟内即时处置人员联系当事人，10分钟内即时处置人员到达现场开展处置。

第三，规范即时处置队伍管理。统一配备装备，统一使用正、侧面喷涂"政务"标识及政务处置字样的车辆，统一配备通信设备、应急用品和装备等。

第四，对非警务事项协同处置实行全周期闭环管理。建立非警务事项分流、签收、处置、反馈、督导、考评全周期闭环管理制度。通过基层智治综合应用平台对接转办的事项处置完毕后，相关责任部门要及时反馈，对工作进行总结评估，并提出改进措施，在基层智治综合应用平台上办理结项，市委政法委、市社会治理中心进行督导和考评，形成闭环，确保非警务事项协同处置机制高效运行。

三 改革成效：具有示范效应与借鉴价值

永康市构建非警务事项协同处置机制的改革探索，坚持以人民为中心，坚持系统观念，注重制度先行，注重体制改革和机制建设，以分流联动和规范高效协同处置为重点，以平台数据智能应用为支撑，构建了12345、110接报事项分流联动和规范高效协同处置体系和机制，取得了明显成效，进一步提升了政府政务服务能力和水平，其做法和经验具有示范效应和借鉴价值。

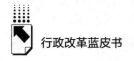

（一）建立了规范高效的非警务事项对接流转协同处置新机制

从职能职责上划分 12345 与 110 的边界并不难，难就难在人民群众并不了解行政机关的职责划分，遇到具体事情，多数群众也不清楚什么事情找 12345，什么事情找 110。12345 和 110 作为政府面向社会和人民群众的窗口又不能推诿。所以关键是政府内部对接报的事项要有一套在不同职能部门之间高效对接流转和协同处置的流程和机制，把人民群众反映事项的协调协同处置作为政府内部事务。

永康市在构建非警务事项协同处置机制的改革探索中，建立了双向流转、应急联动、会商协作、协同处置、研判预警、考核评估六个机制，明确划分 12345（市信访局）、110（市公安局）、基层智治综合应用平台（市社会治理中心）和其他职能部门、各镇（街道、区）的职责分工，建立一套规范高效的包括非警务事项在内的 12345、110 接报事项对接、流转、处置、反馈、评估、督察制度，构建了 12345 即时响应一般诉求、110 快速处置突发警情、基层综合应用平台协同处置非警务事项的新机制，实现了非警务事项 12345、110、基层智治综合应用平台对接联动、合理流转、高效处置；有效解决了实践中存在的 12345 与 110 职责边界不清晰、联动机制不健全问题，也有效解决了公安机关长期以来接报处置大量非警务事项、占用大量警力问题。

（二）健全了县域基层社会治理体系

2021 年 4 月，中共中央、国务院下发《关于加强基层治理体系和治理能力现代化建设的意见》，提出建立党组织统一领导、政府依法履责、各类组织积极协同、群众广泛参与，自治、法治、德治相结合的基层治理体系，健全常态化管理和应急管理动态衔接的基层治理机制，构建网格化管理、精细化服务、信息化支撑、开放共享的基层管理服务平台。

永康市贯彻落实党中央、国务院的决策部署，把构建非警务事项协同处置机制的改革探索与推进基层治理体系和治理能力现代化相结合，在市委、市政府领导下，坚持系统治理，构建了由市委政法委具体组织领导，基层智治综合应用平台（市社会治理中心）和各职能部门、各镇（街道、区）按职责分工协同高效履职，人民群众和社会各方面广泛参与的及时解决涉及政府管理和服务的非紧急诉求、依法打击违法犯罪活动、及时处置紧急危难警情、更好维护社会治安秩序的工作格局。

永康市创新基层社会治理模式，有效整合基层社会治理资源，建设了市社会治理中心、镇街社会治理分中心、村企社会治理微中心三级社会治理中心。由市社会治理中心（基层智治综合应用平台）"一网统管"，统一归集12345、110和专职网格员等渠道的非警务事项信息，统一管理12345、110接报的需要流转协同处置事项，按照各部门权责下达处置指令，统一承担流转协同处置事项对接、交办、督促、考评等职能，形成了以三级社会治理中心为枢纽，贯通市、镇、村、格治理通道，跨层级、跨系统、跨部门、跨业务的有效协同联动、集约高效、多元解纷、便民利民、交融互动的基层社会治理体系。

永康市通过构建非警务事项协同处置机制，平安基础更加稳固。2023年新机制运行以来，由警源转化的信访案件、法院诉讼量同比下降27.8%，推动矛盾纠纷、信访案件、诉讼量同比下降25.3%、23.78%、11.09%；基层公安机关释放警力做强主责主业，派出所"主防"定位更加凸显，实现了"社区民警80%时间沉在社区"、永康市案件警情下降33.91%、小案破案率提升10.13%。

（三）提升了行政效能和政务服务效率

由于过去110承接大量非警务事项，而公安机关对这些事项往往没有相应的执法权限，且12345与110职责边界不清晰、联动机制不健全，协调解决问题费时费力、难度较大，对人民群众反映的事项无法及时处置，甚至激化矛盾，反映出政府内部运行和对外提供政务服务效率不高。

永康市构建非警务事项协同处置机制的改革探索，一是通过制定联动分流事项清单全面梳理各部门的职能，规范了12345、110、基层智治综合应

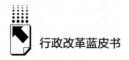

用平台、各职能部门、各级单位的权责边界和责任归属，从制度、机制上确保实际工作中各职能部门履职担责不缺位、不错位、不越位。

二是通过建设"六个机制"、加强三级社会治理中心建设，形成以市社会治理中心（基层智治综合应用平台）为枢纽，涵盖常态化高效分流转办、日常联动、应急联动、会商交流、研判排查、信息反馈、监督考评等的处置非警务事项的制度和机制。

三是通过加强基层智治综合应用平台（市社会治理中心）建设，以平台数据智能应用为支撑，实现平台融合互通，"一网统管"，打造了一屏掌控全局、一中心指挥全域、一网统揽治理事务的治理运行模式；规范了工单和警单标准、受理反馈项目等数据格式，实现了信息数据互联互通、工单警单双向流转、受理反馈闭环运行，分流对接协同处置全过程留痕，可查、可看、可回溯，也实现了智能跟踪督办和智能监管。

从实践看，永康市构建非警务事项协同处置机制，明显提高了行政效能和政务服务效率，做到了对接报事项，包括人民群众的咨询、求助、投诉、举报和意见建议等即时响应，精准、快速、有效办理，处置过程中各职能部门、相关单位联动协同更加顺畅、更加高效，紧急类群众诉求处置时间从3~7个工作日提速到8小时，警务类警情到达现场时间平均缩短20%，群众回访满意率为98.91%，提升了人民群众对政府的满意度，也提升了政府的执行力和公信力。

四　问题与建议

从2023年永康市构建非警务事项协同处置机制的实践看，确实取得了明显成效，但工作中也还有一些需要解决的问题。一是基层智治应用平台系统不稳定，数据时常没有回流，导致110系统签收和现场反馈没有数据，显示空白。二是工作机制落实不到位，处警时间超时，没有及时到现场处置，导致报警人重复报警和催促；处置非警务事项尚有推诿情况，由于镇街界限划分不明确，有的街区没有落实首接责任制要求，造成报警人不满意。三是现场反馈要素不全，有些事项的现场反馈没有按照要求的要素进行反馈，反馈过于简单，有些事项没有现场反馈。四是重复报警率过高，2023 年度全市非警务警情重复报警率为 17.8%，已超过 14% 的考核要求，反映出处置质效还需提升。

针对以上问题，建议：一是进一步提升基层智治应用平台系统技术应用水平和能力，加强系统维护，确保系统稳定性和完好性，加强人员培训，保障非警务事项数据正常流转、签收和反馈。二是加强问题整改，按照非警务事项分流率计算方法，对分流率的情况进行分析，有针对性地采取措施，进一步做好协同处置有关单位和人员的衔接工作，确保精准分流。三是采取措施有效解决重复报警率偏高问题，分析原因，进一步完善和落实出警速度和 3 分钟联系报警人机制、处置单位首接责任制，提高处置人员的业务技能，提高事项处置效率。四是加强检查督导。按照非警务事项协同处置工作机制，定期组织职能部门对非警务事项进行检查督导，重点检查非警务事项处置人员着装、携装、出警速度及事项签收、反馈、流转、跟踪、盯办等闭环管控等内容，对检查出的问题及时解决。

五　永康市2023年非警务事项协同处置主要数据

（一）非警务事项分流情况

2023 年永康市公安系统非警务事项分流共 26702 件，占派出所辖区有效警情的 34.24%。其中 1 月 1212 件，2 月 1558 件，3 月 2098 件，4 月 1992 件，5 月 2880 件，6 月 2892 件，7 月 2803 件，8 月 2609 件，9 月 2442 件，10 月 2415 件，11 月 1952 件，12 月 1849 件。

（二）非警务事项分流率

按照浙江省公安厅最新非警务事项分流计算方法，2023 年永康市非警务事项分流率为 73.59%。其中 1 月为 39.83%，2 月为 47.35%，3 月为

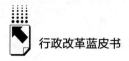

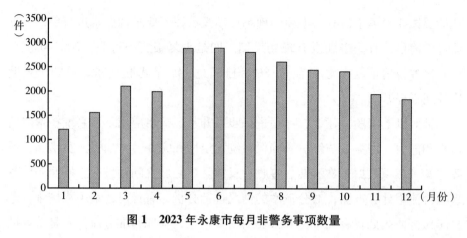

图1　2023年永康市每月非警务事项数量

53. 60%，4 月为 67. 17%，5 月为 76. 84%，6 月为 81. 52%，7 月为 78. 27%，8 月为 78. 55%，9 月为 77. 23%，10 月为 74. 89%，11 月为 70. 25%，12 月为 68. 83%。

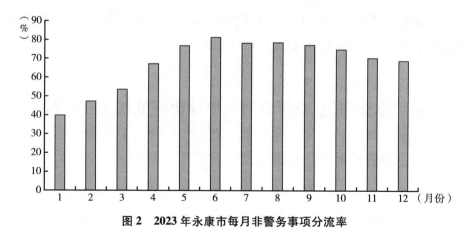

图2　2023年永康市每月非警务事项分流率

（三）重复报警情况

2023 年永康市非警务事项重复报警 4761 件，重复报警率为 17. 83%，已超过重复报警低于 14% 的考核要求。其中，1 月为 12. 05%，2 月为 12. 31%，3 月为 16. 43%，4 月为 27. 12%，5 月为 21. 48%，6 月为 20. 73%，

7月为24.18%，8月为19.18%，9月为15.40%，10月为12.44%，11月为13.51%，12月为10.48%。

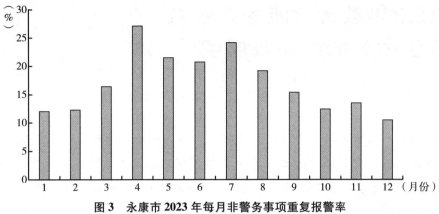

图3 永康市2023年每月非警务事项重复报警率

（四）纠纷事项分流率

2023年度纠纷事项分流22067起，按照浙江省公安厅最新纠纷分流率计算方法，2023年度纠纷事项分流率为67.3%。其中1月为33.21%，2月为37.98%，3月为47.54%，4月为58.6%，5月为70.64%，6月为88.03%，7月为81.63%，8月为80.1%，9月为71.88%，10月为70.46%，11月为67.83%，12月为66.59%。

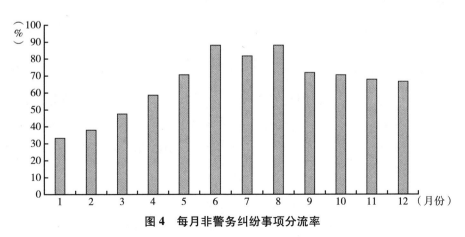

图4 每月非警务纠纷事项分流率

B.17
2023年数智赋能综合行政
执法改革的进展及展望

赵秋雁 杨 林*

摘　要： 数智赋能综合行政执法改革是落实数字政府建设"数据赋能"基本原则的实际行动。2023年，是全面贯彻党的二十大精神的开局之年，数智赋能综合行政执法改革的时代特色和中国特色更加鲜明。当前数字赋能综合行政执法实践探索成效显现：综合行政执法数字平台智能化水平不断提升，综合行政执法监督线上覆盖面持续拓宽，数智赋能不断促进行政执法办案人员办案能力水平提升、行政执法行为规范化制度化和行政执法多跨协同办案机制完善。但仍存在诸多短板问题制约其赋能综合行政执法改革效果，将来还需继续探索数智赋能行政综合执法体制架构、进一步完善行政综合执法部门间协同工作机制、持续深化数智赋能综合行政执法的理论研究和实践应用。

关键词： 数智赋能　综合行政执法　法治政府建设

　　数智赋能综合行政执法改革是落实数字政府建设"数据赋能"基本原则的实际行动，是构建协同高效政府数字化履职能力体系的重点任务，是深化政府"放管服"改革的重要抓手，其实质是将数智技术的"工具价值"与综合行政执法改革的"问题导向"相融合。2023年，是全面贯彻党的二

* 赵秋雁，北京师范大学社会学院教授、中国社会管理研究院副院长、青年诚信建设研究中心主任，中国行政体制改革研究会副会长，主要研究方向为社会治理、公共管理；杨林，北京师范大学社会学院助理研究员，主要研究方向为社会治理、公共管理。

十大精神的开局之年，是实施"十四五"规划承上启下的关键一年，数智赋能综合执法改革的时代特色和中国特色更加鲜明，实践探索取得较大进展，但仍存在信息碎片化、队伍建设质量不高等问题，需要进一步加大力度推动数智赋能，助力行政执法工作高质量发展。

一 数智赋能综合行政执法改革的特色鲜明

（一）数智赋能综合行政执法改革的时代特色更加鲜明

《"十四五"数字经济发展规划》指出，数字经济是继农业经济、工业经济之后的主要经济形态。党的十八大以来，党中央、国务院围绕加强数字中国建设作出了一系列重大部署。2023年，中共中央、国务院印发的《数字中国建设整体布局规划》指出，要坚持以习近平新时代中国特色社会主义思想特别是习近平总书记关于网络强国的重要思想为指导，深入贯彻党的二十大精神，全面提升数字中国建设的整体性、系统性、协同性，促进数字经济和实体经济深度融合。强调要全面赋能经济社会发展，在发展高效协同的数字政务方面，要加快制度规则创新，完善与数字政务建设相适应的规章制度；强化数字化能力建设，促进信息系统网络互联互通、数据按需共享、业务高效协同；提升数字化服务水平，加快推进"一件事一次办"，推进线上线下融合，加强和规范政务移动互联网应用程序管理。《国务院办公厅关于依托全国一体化政务服务平台建立政务服务效能提升常态化工作机制的意见》（国办发〔2023〕29号）要求加大力度持续推进迭代创新，推动实现政务服务从"能办"向"好办"转变，这是主动顺应经济社会数字化转型趋势、充分释放数字化发展红利的重大举措；提出了数字中国建设的整体框架，为加快数字政府建设进一步指明了方向，进一步加强了数智赋能综合执法改革制度建设的顶层设计。

各地方认真部署、贯彻落实。有的将其纳入年度工作重点任务，例如，北京、上海分别在 2023 年政府工作报告中将"深入推进'一网通办''一网统管''一网慧治',统筹各类公众服务、政务服务和决策服务"和"推进'一网统管',强化数据动态更新和相互赋能,推出一批实战中管用、基层干部爱用、群众感到受用的应用场景"纳入各自年度重点任务。有的纳入今后五年的工作思路,例如,重庆 2023 年政府工作报告指出,今后五年政府工作的总体思路:提升城市智能化水平,建设数字政府,培育数字社会,健全数据管理体制机制,创建一体化数字资源系统,以全域数字化推动治理模式变革、方式重塑、能力提升。

（二）数智赋能综合行政执法改革的中国特色更加鲜明

2023 年,国务院办公厅印发的《提升行政执法质量三年行动计划（2023—2025 年）》将"到 2025 年底,行政执法信息化、数字化水平进一步提升"纳入主要工作目标,并将"健全行政执法和行政执法监督科技保障体系"作为六项重点任务之一,提出了推进"行政执法和行政执法监督信息系统建设"和"行政执法数据互联互通"的具体举措。这进一步强调了数智赋能行政综合执法的重要性,进一步明确了以行政执法高质量发展助力中国式现代化建设的发展路径。

各地也着力通过提高行政执法信息化、数字化水平促进行政执法提升质量和效能,例如,广东省人民政府办公厅印发的《广东省提升行政执法质量三年行动实施计划（2023—2025 年）》将"行政执法信息化、数字化水平全面提升,行政执法和行政执法监督工作体制机制进一步健全完善"纳入 2024 年工作目标,要求落实"深化省一体化行政执法平台普及应用""推进行政执法数据共享互认"等重点任务。例如,浙江省 2023 年政府工作报告将"发展数字政务,推动技术融合、业务融合、数据融合,破除跨层级、跨地域、跨系统、跨部门、跨业务堵点和壁垒,优化业务流程,创新协同方式,进一步提升政府履职效率和数字化服务水平"作为今后五年发展的总体要求和目标任务之一。

二　数智赋能综合行政执法的实践新进展

综合行政执法涉及执法活动的跨部门、跨区域、跨层级进行，形成综合行政执法合力尤其需要分散在各部门、地区、层级数据的开放共享，并且当前违法行为跨区域性、组织化、隐蔽性、科技化水平显著提高，线索发现难、调查取证难等执法困境更加凸显，亟须通过数据赋能、数智赋能提高各职能部门技术应用一体建设、关联业务紧密联动、基础数据融合运用水平，提升综合行政执法协同联动水平。经过长期实践探索，各地数智赋能综合行政执法改革积累了宝贵的经验。

（一）综合行政执法数字平台智能化水平不断提升

近年来，各地对综合行政执法数字平台建设的投入不断增加、建设成效逐渐显现，其中浙江、广东、重庆等地的数字化行政执法办案平台建设成效较为显著。例如，2022年浙江成为全国唯一的"大综合一体化"行政执法改革国家试点。此次改革坚持整体智治的理念，构建"大综合一体化"执法监管数字应用体系，该应用已正式上线运行，架构了一个执法监管大脑，协同指挥、监管检查、处罚办案、执法监督4个核心业务模块，N个支撑模块，配以理论体系和制度规范体系，形成"1+4+N+2"体系，接入各类应用场景，全省各执法单位全部上线入驻，打通"许可审批—监管检查—处罚办案—执法监督—效能评价"全链条，办理各类执法监管业务，有效破解了过去执法分散、多头执法以及执法不到位等问题。以宁波市为例，截至2023年12月底，全市贯通"大综合一体化"执法平台，共计入驻执法主体578家、注册用户数2.8万余人、执法人员2.5万余人。① 又如，广东"标准化数字执法平台"工程实现省、市、县（市、区）、乡镇（街道）四级行

---

① 《宁波"大综合一体化"行政执法改革亮点纷呈》，2023年12月20日，https://zjnews.zjol.com.cn/zjnews/202312/t20231220_26526728.shtml。

政执法主体的行政执法信息网上录入、执法程序网上流转、执法活动网上监督和执法情况网上查询，22 个办案平台累计约 4100 个执法主体、11.3 万名执法人员上线，办理案件超过 128 万宗。

伴随着各地数字平台建设统筹覆盖的行政执法区域领域不断扩大，数字平台的规模效应日益显现，其中基于大数据体量的智能分析功能在违法行为回溯、违法风险识别等方面的积极效能不断提升。例如宁波海曙区综合行政执法局以大数据技术手段构建"一体化"的执法监管体系，提升城市管理精细化水平：一是智慧城管指挥中心依托 81890、智慧城管、民生 e 点通等平台实行 24 小时值班制受理投诉举报，易涝点位、台风期间实时监控；二是搭建"云共治"视频智能分析平台，全覆盖辖区重要道路，利用 AI 视频智能识别技术实现 24 小时远程监视、数据对比，主动识别违法行为并主动报警；三是通过智慧环卫平台实现对环卫作业车辆的作业监管、数据分析、应急预警等功能，确保作业规范，优化作业路线，有效提升保洁效率；四是通过智慧城管摄像头，对跨门经营、占道堆放等高发的市容管理类违法行为进行实时监控，结合网格队员日常路面巡查，确保对违法行为"第一时间发现、第一时间处治"。又如，淳安县针对监管面积大、水域事件多、执法难度大等千岛湖库区执法管理的难题，打造"数字第一湖"应用平台，归集 443 路涉湖智能监控视频、1831 套船载终端、15 套雷达以及 2 套智能巡检无人机等感知设备，整合水质污染防控数据、渔船及水上设施等涉湖基础数据，形成线索预警、研判处置、结果反馈、效能评价全闭环工作体系，实现实时联动的数字赋能执法监管。①

（二）综合行政执法监督线上覆盖面持续拓宽

《法治政府建设实施纲要（2015—2020 年）》对全面推行行政执法公示制度、执法全过程记录制度、重大执法决定法制审核制度"三项制

---

① 《高效优化　数字赋能"一支队伍管执法"打造行政执法改革新样板》，2023 年 12 月 12 日，https：//www.qdh.gov.cn/art/2023/12/12/art_ 1289594_ 59029795. html。

度"作出部署要求，2019年《国务院办公厅关于全面推行行政执法公示制度执法全过程记录制度重大执法决定法制审核制度的指导意见》进一步提出"大力推进行政执法综合管理监督信息系统建设……实现对行政执法活动的即时性、过程性、系统性管理"的具体要求。《法治政府建设实施纲要（2021—2025年）》提出健全法治政府建设科技保障体系，强调"全面建设数字法治政府"，并对"加快推进信息化平台建设"、"加快推进政务数据有序共享"和"深入推进'互联网+'监管执法"提出明确要求和发展举措。

近年来，各地在建设行政执法综合监督数字平台方面取得了积极进展，东部地区建设较早。例如，天津市滨海新区在2015年即已建成行政执法监督平台，对标"三项制度"，经过8年的不断创新完善，对接各相关政务平台系统，建成一套集在线指挥、在线执法、在线监督考核于一体，事前、事中、事后"审管联动"的高效执法协调监督信息化系统，执法单位可通过移动执法终端、执法记录仪，将执法信息实时传输到行政执法监督平台，实现执法全程记录、在线监督。同时，将普通程序行政处罚案件法制审核设定为必经程序，未经法制审核，无法作出处罚决定，并纳入监督考核，实现重大行政执法决定法制审核全覆盖。[1] 又如浙江省司法厅以柯桥为试点，在全省率先推行"行政行为码"，依托"大综合一体化"执法监管数字应用自动生成的监管代码，推动执法权力行使全流程在线运行、留痕可溯、监督预警。截至2023年3月，绍兴全市已完成行政检查赋码数15788个、行政处罚行为码8084个，初步实现业务全在线、流程全透明、监督全覆盖、风险早感知。[2]

近两年，西部地区也在不断加强行政执法监督数字系统建设。例如，甘肃省2023年底提出借助信息化手段提升全省行政执法工作水平，建成

---

[1] 《智慧赋能　天津滨海新区行政执法监督平台行稳致远》，2023年5月22日，http：//www.legaldaily.com.cn/index_ article/content/2023-05/22/content_ 8856393.html。

[2] 《数智赋能破解管理难题——绍兴市"大综合一体化"改革迎来蝶变发展》，2023年3月14日，https：//www.sx.gov.cn/art/2023/3/14/art_ 1229365403_ 59444969.html。

全省统一的行政执法综合管理监督信息系统的目标：一方面，实现对行政处罚、行政强制、行政检查、行政许可四类行政执法行为的全过程记录，做到程序网上流转、过程处处留痕、信息全程可追溯；按照全省行政执法全过程记录办法，留存执法行为各环节的文字记录和音像记录，对行政执法行为进行记录并归档，确保全过程留痕和可追溯管理。另一方面，推进执法信息公示，网上公示行政执法事前、事中、事后各环节执法信息，保障执法过程公开透明，为社会公众及时获取执法信息、有效监督执法活动提供渠道。①

（三）数智赋能行政执法办案效能进一步加强

伴随综合行政执法数字平台建设的规模效应显现、智能化水平提升以及在线化程度不断升级，过去一年数智赋能综合行政执法办案效能进一步加强，不断促进行政执法办案人员办案能力水平提升、行政执法行为规范化制度化和行政执法多跨协同办案机制完善。

其一，数智赋能执法办案能力水平不断提升。当前综合执法改革对基层执法工作人员的执法专业化水平提出了更高要求。虽然综合执法改革一定程度上可以缓解以往分散执法队伍工作忙闲分布不均衡、基层人少事多的办案压力，但由于综合执法覆盖的行业领域更加多元，开展多行业领域执法无疑对执法工作人员单兵执法的专业化能力提出了更高要求。近年来，一些地方数字平台建设已经通过法律知识库索引、远程办案、线上培训等方式辅助行政执法人员办案，有力地促进了行政执法人员办案能力提升。例如，山东青岛开发"青岛农业执法"移动执法终端App，依据新修订法律法规等，对执法宝典库进行改版升级，便于执法人员查找学习专项案件办理的相关规定和程序；② 浙江宁波推广交通运输数智远程执法办案模式，强化现场前台和

① 《甘肃省行政执法综合管理监督信息系统》，2023 年 12 月 18 日，https：//m.faanw.com/zhihuisifa/15909.html。

② 《山东青岛：推进农业执法数字化转型》，2023 年 12 月 07 日，https：//www.rmzxb.com.cn/c/2023-12-07/3455319.shtml。

后台数字执法室执法人员同步处理案件;① 广西北海研发综合行政执法网络教培系统,通过在线培训、线上闭卷考试,实现"移动式查看,无纸化培训,实效性运用"。②

其二,数智赋能执法办案规范化制度化。当前综合执法改革导致执法权高度集中,对执法规范化和执法监督提出了更高要求。综合执法改革将相同或类似执法权交由同一执法机构集中行使,综合执法机构履行原由多个部门行使的职权,继续统一执法标准、加强执法规范建设和执法监督。例如,近年来,浙江陆续出台了《浙江省生态环境行政处罚裁量基准规定》《浙江省生态环境行政执法文书格式范本》等环境执法规范性文件,旨在提升执法办案的标准化程度,为贯彻落实规定要求,在环境执法人员掌上执法平台上同步嵌入了生态环境执法"八步法"规范执法模板化流程、行政执法文书等,执法人员录入案件信息时仅需"选""填"相应内容,在办案效率得到提升的同时,办案的标准化程度也大大提高。具体到环境违法"罚多少"问题,线上执法系统内嵌处罚自由裁量计算工具,系统根据排污单位管理类别、排放污染物种类、违法行为持续时间、环境违法次数等因素权重,自动计算出对应的总额,从而减少执法人员自由裁量的任意性。③

其三,数智赋能综合执法办案多跨协同机制。当前综合执法改革涉及职能部门行政执法权尤其是处罚权的重置,涉及部门人员、资源、利益的切割问题,跨部门的部分行政执法权整合对部门间协同工作机制提出新要求。通过综合行政执法数字平台建设能够有效整合跨部门、跨区域、多层级的多元执法主体。例如江苏如皋市依托监管执法数智平台,统一归集执法主体、执法人员、执法活动信息,紧扣移交案件、平台统一受理、涉及部门共享、案情及时协商、快速联动处理五个环节,实现社会治理相关单元数据汇集、指

---

① 《前方查,后方核,掌上办 宁波创新交通运输数智远程执法办案模式》,2023年12月11日,https://zizhan.mot.gov.cn/sj2019/fazhis/zhifajd_fzs/202312/t20231211_3966351.html。

② 《多措并举提升素质 全力锻造执法铁军》,https://www.bhxww.com/content/2023-12/29/content_17067.html。

③ 《数字赋能打造生态环境铁军主力军》,2023年12月20日,https://new.qq.com/rain/a/20231220A07J3S00。

挥集成、力量整合和基层执法联动，全面提升综合执法数字化、智能化水平，促进基层综合行政执法效能稳步提高。① 基于多跨协同的数字办案平台，执法环节更加扁平化、执法效率大大提高。

三　数智赋能综合行政执法改革中存在的问题

《国务院办公厅关于深入推进跨部门综合监管的指导意见》（国办发〔2023〕1号）明确指出，近年来，各地区各部门认真贯彻落实党中央、国务院决策部署，着力加强和创新监管，取得积极成效，但一些地区一些领域仍然存在监管责任不明确、协同机制不完善、风险防范能力不强以及重复检查、多头执法等问题。可以说，传统的综合行政执法改革一定程度上缓解但仍难以实质解决上述行政执法问题，且伴随着改革的深入，综合行政执法本身也暴露出了诸多亟须解决的问题，主要包括：综合执法部门与原职能部门、上级职能部门职权划分不清，多头多层执法仍然存在；跨部门的部分行政执法权整合对部门间协同工作机制提出新要求；综合行政执法的领域范围如何划定也需要进一步厘定；综合执法改革导致执法权高度集中对执法规范化和执法监督提出了更高要求；综合执法改革对基层执法工作人员的执法专业化水平提出了更高要求。

对于上述综合行政执法本身存在的问题，数智赋能可以在"两个相对分开"② 原则下合理配置综合执法部门与各级职能部门的权责范围，为跨部门协同配合提供高效的数字化平台，基于大数据研判依据科学划定、动态调整综合行政执法行业领域范围，构建全流程在线的综合执法办案记录、监督体系，为打造智能推送、及时培训执法专业知识的执法人员能力成长机制等

---

① 《南通如皋市"四个一"持续深化基层综合行政执法改革》，2023年12月13日，http://www.jssbb.gov.cn/gg/zfjggg/202312/t20231228_14857.html。
② 即按照决策权、执行权、监督权既相互制约又相互协调的要求，转变执法管理方式，实现政策制定、行政审批与监督处罚职能相对分开，监督处罚与技术检验职能相对分开，规范行政执法行为。

方面提供解决方案。一定程度上讲，数智赋能综合行政执法改革有助于这些根源性问题的进一步解决。但也必须清醒地认识到，数智技术应用本身仍存在诸多短板问题制约其赋能综合行政执法改革效果。

总的来说，在技术层面，数据分析、机器学习、数据建模和预测技术虽然可以支持参与性决策、政策制定以及便利政府及时掌握市民需求，但数据质量不高、大数据实时分析技术的缺乏以及数据采集、管理、清洗、分析的技术基础薄弱仍制约着上述目的的实现；在管理和运行层面，当前数智技术应用主要关注内部静态数据源而少有基于开源数据的动态分析，对大数据的应用层次不高，而且存在滥用大数据监控公众活动、侵犯公民权利的问题。[①]

与此同时，我国综合行政执法数智化中还存在一些具体问题：一是数智赋能强调数据高度整合，而当前综合执法部门与管理部门分享受案权，相应执法数据被分别收集管理，由于跨部门数据共享缺乏制度和技术保障，易形成"信息孤岛"；[②] 二是数字赋能有赖于低成本、高质量的高效采集存储数据，而当前基层综合执法队伍多依靠人工录入、提供数据，工作效率低、信息碎片化问题普遍存在，且不同部门重复采集增加采集成本，而大数据往往是低价值密度数据的集合，如何优化存储方式、降低存储成本仍然是数智化建设的难题；[③] 三是数智赋能前端执法需求与后台数据库的高质量匹配，而当前执法工作人员单兵装备难以满足实践需要，有的仅配备具有基本摄录存证功能的手持 PDA，尚不具备快速查询涉案对象基本信息、执法文书自动

---

① Shuhua Monica Liu, Liting Pan, and Yupei Lei. 2019. What is the Role of New Generation of ICTs in Transforming Government Operation and Redefining State-citizen Relationship in the Last Decade? In Proceedings of the 12th International Conference on Theory and Practice of Electronic Governance (ICEGOV2019). Association for Computing Machinery, New York, NY, USA, 65-75: 73.

② 陈真亮、王雨阳：《政府数字化转型驱动下环境监管体制的反思及优化思路—基于"大综合一体化"行政执法改革的分析》，载《浙江树人大学学报》2021 年第 5 期。

③ 陈真亮、王雨阳：《政府数字化转型驱动下环境监管体制的反思及优化思路—基于"大综合一体化"行政执法改革的分析》，载《浙江树人大学学报》2021 年第 5 期；马闯：《城市治理的"数智化"路径探索》，《人民论坛·学术前沿》2020 年第 20 期。

生成、执法依据准确查找、类案推送等智能功能，极大降低了执法效率；[①]四是数智赋能依赖客观公正的数据分析工具，而当前算法黑箱、算法歧视、算法绑架、算法功能单一化等问题仍难以得到合理解决，执法者难以完全依赖数智技术形成公正决策；五是数智赋能强调跨部门的协同联动和全流程监督，而当前综合执法数字平台建设存在在不同权力运行模块整合度低，尚未形成全面有力的数智监督体系，跨部门协作沟通不通畅、前端执法和后端指挥实时性及清晰度低等问题，导致综合执法效果不佳。对上述问题的有效应对和尽早解决，有助于更好地发挥数智技术在综合行政执法改革中的积极价值。

四　加快推进新形势下数智赋能综合行政执法改革的展望

综合行政执法改革是一项十分复杂而艰巨的任务，需要较长时间的探索与实践，需要结合人工智能、大数据等技术思维，持续完善行政执法和监督的顶层设计、建设安排、运行管理等方面。

（一）继续探索数智赋能行政综合执法体制架构

《数字中国建设2024年工作要点清单》明确了2024年数字中国建设的主要方向，其中强调了健全完善数字政府服务体系。从实践看，地、市、县、乡镇有三种体制模式可以探索。第一种模式，大部制执法体制加综合执法与城管合署办公体制。大部制行政综合执法具有职能清晰、队伍专业、衔接紧密、保障有力、效果显著的特点。这种模式的优点是可以少增加机构与编制，改革调整的幅度小，只需增加适当力量，就可以依托现有的城管执法队伍开展工作。缺点是执法内容仅限于城市管理领域，职能归并不全面，改

---

① 陈真亮、王雨阳：《政府数字化转型驱动下环境监管体制的反思及优化思路—基于"大综合一体化"行政执法改革的分析》，《浙江树人大学学报》2021年第5期。

革缺乏彻底性，并且权威性与公信力不足，执法比较困难。第二种模式，大部制执法体制加新设独立综合执法机构体制。这种模式优点是符合行政管理权力制衡原则，实现了审批权、管理权与处罚权适当分离，同时，执法内容更广泛，处罚权更集中。缺点是机构编制都需要增加，执法的公信力、权威性仍然相对不足。第三种模式，大部制执法体制加归并公安综合执法体制。这种模式的优点是正规化程度高，权威性大，执法手段具有强制力、效率高。如果能将公安治安巡查力量与行政综合执法巡查力量有机整合，不仅能够大大节省人力成本，而且有可能实现 24 小时全天候巡查执法。缺点是公安任务会更加繁重。综上所述，三种模式各有利弊长短，还有待于因地制宜，积极实践。

（二）进一步完善行政综合执法部门间协同工作机制

《国务院办公厅关于深入推进跨部门综合监管的指导意见》（国办发〔2023〕1 号）明确提出了"到 2025 年，在更多领域、更大范围建立健全跨部门综合监管制度，进一步优化协同监管机制和方式，大幅提升发现问题和处置风险能力，推动市场竞争更加公平有序、市场活力充分释放"的要求，提出了"三融合"的理念，强调要创新监管理念和方法，结合跨部门综合监管事项风险特点，加强信息技术运用，统筹推进业务融合、数据融合、技术融合，实施精准有效监管。具体可以从以下三方面着手：一是提升协调配合机制的信息化水平。在明确行政综合执法部门与各行政管理部门之间的职责，以及需要协调的重大协作配合事项由联席会议负责的基础上，落实好2024 年 5 月中共中央办公厅、国务院办公厅印发的《关于加强行政执法协调监督工作体系建设的意见》，文件指出，到 2024 年年底，基本建成省市县乡四级全覆盖的比较完善的行政执法监督工作体系，实现对行政执法工作的全方位、全流程、常态化、长效化监督。二是大力推进信息互通共享。各地区各部门要着力打通数据壁垒，以跨部门、跨区域、跨层级数据互通共享支撑，对行政处罚案件可按情节轻重和罚没数额大小，采取分级案审的方法进行案件审核，进一步提高行政处罚效率，同时，新修订的行政复议法于

2024 年 1 月 1 日起施行，对司法行政机关履行行政复议职责、依法办理行政复议案件提出更高要求，要积极贯彻落实好。三是建立投入保障机制。根据数智赋能综合行政执法改革需要，做好人员、技术、设备、经费等保障，推进行政审批、日常监管与综合执法衔接，提升跨部门执法协作能力。

（三）持续深化数智赋能行政综合执法的理论研究和实践应用

近年来，学界对人工智能、智慧化、大数据、云存储等新兴数智技术在行政执法领域应用的关注逐渐增强，尤其是对人工智能应用关注呈现持续发展趋势。当前有关行政执法信息化的理论和实践研究较多，主要涉及档案工作、城市管理、执法办案、执法监督等主要领域的行政执法信息化。基本共识表明：数智技术将为政府治理现代化、转变政府职能、改变政府管理体制机制提供强大支撑，促进形成整体、开放、协同、智慧政府，[1] 可以通过数字技术重塑行政权力运行流程和模式，有效打破组织壁垒和信息壁垒，提高政府治理能力和公共服务质量，对高效履行政府职责、提高行政质量、效率和政府公信力是有力促进。[2] 当然，与数智技术赋能综合行政执法改革的实践需求相比，该领域专门研究还比较薄弱，有待加强理论研究和实证研究。同时，在应用层面的重点任务是如何推动数智技术发展与综合行政执法具体应用场景相结合。例如，《深化医药卫生体制改革 2024 年重点工作任务》将"推进数字化赋能医改"作为统筹推进重点改革任务之一，强调要"深入开展全国医疗卫生机构信息互通共享攻坚行动"和"推动健康医疗领域公共数据资源开发利用"等。

---

[1] 汪玉凯：《政府如何盘活海量数据资产将成为"互联网+政务"的核心议题》，2015 年 5 月 28 日，http://www.echinagov.com/quality/database/experts/wangyukai/41178.html。

[2] Maria Katsonis, Andrew Botros. Digital Government: A Primer and Professional Perspectives. *Australian Journal of Public Administration*, 2015, 74 (1): 42-52.

基层管理创新篇

B.18
嘉善县域高质量发展示范点建设成效显著

中国行政体制改革研究会课题组 *

摘 要: 2023 年,浙江省嘉善县坚持以习近平新时代中国特色社会主义思想为指导,认真贯彻落实《新发展阶段浙江嘉善县域高质量发展示范点建设方案》,在科创产业联动发展、城乡融合发展、生态优势转化、高水平开放合作、社会共治共享"五个先行区"建设方面积极探索,积累了推动县域高质量发展的好经验好做法,有力地推动了县域高质量发展。嘉善示范点建设为全国县域高质量发展,从工作层面积累了可资借鉴的经验,对全国县域高质量发展和中国式县域现代化具有启示意义。

关键词: 县域高质量发展 示范点建设 嘉善县

---

* 课题指导人:魏礼群,中国行政体制研究会学术委员会主任,原会长,国务院研究室原党组书记、主任,原国家行政学院党委书记、常务副院长,主要研究方向为应用经济学、公共管理学、社会学。课题组组长:王满传,中央党校(国家行政学院)社会和生态文明教研部主任,教授。执笔人:王满传、孙文营。

在习近平总书记的亲切关怀下，2013 年、2017 年，浙江省嘉善县先后推进两轮县域科学发展示范点建设，取得了明显成效，为长三角地区乃至全国县域发展提供了生动范例、积累了宝贵经验。2022 年 9 月，经中央全面深化改革委员会审议通过，国家发展改革委又印发了《新发展阶段浙江嘉善县域高质量发展示范点建设方案》（以下简称《高质量发展示范点建设方案》）。《高质量发展示范点建设方案》对嘉善提出建设科创产业联动发展、城乡融合发展、生态优势转化、高水平开放合作、社会共治共享"五个先行区"核心任务，赋予嘉善打造全国县域高质量发展典范的重要使命，嘉善县再次扛起新一轮示范点建设的光荣使命和重大职责。2023 年，是"八八战略"实施 20 周年，也是新一轮示范点建设的起步之年。为更好推动嘉善县域高质量发展示范点建设，2023 年底至 2024 年初，中国行政体制改革研究会组织专家对《高质量发展示范点建设方案》实施一年来的情况开展了阶段性评估。评估组认为，一年多来，嘉善县坚持以习近平新时代中国特色社会主义思想为指导，完整、准确、全面贯彻新发展理念，落实《高质量发展示范点建设方案》扎实有力，改革创新成效明显，形成了一批县域高质量发展典型经验。2024 年 1 月 25 日，中央区域协调发展工作简报刊发《坚持改革创新　深化示范引领　浙江嘉善县域高质量发展示范点建设取得新成效》，3 月 14 日，国家发展改革委办公厅印发《关于印发浙江嘉善县域高质量发展示范点建设经验清单的通知》，3 月 28 日，中央区域协调发展领导小组办公室、国家发展改革委、浙江省人民政府在嘉善举办浙江嘉善县域高质量发展示范点建设工作现场会，来自全国各省（自治区、直辖市）发展改革委有关同志，50 多个县（市）代表以及相关专家等 150 多人参加会议，会议对于推动、引领全国各地坚持以习近平新时代中国特色社会主义思想为指导，推动县域高质量发展具有重要意义。

一　嘉善县域高质量发展示范点建设的主要举措和典型经验

一年多来，嘉善县始终牢记习近平总书记嘱托，深入贯彻落实党的二十大精神和习近平总书记考察浙江重要讲话精神，认真贯彻落实《高质量发展示范点建设方案》，针对县域发展中的共性问题和突出难题先立后破、大胆探索，形成了典型经验。

（一）聚焦创新发展，着力建设科创产业联动发展先行区

《高质量发展示范点建设方案》提出："坚持创新发展理念，走出县域'科创+产业'融合发展的新路子，为全国县域完善创新体系、增强产业竞争力作示范。"一年多来，嘉善县坚持以创新发展为目标，加强与科研院所、科研人才和科技创新企业的合作，努力提升经济发展的科技贡献力。

1. 构建与上海、杭州等大城市协同科技创新机制

嘉善县基于地缘区位便利优势，探索建立与上海、杭州等区域中心城市的协同科技创新机制，高水平建设祥符荡创新中心等创新平台，先后与中科院、复旦大学、浙江大学、上海大学等知名高校建立合作关系，积极建设嘉善复旦研究院等校地合作平台及现代中药创制全国重点实验室等科创载体。通过"飞地+平台"的联动机制，构建了"创意研发在外、孵化转化在内"的协同创新模式，形成了"接轨区域中心城市协同科技创新机制"典型经验，主要做法如表1所示。

表1　接轨区域中心城市协同科技创新机制

主要做法	推广价值
充分挖掘利用上海、杭州等区域中心城市创新资源，通过在上海建设"科创飞地"等方式积极承接高端产业创新孵化功能，选派干部到上海产业园区、国有企业、科研院所等学习先进经验并开展合作对接。加强校地合作，与复旦大学、浙江大学等高校共建研究院等科创载体，并推动相关科创载体与企业建立联合实验室，开展技术攻关和创新人才培养。推动创新要素共享，设立外国专业人才一站式服务专窗，面向高端人才推出人才住房券和人才福利奖，支持落户嘉善的省外高新技术企业有效期内继续享受税收优惠政策	可在毗邻大都市周边的县域和地区推广，集聚创新资源，提升县域科创实力

2. 以科技创新推动产业转型升级

通过科技合作和产业转化，推进产学研一体化深度融合，不断优化县域

产业，形成以先进制造业和现代服务业为主体的产业结构，建设产业层次高、自主创新能力强的示范片区。嘉善县为科技产业创新提供科技、人才、金融等公共服务保障，加强科技创新成果转化的追踪服务，形成"一对一"的专项会商破解科技转化难题，畅通科技产业项目落地成长的通道。积极以数字化引领产业转型升级，深度推进省级数字经济创新发展试验区建设，聚焦通信电子、集成电路、新能源等产业新赛道，引进立讯精密、青山控股、合盛硅业、剑桥科技等一批百亿企业。持续推进科技企业"双倍增"计划，建立高新技术企业"三色"分类管理服务机制，分别给予针对性政策要素支持。高新技术企业分类管理服务机制做法产生了良好成效，形成了"高新技术企业分类管理服务机制"典型经验，主要做法如表2所示。

表2 高新技术企业分类管理服务机制

主要做法	推广价值
制定高新技术企业储备培育管理办法，根据企业创新能力强弱建立高新技术企业"培育库"和"储备库"，开展分类辅导。建立高新技术企业数字化服务平台，利用大数据等技术手段分类推送政策清单、金融服务等。制定高新技术企业创新能力评价办法，按创新投入、创新产出、研发平台建设、科技成果获得、高层次人才引育等维度建立创新能力评价指标体系，将企业划分为创新示范（蓝色）、稳定成长（绿色）、督促提升（黄色）"三色"分类管理，按照不同类别针对性给予相应政策、要素等支持	可在全国高新技术企业培育较多、区域经济较强的县域和地区推广，引导高新技术企业做强做优，优化高新技术企业后续管理，进一步激发高新技术企业科技创新动力

3. 优化要素资源配置

通过资金扶持、用地保障等方式精准化供给企业高质量发展需求。围绕提高土地利用效率，创新实施工业"低产田"改造，建立项目准入、租赁管理等长效机制，近三年腾出低效用地1.5万余亩，规上企业亩均税收超过36万元，形成"工业'低产田'改造机制"典型经验，主要做法如表3所示。围绕提高资金使用效率，深化国家级产融合作试点、省级金融创新示范县试点建设，推动区域性股权市场试点改革，成立北交所长三角服务基地和浙江科创助力板总部服务基地。

表3　工业"低产田"改造机制

主要做法	推广价值
对工业企业绩效开展综合评价,合理确定企业亩均效益标准,将未达标企业列入工业"低产田"名单。对"低产田"企业制定"一企一策"方案,通过淘汰关停、转型提升、兼并重组等方式,分类别、分阶段进行改造。制定出台工业投资项目准入评价、工业厂房租赁管理等相关办法,规范工业项目准入条件,加强工业项目源头管控。建立工业"低产田"长效监管机制,依托园企数字化平台实时掌握"低产田"企业数据指标,精准指导改造提升	可在全国各县(市、区)推广应用,引导各地深入分析本地区工业发展情况,动态开展工业"低产田"改造,提升经济发展质量

（二）加强统筹协调，着力建设城乡融合发展先行区

《高质量发展示范点建设方案》提出："坚持协调发展理念，形成工农互促、城乡互补、协调发展、共同繁荣的新型工农城乡关系，为全国县域实施乡村振兴战略、推动城乡融合发展、推进以人为核心的新型城镇化作示范。"一年多来，嘉善县始终将城乡融合发展置于重要地位，加快农业农村现代化，统筹优化城乡功能布局，努力推进城乡融合发展。

1.建立城乡一体化规划发展格局

创新县域规划管理机制，建立总规划师伴随式全程负责制，深入构建"多规合一"规划体系。一体建设未来社区、未来乡村，构建全生活链服务场景。在乡村建设和城镇化发展中有序推进全域土地综合整治、全域农田流转、全域农房集聚"三全"改革，实现土地集约高效利用和城乡空间布局优化。土地节约集约利用工作获得国务院督查激励，土地流转率和农房集聚率分别达到了87.8%、53%。

2.加快农业农村现代化

一是构建现代农业经营服务体系。不断优化农业公共服务，积极构建现代农业生产经营服务体系，培育新型农业经营主体，促进小农户与现代农业和大市场有效衔接，探索形成了"联合化粮食生产农事服务机制"典型经验，主要做法如表4所示。

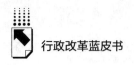

表4 联合化粮食生产农事服务机制

主要做法	推广价值
跨村联合成立实体化农事服务中心,开展农资配送、农技推广、农田管理等业务,聘请专业人员负责管理运营。联合村将所辖范围内的粮食用地统一纳入农事服务中心管理,推动农田连片集中经营,实行统一发包、统一机耕、统一种植、统一管理、统一收割、统一粮食回收、统一品牌、统一销售"八统一"。建立利益共享机制,按照农事服务中心经营运作、种植生产、产品销售等环节核算各村贡献度,并依据贡献度实行盈余差异化分红	可在全国各县(市、区)推广应用,推动粮食产业规模化发展,进一步稳定粮食生产和提升种粮主体积极性

二是推进高标准农田建设和农业"标准厂房"经营模式。充分发挥农业资源优势,全面推进"浙北粮仓"核心区建设,实施农业科技强农、机械强农"双强"行动,全域推进高标准农田建设,新建成高标准农田3.6万亩。创新"高标准农田+"生产模式,推行水稻制种产业标准化、专业化生产。深化小农户集中生产,推进适度规模经营,创新"农业生产'标准厂房'经营模式"典型经验,主要做法如表5所示。

表5 农业"标准厂房"经营模式

主要做法	推广价值
镇(街道)根据农业产业分布,按照集中连片、品种相近、便于管理原则,统一规划布局农业"标准厂房",并由镇(街道)出资成立农业发展公司进行投资建设,镇财政安排专项资金予以支持,县财政以乡村振兴专项资金按一定比例予以补助奖励。"标准厂房"按需配建农业基础设施、农产品交易中心等,培育扶持新型农业经营主体提供运营管理服务	可在全国土地流转率较高、村级经济较强的县域和地区推广,引导小农户集中生产、专业经营,提高农业效益,推动农户增收

三是发展壮大村集体经济推动强村富民。推动农事集中服务、农田连片经营、收益统一分红,形成"'飞地抱团'强村发展模式"典型经验,主要做法如表6所示。

表6 "飞地抱团"强村发展模式

主要做法	推广价值
由县级层面统一规划,在发展条件优越的经济开发区、特色小镇、商贸区等优势区块布局建设"飞地",引导各村集体以股份合作形式跨村跨镇"抱团"共同投资"飞地",建设标准厂房并实行专业运营管理。县财政统筹专项资金,对重点扶持村参与"飞地抱团"项目给予财政补助、贴息贷款等支持,确保村集体可从投资项目中获得保底分红收益	适合区域内资源禀赋不均衡的地区整合资源,实现项目资源和空间资源的高效配置,增强村集体经济造血功能,带动全域土地综合整治,为实施乡村振兴战略、促进高质量发展注入新动力

3.探索建立城市更新长效机制

深入实施以县城为重要载体的城镇化建设省级试点,积极打造南部高铁新城CBD、中部中新新城TOD、北部祥符荡EOD,全面提升城市能级和县城功能,不断推进乡村振兴与新型城镇化高质量协同发展。畅通县域互联互通网络,着力推动城乡交通运输服务均等化,引进北京市政总院、中铁上海设计院等优质项目打造高铁新城上海设计中心嘉善副中心,以"三高四铁"等重点板块和项目推动嘉善打造长三角重要综合交通枢纽。

4.构建县镇村三级联动社会治理机制

全面落实中央、省委、市委关于加强基层治理体系和治理能力现代化建设的部署要求,针对社会矛盾纠纷日益凸显、群体性事件逐渐增多等情况,通过深化基层社会治理"一张网"、迭代升级基层治理"四平台"、规范网格队伍建设等方式,建立健全县、镇、村三级联动社会治理机制,有效化解矛盾纠纷。

(三)夯实绿色基底,着力建设生态优势转化先行区

《高质量发展示范点建设方案》提出:"坚持绿色发展理念,打造县域践行绿水青山就是金山银山理念的新样板,为全国县域生态文明建设、生态环境治理和绿色低碳发展作示范。"一年多来,嘉善县深入学习习近平生态文明思想,坚定不移走生态优先、绿色发展道路,积极探索平原地区生态和

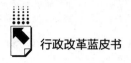
经济互促共赢的发展道路。

1.优化人居生态环境风貌

依托当地自然资源和良好生态环境优势，实施全域秀美三年行动计划，深入推进"千万工程"。深化人居环境长效整治，大力开展突出生态环境问题大排查大整治大提升"六大行动"。加快推进中心河拓浚及河湖连通工程等项目，全面推进江南水乡公园建设。加快推进园区、项目减污降碳，持续推进固体废物源头减量和资源化利用，与生态环境部土壤中心共建长三角"双碳"创新中心实验基地，完成低（零）碳县级、乡镇、村（社区）3级试点全覆盖。引导农民养成绿色生活方式和消费习惯，形成了"乡村绿色积分治理机制"典型经验，主要做法如表7所示。

表7 乡村绿色积分治理机制

主要做法	推广价值
持续深化"千万工程",在乡村建设和治理中建立绿色积分制度,以家庭(户)为单位实行积分评定、应用和管理,引导村民自愿参与。将积分制管理与环境整治、产业发展、乡风建设、村级事务、慈善公益等相结合,因村制宜确定积分项目并设置分值,制定考核细则。由党员、村民代表等组成考评小组,定期开展考评并公示,评出先进户、良好户、合格户和需提高户,对积分排名靠前农户公开表彰。积分可用于兑换日用品等实物和现金,激励村民把生态绿色理念融入生产生活	适用于全国各县域和地区,可根据地域实际和经济实力情况,稳步进行探索推广

2.加大生态环境治理和修复力度

系统开展生活源、工业源、农业源和移动源等源头治理，全面推进污水零直排、低散乱污企业整治、园区清洁化循环化改造、农业污水污染治理等生态治理措施，发布全国首个县级"污水零直排区"建设蓝皮书，天凝镇、大云镇入选全省首批污水零直排建设标杆镇。探索全域水生态修复模式，深化跨界水体联保共治，建立示范区三地生态环境数据共享机制，形成"跨界水体联保共治机制"典型经验，主要做法如表8所示。

表8　跨界水体联保共治机制

主要做法	推广价值
打破治水行政区域壁垒，与省际毗邻区（县）共同建立联合协调机制，制定一体化生态环境综合治理、跨界水域上下游管理等制度。建立联合管理机制，与省际毗邻区（县）实施联合巡河、联合监测、联合保洁，实现巡查、发现、督办、销号等工作闭环管理。开展联合执法，制定统一执法方案，组建联合执法队伍，定期开展跨界执法、联合应急演练、执法研讨，全面提升水环境问题联防联控能力	探索创新跨界区域环境治理体制机制的经验，可在全国各省、市、县的跨界水域进行复制推广，有利于提升区域环境管理能力

构建全域星空地一体化的生态立体监测体系，建成祥符荡一体化示范区生态绿色监测平台。因地制宜分类推进岸线修复、水生植被修复和生态湿地修复，形成"平原河网水生态保护修复机制"典型经验，主要做法如表9所示。

表9　平原河网水生态保护修复机制

主要做法	推广价值
针对平原地带缓流型河道水生态系统稳定性较差的问题，坚持整体治水理念，在开展全域水环境、水生态、水资源现状调查分析基础上，编制全县水生态保护与修复规划及实施方案。构建水生态分类修复体系，针对农田、村落、城镇、园区等不同区域、不同环境，因地制宜、因河施策，采取岸线修复、水生植被恢复、生态湿地构建等综合措施。依托生态监测数据管理平台开展水生态实时监测、评价，落实河湖长制等长效机制	本项经验坚持水环境、水生态、水资源等协同治理、统筹推进，可在全国平原河网地区推广

3. 建立生态自然资源价值量化和经济化机制

一是探索建立平原水乡生态系统生产总值（GEP）核算应用机制。发布浙江省首个平原河网地区县域生态系统生产总值（GEP）核算技术规范，率先发放"GEP生态价值贷"。形成环境功能区划评估机制，实施环境准入负面清单，健全水源地等重点生态保护区域生态补偿机制，落实对域内重点生态功能区转移支付，完善生态保护成效与资金分配挂钩的激励约束机制等制度体系。

二是创新全民所有自然资源资产清查工作机制。结合辖区内自然资源资产禀赋，探索建设用地资产清查技术路线，基本摸清全民所有建设用地资源资产"家底"，为全省开展资产清查工作提供了嘉善经验。用省级价格体系初步核算全县建设用地、农用地、矿产、森林和草原等 5 类自然资源资产经济价值，入选浙江省自然资源厅全民所有自然资源资产清查成果应用试点。充分应用全民所有自然资源资产清查成果，结合生态系统生产总值（GEP）成果，探索核算清单中各地块的"生态环境增值金"，开展土地出让领域生态产品价值实现应用试点，有效推动了示范区生态产品价值转化项目引领和制度创新双示范、生态产品价值实现及经济社会发展质量双提升。

（四）坚持开放提升，着力建设高水平开放合作先行区

《高质量发展示范点建设方案》提出："坚持开放发展理念，构筑开放型经济新高地，为全国县域提高对外开放水平、优化营商环境、更好服务融入新发展格局作示范。"一年多来，嘉善县主动对标上海、融入长三角，深入实施"地瓜经济"提能升级"一号开放工程"，创新对外开放合作体制机制，全面构建一流营商环境，努力构筑开放型经济新高地。

1. 积极融入长三角一体化

一是深化长三角生态绿色一体化发展示范区建设。联合上海市青浦区、苏州市吴江区围绕规划管理、土地管理、投资管理、要素流动、财税分享、公共服务政策等推出一体化的制度创新成果。全国首个跨省域国土空间规划——示范区国土空间总体规划、先行启动区国土空间规划、水乡客厅国土空间详细规划正式获批。三地联合出台《示范区行政执法协同指导意见》《示范区行政执法评议协同办法》等 8 项制度文件，建立案件管辖协调机制、联合执法监管机制等三地执法协同机制，全面加强区域行政执法统筹协作，形成一系列长三角区域行政执法协调工作发展新模式。

二是完善区域间重大事项对接调度机制。主动接轨上海、杭州，创新开放合作模式，实现与大都市区的融合发展。并推进产业、投资、信息、科技、人才等方面的全方位交流合作，支持重大体育赛事、设施落户嘉善，推进与上海、杭州在优质教育、优质医疗等领域的深度合作。以上海为重点建立跨区域对接协调机制，协调落实跨区域重大合作事项，深化在招商、产业、贸易、金融等领域的地区合作，发挥上海自贸试验区的辐射带动作用，

复制和推广制度创新和改革经验。此外，嘉善县还在户籍、住房、教育、社会保险等方面积极完善人才引进政策，推动住房公积金异地贷款等合作，探索完善跨区域公交一卡通制度，实现社会保障一卡通。

三是推进长三角交通设施互联互通。通过基础设施建设消除空间距离，加快推进水乡客厅·方厅水院、沪昆铁路高抬工程、通苏嘉永铁路等一批重大项目建设，打通省际断头路2条，开通跨省毗邻公交线路10条，形成到沪杭苏甬半小时高铁、一小时高速的便捷通勤。推进与上海交通互联互通，推动利用沪昆铁路开通嘉善至上海的市郊列车，进一步完善与上海枫泾公交化客运班线运营管理，做好公交线路规划等衔接工作。加快打造"轨道上的嘉善"，通苏嘉甬铁路浙江段、嘉善至西塘市域铁路先行段开工建设。

2. 创新对外开放协作机制

一是创新开放合作平台建设。充分发挥毗邻上海的地理区位优势，依托嘉善经济技术开发区，推进建设浙江临沪产业合作园区，高起点建设中新嘉善现代产业园等重大平台，努力吸引海内外高层次人才到嘉善创新创业，吸引国内外资金投向嘉善先进制造业、战略性新兴产业和现代服务业。同时，加快嘉兴综合保税区B区建设，重点发展进口贸易、保税物流、跨境电子商务，探索落地海关特殊监管区域外保税维修业务试点，建成跨境贸易电子商务"9610"海关监管场站，开通与上海浦东机场的跨关区转关业务。

二是创新实施招商引资重大项目落地共享机制。超常规实施"招商大突破年行动"，坚定不移抓好招商引资"一号工程"，创新实践"基金+股权+项目"的招商与资本相结合的新模式，2023年以来，累计签约锂电池生产、光模块制造等优质产业项目126个，总投资705亿元，实际利用外资4.86亿美元，跻身浙江省利用外资十强县，入评"浙江省十佳招大引强县（市、区）"。

3. 全面构建一流营商环境

一是创新企业全生命周期便利化服务。坚持把增值化改革作为优化营商环境的牵引性抓手，创新企业全生命周期"一件事"便利化服务，实施"178"（易企办）投资项目全生命周期服务，做实"一站式"服务，推出"首席代表"等七项工作举措，建立"免证办理"等八项配套机制，实现投资项目"一窗式"受理、"全流程"服务、"全过程"监管的政务服务新模式。

二是推进跨区域政务服务联动。携手青浦、吴江共推 13 项一体化制度创新改革，协同创新探索示范区跨域项目一体化审批新模式，一体审批方厅水院工程设计方案，实现"三份材料三个章"变"一份材料一个章"的变革性突破。率先搭建跨省域区块链系统，打造"区域协同万事通"重大应用，实现 1306 项政务服务事项的"跨省通办"。"区域协同万事通"跨域改革实现数字无界，打破行政边界，发出长三角首张跨省"证照联办通取"营业执照及许可证，形成"跨区域政务服务联动机制"典型经验，如表 10 所示。

表 10　跨区域政务服务联动机制

主要做法	推广价值
联合省际毗邻区县签订跨省授权通办框架协议、公共数据无差别共享协议等，通过开通接口、对接库表归集关键数据，共建政务服务跨省通办平台。共同制订跨省通办服务规范，对高频政务服务事项开展跨区域比对，按照就高不就低原则，统一执行标准。联合设立跨省通办综合受理专窗，推进"一网通办""自助通办"，实现跨域政务服务事项便捷办理	可为全国省际毗邻地区提供跨域协同的经验做法，特别是通过"统一用户认证、统一数据共享、统一执行标准、统一政策发布"的区域协同体系，构建区域内多部门的常态化、体系化协同服务新格局

三是创新外商投资类企业集聚发展机制。率先开展 QFLP（合格境外有限合伙人）试点，一方面，有利于更高质量利用外资，打造高质量外商投资集聚区，助力长三角生态绿色一体化发展嘉善片区建设；另一方面，探索创新新形势下高质量利用外资的浙江经验，为全省扩大利用外资创造有益经验。

（五）聚力共同富裕，着力建设社会共治共享先行区

《高质量发展示范点建设方案》提出："坚持共享发展理念，为全国县域建立健全基本公共服务体系、培育和践行社会主义核心价值观、推进现代化治理作示范。"嘉善县每年将一般公共预算支出的 80% 左右用于

民生，大力推进基层治理集成式改革创新，在推动共建共治共享上取得积极进展。

1. 以共建为载体，持续推进富民增收

一是优化就业创业环境。培育发展混合型农业经营主体，引导农村劳动力转移就业，有效促进了乡村现代产业发展，拓宽了农民增收渠道，增加了农民的工资性收入和财产性收入。完善创业创新引导和服务体制机制，落实创业担保贷款等政策，推广创客空间、创新工场等新型孵化模式。全力推进基层"共富工坊"建设，畅通村企合作渠道，设立"红色共富贷"，创新打造"共富小屋"数字化场景，拓展"共富工坊"应用业态。

二是优化公共就业服务体系。聚焦企业侧和就业群体侧需求，通过系统布局、分类推进、提质增效等方式构建布局合理、规模适宜、线上线下融合的公共就业服务体系。创新嘉善长三角"零工市场"服务模式，建成浙江省首家线上工资支付平台和首个线上即时投保平台，为灵活就业人员提供求职、培训、就业、保障、维权等全链条服务，成为浙江省首批省级示范零工市场。

三是完善工资合理增长机制。健全资本、技术、专利、管理等要素市场报酬机制，建立了反映劳动力市场供求关系和企业经济效益的工资协商共决机制。积极推行企业工资集体协商制度，支持企业实施灵活多样的股权激励和员工持股计划。

2. 以共治为方式，提升县域治理现代化水平

一是以数字化赋能社会治理安全。探索"互联网+"社会治理模式，完善网络舆情应对机制，健全网上网下联动工作体系，探索建立平安指数。创新社会治安防控体系建设，制定"智安街道"数据标准体系，深化视频资源一体化建设运维机制。探索"网格+警格"融合基层治理模式，建立"民声一键办"联动机制，实现企业群众呼声一站集成、一键直达、一办到底。

二是完善"善文化"治理机制。弘扬新时代县域特色文化，发布"善文化"指数3.0版，深化"浙江有礼·积善之嘉"县域文明新实践，持续

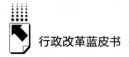

推进"善行天下——袁了凡"全国巡展、中国西塘汉服文化周等系列活动，举办纪念顾锡东 100 周年诞辰系列活动。均等化提升基本公共文化服务水平，开展农村文化礼堂社会化运行，被列入省农村文化礼堂社会化运行试点县。常态化开展"五湖四海一'嘉'人"主题活动，凝聚"善文化"精神力量，推进自治德治法治有机融合，打造人人有责、人人尽责的社会治理共同体。

三是健全社会矛盾化解机制。立足主动警务、预防警务，开发运用"风险警情闭环管理"系统，织好风险事件预警一张网，梳理易引发"民转刑"案件矛盾纠纷"一张清单"，压实管人控事责任全链条。建立县领导督导风险动态清零机制、警网双责和部门协同处置机制、人员分类和风险分级管控机制、会商攻坚和考评激励机制等四项机制，推动矛盾纠纷在村社网格清单化闭环管控。

四是完善行政执法体制机制。围绕构建全覆盖的整体政府监管体系和全闭环的行政执法体系，着力优化执法资源配置，深入推进"大综合一体化"行政执法改革，形成"基层'一支队伍管执法'机制"典型经验，主要做法如表 11 所示。深入推进行政执法协调监督体系建设，针对日常行政执法过程中存在的执法争议多、争议协调差、协调通道不畅等问题，创新"协商补位、协调归位、协同到位"三协治理新模式，着力打造嘉善行政执法协调监督品牌。

表 11　基层"一支队伍管执法"机制

主要做法	推广价值
科学划分县镇两级行政执法权限,根据基层治理需要,将与生产生活密切相关的执法事项赋权给各镇(街道)。按照县级部门派驻机构人员"县属镇用共管"原则,推动县级部门执法人员力量下沉,与各镇(街道)执法人员共同组成综合行政执法队,以镇(街道)名义开展行政执法工作。强化执法监督,建立综合行政执法队初审、镇(街道)法制室复审、县级部门抽审的三级审核制度,强化数字执法监督运用,开展线上实时监督	可在全国以县级执法部门派驻模式运行的乡镇(街道)推广,无须增加乡镇(街道)行政执法人员编制,通过盘活县级执法资源,赋权执法事项,实现"一支队伍管执法"

3. 以共享为目标，提升公共服务均等水平

一是提高教育均等化水平和质量。加大学前教育投入力度，提高义务教育优质均等化水平和普通高中教育质量，加强职业教育特色优势专业建设和学校上等级建设，引进高水平教育资源，与上海大学、浙师大等7所沪浙名校合作建设12所嘉善附属学校，农村学校名师覆盖率达100%。通过"顶层设计、技术融合、揭榜挂帅、演进发展"方式，建成县域智慧教育一体化平台，探索形成人机协同教育治理、教学、评价模式，有效破解教育数据贯通、教育智治问题，助力全域教育公平优质发展。

二是推进健康嘉善建设，提高医疗卫生服务质量。推动全民健身和全民健康深度融合。深化县域医共体建设，建立健全县镇村医疗资源一体化管理制度。统筹县域医疗资源，推进急救设施建设，建成"县急救中心—镇急救分站—村级急救哨点"一体化急救体系，院前急救保持全国领先，形成"县镇村一体化急救体系"典型经验，主要做法如表12所示。

表12　县镇村一体化急救体系

主要经验	推广价值
根据全县人口分布、急救需求、服务半径等实际，构建"县急救中心—镇急救分站—村级急救哨点"一体化急救体系，其中县急救中心、镇急救分站分别由县、镇财政投入建设和保障运行，村级急救哨点设在各村卫生室，由所在镇保障运行。建立统一的急救指挥机制，由县急救中心统一调度就近镇的急救资源开展救治和转运，并依托信息管理系统等实时上传患者数据，组织专家团队做好救治准备。强化三级急救能力，科学配置镇、村急救人员和设备，开展指导培训，有效前移抢救关口	可在全国经济较强的县域和地区推广，引导区域院前急救独立运行，推动乡村急救服务延伸，推进县级急诊急救提升，促进区域急救高质量发展

三是完善养老服务体系。深入推进国家级养老服务业标准化示范项目，创新打造康养联合体数字化应用场景，构建"医康养护"一体化发展新型养老模式，形成了"线上线下协同的养老服务机制"典型经验，主要做法如表13所示。

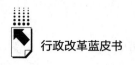

表 13　线上线下协同的养老服务机制

主要经验	推广价值
由民政部门协同公安、卫健、医保等多部门，在严格保护个人隐私前提下汇总全县老年人经济条件、健康状况等数据，形成一人一档，精准提供养老方案个性化定制、养老服务事项在线办理等服务，做到老年人福利政策应享尽享、不重不漏。建立智慧养老服务平台，实时掌握全县养老机构布局、床位供需、安防等情况。辖区卫生院在养老机构设立巡回医疗点，医护人员每周上门服务。针对空巢独居老人，建立智能物联网平台实时交互老年人健康、环境安全数据，实现独居老人与家属、急救部门联动	可在已基本形成居家为基础、社区为依托、机构充分发展、医养有机结合的养老服务体系的县域和地区推广，为老年人提供更高效、更便捷、更优质的家门口养老服务

二　嘉善县域高质量发展示范点建设的初步成效

2023 年，嘉善县全面推进示范点建设任务，经济社会发展总体水平和社会治理水平稳步提升，把中央和省市的关注支持转化为县域高质量发展的实际成效。2023 年 GDP 达到 908.1 亿元、增长 7.0%。共同富裕、数字化改革、碳达峰碳中和、工业稳增长等 4 项工作获浙江省政府督查激励。获浙江省"神农鼎""浙江制造天工鼎""科技创新鼎""大禹鼎""平安鼎"，实现五鼎"大满贯"。10 多项工作被列入国家级试点或培育名单，跻身全国县域高质量发展百强县 30 强。

（一）创新发展成效明显

科技创新能力明显提升。初步形成了以科技企业与科技小巨人为引领、高新技术企业为中坚、科技型中小企业为支撑的"雁阵式"企业发展格局。2023 年，新增高新技术企业 130 家，累计有效高新技术企业 748 家，高新技术产业增加值占比为 85%，列浙江省第 4，全社会研究与试验发展（R&D）支出占 GDP 比重突破 4%，全县创新指数列浙江省第 6，连续三次获得浙江省"科技创新鼎"。以全国第 3、浙江省第 1 的成绩入列第二批国家创新型县建设名单。科技赋能、科创产业联动极大提升了嘉善经济发展的

"研值"指数,制造业高质量评价列浙江省第 4,入围浙江省制造业高质量发展结对促共富示范县创建名单。

(二)发展环境持续优化

改革活力持续增强。联动推进省市 16 项重大改革攻坚行动以及县级 10 项牵一发动全身重大改革,获批"院前急救一件事"等省级以上改革试点 45 个。"县域高质量发展体制机制创新"等 3 项改革获评浙江省改革突破奖。营商环境持续优化。营商环境事项一次性化解率 100%、列浙江省第 1,"无感监测"营商指数列浙江省第 4。企业办事简单化,新增市场经营主体 1.2 万家,增长 8.7%。"区域协同办事通""民声一键办"改革经验入选浙江省营商环境优化"最佳实践案例"。生态环境更加秀美,入选省级减污降碳协同创新城市试点建设名单,获评浙江省三星级"无废城市"。社会环境更加和谐。"善文化"成功入选为浙江省首批"文化标志建设创新项目"名单,"浙江有礼·积善之嘉"县域文明新实践成功入选为浙江省首批"浙江有礼"金名片。顺利完成全国文明城市年度复评,入选全国法治政府建设示范市"十大标志性成果"。

(三)城乡品质加快提升

进一步激发了城乡融合发展活力,县城功能和城市能级全面提升,以县城为重要载体的城镇化建设被列入省级试点,充分发挥了中心镇节点对周边的辐射带动作用,城镇人口集聚度、产业集中度、功能完善度不断增强,2 个社区成功创建省级引领型未来社区,12 个社区入选省级未来社区创建名单。不论城乡,生活环境宜居、生产环境绿色、生态环境优美,文旅经济强劲复苏,2023 年,全县共接待游客 1310 万人次、增长 81.2%。乡村振兴持续推进,村均集体经济经常性收入突破 480 万元,集体经济年经营性收入 100 万元以上行政村实现全覆盖,粮食总产量 14.5 万吨,入列浙江省十强县,以浙江省第 1 成绩入选 2023 年度国家乡村振兴示范县创建名单,缪家村被列为全国学习"千万工程"经验现场

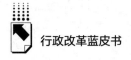

会考察点。城乡融合缩小了嘉善县城乡之间的发展差距，有效促进了城乡区域均衡一体化发展。

（四）共富成色更加鲜明

围绕持续提升发展成果享有的公平性，探索形成了富民增收、公共服务优质共享的新路径，在首届"2023 中国县域共同富裕指数"排名中列全国第 6 名。富民增收持续稳步推进，城乡居民收入倍差缩小至 1.53，全国领先，入选浙江省高质量发展建设共同富裕示范区试点。教育更加优质均衡，被列入全省首批教育领域数字化改革实验区，实现义务教育标准化学校100% 全覆盖，农村薄弱学校办学水平进一步提升。创成全国首批医养结合示范县，连续两年健康浙江考核列浙江省县（市、区）第 1。有效满足老年人对康养服务需求，在浙江省率先探索"以县为主"公办养老机构改革，打造一站式 CCRC 养老社区，实现每千名老人拥有养老床位达 50 张，成为浙江省唯一幸福颐养标杆区试点县。多层次社会保障体系进一步健全，基本医疗保险户籍人员参保率 99.8%，长期护理保险参保人数 51.5 万人，困难人员资助参保率 100%。

（五）示范效应广泛彰显

形成一批高质量发展实践成果、理论成果，一批典型案例获得国家、省市奖励，一批经验被列为国家、省市推广文件，还有一些经验获领导肯定性批示或被媒体广泛报道，产生广泛示范效应。"构建长三角跨域执法司法一体化协同新模式"项目入选浙江省"大综合一体化"行政执法改革"最佳实践"，获评浙江省改革突破奖提名奖。"区域协同万事通"跨域改革获评浙江省优化营商环境最佳实践案例。"三协治理新模式"获评浙江省县乡法治政府建设"最佳实践"。"五善之治"基层治理案例入选 2023 年全国城乡社区高质量发展典型案例。多项典型经验获部委和省市领导充分肯定。以"数字一体化"撬动区域一体化创新做法获国家发展改革委郑栅洁主任批示肯定，并获李强总理、丁薛祥副总理圈阅。"区域协同万事通"相关做法获国办职转办肯定，并在国办电子政务办《电子政务工作简报》刊发。《人民日报》《健康报》《浙江日报》等国家和省级媒体相继报道嘉善急救经验。跨区域政务服务联动等一批改革经验获得央视新闻、新华社等主流媒体宣传报道。长三角零工市场经验获央视新闻、《浙江日报》等一批省级及以上主流媒体关注报道。打造县域高质量发展典范、推进现代化治理等做法在第十四届中国社会治理论坛、第三届国家治理现代化论坛上作交流发言。

三 嘉善县域高质量发展示范点建设的经验和启示

嘉善示范点建设为全国县域高质量发展，从工作层面积累了可资借鉴的经验，对全国县域高质量发展和中国式县域现代化具有启示意义。

（一）嘉善县域高质量发展的经验

一是坚持思想引领，以习近平新时代中国特色社会主义思想为根本遵循。嘉善县广大干部群众把习近平总书记对嘉善的关怀和重要指示批示化为精神动力和行动指南，把习近平新时代中国特色社会主义思想全面贯彻落实到示范点建设的生动实践之中。示范点建设取得的显著成绩，根本上都是立足本地实际，坚定不移按照总书记指引的路子不断前进和不懈奋斗的结果。

二是坚持胸怀大局，以担当国家使命任务的高度自觉，奋力推动自身发展。嘉善县将推动本县发展融入党和国家大局，把服务国家战略视为自身发展机遇，坚持以长三角一体化发展国家战略为首位战略，举全县之力推进长三角生态绿色一体化示范区嘉善片区建设，推动示范点建设和示范区建设两促进、双提升。把推动自身发展视为带动其他县域发展的政治责任，深化山海协作和对口支援工作，体现了嘉善的责任和担当。

三是坚持改革创新，积极探索县域高质量发展新路径。国家发展改革委推广的典型经验，就是嘉善在"五个先行区"建设中勇于改革创新、勇于先行示范的优秀成果。通过聚焦创新发展，构建与周边大城市的协同科技创新机制，优化要素资源配置等改革举措，有效推动科创产业联动发展先行区建设。通过城乡一体化规划，加快农业农村现代化，建立城市更新机制等改革举措，有效推动城乡融合发展先行区建设。通过优化人居生态环境、推动工业绿色化改造、建立生态自然资源价值量化机制等改革举措，推动生态优势转化先行区建设。通过积极融入长三角一体化，创新对外开放协作机制，全面构建一流营商环境等改革举措，推动高水平开放合作先行区建设。通过持续推进富民增收，改进县域治理，提升公共服务均等水平，有效推动社会共治共享先行区建设。

四是坚持上下联动，有效利用政策支持优势。国家、省市的大力支持是推动嘉善县域高质量发展的根本前提。嘉善县积极做好向上对接，深化与中央、国家和省市有关部门的联系沟通：一方面，主动寻求上级单位的指导，及时报告示范点建设进展；另一方面，争取各方面政策支持，汇聚整合多方面资源，确保示《高质量发展示范点建设方案》实施取得成效。

五是坚持系统观念，协同推进示范点建设各方面改革。"五个先行区"建设涉及经济、文化、社会、生态、党的建设等多方面建设，涉及县域内部与外部区域的关系、城市与乡村的关系、传统与现代的关系等多方面的关系。嘉善县坚持系统观念，统筹部署、协同推进"五个先行区"建设，各项政策举措相互协调、同向发力、形成合力，推动示范点建设全面取得成效。以系统观念统筹政府、市场和社会的关系，协同推进经济体制机制改革、政府管理改革和社会治理改革，推动构建自治、德治、法治和智治相结合的社会治理体系，推动有效市场和有为政府的有机结合，增强了社会活力。

一年多来，嘉善示范点建设取得了很大的成绩，积累了宝贵的经验，当然，这些成绩和经验还是阶段性的。要全面完成示范点建设任务，推动县域高质量发展迈上更高台阶，更好发挥示范引领作用，还必须进一步深入学习习近平新时代中国特色社会主义思想，进一步深入推进新时代党的建设，进一步增强大局意识和使命意识，进一步深化高质量发展体制机制创新，进一步推进示范点建设理论研究、经验总结和宣传推广。

（二）嘉善县域高质量发展的启示

从全国来看，当前县域发展还存在不少薄弱环节。要更好推动县域高质量发展，建议从宏观上注意以下三点。

一要把县域发展融入中国式现代化大局。嘉善实践表明，只有主动把一域之发展融入国家发展大局，才能推动改革落地更及时、发展成效更显著。必须把推进中国式现代化作为最大的政治。各县域都要在中国式现代化进程中，找准定位、明确方向，聚焦经济建设这一中心工作和高质量发展这一首要任务。

二要切实贯彻落实好新发展理念。嘉善经验表明，要实现高质量发展，必须完整、准确、全面贯彻新发展理念。要抓好科技创新，推动传统产业转型升级，因地制宜地发展新质生产力。要强化县域空间统筹谋划，推动县域城乡融合发展，推动以县城为重要载体的新型城镇化建设，推进乡村全面振兴。要加快推动绿色低碳转型，打好污染防治攻坚战，完善生态修复保护机制，培养绿色生活方式。要积极融入区域一体化发展格局，融入全国统一大市场和全球市场。要提升城乡公共服务一体化水平，完善基层社会治理，切实把强县和富民统一起来。

三要因地制宜探索本县域高质量发展路径。全国各县情况差异很大，不能完全照搬其他县域的发展路径。如，昆山、江阴、慈溪、义乌等长三角的一些县市，利用区位优势，积极对接周边大城市，打造高端制造业、现代服务业等产业集群；福建省的晋江、南安等县市利用海外侨商资源和本土商业文化，发展鞋服、家电、建材等特色产业，打造了国内外知名的商品城和批发市场，也实现了产业集群驱动发展。所以，各县域应依据本地区的区位、资源特点，勇于改革创新，走特色化、差异化发展道路。

B.19
哈密市区两级政府事权
关系改革对策研究

中国行政体制改革研究会课题组 *

摘 要： 自2016年撤地设市以来，哈密市市区两级政府之间事权边界不清晰、机构设置不合理、权力责任不统一、运行机制不健全、资源配置不到位、制度化程度不高、数智化支撑不强，严重制约城市规划建设和经济社会发展。推进市区两级政府事权关系改革，是顺应哈密市发展新趋势的必然要求，是自治区赋予哈密新定位、新使命的主动担当，有助于政府加快职能转变，优化资源配置，提高治理效能，凝聚发展合力，为打造区域性的发展高地、创新高地和治理高地增添新的动力。哈密市区事权关系改革要坚持从市情、区情出发，以"强市、优区和富县"为目标，强化事权关系改革的效能导向。本研究提出了事权关系改革的九个方面的任务，并提出了具体的改革方法路径建议：以清单方式启动改革行动，以制度建设推动改革行动，以多措并举支撑改革行动，以完善机制保障改革行动，以坚强组织领导改革行动。

关键词： 市区两级政府 事权关系改革 哈密市

---

* 课题指导人：魏礼群，中国行政体制研究会学术委员会主任，原会长，国务院研究室原党组书记、主任，原国家行政学院党委书记、常务副院长，主要研究方向为应用经济学、公共管理学、社会学。课题组组长：慕海平，中国行政体制改革研究会学术委员会委员，原国家行政学院决策咨询部主任，研究员，主要研究方向为公共政策、行政改革；王露：中国行政体制改革研究会常务副秘书长，主要研究方向为行政改革和政府治理。课题组成员：安森东，国家市场监督管理总局发展研究中心质量发展和安全研究部副主任、研究员，主要研究方向为公共管理；许元荣，同济大学马克思主义学院博士研究生，主要研究方向为公共管理；王蓉，中国行政体制改革研究会研究部主任，主要研究方向为行政改革；徐博雅，苏州大学北京研究院助理研究员，主要研究方向为公共管理。执笔人：慕海平、许元荣、徐博雅。

2016 年，国务院批复撤销哈密地区和县级哈密市，设立地级哈密市、伊州区，哈密市辖 1 区、1 县、1 自治县。自 2016 年撤地设市以来，哈密市一直在探索城市行政管理体制和运行机制，先后对党政机构设置和职能配置、政府部门的权责关系、市县（区）财权事权划分等进行了初步的改革调整。但是，很多改革调整措施没有落实到位，特别是市区两级政府的事权关系仍然存在很多突出矛盾和问题，严重制约城市规划建设和经济社会发展。目前，哈密正处在贯彻落实自治区党委战略定位要求、以高质量发展推动中国式现代化新实践的重要时期，迫切需要理顺市区两级政府事权关系，深化行政体制改革，全面提高政府行政治理效能。哈密行政区划调整、撤地设市，既有支撑国家战略布局的总体考量，也是顺应新型城镇化发展趋势的必然选择，更是提升城市治理能力、推动城市经济社会转型发展的关键举措。哈密市区两级政府事权关系改革问题的提出，源于撤地设市带来的一系列关系变化没有调整到位，实践中又出现了一些新的矛盾和问题，对此进行考察研究，必须准确把握和落实撤地设市的初衷要义。为此，2023 年 7 月，经过充分沟通和协商，哈密市委托中国行政体制改革研究会开展哈密市区两级政府事权关系改革对策研究。

一 哈密市区两级政府事权关系改革的背景、意义和目标方向

市区政府间事权配置需要遵循一些重要的共性原则，才能充分地为行政效能和治理能力提供保障，包括导向清晰、权责对等、主体明确、权责规范、回路短小、监督有效、能力保证等多个方面。哈密市区（县）事权关系存在大量的体制性、机制性、技术性问题，矛盾比较突出，已经构成哈密经济社会发展的重大约束，必须通过深化改革释放政府治理效能、激活社会发展动能。哈密的特殊性在于，撤地设市时间短，维稳和疫情防控使应有的调整滞后，再加上特殊的城市类型结构、国家新一轮机构改革带来的叠加影响，使哈密面临的问题和成因又有所不同。

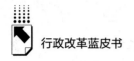

（一）哈密撤地设市以来市区两级政府职能变化

撤地设市后，原哈密地区和哈密市更名为哈密市和伊州区，两级政府权力和职能都发生一些变化。

1. 撤地设市扩大了哈密市的经济社会管理权

在组织机构上，建立起完整的政权系统，建有人大、政协、中级人民法院和中级人民检察院，可以执行地方选举。这意味着人事任命、预算审核等将依法受到人大监督，政府权力行使更加规范。在立法权力上，根据法律、行政法规和自治区的地方性法规制定地方政府规章，享有立法自主权。这使得哈密市进行城市治理的权力得到扩大，可以通过设定行政处罚、行政强制、行政许可等相关法规制度，进行经济社会管理。在行政决策上，具有相对独立的决策权，可以决定地方经济和社会发展重大事务，完善和增强政府宏观决策、管理、调控功能，优化区域经济发展格局和社会治理模式。在财政权力上，拥有一级财政，成立独立的财税机构，不再像地区一样只能按行政编制划拨经费，有权决定资金的流向，税收拥有更大空间，自筹资金能力增强，投资规模扩大，在招商引资工作中具有更大能量。在城乡发展上，不再主要面向县城和乡村，可以享受国家对地级市在工业发展、城市基础建设等方面的政策支持，加快新型城镇化发展进程，统筹城乡融合发展。

2. 撤地设市后对市区两级政府事权进行了初步划分

2018 年，哈密市按照国家和自治区统一部署进行了一轮机构调整，重新编制了三定方案，对两级政府职能进行了微调。之后，持续推进"放管服"改革，编制了负面清单和政府各部门权责清单，出台了优化营商环境办法，一定程度优化了两级政府事权关系。2019 年，哈密市出台了《关于推进哈密市与区县财政事权和支出责任划分的实施意见》，首次针对两级政府事权关系做出规定。哈密市主要承担市域内社会经济管理职能，对全市经济调节、社会管理、公共服务、城市规划、基础设施建设、城市建设管理、生态环境保护与生活环境维护等进行领导和管理。伊州区主要负责贯彻落实哈密市分解的各项任务，抓好辖区内的社会事务管理等职能，对辖区内的经济发展、社区管理、公共服务、城市维护管理及社会事业发展等进行领导和管理。2022 年，哈密市将高新区的管理权从区管上收到市管，对于增强市级统筹区域发展做出比较明显的划分，也取得了比较好的效果。但总体而言，撤地设市后哈密市区两级政府事权关系没有大的调整，目前哈密市仍在很大程度上保留着原来地市两级政府的事权关系基础，市政府基本上继承了原哈密地区的主要职能，伊州区基本继承了原县级哈密市的主要职能。已有的初步调整主要是落实撤地设市一般的和面上的要求，以及针对近年来国家推动相关领域机构改革做出的相应安排，没有触及哈密事权运行中存在的深层次问题，也缺乏对城市治理体制机制建设的长远规划，因此，市区两级政府在推进工作中时常会遇到事权划分不合理带来的问题和障碍。

3. 市区事权关系存在的主要问题

哈密市区事权关系存在的突出问题总体概括为：事权边界不清晰、机构设置不合理、权力责任不统一、运行机制不健全、资源配置不到位、制度化程度不高、数智化支撑不强。这些问题，有的是体制性问题，涉及事权设置和配置，属于事权关系问题；有的是机制性和技术性问题，涉及事权运行和手段方式，属于制度不健全或执行手段不匹配问题。这些问题以及衍生出来的弊端不解决好，就会导致市区两级政府事权关系不顺：市级统不好、基层接不住、纵向落不下、横向不协调的现象并存，给哈密市政府部门的行政效能带来严重的消耗和不利影响。

（二）哈密市区事权关系改革的重要意义

我国地级市经过长期演变，不断发展壮大，但类型多样，行政治理制度体系也很不相同、很不稳定，以地级市为主体的城市治理现代化需要在城市行政地位和体制模式上做出积极探索。这些探索包括科学界定地级市在行政层级和区划中的法律地位、国家和省（自治区、直辖市）向地级市进一步放权，以及地级市内部市与区县的行政关系等问题。哈密是新兴的地级市，正处在中国式现代化发展的新阶段，可以通过行政体制改革对这一问题的破题先行探索，总结经验，为新疆维吾尔自治区乃至全国其他同类型的地级市

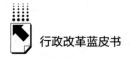
提供一种哈密的解决方案。

一是事权关系改革是对撤地设市体制调整的补课。撤地设市以来市区两级机构设置、职能定位、事权配置和运行管理上还存在一些短板与弱项，而且随着形势的发展和现代化进程的深化，现有问题将会进一步放大，对哈密经济社会高质量发展构成重要制约。撤地设市的初衷在于扩大市级政府对城市的治理权限，增强市域发展的统筹能力，做大做强主城区，带动市域经济社会高质量发展。全国地级市撤地设市之后，都有一个比较大的事权关系调整过程，这是由撤地设市初衷要义决定的，也是行政权力结构变化给行政层级关系调整带来的必然要求。哈密进一步理顺市区事权关系，补上这一课，有助于政府加快职能转变、优化资源配置、提高治理效能、凝聚发展合力，为打造区域性的发展高地、创新高地和治理高地增添新动力。

二是事权关系改革是对自治区赋予哈密新定位新使命的主动担当。自治区党委赋予了哈密建设新疆经济高质量发展的标杆、建设中国式现代化发展典范城市和西北五省区经济社会高质量发展的典范城市的全新发展定位。"一标杆两典范"既是发展的要求，也是改革的要求，必须通过深化改革，提升城市治理水平，全面准确贯彻落实。新疆撤地设市比较晚，目前其他撤地设市城市也在探索治理模式，还有几个地区仍是行政公署设置，也在积极筹划推进撤地设市。在这种背景下，哈密推进以事权关系改革为突破口的行政治理体制创新，将为自治区其他地区或城市进行先行探索，提供可资借鉴的经验范例，这也是哈密新定位新使命的题中应有之义。

三是事权关系改革是顺应哈密市发展新趋势的必然要求。为落实自治区的新部署新要求，哈密市委提出"建设社会主义现代化新哈密、在全疆率先实现基本现代化"是新时代新征程哈密的奋斗目标和中心任务。哈密市正在推动城市更新改造，加快以国家综合能源基地为中心的产业转型升级，提高城市综合实力和能级，打造引领区域高质量发展新引擎。哈密还在着力提升城市治理能力和水平，提高公共服务质量，加快提升城市风貌，促进城乡全面融合，打造社会治理高地。要推动落实市委市政府已经确定的这些重大改革发展任务，必须通过事权关系改革，调动市区（县）两级政府的积极性，形成协同高效的行政治理体系，更好地完成上述目标任务。

四是事权关系改革是贯彻新时代中央治疆方略的重大举措。要以新时代中央治疆方略为根本遵循，依法治疆、团结稳疆、文化润疆、富民兴疆、长期建疆。制度建设是谋长远之策、行固本之举。体制不顺、制度不健全会带来很多矛盾，长期得不到解决就会酿成沉疴，不仅影响"稳"，也会影响"治"。哈密以理顺事权关系为突破口深化行政体制改革，在法治轨道上加强制度建设，推进治理体系与治理能力现代化，就是要提高政治站位，从解决关系哈密"由稳向治"的根本性、基础性、长远性问题着眼，从当前最现实、最突出、最急迫的问题入手，破解体制机制上存在的难点堵点，破除制约发展的藩篱障碍，为开创哈密经济高质量发展和社会长治久安新局面提供有力支撑。

（三）哈密市区事权关系改革的目标方向

一是确立强市、优区、富县取向。理顺推进事权关系要找到发展的坐标，确定改革的方位，服务于高质量发展的需要。课题组建议，以"强市、优区、富县"作为事权关系改革的取向和基点，确定市区（县）发展定位，使区（县）事权关系改革与发展的实际需要相统一。这一基点突出市、区、县各自发展的特色，强调在全市范围内的功能地位，也内含两级政府事权划分的侧重。三者是改革与发展一体两面的有机统一，旨在各展优势，调动各方面的积极性。其中"强市"就是要从总体上用足用活撤地设市的自主权和政策优势，做强做大市本级，增强统筹协调能力，从更高层次更广范围调动资源和要素，推动市域的更好更快发展，加快打造高质量发展的区域增长极和高效治理的典范。"优区"主要是系统提升主城区（伊州区）的综合承载力、吸附力和支撑力，优化发展环境，完善配套功能，增强服务功能，带动提升哈密城市建设整体品质和"首善之区"形象。"富县"就是要统筹城乡融合发展，促进区县之间人口和要素流动，高水平推进两县（巴里坤县、伊吾县）乡村振兴，推动公共服务均等化，推动哈密在共建共享、共同富裕方面走在全疆前列。

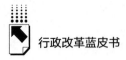
二是强化事权关系改革效能导向。从行政体制改革的角度看，考察政府间事权关系改革有多个维度，其中最关键的是提高行政效能，这涉及政府自身建设目标。事权关系改革要按照建设"法治、效能和服务型政府"方向推进，以突出依法行政、效能优先、服务为本的总体要求。市区两级政府的事权都要有充分的法律依据，依法保证事权运行的权威和效率。事权的设立和运行，归根结底都是为了服务于经济社会发展和提高人民生活水平，而只有保证效能优先，才能更好地体现服务为本。

三是事权关系改革要体现哈密市情区情。作为新兴的地级市，哈密有自身的特色和特殊性。地域广阔但人口不多，县级行政单位比较少但类型齐全（四个县级行政单位分属四种类型），一市一区的特点使市区两级城市管理的空间范围高度重合，这些都对市区两级政府事权划分、机构设置和权责关系匹配形成约束，也为探索大部制、扁平化等精简高效模式提供了空间。哈密是区域门户和节点城市，经济正处在快速发展阶段，相对而言总量不大但人均不低。内部发展格局正在发生变化，工业立市、能源兴市趋势明显。收支增长不协同，两县发展态势较好，伊州区公共服务负担加重。城镇化水平较高且集中度也很高，又是地域广阔的少数民族和边疆地区。这些特点对于市区（县）两级政府事权统什么、放什么、以什么方式统放和运行更有效率，也会产生影响，必须在改革中科学把握。

二 事权关系改革的主要任务

（一）强化市区两级政府事权划分的战略导向

科学理顺市区事权关系，关键是要强化总体战略导向。要按照事权关系改革总的原则要求，突出三个导向。一是按照政府职能划分。政府事权可以分为宏观调控权、市场监管权、社会管理权、公共服务权；二是按照事权层级划分，政府事权可分为决策权、执行权、监督权；三是按照事权复杂程度划分，政府事权可分为综合性事权、专业性事权、简单事权。不同事权在市区两级政府配置权重不同，往往需要同时考虑三个方面，并结合具体需要科学划分。按照事权配置的阶段性目标要求，市政府更多履行统筹城市规划建设和经济发展职能，更多承担决策类、监督类事权，更多承担综合性、专业性事权；区政府更多承担社会管理和公共服务职能，更多承担执行类、管理类事权，更多承担日常简单具体、专业性不强的事权。一般而言，依据现有政府职能和机构设置，市政府事权主要是制定政策、规划部署、指导协调、检查督促，以及提供全市性公共产品和公共服务等。具体包括：全市经济的宏观调控和管理，如全市经济发展规划制定、市场秩序管理、经济结构和产业政策调整等；涉及全市整体利益的全市性公共产品和服务的提供，如城市基础设施建设，教育、科学、文化、体育等各类社会事业发展等；对自然垄断和特殊行业进行政府管制，如制定和实施安全、卫生、教育等方面强势性标准；进行收入再分配，如社会保障、医疗健康、公共福利等，保证城乡之间、城区之间平衡发展；监督指导区县做好本区域内社会管理和公共服务事务，监督指导市政府政策在各区县的贯彻实施。一般而言，区政府事权主要是在辖区范围内进行管理和服务，直接面对基层和人民群众，做好市政府的助手，协助市政府管理好城市的各项事业。具体包括：在保证全市工作统一规划、统一决策、整体发展的大前提下，区政府事权配置侧重在执行性、服务性方面，强化突出社会管理和公共服务职能，逐步弱化经济职能；突出管理好全区社会事务，维护社会治安与秩序，加强社区服务和管理等；突出做好区域教育、科学、文化、卫生、体育等发展，搞好城区基础设施建设与维护等。

（二）强化市级宏观决策和统筹协调事权

哈密市城区与伊州区地理空间高度重合，且经济发展、城市更新、产业规划等对资源统筹能力要求较高。为进一步推动城市高质量发展、提高治理效率、降低治理成本，建议：一是加强市级产业发展布局宏观决策权。强化市级及有关部门在产业布局、重大项目投资审批、招商融资、外商投资、区域合作与国际合作等方面的管理权限，提高市域发展重要资源调配能力，推动产业发展转型升级。二是加强市级规划建设宏观决策权。建立市级统一的规划建设决策机制，不再市区分级。全市建立统一的城市项目建设计划与投资体系，统筹中心城区各类项目建设资金；建立统一的土地收储出让体系，对公共资源交易统一招标审核、统一监管；建立统一的建设标准，并通过统一的信息平台进行管理。三是加强市级统筹协调权。统筹科技进步和数字经济发展，促进城市创新发展和数字化治理。统筹区域协同和城乡融合发展，促进功能区协同、区县协同和城乡一体化。统筹受益范围覆盖全市的社会治理和公共服务，促进社会文明进步和共同富裕。通过制定政策法规、完善治理标准、加强指导监督等，提高各级政府城市发展和治理能力。

（三）优化区级承接执行和管理服务事权

哈密撤地设市后事权关系调整不到位，因此，应通过本次改革，将市政府应该强化和统筹的事权调整上收，区级主要负责落实市政府交办的任务，执行市里统一制定的政策，管理辖区内的日常事务。同时，为提高区政府执行力和行政效能，对应由区政府承担的事权加以调整和优化。建议：一是优化区级城市管理权。进一步简政放权，向区级下放市管区域之外的城市管理职责，强化区级社会管理领域行政许可、事务性管理和具体经办服务职责，制定相应的配套措施，建立健全管理考核制度。二是调整区级行政执法权。按照"设区的市和市辖区原则上只保留一个执法层级"的要求，市场监管、生态环境、交通运输、应急管理、城市管理领域行政执法层级原则上统一设在市级，文化市场、农业领域调整行政执法原则上设在区级。根据执法需要，可通过由市局向伊州区派驻执法力量、日常管理委托区局承担，与区局实行联署办公等方式协同执法。明确市、区局执法事权划分和执法衔接机制，构建分工合作、分级管理、各司其职、监管执法全局"一盘棋"的格局。三是加强区级公共服务职能。重点负责公共服务的组织实施、具体提供等执行性职责，面向社会公众直接提供便捷高效的政务服务和公共服务。按照提高行政效率、方便群众办事的原则，统一受理、后台办理。鉴于哈密下辖两县多数居民就医、上学、养老等都实际发生在伊州区，因此，按照权责对等与公平原则，可以考虑对医疗卫生、基础教育、社会福利等民生事项实行市区联合共管，加快出台财政体制改革细化方案，明确市级统筹的具体事项及支出责任。

（四）横向协同理顺部门事权关系

理顺市区两级政府事权关系，首先要理顺同级政府部门之间的横向事权关系。一是消除权责交叉，增强行政执法的权威性与精准度。针对权责交叉现象，可建立跨部门协调配合的工作机制。例如，针对农用农机跨区作业上路安全的监管，建议由农业农村部门牵头，联合交通运输、交警等部门组建协同监管机制，开展常态驻点交通执法和专项联合执法，减少因职责交叉带来的多头执法、执法不公等弊端。此外，事权调整中各承接部门应积极向市改革办、市法制部门等反映情况，协助对存在权责交叉的事项进行梳理，综合研判权责交叉执法事项出现的新情况新问题，推动相关条例的及时修订。二是破除互为前置，提高行政审批效率。针对市区关系调整中涉及的跨部门审批边界不清、互为前置现象，可明确由一个部门牵头受理，并转相关部门在规定期限内提出审核意见，实现一口受理、抄告相关、同时办理、限时办结，落实联合审批超时和缺席"责任追究制度"，用制度促进办事部门的衔接。例如，占用道路施工许可的审批事项同时涉及交通、规划、交警等多个部门，建议可由交通运输部门牵头受理，多部门联合进行现场勘验和网上联合审批等，在规定时间内提出审核意见。三是落实"一门"集中办理改革，为联审联办创造条件。将市政务服务大厅扩容建设列入改革优先事项加快推进，市区两级 20 家部门（单位）现分散设立的 27 个行业办事大厅的政务服务事项全部集中进驻市政务服务大厅，低频政务服务事项可采取"只进事项不进人"，加快实现各部门政务服务事项物理集聚、联审联办、精简审批，进一步提升政务服务标准化水平。

（五）纵向联动理顺市区事权关系

市级各部门与区各关联部门进行深入的沟通协调，启动事权梳理与划分工作，摸清纵向事权不匹配、不协调底数，包括事权的名称、内容、范围、类别等要素和涉及的法律依据、程序要求等，以此为基础优化三定方案。调整重点包括：一是填补职能空白。例如，调研中相关部门反映的哈密市、伊州区未设置通信管理行政机构，导致伊州区科工局对电信运营商无监管职责，但在日常工作和各类领导小组工作方案、应急预案中均需承担相关职责的问题，应加快修订市、区两级工信部门三定方案赋之以相关事权。又如，针对城市规划执法上存在的执法"真空"，可将相关职能明确划转至城市管理行政执法部门。二是完善市区两级机构设置。针对市场监管领域综合执法改革不到位的情况，要尽快在市级层面建立统一的市场监管综合执法队伍，全面承担市场监管领域行政执法任务。哈密市市场监督管理局向伊州区派驻分局，承担市区两级市场监管领域行政执法职责，不再保留单设的伊州区市场监督管理局。针对市级在城市规划建设执法领域缺乏统筹力量的问题，可考虑将伊州区城市管理行政执法局行政执法职责划入哈密市住房和城乡建设局，组建哈密市城市管理综合行政执法队，承担市、区两级城市管理行政执法事项，统一执法归口，强化执法力量。三是明确下放事权承接主体。目前，针对事权承接主体争议较大的事项，为确保不出现"空档"存在暂时指定一个部门承接下来的现象，应加快评估和研究使承接主体符合法定规范。例如，伊州区在人防领域暂无机构、专业人员和相应能力承接，故暂由区发改委负责，可考虑将人防机构调整为市、区分级管理，或调整优化三定方案赋予区发改部门相关事权财权。四是发布交接清单。由市级制定发布清晰的事权交接清单目录，确保不缺项、不漏项。交接清单里涉及的有关部门要配套出台明确的具体操作指引，避免事权"一放了之"导致承接部门实际操作困难。

（六）加强事权关系改革的法制基础

以规范行权、科学配权、依法治权为导向，加快推进事权划分与承接、行权的法制化进程。一是加强重点领域地方立法修法。面向城市建设、城市管理领域等行政执法矛盾比较突出的领域，尽快启动地方立法程序。在此基础上，将重点领域的立法经验进行迁移，系统梳理其他领域的立法需求，填补执法层级空白、统一执法标准、细化执法依据，全面推进哈密市各领域执法工作法制化规范化。例如，可将城市更新与综合执法改革中的实践经验与形成的有效管理机制，通过立法形式固定下来，出台《哈密市城市更新条例》《哈密市城市规划条例》《哈密市城市建设管理办法》等，对规划执法、城管执法事项上存在的权责边界不清、执法依据不明、执法标准不明、执法链条不清（如违建执法、停车场收费执法）等问题从法律上加以明晰。二是探索事权法定和授权治理新模式。通过"一机构、一立法、一授权"的方式，探索法定机构、行业协会、国有企业等作为事权管理和制度集成的创新平台，为推动重点领域和产业的发展开辟"1.5 轨"的制度环境和渠道。其中，法定机构是独立于行政编制的新型公共管理组织，属于非营利性的专门目的公法人；依地方性法规或地方政府规章规定设立，根据授权或委托获得行政职权或代为行使行政职权；承担公共政策执行职能或者公共服务职能，按照市场化模式灵活自主运作。我国的法定机构源自深圳的探索，现多设于自贸区、高新技术开发区，现在很多地方也有拓展和推广。近年来，海南省在省级层面政府序列之外尝试设立多个法定机构，将专业性、技术性或社会参与性较强的公共服务和管理职能交由法定机构承担，重点探索"政府主导、各方参与"的行政管理新模式。哈密可以考虑，利用现有高新园区、各类平台机构、行业协会和国有企业等现有条件，围绕优化营商环境、招商引资、打造产业链、政务服务、基层治理等，开展授权治理的探索。三是强化法治支撑。以法治手段解决改革进程中争议问题，并积极争取自治区层面的依法授权。为充分反映各级政府的意见，提高政府职能配置争议解决的规范化水平，参照《哈密市市直部门职责分工协商和协调办法》，对于市区关系的协调和职能事权的配置争议可先通过在市委编委或人大设立专门的协调委员会或市区两级联席会议制度来进行解决。针对事权改革中存在的上位法陈旧、不完善、有冲突等问题，各部门可及时就不衔接、不一致、亟须修改、废止的法律、法规、部门规章、行业规范等提出清理意见，并提出拟修改或废止的意见及相关理由和依据，推动自治区法制部门启动相关法规、

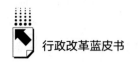
规章的立改废程序，或争取授权试点，为深化哈密市区行政关系改革创造良好法治条件。

（七）以数智化为事权高效运行赋能

在数字化、智能化快速发展、对城市治理影响越来越大的新形势下，事权关系改革必须充分考虑用新技术手段赋能，破解事权运行中的难题。一是加快补齐数字政府基础设施短板。加快落实"一网通办"，摸清尚未实现信息化覆盖的政务服务领域底数，将相关领域的数字化转型列为优先事项加快推进。加快推进"一网协同"，推进电子政务内网、外网基础设施改造升级和政务系统迁移上云，尤其是要尽快改造更新不符合网络安全和国密要求、存在网络及数据安全风险隐患的老旧设备，构建高带宽、负载均衡、安全可靠的政务网络，确保有能力支撑政务应用系统安全稳定运行。二是探索建设哈密"城市大脑"。推动公共数据资源归集，对市政设施运行管理、交通管理、环境管理、应急管理等各类城市管理数字化平台数据和功能进行整合，建设城市治理综合数据库和城市虚拟仿真系统，并以此为基础探索搭建全市统一的城市治理指挥平台，形成感知灵敏、智能预警、快速反应、综合协调的可视化、智能化城市综合治理体系，为实现"一网统管"奠定基础。三是聚焦城市治理的重点领域和关键环节，率先实现数智化治理应用场景落地。建议启动"标准化数字执法平台"工程，率先在综合执法领域推进数智化改革。可以借鉴广东模式，建设"三库三平台"（即法律法规库、执法事项库、执法主体及人员库；执法信息平台、执法公示平台和执法监督网络平台），不同层级、不同系统行政执法主体全部上线，从而实现执法事项一键尽览，法律依据智能索引，执法主体准确关联，执法人员数字赋能，执法过程线上协同，执法结果全面共享，执法监督公开透明，执法效能大幅提升。

（八）加强事权与财权、编制的对接匹配

对普遍反映的资源不足、编制不足问题，进行科学分析和梳理，确属

配置不足的要补充，属于配置错位的要调整，不合理的诉求应通过加强培训和作风建设予以解决。一是深化市区财政事权和支出责任划分改革。市政基础设施、住房建设等尚未出台财政事权和支出责任划分改革实施方案的领域，要结合自治区的部署要求和哈密实际，加快出台相关方案。已经出台相关方案的领域如教育、医疗、社保等，需立足哈密本土实际，将伊州区流动人口较多等现实因素纳入考量，进一步明确市区两级在细分项目上的支出责任标准和具体分担比例。向区级政府赋予更多公共服务责任的同时，也需将相应经费资源向基层一线区一级政府倾斜。在市政府相关行政规章中明确加大对区级政府的财政转移支付力度，对事权下放而经费划转没有落实到位的现象，要加强监督并尽快调整，切实增强基层政府保障基本公共服务的能力。二是盘活用好编制资源。根据事权关系调整变动，统筹人员编制供给，重点收回职能弱化、业务可市场化解决等单位的编制，盘活存量。按照"编随事走""人随编走"原则，综合考虑区级部门相较于市级部门人员编制较少的现状，适当加强事权下放相关单位人员编制。加大内部人员选调力度，尤其要将专业人才配置到最合适的岗位上，实现专人专岗。在老百姓关心的方向上加大资源配置投入，提高"前台处理"能力。三是加强人才队伍培训。建立"全覆盖、专业化、常态化"的培训机制，围绕改革中事权政策业务知识及相关法律法规知识，采取政策学习、业务研讨、实操培训等方式展开系统培训，进一步提升干部的履职能力。加强城市间业务交流，学习借鉴先行城市政府行政体制改革的经验，与具有类似市情的城市建立常态化的交流关系，借鉴他山之石的经验。四是探索建立政府购买服务制度。推进社会组织承接政府部门的服务，借助社会和市场解决基层人员编制紧缺和专业人才不足等问题，提升基层行政效率和公共服务品质。加快研究制定《政府购买服务管理办法》和《政府购买服务指导目录》，明确基本公共服务的范围和方式。借鉴沿海地区发展较为成熟的政府购买服务模式与经验，探索公共设施维护、建设工程管理、文体教医卫、就业与社保、安全生产、城市管理、城市建设更新、公共资源交易等事项，通过购买服务方式，转由企业和社会组织承

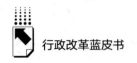

担。具体操作上，可构建由市发改委牵头，组织、统战、住建、文旅、城管等相关职能部门组成的工作协调小组，协同推进政府向社会购买服务工作，统一政府购买服务的流程管理。

（九）聚焦重点领域事权关系改革

由于市区事权关系改革牵涉面广、情况复杂，实践中也没有现成的模式可循，因此，推动相关改革应该先易后难，点面结合。对于事权边界比较清晰，涉及范围不广、影响不大，专业性比较强的事权，可以应改随改、应调即调。对于当前矛盾比较突出、争议和影响较大、推动改革发展迫切需要的领域，要集中力量攻关，循序渐进，不断创新。这些领域往往也是国家要求、各城市都在探索的领域，因此应该聚焦，优先考虑推动改革。从哈密的实际情况出发，建议重点聚焦城市规划建设、产业发展、综合执法、市场监管、基层治理和公共服务六大领域，厘清存在问题，明确事权关系，完善运行机制和管理制度，形成改革的早期收获。

一是城市规划建设管理领域。按照规划一张蓝图、建设一个盘子、管理一支队伍的要求，调整市住建局与伊州区住建局事权关系，通过界定空间边界和项目审批主体管理范围，全面提升城市规划建设管理科学化水平。规划编制权限整体上收至市级，中心城区的建设权限上收到市级，非中心区建设和管理权限留在区级。以项目审批主体界定管理范围，市住建局履行中心城区范围外、伊州区行政辖区内，由市级及以上发改部门审批（核准、备案）的房屋建筑和市政基础设施项目的管理职责，其余项目管理职责由伊州区住建局履行。

二是产业发展领域。瞄准产业大发展大转型的战略目标，强化市级统筹产业发展和布局，准确把握比较优势，优化营商环境，推动招商引资，促进高质量发展。经济管理类事权，实行决议、执行两分开，即该类决策性事权上移由市职能部门统一行使，执行性事权下放给各区政府职能部门。工业发展以市统筹为主，中心城区和市级功能区工业发展项目由市统一审批管理。强化区级在完善城市功能方面的作用，设定必要的区级工业发展片区，在市级综合统筹之下，按一定标准将更多的服务业发展、农业发展事项划为区级管理。

在上述城市规划建设和产业发展领域，涉及很多项目建设的审批问题，对事权划分应针对性地确定可行标准。从各地做法看，建议设三条线。

——以空间划线，确定中心城区和非中心城区、市级功能区和区级功能区，前者事权归属市政府，后者事权归属区政府。

——以重要性划线，将综合的、重大的事权划为市级事权，将具体的、局部的事权划为区级事权，具体项目建设可以依据项目规模、行业属性、资金来源等情况确定规模或比例，并据此动态调整和划分事权。

——以权重划线，主要是针对共同事权，将决策、制定政策标准、加强监督和专业指导等事权确定为市级事权，将执行、日常检查处置的事权确定为区级事权。事权划分既复杂又专业，需要具体问题具体分析，在实践中不断优化。

三是综合执法领域。强化城市综合执法，通过大部门、大城管模式，将城市运营管理与末端执法监察职能整合，强化服务导向，是未来的大趋势。因此，将多个行政部门的行政执法权划归一个部门行使，逐步从小合并走向大合并，实属必然。尤其是考虑到，哈密城市规模小和一市一区特点，以及数字化、智能化赋能带来的协同效应，应在事权关系改革中整合建立城市执法大综合模式。借鉴浙江经验，市级成立城市管理行政综合执法局，在区级设分局，局队一体，以市局名义统一执法。还可以借鉴上海、广东等地经验，建设数字化综合执法平台，实现全部执法事项、执法依据、执法人员、执法过程、执法判定、执法结果等环节的智能化升级，为基层执法队伍赋能，大幅降低执法难度，提高执法质量，消除执法队伍人员素质参差不齐、流动性大、执法自由裁量权过大、执法专业能力不足等问题带来的种种弊端，使综合执法工作迈上一个大台阶。

四是市场监管领域。着眼于建立健全统一的市场监管相适应的综合执法模式，健全市、区县、乡镇（街道）市场监管综合行政执法体系，推动市场监管创新发展。综合考虑行政事权的性质、专业程度、风险等级和市区市场监管部门执法资源配置情况，合理分类划分管理权限。工商、质量技术监督、食品药品监督等市场监管类事权，以市直接管理为主，区政府提供必要的协助。市级层面统一指挥、指导、组织、协调全市层面执法办案工作，侧重办大案、抓专项、抓跨区域案件；区级层面承担辖区内日常监管和具体执法办案，监督检查、行政处罚事权原则上由区市场监管综合行政执法机构负责实施。理顺市场监管综合行政执法与其他政府职能部门职责的关系，行政主管部门加强源头监管和协调指导，强化事中事后监管，建立完善衔接配合、信息互通、资源共享、协调联动、监督制约等运行机制。建立完善市区执法衔接机制、协作机制、执法办案制度体系，推动执法履职到位和效能提升。

在上述城市管理执法和市场监管执法领域，目前存在的事权关系问题比较多，各地的实践探索也很丰富，国家推动城市行政执法改革的目标和要求也比较明确。哈密可以从自身实际和城市特点出发，围绕大部门和扁平化的思路，实行总局（队）与分局（队）一体化体制，厘清市区两级政府不同层次和范围内的事权关系，同时完善与专业领域分工协同机制，建立相关的事权运行规程和管理制度。

五是公共服务领域。公共服务主要指政府向社会公众提供的公共产品和服务，主要包括公共教育、卫生医疗、社会保障、公共安全、文化健身、基础设施、公共交通、环境保护等。对文教卫体和市政基础设施等公共服务类事权，应在市区间合理分工，涉及全市公平性的服务事项由市级统筹，仅涉及区内居民的事项由区级负责。在涉及市区两级共同管理的事务上，要明确各自的支出范围与责任。市级主要承担决策性责任，着眼全局制定公共服务宏观发展规划，制定政策法规和服务标准，统筹协调公共服务均等化，做好全市各部门、各领域的资金统筹，对执行情况进行监督等。区级主要承担公共服务执行性责任，包括公共服务的组织、实施、提供、管理等，将公共服务政策具体贯彻落实、执行和管理具体服务事项、加强服务能力建设等下沉到区级和基层。

六是基层治理领域。基层治理主要包括基层政权治理、基层组织建设、社区建设管理、基层法治和德治、基层群众自治等。市级主要是提出基层治理的目标，完善政策法规，支持基层治理能力建设等，而将具体的治理事项尽可能交由区级管理，支持区级和街道、社区开展治理创新，将相关的人、财、物等资源和管理事权充分下沉，向基层一线靠拢，向基层民众贴近。区级要着力推动，打造强劲的基层党建引擎，制定基层社区服务能力建设规划，形成"一核、多元、共治"的基层治理格局。

上述公共服务和基层治理领域，是城市治理的基础，事权运行的"最后一公里"，需要高度重视。推进城市治理现代化，基本要求是科学化、精细化和数智化治理，都需要贯通体现到"最后一公里"。推进市区事权关系改革，要加强区级以下公共服务和基层治理事权配置与能力提升，夯实城市基层社会治理的基础，增加基层民众对改革的获得感。

三　哈密市区事权关系改革的方法路径

按照三步走推动事权关系改革行动，需要科学设计方案，制定可行路径，采取强有力措施，保证各项改革任务落实见效。

（一）以清单方式启动改革行动

全面梳理问题和调整事权，厘清行政权力边界和政府各部门权责。改革行动从梳理清单入手，实行清单推动、清单管理。一是梳理提出问题清单。从权责职能入手，认真梳理、查找现行体制中存在的制度缺失问题，特别是要厘清政府与市场、社会的边界，厘清政府各部门间、上下级间权责关系中存在的不合理、不顺畅之处，明确改革任务和调整重点。二是梳理提出事权清单。两级政府及部门各自梳理现有权力和职责事项，包括梳理行政许可、行政处罚、行政强制、行政征收、行政给付、行政裁决、行政确认、行政奖励、行政检查、其他行政权力等行政权力事项、公共服务事项及其对应的责任事项等。根据部门"三定"方案，梳理部门职责、内设机构及职责、下属单位及职责，议事协调机构承担的、市委市政府交办的其他任务职责等，清晰各部门职责事项。三是调整部门权责清单。结合机构改革和职能调整等情况，参照自治区直单位系统权责清单的调整，对市区"三定"范围内机构职责进行调整优化，对权责清单实施动态管理。根据法律法规"立改废释"要求、行政权力依据变化、机构职能调整等情况，对市级部门权力清单和责任清单事项作出相应的增加、取消、变更，以更好地适应各级政府履职实际。对职能重叠、权责边界不清晰的事权进行协商，达成一致，形成清单。将未协商一致的职责事项单独列出，进行集中攻坚，通过召集协商、召开专题会议、引入专家论证等方式，促成多数权责内容达成一致意见。对需由两个以上部门（单位）共同完成的职责事项，明确责任主体和履职范围，理顺部门职责分工。四是对接落实市区事权关系调整方案。在全面梳理两级政府各部门工作职责基础上，按照市区两级政府事权关系改革战略导向，调整优化市区政府各部门"三定"方案和事权职责，进一步细化市区两级政府权责清单。将两级政府各部门梳理出来的涉及市区关系的事权形成专项议事清单，按照上述部门横向协商的方式，组织市区两级相关主体和司法部门、专家团队等开展上下对接协商，达成一致的，拟定《市区事权划分清单》，按照清单调整理顺市区事权关系。

（二）以制度建设推动改革行动

围绕事权配置全面推进建章立制，优化事权运行机制。将事权关系改革与制度建设结合起来，保证事权规范运行，制度刚性执行。一是梳理修订行业规范制度。各行业主管部门（单位）结合本行业领域发展特点和工作需要，围绕事权运行系统梳理现有制度，重点弄清楚现有哪些制度，尚缺哪些行业制度，哪些制度发挥作用不到位，还存在什么漏洞短板，下一步怎么解决完善等内容。修订完善与当前形势任务不相适应的制度规范，努力建立一套有法规支撑、贴合行业实际、体现行业特色、服务行业发展的事权运行制度。二是梳理规范对外行权制度。为优化权责事项运行流程，确保运行链条中的每个岗位、每个环节有章可循、有规可依，进一步细化、完善自由裁量基准。结合行业领域发展特点和工作需要，持续健全对外行权制度。按照

"谁审批、谁监管，谁主管、谁监管"原则，紧盯存在的盲区或薄弱环节，通过健全制度堵漏洞、补空白，推动实现权责制度化、流程标准化、运行规范化。三是清理完善内部管理制度。切实加强政府部门内部管理制度建设，特别是紧盯涉及事权运行的权责利、人财物等重要环节、重要岗位和重点人员，有针对性地建立"以工作岗位为点、业务流程为线、监管制度为面"环环相扣的完整制度体系。结合内外部环境变化情况，深入研究分析可能存在的风险点、矛盾点、空白点，进一步修订完善相关内部管理制度。四是清理规范性文件。将行政规范性文件的清理范围分为市政府的行政规范性文件、各部门的行政规范性文件和区级层面的行政规范性文件三个层级，依据层级不同确定清理责任主体，按照"谁起草、谁实施、谁清理"的原则有序开展规范性文件清理工作。对事权关系改革提出的清单和制度建设要求，分别对应继续有效、修改、废止、宣布失效、不再作为行政规范性文件管理和重新制定等六种清理结果，做到应留则留、应改即改、应废尽废。

（三）以多措并举支撑改革行动

改革行动涉及很多法律问题和专业问题，事权调整是动态性的，制度运行也有一个实践检验和调试的过程，需要强化相关保障措施。一是加强法治化保障。坚持用法治思维和手段推进制度创新，对事权清单、权责清单、行政规范性文件的制定进行合法性审查。为确保清单编制程序规范，按照"面向社会公开征求意见，召开征求意见座谈会，组织专家论证评审会，移交司法部门进行合法性审查"的路线，对事权清单、责任清单进行充分论证，有效保障清单合法性审核工作的严谨、细致、周全。做好新制定行政规范性文件的合法性审核和备案审查工作，确保文件制定程序依法依规，强化立法对制度创新的确认和规范作用。二是加强标准化规范。为保证事权改革规范，要大力推动权责制度制修订的标准化，进一步细化完善事权运行流程、自由裁量基准。通过清单方式对运行状态和制度执行情况进行评价描述，对各部门履行责任、行使权力过程中遇到的问题进行描述，提出解决措

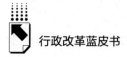

施和完成时限。三是加强数智化支撑。认真贯彻落实《国务院关于加强数字政府建设的指导意见》和党的二十大关于数字政府建设的部署要求，通过数字化手段，深化信息共享，打破部门界限壁垒，推动各部门以联动方式开展行动，以集成方式提升执行效能。建立"制度共享库"平台，将市区两级政府事权清单和各类制度规定全部纳入库中进行管理，推动分散的制度数据整合管理，不断升级优化"制度共享库"平台功能，合理延展平台可视、可用、可考范围。

（四）以完善机制保障改革行动

事权关系改革是整体性和系统性的改革，必须打破部门、层级壁垒，形成推动改革行动的合力。一是加强协同联动。建立各部门间各司其职、各负其责、齐抓共管、运转高效的工作格局，各级各部门之间加强沟通协作。涉及多部门权责的事项，由牵头部门负责、其他部门主动配合开展工作，围绕事权运行环节和流程、行权履职规范、协同联动方式、合规运行要求等，合力推动制度建设。市区两级政府要建立专班专人对接联动机制，及时提出共商议题，及时沟通反馈信息，准确描述问题和意见，形成市区两级分工合理、权责明晰的联动工作机制，提高改革行动的工作效率。同时，注重加强市级部门与省部门、国家部委间的沟通反馈和纵向联动对接。二是加强评估监督。对事权关系改革行动的执行情况要进行及时评估、监督执行、考核结果，建立"一阶段一评估"机制，对重点领域的改革进展、改革成效、改革不足等追踪评估，适时提出问题、解决问题。构建全方位的廉政监督机制筑牢廉洁防线，严禁在推进改革中超编、超职数、突击提拔干部。建议由市纪检监察部门牵头推动建立改革廉政监督机制，督促、指导各单位根据事权变化特点，研判事权相关环节和具体承办岗位存在的廉政风险，根据权力重要程度、自由裁量幅度大小等，划分为高、中、低三个等级，实行分级管理、责任到人。根据廉政风险的变化，及时调整风险等级，采取切实可行的风险防控措施，努力堵住权力寻租空间。三是加强考核激励。将事权关系改革和制度建设工作创新纳入干部政绩考核体系，将考核结果作为城市党政领导班子和领导干部综合考核评价的重要参考，推动各级党委、政府和领导干部履职尽责。

（五）以坚强组织领导改革行动

一是加强党对事权关系改革的组织领导，在哈密市委的统一领导下，成立工作专班负责统筹推进，分步骤制定改革行动具体方案，研究重大问题，把握改革方向，分类分层推进。各级党委和政府要充分认识推进市区两级事权关系改革和制度建设的重要性和紧迫性，强化政治建设，压紧压实责任，提高工作效率，切实履行领导责任。二是科学制订改革方案。加强改革的顶层设计，事权关系改革行动与率先基本实现中国式现代化三年行动统筹推进，与行政体制改革和其他方面的改革协调推进，正确处理好事权改革与落实各项重大任务的关系，准确把握事权改革与体制性、机制性和技术性制度建设的内在联系，保证改革的正确方向，把握好改革的节奏和分寸。三是通过广泛宣传凝聚共识。推进市区两级政府事权关系改革，需要广泛反映不同主体需求，要开门问政，调动各方面的积极性、主动性、创造性，参与事权改革和制度建设，凝聚共识与合力，切实解决问题。应以事权改革为契机、以制度创新为抓手，进一步解放思想，贯彻改革发展新理念，广泛调动各级各部门共同查找哈密市发展中面临的各类体制机制难点、痛点、堵点，研究提出解决问题的思路和办法，自上而下提出要求、自下而上落实对接，形成推动改革工作氛围。

哈密市区事权关系改革要阶段性推进。哈密本轮事权关系改革具有对撤地设市调整不到位进行补课的性质，也是面向中国式现代化发展新阶段的主动探索。因此既要着眼近期、聚焦事权，着力解决当前存在的主要矛盾和问题，突出改革重点，加大推进力度；又必须着眼长远、聚焦整体，把事权关系改革作为行政体制改革的重要组成部分，从建设现代行政管理体制、实现城市治理现代化的长远目标要求出发推进相关改革。

B.20
山东省基层治理现代化发展报告

山东省行政管理学会课题组 *

摘　要： 　实现基层治理现代化不仅是推进中国式现代化的必然要求，也是山东推进新时代社会主义现代化强省建设的应有之义。近年来，山东深入贯彻党中央有关指示要求，不断通过强化党建引领，着力提升基层治理数字化、智慧化、精准化水平，有效推进了基层治理现代化建设。新形势下，山东将在认真分析和反思自身短板及不足的前提下，按照"政治"为纲、"德治"为先、"自治"为基、"法治"为本、"智治"为擎的总体思路，系统推进基层治理现代化，不断为本省实现高质量发展和进行现代化建设保驾护航。

关键词： 　基层治理现代化　党建引领　数字治理　多元共治　山东省

新时代以来，山东深入贯彻党中央关于推进治理体系和治理能力现代化的指示精神，特别是深入贯彻习近平总书记关于加强基层治理的有关重要论述和指示要求，不断推进实践创新，基层治理现代化水平显著提高。

一　山东推进基层治理现代化的主要做法

近年来，山东省各地市围绕精准提升基层治理能力和治理水平，以数字

＊ 执笔人：冯锋：山东社会科学院马克思主义研究院院长、研究员、博士，山东省行政管理学会副会长兼秘书长，主要研究方向为国家治理、马克思主义中国化时代化；关娜：山东社会科学院马克思主义研究院副研究员、博士，主要研究方向为基层社会治理；赵彩燕：山东社会科学院马克思主义研究院助理研究员、博士；刘秉鑫：山东社会科学院马克思主义研究院助理研究员、博士；刘晓瞳：山东社会科学院马克思主义研究院助理研究员、博士。

赋能为支撑，以网格化管理为抓手，锚定"基层智治"开展了一系列实践创新，形成了一大批具有推广复制价值的典型案例和成功经验，基层治理高质量发展的"山东模式"初现雏形。

（一）推动基层治理集成创新

以数字支撑"全域全科"网格化管理。烟台市福山区编制"一网统管"职责清单，将涉及组织、政法、民政等35个部门单位的7650条事项全部纳入网格；建立"三级循环、七步闭环"分层响应、联动处置机制，实现"网格吹哨、部门报到"。2023年4月，该项经验获央视《焦点访谈》专题报道。强化网格化管理的数字支撑，建设"数字底座+事项流转和公众服务平台+城市管理、综合治理、疫情防控应用+N个决策分析专题"的网格化信息平台，获评全国"2023年政法智能化建设创新案例"。

以数字为基构建"警网格融合"模式。济南市以智慧群防系统和警保联控机制为载体，充实群防群治队伍，依托"智慧群防工作"平台和"泉城义警"手机端小程序，采用"互联网+报名参加活动"的模式，广泛招募符合要求和标准的义警人员。以2022年为例，"泉城义警"累计参与巡逻防控26万人次，协助排查消除安全隐患4.4万余处，化解矛盾纠纷1.7万余起。

打造数字化平台赋能全科网格。威海市打破数据壁垒，整合民生"110"指挥中心、网格化治理、"12345"服务热线等平台功能，开发社会治理一体化平台，将公共法律服务、群众诉求分流处置等功能全部整合进平台，实现了所有事项"一个入口汇集、一个出口交办"，为全科网格赋能增效。枣庄整合网格化服务管理、"12345"热线、数字化城管、城市生命线等信息平台，建成山东首个市域社会治理现代化综合指挥平台，实现市域社会治理"平时运行监测、战时指挥调度、综合分析研判、预测预警预防"。

（二）提升基层政务服务智慧化水平

加快数据"上下左右"沟通，提高基层政务服务效能。威海市通过公

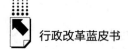

共数据汇集对比，实现社保待遇领取"静默认证"、"不动产登记+水电气热"无感过户。乳山市试点上级数据共享，减少了基层办事所需材料，加速了基层"无证明"进程。枣庄市峄城区底阁镇依托枣庄市数治镇街平台开展部门之间数据共享，将新生儿户口预登记、城乡居民基本医疗保险参保登记、生育服务登记、生育保险待遇核准支付、产前检查费报销和新生儿上门访视预约等 6 个部门的办理事项集合成"一件事"，实现新生儿落地、参保、缴费"一次办"，办理时间较以前压缩 70% 以上。

利用智能自助设备推动政务服务下沉社区。济南市历下区、滨州市滨城区等均在社区设置"24 小时政务自助服务站"，实现了自助证明智能服务、居住证暂住申报登记、个体工商户智能审批等多项业务的"全天办、就近办"。青岛市市南区湛山社区将资源下沉至社区，社区党群服务中心现有智慧税务、政务服务自助终端、智慧警务驿站等 11 个设备，2024 年拟进一步将交管、出入境等业务下沉至社区。

提升数据质量助力"数据多跑路、群众少跑腿"。威海市在全省首创以建筑物信息为基础的"统一地址库"，为每栋建筑物、每个户室的地址统一编号赋码，为构建精准化社会治理大数据奠定坚实基础。文登区强化数据治理能力，运用数据血缘技术提升数据治理效能。淄博市打造了全市统一的智慧村居管理平台，对辖区内流动人口、特殊人群、重点关注人群、重点帮扶人群、低保人员等进行分类贴标，夯实了基层治理数据"基座"，实现了重点人员精细化管理。

（三）提升基层治理精准化水平

实现群众诉求"掌上上传""即时响应"。青岛市市北区"北尚诉办"平台统筹部门、街道、社区、网格四级业务，率先探索自网格起即可办理群众诉求的模式。济南市市中区搭建了 7×24 小时全时空在线的掌上智能警民交互平台"市中公安卫民小微"，日均接待群众 1700 余人次。潍坊市临朐县开发线上居民服务应用端，将诉求上报、便民事项办理、社区咨询、物业保修、志愿服务等内容集成到线上，还特别开发了助老一键呼叫、十五分钟便民生活圈、民生"码上办"等居民呼声高的便民应用场景。

实现居民信息"一人一档""一户一码"。威海市打造"一表通"应用，推动数据自动汇总、数据高效复用，通过融合各级各部门数据，形成居民信息"一人一档"，实现从"找基层要数据"向"在系统取数据"的工作模式转变。目前社区工作人员已可线上快速核查民政、公安、人社等部门基层数据，服务效率和精细度显著提升。济南市平阴县实行"一户一码"管理办法，在城市社区推行每户一个专属二维码，让房屋有了"身份证"，通过群众自报和网格员查报等形式动态掌握每户人口增减及流动情况，助力解决居住人员信息动态更新等社区治理难题。

利用大数据智能监测形成诸多应用场景。济南市市中区建立"网格+电格"，对143名独居老人的用电数据进行智能检测，确保及时发现处置突发状况。荣成市打造"街道—社区—网格—楼栋—单元—家庭—个人"七级数据链，支撑街道、社区发现辖区异常、强化人群管控。泰安市泰山区建设了集火灾报警系统、水浸识别报警系统、瓦斯报警系统、SOS紧急呼叫系统、语音窗帘、语音灯光智能家居系统等于一体的社区数字化监测平台，织密了社区安全网。

（四）提高基层治理"温度"

强化问题多方共商共促社区和谐。济南市推出全省首档基层治理全媒体栏目《共治》，通过媒体搭台促进群众共商，有效解决社区安全隐患、噪音扰民、停车难等群众急难愁盼问题。

实现线上即时沟通和线下主动服务。济南市舜玉街道采用"走动式工作法"，将线上微信沟通与线下"走格"巡查相结合，解决了多项复杂疑难矛盾纠纷。济南市平阴县推行"网格+政务服务"，将高频政务事项和惠民利企政策推送至网格微信群，主动上门送服务。

利用数字赋能信用体系建设引导居民自治。2018年，威海市在全省率先推出个人"海贝分"，利用大数据技术搜集指标对个人信用精准画像。基于信用积分等级发放80万元信用消费券、1100万元商家消费券，获得全国

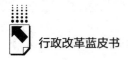
350 万次关注。全市志愿服务注册量达到 82.1 万人，占到常住人口的 28%。

利用农村联户员及时搜集上报矛盾苗头。平阴县洪范池镇在网格的基础上，推选联系 10~20 户群众的联户员，利用农村"熟人社会"特性，及时了解思想动态、上报矛盾矛头，2024 年网格摸排矛盾纠纷占矛盾总量的 58% 左右，确保了尽早尽小发现和化解。

（五）推动党建与基层治理融合

利用"党群 e 家"提高基层治理质效。青岛市市北区城市综合治理指挥平台和"党群 e 家"的无缝链接，充分发挥网格阵地及"党群 e 家"、网格化平台作用，围绕群众急难愁盼主动收集网格一线各类问题和需求 40 余万件，案件办结率达 99.14%，彰显了党建引领基础治理的力量。围绕党建工作的数字化转型，市北区将发挥"党群 e 家"现有功能特色和 30 余万用户优势，以"党群 e 家"迭代升级建设治理互联平台，整合物联感知等系统，打通数据壁垒、共享数据资源，真正实现社区"人、地、物、事、情、组织"治理要素的数据一体化、精细化管理和为民服务的资源精准化匹配，提升党建引领基层治理的智能化水平。

利用"党建引领"+"数字赋能"强化基层矛调功能。青岛西海岸新区大场镇聚焦群众需求，打造地面"共治网"与云端"智能网"相融合的群众工作中心，形成"数智解纷"化解群众纠纷工作法，促进党建与基层治理双向融合、全域提升。矛盾调处指挥调度中心、镇党政成员、各新村党委书记等社会力量，实行"常驻+轮驻+随驻+多元参与"的"3+N"工作模式。建立线上智库，线上矛盾调处平台实行点单、派单或联合调解模式，将矛盾调解服务延伸到基层角落、拓展到群众身边。线上矛盾调处平台实施全流程、系统化、闭环式工作体系，实现预警、接收、响应、研判、分责、督办、跟踪于一体。开发"场快办"AI 客服，链接矛盾纠纷调处平台，站所、村居、群众可以进行线上提报、办理、反馈等操作，达成矛盾调解与智能化工作的双向结合。

利用"红色物业"碰撞"智慧物业"塑强基层治理优势。威海在全市推行"党建引领红色物业",推进红色物业全覆盖,构建起"市行业党委—区市行业党总支—企业党组织"组织体系,发挥企业党组织战斗堡垒作用,创建200个"红色物业"引擎示范点,选树40个星级项目。与此同时,大力推进"红色物业"数字化、智慧化转型,推动传统物业向智慧物业迁跃升级。综合运用大数据、云计算等技术,建成市级智慧物业综合服务平台和红色物业App,打造精细化的服务网络体系。截至2023年底,全市600多个小区接入智慧物业平台,线上线下实现融合发展,信息化多元化服务定型成势。

二　山东推进基层治理现代化的突出成效

随着全省各地推进基层治理实践的深入推进,山东推进基层治理工作取得了明显成效,各地基层治理的现代化水平不断提高。

(一)社会治理法治化水平显著提高

社会治理法治化是国家治理体系和治理能力现代化的重要内容。党的二十大报告要求"提升社会治理法治化水平"。近年来,山东各地市持续完善基层治理体制机制,推进多层次多领域依法治理,健全覆盖城乡的公共法律服务体系,多元有效化解矛盾纠纷,不断提高社会治理的制度化、规范化和程序化水平,初步形成"办事依法、遇事找法、解决问题用法、化解矛盾靠法"的法治环境。

山东省在推进社会治理法治化方面"亮点"颇多。例如,在协调各部门的权责关系方面,各地市大多制定了社区治理权责清单,系统梳理社区居民委员会依法自治事项清单、城乡社区依法协助政府工作事项清单、社区工作负面事项清单等,明确社区工作事项准入原则、准入程序等具体要求,指导区县职能部门、乡镇(街道)为社区减负赋能,减轻社区行政工作负担,增强了社区自治服务功能;在推进法治文化阵地建设方面,各地市探索创新法治文化载体,以村、社区为单元,建设集法治长廊、法治大舞台、法治宣

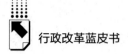

传栏、文化墙、农家书屋"法律角"于一体的法治宣传阵地集群，广泛开展法治电影、法治文艺演出等送法活动。积极组织机关干部、普法志愿者在重要时间节点开展多形式、全方位、广覆盖的法治宣传教育活动；在公共法律服务方面，各地市系统整合法律咨询、法律援助、人民调解、公证服务、司法鉴定、行政复议、商事仲裁等公共法律服务职能；融合公共法律服务实体、网络与热线三大平台，高标准建设市级法律服务中心，推动县市区法律服务中心提档升级和乡镇（街道）公共法律服务工作站规范化建设；推进公共法律服务向村居延伸，基本建成"城区 15 分钟、农村半小时"的普惠式公共法律服务网络，实现公共法律服务横到边、纵到底、全覆盖。

（二）信用应用制度创新发展

信用的本质是信任，缺乏信任极易引发社会冲突，进而形成矛盾风险源头。原始社会建立了主要基于"血缘关系"的信任关系；进入农业社会，人们借助血缘与亲缘的"熟人关系"，实现信息不对称的消减；发展到工业社会，更多运用"法律制度"的惩戒效力化解风险的不确定性，进而从"人际信任"跨越到"制度信任"；步入数字经济时代，信息的流动性显著提高、不确定性大幅提升、不对称性不断加剧，互信机制面临的挑战前所未有，"数字信任"迅速崛起，以信息披露和运用为核心特征的信用治理效能凸显。现代社会信用体系，作为信用治理的载体，是社会主义制度显著优势的重要体现，是数字经济与实体经济融合发展的重要纽带，是社会矛盾纠纷源头治理的重要抓手。近年来，山东省威海、菏泽、日照、泰安等地市坚持以诚信促德治，依托覆盖全市的社会信用体系，强化警示、引导、激励、约束作用，将诚实守信的道德自觉创造性转化为尊法重信、解纷止争的行为自觉，有力提升了矛盾纠纷预防化解的制度化、科技化水平。

（三）乡村治理体系更加健全

乡村是我国经济社会发展的重要基础，如期实现第一个百年奋斗目标并向第二个百年奋斗目标迈进，最艰巨最繁重的任务在农村，最广泛最深厚的基础在农村，最大的潜力和后劲也在农村。健全自治、法治、德治相结合的乡村治理体系，是在乡村治理方面提出的新要求。各地市大力推进建设"三治结合"的乡村治理体系，积极营造文明乡风、良好家风、淳朴民风，逐步建立健全党委领导、政府负责、社会协同、公众参与、法治保障的现代乡村社会治理体制，让农业成为有奔头的产业，让农民成为有吸引力的职业，让农村成为安居乐业的美丽家园。为有序开展乡村振兴协同治理工作，各地市还出台专门文件部署开展乡村振兴协同治理工作，制定推进乡村振兴协同治理工作任务责任清单，明确各县区、各相关单位在农业生产、耕地保护、村居建设、脱贫攻坚、普法宣传、矛盾化解等方面的工作职责，并对相关工作开展情况进行"双评双看"，确保各项工作落地落实，提高了市县乡镇政府及有关部门服务"三农"的能力水平。

（四）矛盾纠纷化解方式更加多元

矛盾纠纷多元化解工作作为诉源治理工作的重要举措，已形成党委领导、政府主导、法院指导、部门联动、社会协同、公众参与、法制保障的工作格局。山东省各地市通过创新矛盾化解实体平台、完善公共法律服务、强化人民调解制度建设等工作提高矛盾纠纷化解质效，初步实现了"小事不出村，大事不出镇，矛盾不上交"的工作目标，充分发挥多元矛盾调解工作的优势，将矛盾纠纷化解于当地，消灭于萌芽状态。各地市大力推广"山东智慧调解"网络平台，创新融合"12345+调解"，促进矛盾纠纷多元化解实体平台、网络平台与热线平台的融合发展，矛盾纠纷化解路径更加多元。青岛市创新建立"1+1+N"矛盾纠纷排查调处新机制，在每个社区建立1个公共法律服务工作室，配置1名法律顾问，组建土地纠纷、邻里纠纷、物业纠纷、治安纠纷等N个调解小组，获评第六届全国"法治政府奖"。枣庄市深化非诉讼纠纷化解"N+456"模式①、创建"四

---

① 枣庄市的非诉纠纷化解"N+456"模式：发动多（N）行业参与、加强4个非诉实体建设、健全5项机制、完善6项制度。

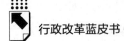

和"工作法①、建立调诉一体一站式物业解纷新模式，济宁市创建"1+3+3""和为贵"社会治理服务中心体系②及"和为贵"村居调解室全覆盖，泰安市打造矛盾纠纷多元化解"三融三通"新模式③，日照市探索"法律援助+调解"模式④，滨州市建立完善"1+166"矛盾纠纷大调解工作体系⑤，东营市打造"调解+速裁+诉讼"一站式纠纷层递解决模式，蹚出了矛盾纠纷化解的新路子。

（五）数字治理水平明显提高

当今时代，数字技术作为世界科技革命和产业变革的先导力量，日益融入经济社会发展各领域全过程，深刻改变着生产方式、生活方式和社会治理方式。各地市以强化数字治理效能为抓手，深入践行党中央法治政府建设工作要求，在跨部门协同办公、"互联网+公共法律服务体系建设"、"智慧司法"网络、智慧治理、人民调解网格化建设等方面多点发力，全力为广大

---

① 枣庄市的"四和"工作法：一是社会协"和"，创建非诉讼纠纷解决机制队伍，调处各类纠纷；二是智慧促"和"，设立全省首个市级非诉讼纠纷化解服务中心实体平台，打造"枣庄市非诉讼服务网站"，在线调处办理各类非诉业务；三是法治守"和"，在全市农村培育"法治带头人""法律明白人"，开展"乡村振兴 法治同行"活动，促进基层"三治融合"；四是文化育"和"，建成法治文化公园、法治文化长廊、村（居）社区法治宣传教育中心，高标准建成全省首个民法典主题公园。

② 济宁市的"1+3+3""和为贵"社会治理服务中心体系：市县乡三级全部成立规范化、实体化的"和为贵"社会治理服务中心，中心挂综治中心、网格化服务管理中心、社会矛盾纠纷调处化解中心牌子，推进政务热线服务中心、公安网警支队、互联网信息中心等部门深度融合，实现"多中心合一""一中心多用"。

③ 泰安市矛盾纠纷多元化解"三融三通"模式：融合部门最大化、融合机制最优化、融合效能最佳化，与网格治理相贯通、与议事协商相融通、与帮扶救助相联通。即整合矛盾纠纷多元化解资源，实现源头处置，小纠纷化解在网格；关口前移，议事协商先行化解；专业办理，调解中心一体调处；民生服务，部门响应帮扶到位。

④ 日照市的"法律援助+调解"模式：市级成立法律援助人民调解委员会，对法律援助案件可以采取调解方式化解的优先进入调解程序顺序。

⑤ 滨州市的"1+166"矛盾纠纷大调解工作体系："1"党建引领；1个矛盾纠纷大调解工作平台；"矛盾纠纷化解排查机制、程序衔接机制、联动配合机制、预警研判机制、跟踪回访机制、案件评查机制"6项机制；"调解受理程序、调解分流程序、调解前置程序、调解纠纷程序、调解终结程序、调解数据研判程序"6项流程。

人民群众和企业打造数字化法治服务平台。各地市将数字技术广泛应用在政府管理服务、司法执法实务领域，极大地推动了执法司法数字化、智能化运行，为推进国家治理体系和治理能力现代化提供有力支撑，多数市法治信息化保障能力提升显著。

山东省推进基层治理现代化的工作无疑已经取得了很大成绩，但是，与党中央的有关精神要求相比，与先进兄弟省市的治理现代化水平相比，仍然存在一些差距，前进过程中仍然面临一系列亟待解决的现实问题，主要表现在以下几点：一是社会信用体系建设有待完善。各地市不断规范社会信用信息管理，推进社会信用体系建设，归集共享省市各类信用信息，健全信用联合奖惩制度，完善诚信建设长效机制，提高了全社会的诚信意识和信用水平，但社会信用体系建设仍然存在一些影响高质量发展的问题。二是乡村建设的法治化程度有待提升。各地市贯彻落实山东省委全面依法治省委员会《法治乡村建设三年行动方案（2020-2022年）》，积极开展乡村普法活动，培育"法治带头人""法律明白人"，完善乡村公共法律服务与矛盾纠纷多元化解机制，为促进乡村振兴贡献了法治力量。但是，"全面建设社会主义现代化国家，最艰巨最繁重的任务仍然在农村"，乡村法治建设仍是法治山东建设的薄弱环节。三是公共法律服务水平有待提高。在法治轨道上推进国家治理体系和治理能力现代化，贯彻新发展理念、推动高质量发展，运用法治思维和法治方式应对风险挑战，满足人民群众对民主、法治、公平、正义的需求，对公共法律服务工作提出了更加优质、便民、高效的新要求。但公共法律服务体制机制还存在一些不足，不能更好满足人民群众的法治获得感、幸福感和安全感。四是"一站式"矛盾纠纷多元化解体制机制有待完善。各地市不断创新和完善矛盾纠纷多元化解机制，通过加快推进"一站式"矛盾纠纷多元调解中心建设，努力实现中心一体化、队伍多元化、调解专业化、调处智能化、服务便捷化，推动群众诉求"一站式受理、一揽子调处、全链条解决"，大多数矛盾纠纷在基层得到有效调处化解。但是"一站式"矛盾纠纷多元化解体制机制仍然存在一些短板。

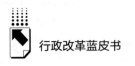

三　山东推进基层治理现代化的路径选择

山东推进基层治理现代化，必须以党中央推进基层治理体系和治理能力现代化的有关精神为指导，深刻结合省情实际，不断探索适合山东经济社会发展现状和风土人情等文化实际的路径策略。

（一）"政治"为纲，引领基层治理的方向

第一，充分发挥党对基层治理的统领作用。充分发挥党总揽全局、协调各方的领导核心作用，创新基层党组织设置和活动方式，推动党组织向最基层延伸，建立健全基层党组织体系建设，筑牢基层治理的党建引领基础。调整优化市、区县党建引领基层治理工作领导与协调机制，建立健全党组织架构，同时拓展区域化党建，建立条块结合的基层党建组织网络，为推进基层治理现代化提供政治保障。严肃基层党组织的政治生活，加强基层党组织标准化、规范化建设，持续整顿软弱涣散的基层党组织，加强对党员的教育管理和监督，确保基层党组织政治生活的政治性、时代性、原则性和战斗性。积极探索党建引领基层治理的有效路径，持续抓好区域化党建共建，以党建带群建，促进"五社联动"，实现基层治理的提质增效。

第二，不断提升党对基层治理的思想引领。坚定不移地用党的创新理论武装头脑、统一思想、指导实践，让党的创新理论成果转化为推动基层治理现代化的强大动力。用基层群众喜闻乐见、通俗易懂的方式创新党的宣传工作、舆论引导工作、思想政治工作，推动党的创新理论和路线方针政策入脑入心。抓好融媒体中心、新文明实践中心建设和"学习强国"等平台推广使用，壮大主流思想舆论，深化群众性精神文明创建。注重榜样的宣传推介，以生动鲜活的实践案例，树立基层治理的好榜样，营造共建共治共享的良好社会舆论环境。坚持思想引领、文化浸润、制度规范三管齐下，通过加强思想疏导、开展法治宣传教育，不断创新基层自治德治法治"三治"融合和人民调解等多元矛盾纠纷预防化解调处机制，及时把矛盾纠纷化解在基

层、化解在萌芽状态。

第三，不断提升党对基层群众的凝聚作用。坚持把群众满意作为基层治理的根本出发点和落脚点，凝聚多元共治合力，加强服务能力建设，用心用情用力解决好基层治理中群众关注关心的问题，确保党组织在组织群众、凝聚群众、服务群众方面的核心作用。坚持"一切为了群众、一切依靠群众"，增强群众工作本领，创新群众工作机制，紧密联系群众，健全落实党员干部直接联系服务群众制度，推动党员干部深入基层、深入群众，不断密切党和群众的血肉联系。牢固树立以人为本的治理理念，坚持以居民需求为导向，探索建立资源、需求、项目之间的清单认领机制，实现社区服务项目精准化供给。加强社区综合服务设施建设，根据不同社区的特点打造贴合居民需求的服务场景。编制实施城乡社区服务体系建设规划，以更好满足人民高品质生活需求为目标，优化城乡社区服务功能布局。

第四，不断提升党对基层治理的社会号召力。充分发挥基层党组织的组织优势、组织力量、组织功能，提升基层党组织的组织力和执行力，统筹协调资源、服务、管理下放社区的重大问题。最大限度地把群众组织起来，最广泛、最有效地动员一切力量，不断织密建强组织体系，做实机制联动推进、资源联动下沉、信息联动共享，汇聚起加快推进基层治理现代化的强大合力。持续推进党的组织和工作覆盖，以党组织间的强关联促进治理主体之间的密切交流合作，形成党委领导、政府负责、社会协同、民众参与的治理格局。创新基层网格化服务管理模式，加强基层群众性自治组织规范化建设，增强群众参与社区治理能力，完善基层协商议事机制，"众人的事情由众人商量"，使各项治理决策最大限度地符合客观实际和群众需求。

（二）"德治"为先，激发基层治理的动力

第一，全面深化拓展新时代文明实践建设。新时代文明实践中心，是强化价值引领、推动党的创新理论大众化的重要载体平台。作为全国新时代文明实践中心建设首批试点省份，山东省因地制宜，形成了"五有、五为、

五聚"文明实践新路径，在提升群众精神风貌、培育社会文明风尚方面发挥了积极作用。当前，我们要在巩固扩大新时代文明实践建设成果的基础上，狠抓精准常态实效，不断推动新时代文明实践建设高质量发展。一是继续完善阵地工作机制。立足"五有"标准，进一步明晰各服务阵地定位，加大资金投入、人员配备、项目管理、平台建设等方面的支持和保障，充分发挥其衔接基层平台功能；在各文明实践中心（所、站）工作架构基础上，加强阵地联动，打通基层堵点。纵向上持续贯通，横向上打通部门行业壁垒，空间上拓展线上线下融合机制，将阵地网络走深走实，做到"群众在哪里，文明实践就延伸到哪里"。以系统性思维统筹各地文明实践资源，借鉴传统资源，探索构建文明实践综合体，让新时代文明实践落地生根。二是继续提升服务体系。聚焦重点人群，持续开展"五为"文明实践服务，增强群众认同感；围绕群众"急难愁盼"问题开展项目，将保障群众利益作为文明实践工作的重中之重，不断增强群众的获得感、归属感和幸福感。三是继续强化队伍体系建设。持续推动各级各类志愿者服务队伍建设，提升志愿者服务能力和水平。调动整合各类各级志愿服务资源，充分发挥党政干部、专业人才和服务人才等各类人才优势。

第二，深入实施公民道德建设。加强新时代公民道德建设，是推进中国特色社会主义事业的一项基础性、战略性工程。党中央、国务院印发《新时代公民道德建设实施纲要》，提出要瞄准基层需求，夯实基层阵地，创新基层工作，推动公民道德建设强基固本、常态长效。继续强化落实保障机制。各级党委和政府要切实担负起公民道德建设的领导责任，将其纳入社会发展总规划中进行统筹规划。要继续完善工作推进机制，协调推进工作开展，对公民道德建设进行责任分解和建章立制，层层推进，细化落实。要结合各党政部门优势，推动其履行公民道德建设责任。要建立相应评价机制，将道德考核纳入领导班子和干部年度考核，作为选拔任用干部的重要依据。继续加强宣传引导，筑牢道德建设根基。培育和强化社会主义核心价值认同，就要加大社会宣传力度，引导广大群众崇德向善、见贤思齐，形成家家知晓、人人参与的生动局面。要着力深化理论宣传宣讲工作，强化思想引领。要推动线上线下宣传载体融合，实现宣传全覆盖。要突出典型引领，充分发挥老党员、老干部、老军人、老教师、老模范和新乡贤等各类群体带动作用。持续深入开展道德养成实践活动，形成公民道德品牌。要立足各地实际，开展各具特色的道德实践养成活动，积极打造道德建设品牌，持续推动社会主义核心价值观落实落小落细，做到县有道德品牌、村有乡规民约、家有家风家训。要将社会公德、职业道德、家庭美德、个人品德相融合，将培育和践行社会主义核心价值观与弘扬传统美德相结合，建设和打造山东道德高地，培育文明风尚，提升公民道德水平，强化公民道德意识，调整公民道德行为。

第三，统筹推进精神文明建设。精神文明建设是新时代德治实施的重要依托。深入开展基层文明创建活动，采取多种形式褒奖和弘扬积极向上的道德行为风尚，对激发全社会的德治能量具有重要作用。大力培育和践行社会主义核心价值观。新时代精神文明建设要把大力培育和践行社会主义核心价值观作为主线，以社会主义核心价值观来引领社会主义文化建设。多措并举开展社会主义核心价值观主题实践活动，选树引领社会主义核心价值观的典型榜样，加强主流价值观制度建设，顺应中国式现代化发展趋势，做到与时俱进，凝聚全社会团结奋斗的精神力量。深入推进中华优秀传统文化创造性转化、创新性发展。充分利用山东省传统文化、红色文化等优秀道德资源，厚植家国情怀，传承中华优秀传统文化。重视基层文化建设，完善新乡贤选拔管理机制，推进新乡贤参与基层文化建设，实现新乡贤文化建设和基层治理有机融合。加强对传统乡土文化的筛选，汲取传统乡土文化精髓的部分，破除基层的陈规陋习、移风易俗。同时，涵养基层居民的现代公民意识，培育其公民精神，实现基层治理体制与治理能力的现代化。不断提升城乡文化服务水平。推进基层文化阵地建设，完善公共文化服务体系结构。开展丰富多彩的文化活动，以文化人，不断丰富基层文化生活。创新服务，不断提升城乡文化供给水平。深入推进文化惠民工程，提升基层综合文化中心的建设水平，完善功能设备，构筑文化成果共享平台，发挥其丰富群众文化生活的主阵地作用。

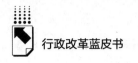

（三）"自治"为基，夯实基层治理的基础

第一，不断完善基层群众自治组织。基层自治组织是人民群众当家作主的基本形式。"自治强基"，关键要发挥好基层党组织的领导作用和村（居）民委员会的自治功能。要加强基层党组织的政治引领作用，坚持把党的领导贯穿于村（居）民自治全过程各方面。持续加强村（居）民委员会规范化建设，推动村（居）民委员会在组织体系、职能事务、阵地建设、自治机制、内部管理规范化。合理划分事权，为基层群众自治组织赋能减负，拓展基层自治组织自我治理空间。完善基层自治组织选举，规范基层自治组织换届选举。

第二，不断深化基层民主协商机制。从城乡发展一体化、公共服务均等化、基层治理现代化的要求出发，丰富基层群众协商议事形式和活动载体，健全民主议政等民主协商制度。民主协商工作应始终坚持党的领导，确保正确的政治方向。坚持多元参与原则，发挥协商事务利益相关方的主体作用，形成统一领导、多元参与、协同共商的工作格局。健全基层协商治理保障机制，探索清单化的协商治理制度，强化对村民民约、自治章程的深度协商，培育基层协商治理的社会资本。依托网格化管理、城乡社区综合服务设施建设等，提升基层组织提供民生服务的能力，完善基层协商治理服务机制。

第三，不断推进基层民主监督机制。民主监督是基层自治的重要内容。增强民主监督效能，有利于遏制基层小微贪腐，切实维护群众利益。要认真落实党中央关于全面从严治党、加强基层组织建设的部署要求，以规范基层干部权力运行为核心，以保障群众合法权益和集体利益为根本，建立和完善党组织领导下的监督委员会，提升基层监督工作整体效能，推动基层治理科学化、法治化、规范化。要全方位推进政务公开制度建设，统筹推进政务公开工作机制，推进政务公开标准化规范化建设机制，加强政府信息资源的标准化、信息化管理，不断提升政务公开的质量和实效，以公开促政策落实。

第四，不断激发基层群众自治活力。要健全充满活力的基层群众自治制度，就要充分调动城乡群众、企事业单位、社会组织参与基层群众自治的积极性，打造共建共治共享的社会治理共同体。但在实际的基层自治实践中，居（村）民往往对社区公共事务的关注、协商、决策等治理过程的参与度和主动性不够，社区治理共同体的作用未能充分发挥。此外，居（村）民主动自助、互助意识不足，志愿服务、公益活动等参与积极性不高，尚未对社区建设、自管共治形成有力支撑。为了更好地提升群众的自治意识、激发群众自治积极性，就要持续不断地畅通群众参与基层自治的渠道和机制，建立健全基层群众日常参与机制。要多渠道倾听群众诉求，推进全过程人民民主，创新基层民主协商平台，有效发挥人民建议征集等制度在社会矛盾化解中的优势和作用。要充分发挥居民参与社区事务的主动性，通过招募社区观察员等方式，激发居民参与社区治理的热情，增强居民的社区归属感和凝聚力，形成人人有责、人人尽责、人人享有的社会治理共同体。

（四）"法治"为本，提升基层治理的法治化水平

第一，加强法治宣传教育，厚植基层法治文化土壤。法治意识的提升是基层治理法治化的前提。深入开展法治宣传教育，利用各类媒体平台，开展形式多样的法治宣传和普及活动，如法治讲座、法治展览、法治文艺演出等，增强基层群众对法律的认同感和敬畏感，让法治观念深入人心。同时，要注重对基层干部的法治培训，提高他们的法治意识、法治素养和依法办事的能力，使其成为基层治理的法治引领者。

第二，完善法律法规体系，筑牢基层治理法治屏障。法律法规是基层治理的重要依据。要不断完善基层法律服务相关政策和制度，明确法律服务的范围、标准和程序，为群众提供明确、规范的指导。通过设立法律服务站点，为群众提供法律咨询、法律援助等一站式服务。充分利用互联网和移动技术，构建线上法律服务平台，实现法律服务资源的共享和优化配置，让群众能够随时随地获取法律服务。培养一支具备专业素质和服务能力的法律服务队伍也是不可缺少的一环。通过定向培养、实习实训等方式，不断提高法律服务人员的专业素质和服务能力。同时，鼓励和支持律师、法律专家等参与基层法律服务，发挥他们的专业优势，为基层群众提供高质量的法律服

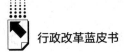

务。此外，为了确保法律服务的质量和效果，还需建立健全法律服务评价和监督机制。通过对法律服务进行定期评价和监督，及时发现并改进服务中存在的问题，确保法律服务真正符合群众的需求和期望。

第三，健全矛盾纠纷调解机制，强化社会和谐法治保障。矛盾纠纷调解机制是法治实践中的关键环节。法治强调法律的权威性和至上性，而调解机制正是法律实施过程中的重要手段之一。一是要创新矛盾纠纷多元化解机制。随着社会的不断发展，矛盾纠纷的形式和复杂性也在不断变化。因此，需要构建更加灵活、高效的多元化解机制，以适应不同类型、不同层次的矛盾纠纷。包括完善诉讼、仲裁、调解等多种解纷方式，推动各种解纷方式之间的衔接与配合，形成优势互补、协同发力的良好局面。同时，还应注重发挥行业性、专业性调解组织的作用，针对特定领域、特定行业的矛盾纠纷，提供专业化的调解服务。二是要加强人民调解员队伍建设。人民调解员是矛盾纠纷化解工作的重要力量，他们的素质和能力直接关系化解工作的成效。因此，要加强对人民调解员的选拔、培训和管理工作，提高他们的法律素养、业务能力和调解技巧。同时，还应建立健全人民调解员的激励机制和保障制度，确保他们能够安心、专心、用心地投入矛盾纠纷化解工作中。

第四，推进数字法治平台构建，强化法治工作信息化支撑。数字平台作为信息化与智能化的核心载体，为法治建设注入了强大的技术活力。应加速构建数字平台的"统一门户"，将现有的各类"一站式"矛盾纠纷化解、网格化服务管理等平台的功能数据，与各地的基层数据管理系统进行有效整合和对接，提升跨部门、跨层级、跨区域的协同联动能力。还需要不断完善数字法治的建设和应用体系，进一步提升数字法治工作平台的功能和效能。这包括推进数字法院、数字检察、数智警务、数字司法行政等各个领域的数字化建设，优化各类通用业务模块，构建符合实战需求的场景应用系统。通过加快政法大数据的共享共用，更好地服务社会、服务人民，切实提升法治工作的质量和效率。

（五）"智治"为擎，强化基层治理的科技助推力

第一，强化顶层设计，逐步形成"全省一盘棋"。进一步明确省、市、

县三级数据资源管理部门具体权责，理顺基层治理智慧化升级的推进机制和任务目标，加大力度打破多头管理、权责不清的管理机制，健全完善全省基层治理智慧化"统一领导、统一规划、统一建设"的体制机制，注重系统治理、综合施策，减少重复建设，避免单个部门牵头"小马拉大车"的推进窘境。各级党委政府要树立智慧治理思维，革新多元治理主体"自扫门前雪"的陈旧理念，以协同联动智能治理理念，强化统筹协调机制、科学制定顶层设计、激活多元主体活力、完善配套支持政策，建立健全基层治理智能化发展规划。强化对基层干部、社区工作者的数字化素养培训，培养其互联网意识、新媒体素养以及数字综合分析的水平，进一步提升基层治理队伍数字化思维和治理能力。

第二，打破"数据壁垒"，释放数据要素价值。数据资源有序开放共享是数字技术在社会治理领域集成应用的前提，是深化数字"智治"的基础性工作。针对部门之间数据共享难、部门内部数据碎片化等问题，加强跨层级、跨区域的数据平台建设，推动数据有序开放与共享，不断提高全省各级数据共享满足率，规避多头采集、衔接不畅等问题。规范和明确各级各部门的"数据职责"，清晰界定数据的采集生成、更新维护、互通共享等方面职责，减少部门不愿共享、不敢共享、不能共享等顾忌。特别是加快整合打通省级系统，加大数据直达基层力度，提升数据质量，与社会、群众建立起畅通无阻的数据输出与反馈系统，保障直达基层的数据可用、好用，充分发掘数据的公共价值，充分发挥数据的基层治理效能。

第三，开展专项行动，率先建成全省"统一门户"。从全省层面推进"统一门户"建设，基于数字政府的云、网、大数据中心、公共基础支撑平台等一体化基础能力，将省内各级各部门自建移动应用或平台（含 App、小程序、有服务功能的公众号等），逐步迁移整合至"爱山东"移动端运行，在全国率先形成省级统一部署、数据标准统一、纵横数据畅通的高水平数字化治理平台，打造数字治理的"齐鲁样板"。优化基层治理事项和流程，明确镇街相关机构设置和权责，整合各级数据管理系统、矛盾纠纷多元化解平台、网格化服务管理平台有关功能和数据，实现感知态势、纵观全局、决策指挥、协同共治的"统一门户"的新价值，形成基层治理"综合集成、一屏总览、一体联动"，推动基层治理现代化。

第四，推进多方共建，强化数字"智治"资源投入。基层数字治理智慧化升级是一项系统工程，政府主导的数字服务平台仅是其中的一部分。针对数字服务平台建设标准高而配套软硬件覆盖面不足、政府层面推进积极性高而社会层面参与度不强、资金来源的财政拨款占比高而市场化资金筹措渠道偏窄等问题，运用行政、经济等手段，更好撬动市场主体资源力量，继续发挥基层首创精神，鼓励各地多开展更加有突破性的实践探索。积极引入"一体多元"数字治理理念，鼓励数字化行业企业、公益性社会团体、居民志愿者共同参与，探索形成"基层治理智慧化升级+行业企业可持续发展+社会资源高效运用"的良性互动，以数字化、智能化提升基层治理合力。同时，探索引入市场主体，加快"人工智能进社区"，进一步整合升级视频智能监控、火灾预警、盗窃防范等功能。

B.21
深圳市福田区园岭街道党建引领业主"五化"多元融合自治的实践探索

陈少杰*

摘　要： 园岭街道坚持把治理与服务、治理与建设结合起来，依托体系化建设、民主化治理、社会化协作、温馨化服务和数字化赋能，打造党建引领业主"五化"多元融合自治治理模式，实现基层治理由"各自为战"向"统筹联动"转变，由"单向发力"向"共治共享"转变，由"传统粗放"向"精细精准"转变，探索出一条超大型城市高密度城区现代化治理新路径，具有一定的启示意义。

关键词： 园岭街道　大城市基层治理　多元融合自治　深圳市

　　党的十八大以来，习近平总书记、党中央高度重视治理体系和治理能力现代化工作，作出系列部署，提出明确要求。2021 年，中共中央、国务院印发《中共中央 国务院关于加强基层治理体系和治理能力现代化建设的意见》，明确完善党全面领导基层治理制度等重点任务；党的二十大提出"推进以党建引领基层治理""完善社会治理体系，健全共建共治共享的社会治理制度，提升社会治理效能"等要求。2022 年，广东省委全面实施"百县千镇万村高质量发展工程"，提出"大抓公共服务和社会治理"等五个大抓，要求切实增强群众满意度获得感，突出基础设施提能级，突出民生服务提质量，突出社会治理提效能，建设更美好家园。近年来，深圳市委坚持把

---

　　* 陈少杰，深圳福田区园岭街道党工委书记。

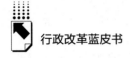

党建引领基层治理作为先行示范区建设的基础工程，出台系列制度文件，强化统筹领导、顶层设计。福田区党代会报告更是多次指出要"有效提升城市治理体系和治理能力现代化水平，努力走出一条超大型城市高密度城区治理新路"。作为深圳市最早成立的街道之一，福田区园岭街道位于全市中心地区，面积 3.8 平方公里，常住人口 10.55 万人，其中"一老一少"和高素质人群占比较高。同时，辖区有一流的社会资源、多样的市场资源和丰富的教育资源。但是，由于开发建成时间较长，辖区老旧小区高达 70%，基础设施老旧现象较为明显。以上特点，造成了园岭街道在推动基层治理过程中，面临诸多需要破解的难题，主要集中于如何破除基层治理中多元主体的"碎片化"、如何提升群众参与基层治理的积极性、如何推动辖区社会、市场、教育资源在基层治理中的充分利用、如何做好对辖区居民，特别是"一老一少"重点群体的服务，以及如何在科创之都深圳用好智慧手段赋能基层治理等。针对问题和挑战，深圳探索出一条超大型城市高密度城区现代化治理新路径。园岭街道基层治理经验获得"中国幸福社区多元共治范例""全国百个美好家园小区典型案例"等多项荣誉，相关经验获中国经济体制改革研究会《改革内参》、中国行政体制改革研究会《行政改革内参》推广，在《社会治理》发表的文章被中央政法委主管的《长安评论》全文转载。园岭街道经验或可为其他地区在基层治理过程中提供思路与参考。

一 主要做法

党建引领业主多元融合自治的园岭探索，主要包括五方面内容，即在加强党建引领框架下，坚持体系化建设、民主化治理、社会化协作、温馨化服务和数字化赋能。其核心理念是自治法治德治结合，共建共治共享融合，再加上数字化赋能和公约约束，使该模式在实践中显示出强大的生命力和活力。

（一）聚焦体系化建设，以系统思维理顺治理路径

习近平总书记指出，加强和创新社会治理，关键在体制创新。要树立系

统治理、依法治理、综合治理、源头治理理念，提高社会治理社会化、法治化、智能化、专业化水平，完善城市治理体系和城乡基层治理体系，把市域社会治理现代化作为切入点。园岭街道业主多元融合自治的模式之所以具有强大的生命力，一个重要原因就是在基层治理中坚持了体系化建设的整体思路。通过体系化建设，健全基层治理领导体系，搭建横向、纵向联动平台，完善小区内部自治制度，为党建引领基层治理赋权扩能增效。

第一，健全基层治理领导体系，强化治理统筹。在城区基层治理过程中，街道、社区、小区自治组织和物业公司等各方关系错综复杂，利益诉求存在差异，而且小区物业管理服务水平不高，小区居民生活满意度和小区治理参与度也不够，导致小区治理工作面临矛盾日益突出的困境。为解决这一问题，园岭街道构建"街道党工委—社区党委—小区党支部—楼栋党小组—党员中心户"五级组织架构，确保党的领导贯穿基层治理的全过程。街道党工委牵头抓总，班子成员"分片挂包"7 个社区，负责基层治理的整体谋划、统筹和保障工作。社区党委全面指导，建立 7 个党建指导站，统筹调配社区工作力量，下沉社区治理与服务资源。小区党支部具体实施，统筹业委会和物业企业等多元主体力量参与治理，引领小区居民参与小区公共事务决策、执行和监督。

第二，健全小区自治体系，提升治理效能。在党建引领基层治理的过程中，居民群众扮演着参与主体、目标主体、价值主体的重要角色。通过激发居民自治的积极性和创造性，不仅可以切实解决困扰小区居民的一系列难题，还能够有效保障业主的合法权益，增强小区居民自治共治的意愿和能力。园岭街道在健全小区自治体系方面做出了有益探索，建立联席会议机制，由小区党支部牵头，召集业委会、物业、居民代表，按需邀请区直部门、街道、社区召开多方联席会议，对小区重大事项进行集体决策，从源头减少因信息不对称、群众不理解、居民不支持导致的问题矛盾。制定《园岭街道关于强化党建引领加强业主委员会规范化建设的指导意见》，规范党建引领基层治理的结构和过程，推动各小区出台管理规约等 11 项制度，如《小区管理公约》《小区业主大会和业主委员会议事规则》《小区业主共有资

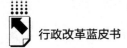

金管理办法》等自治公约，规定小区业主大会、业主委员会、物业管理公司、监事会职责，明确聘任程序及日常运行管理规范，将制度优势转化为治理效能。

第三，健全部门联动体系，增强治理能力。基层治理中经常遇到职责有限、业务有限，急需上级业务部门专业支持的情况，但受限于机制缺失，时常出现推诿扯皮、上级部门不配合不参与等现象。为破解过往基层治理中"看得见的管不着，管得着的看不见"的窘境，园岭街道联合上级部门创新推行"街道吹哨，部门报到"机制，纵向构建社区、街道、区联席办、挂点区领导四级"吹哨"协助体系，横向形成小区物业（业委会）、小区党支部、社区党委、部门三级响应支持机制，开创上下通达、响应快速的基层治理新局面。同时，园岭街道在深圳市率先打造八卦岭平安建设中心，创新"3+N"平安建设机制，搭建"街道党工委+公安派出所+小区党支部"红色铁三角，引入上级相关职能部门，形成"街道党委主导实施、辖区派出所民警同行调处、小区党支部协同处理、职能部门机动参与"的平安建设新格局，该中心入选"中央政法委基层社会治理优秀案例考察点"，受到中央政法委、省委政法委等领导的肯定，八卦岭公安派出所获评全国"枫桥式公安派出所"。

（二）聚焦民主化治理，以协商共治保障公共利益

习近平总书记指出，基层民主是全过程人民民主的重要体现，要发展基层民主，健全基层党组织领导的基层群众自治机制，加强基层组织建设，加强基层政权治理能力建设，增强城乡社区群众自我管理自我服务、自我教育、自我监督的实效。在业主多元融合自治结构中，园岭街道通过民主化治理，坚持全过程人民民主，以协商共治保障公共利益，调动各方主体参与积极性，实现基层治理的和谐稳定。

第一，创建"红色业委会"，统筹多方力量。社会治理重在基层，党的工作最坚实的力量支撑在基层。党支部是党的基础组织，是党团结群众、服务群众的阵地。新时代加强小区党建工作是加强党的全面领导的重要举措，

是基层党建的重要发力点，是提升居民幸福感的重要渠道。面对居民小区党建工作缺失、基层党组织软弱涣散、小区凝聚力不强等基层治理通病，园岭街道强化党建引领，探索破题药方，创新实施了"支部建在小区上"，推进"红色业委会"建设，确保党的领导贯穿小区管理的全过程。通过物色一批党性强、作风正、能力强的小区党员，担任支部书记及委员，推行支部书记与业委会主任同步换届，支持小区党支部推荐提名业委会人选，推动小区党支部书记和业委会主任"一肩挑"，提高小区党支部与业委会交叉任职比例，强化党支部在小区治理中的统筹引领作用，实现党支部、业委会、物业公司三方在党组织领导下团结一致、齐心协力。

第二，创建业主监事会，强化民主监督。为实现小区阳光治理，园岭街道率先成立深圳市首批小区业主监事会，明确监事会由业主大会民主选举产生，由小区党支部纪检委员兼任监事会主任，代表业主大会监督业主委员会的工作，对业主大会负责，形成了业主委员会和业主监事会平行的工作架构，使业主委员会的工作处于业主大会的监督之下，防止其工作偏离业主大会的意志，确保业主委员会运作的公开透明、公平公正。

第三，创建六步议事法，完善民主决策。当前居民小区普遍存在议事平台缺失、牵头人缺位、居民诉求被忽视、处置没监督、结果没反馈等问题，成为小区居民的心病，导致小事频出小区，甚至酿成社会舆情。园岭街道得益于小区党支部的组织优势，借助党支部的桥梁作用，创建推行"群众提议、支部动议、业委会审议（业主大会决议）、物业或第三方企业执行、监事会监督、群众评议"的"六步议事法"，由居民提议具体事项，由党支部讨论事项的可行性，由业主委员会审议形成提案，提交业主大会决议，形成执行方案，在业主监事会的监督下交由物业企业组织相关方实施，事后进行公示和复盘。实现小区居民诉求有渠道、多方协调有牵头、上会问题有把关、议事决策有把控、办理流程有监督、处理结果有反馈，小区议事决策形成闭环。

（三）聚焦社会化协作，以社会力量激发治理活力

习近平总书记指出：城市发展要善于调动各方面的积极性、主动性、创

造性，集聚促进城市发展正能量。要坚持协调协同，尽最大可能推动政府、社会、市民同心同向行动，使政府有形之手、市场无形之手、市民勤劳之手同向发力。《中共中央 国务院关于加强基层治理体系和治理能力现代化建设的意见》等政策文件指出，要完善党建引领的社会参与制度，坚持党建带群建，更好履行组织、宣传、凝聚、服务群众职责，搭建区域化党建平台，推行机关企事业单位与乡镇（街道）、村（社区）党组织联建共建，组织党员、干部下沉参与基层治理、有效服务群众。当前基层面临的问题呈现复杂化、跨领域等趋势，在财政预算有限的情况下，许多事情单靠基层政府难以解决。需要从横向上吸纳更多社会主体、市场主体，纵向上联合行政力量，多方参与。其中，引入市场机制、实现社会化协作是一项重要思路和举措。园岭街道在这方面进行了很多有益的探索和实践，通过创新机制模式，积极调动和链接各方资源，推动政府、社会、市民同心同向，努力实现共治共管、共建共享的良好局面。

第一，打造"四个一点"模式，汇聚政社企力量。园岭街道辖区内教育资源丰富，名校集中，学生数量众多，但由于家校距离不近不远，内部道路狭窄，一直难以规划交通线路，缺乏直达的公共交通工具，多数学生需要家长接送。长期以来，交通问题成了困扰学生和家长的"拦路虎"。为破解辖区学生通行难题，园岭街道以党建共建的方式，由园岭街道、深圳巴士集团、园岭商会共同出力，采用"政府补贴一点、社会资助一点、企业让利一点、市民出资一点"的模式，开通深圳市首条街道定制通学巴士，单程票价从 12 元降至 1 元，为学生们提供实惠便捷的交通服务，并组织家委、社区义工在上下学时间段护送学生，实现"出门上车有人送，到校下车有人接"，真正打通从家门口到校门口的"最后一公里"。

第二，探索"BOT"建设模式，引入社会资本破解停车难题。引入社会资源建成立体车库，是通过空间集约破解土地资源难题的探索举措，也是运用市场化机制实现社会化协作的又一成功案例。由于停车位少、对小区红线划分存疑等问题，长城二花园与相邻的长泰花园多次出现矛盾纠纷、业主维权甚至集体上访事件。为彻底解决两个小区停车难的问题，兼顾群众停车需要和企业营利需求，园岭街道探索 Build-Operate-Transfer（建设—运营—移交）建设模式，利用两个小区公共区域提供建设用地，引入第三方公司负责前期投资建设和中期运营维护，明确停车收入全部归公司所有，最终与第三方公司签订 40 年协议，投资 845 万元建设立体停车库，新增 96 个公共停车位，帮助近百名业主提前 10 年取得车位使用权，为福田区停车设施建设、管理等相关政策的出台提供制定依据。

第三，坚持一体化运营、统整式服务，推进党群阵地社会化运营。为了破解党群阵地资源利用效率不高、仅靠财政投入难维持高质量服务供给的难题，结合辖区党群阵地面积小、分布散的特点，园岭街道坚持一体化运营、统整式服务，充分发挥规模效应，通过公开招标方式，引入社会力量承接街道全部党群服务中心场地的管养运维工作，承接主体根据群众需求，整合优势资源，通过"党建+服务""公益+运营"的方式，引入其他社会组织和企业，补充多样化、特色化的服务项目，并以收取管理服务费的方式覆盖场地的运营管养成本，推动运营管理从"财政输血"向"自我造血"转变，助力辖区党群服务中心每年节省 60%的管养运维成本。

（四）聚焦温馨化服务，以人民至上增进民生福祉

习近平总书记指出："要把服务群众、造福群众作为基层治理的出发点和落脚点，通过不断增强人民群众的获得感、幸福感、安全感，赢得群众对党的信任和拥护。"① 《中共中央 国务院关于加强基层治理体系和治理能力现代化建设的意见》等政策文件指出，要增强乡镇（街道）为民服务能力，市、县级政府要规范乡镇（街道）政务服务、公共服务、公共安全等事项，将直接面向群众、乡镇（街道）能够承接的服务事项依法下放。街道要做好市政市容管理、物业管理、流动人口服务管理、社会组织培育引导等工作。面对基层可支配资源有限与居民服务需求持续增长间的矛盾，园岭街道坚持从人民群众最关心最现实的利益问题入手，从辖区"一老一小"的居

---

① 习近平：《论党的自我革命》，中央文献出版社、党建读物出版社，2023，第 247 页。

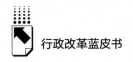
住人口显著特征、"一老一旧"城市面貌主要形态出发，持续对接居民实际需求，精准匹配服务资源，以一项项温馨化的服务，不断增强居民群众的获得感和幸福感。

第一，建设全域儿童友好优质公共服务示范街道，探索"幼有善育"实践。围绕高质量打造全域儿童友好优质公共服务示范街道一条主线，探索从静态到动态、从平面到立体、从一路一街到全域友好、从政府主导到社会参与的新时代基层治理"园岭探索"，实现1.0版"空间小切口"向2.0版"综合服务治理"转化。制订《园岭街道全域儿童友好建设三年行动方案（2023-2025）》，明确儿童友好建设落地内容和行动策略，推动儿童友好建设向标准化、体系化、系统性发展。创建儿童议事会，搭建"1+7+N"儿童议事会体系，探索儿童参与公共事务新模式，推动儿童全过程参与社会治理，充分保障儿童参与权。积极拓展友好空间，以百花二路为带，链接上步绿廊公园带打造9园9景儿童友好特色城市景观带，月均服务3万余人。园岭街道作为深圳市首个"幼有善育"专项示范点通过国家三部委验收，入选首批广东省儿童友好示范镇（街）。2023年以来，接待联合国儿基会及来自北京、江苏等全国各地累计56批2000余人次实地考察参观，得到联合国22国驻华使团参访点赞。

第二，完善社区养老服务模式，打造"老有颐养"标杆。以破解社区长者吃饭难题为切入点，在人口相对密集、居住相对集中、交通相对便利的地方，设立5个长者饭堂，其中，在长城二花园小区，小区党支部带领业委会筹备场地、联系供餐商家，建成深圳市首家小区里的长者食堂。科学落点养老机构，在辖区东部建成深圳市首个老人日间照料中心，为辖区老人提供日间托管、定期义诊等公益性养老服务；引入社会资本，在辖区西部建立"3H"颐养复康中心，为老人提供短期托养、持续护理、颐养复康等营利性服务，逐步形成东公益、西民营的养老服务格局。

第三，推进"焕新惠民"工程，打造宜居宜业样板。针对辖区老旧小区占比高、居民生活品质提升需求大的现状，递进式将老旧小区分布纳入改造计划，实施"焕新惠民"工程。其中，在长城二花园样本工程小区，党支部联合业委会、物业、居民代表，召开 30 余次联席会议，解决居民改造意愿难统一的问题；通过灵活运用政府出资、社会投资、业主筹资等出资方式，解决改造资金难保障的问题，完成外立面、楼道等 15 项基础类改造，实现老旧小区焕发新生，居民改造后满意度达 100%。2024 年以来，更以"山映园岭，星耀福田"为主题，启动深圳市体育中心周边老旧小区第六立面安全整治，鹏益花园等 3 个老旧小区的楼宇安全隐患得到消除，外立面焕然一新，以市体育中心"城市客厅"匹配的高品质"城市家园"日渐成型，宜居宜业的幸福之街更加靓丽。

（五）聚焦数字化赋能，以信息技术提升治理效率

习近平总书记指出：创新社会治理，关键要提高城市治理整体能力。要强化智能化管理，提高城市管理标准，更多运用互联网、大数据等信息技术手段，推进城市治理制度创新、模式创新，提高城市科学化、精细化、智能化管理水平。《中共中央 国务院关于加强基层治理体系和治理能力现代化建设的意见》等政策文件明确指出，要加强基层智慧治理能力建设，要拓展应用场景，建设开发智慧社区信息系统和简便应用软件，提高基层治理数字化智能化水平，提升政策宣传、民情沟通、便民服务效能，让数据多跑路、群众少跑腿。数字化也是当今不可阻挡的时代潮流，数字中国战略部署以及数字经济、数字政府、数字社会目标的确立，都为数字化的深度运用开辟广阔前景，作为数字社会的重要组成部分，基层数字社会治理方兴未艾。在这样的背景下，园岭街道坚持加快推进数字化建设，充分利用现代数字技术和手段，发挥数字赋能效应，提升基层治理效率。

第一，搭建民意速办系统，打通民生诉求堵点。在民意诉求办理过程中，诉求来源分散，多头重复处置，处置时效低下，一直是群众诉求处置工作的老大难。为此，园岭街道与福田区政数局一并打造"民意速办平台"，整合了包括"12345"热线、"i 福田"小程序、"书记在线"、"区长信箱"、网帖、电台等多个社情民意信息入口，实现集中受理、统一分拨、快速响应和跟踪督办。利用 AI 技术实现 7×24 小时全天候民生诉求的智能响应和秒

级分拨办理。建立"10-30-24"快速响应工作机制，在接收到群众诉求后的 10 分钟内反馈信息，30 分钟内电话约见，24 小时内明确责任人和首轮办结，确保每一件事都能立即得到响应和管理。同时，建立民意大数据常态化分析研判体系，主动开展多渠道多群体的民意调查搜集工作，及时捕获弱信号中的强信息，及时剖析研判民生关切，让居民在指尖上获得认同感和亲近感。针对领导批示、居民反馈不满意等重点工单、回潮工单，实行"一把手工单"负责制，统筹街道优势资源，确保"有诉必办、有诉快办"。平台自运行以来，共收到民意工单 4 万余件，做到件件有回应，件件有反馈，实现了诉求无延迟办理、群众建议及时吸纳，社会风险负一秒感应的智慧化治理效能。

第二，探索智慧化养老模式，破解居家养老痛点。居家老人多样性需求难以满足、出现意外无人发现、陪护费用高昂等问题一直是居家养老的痛点，园岭街道在居家养老领域进行了创新性探索，通过智慧化手段予以破解。在全省首开先河，利用 5G+AI 人工智能技术，开发智慧养老服务平台，实现对老年人跌倒、求助等行为的无感判断，并发出预警信号，管理人员及时上门救助，构建了从预警到处置闭环可溯的智慧养老服务体系。平台能够通过智能设备进行实时监控和数据分析，24 小时全天候不间断地监护老年人，确保老人安全。在监控过程中，平台只显示人体骨架动画，有效保护老年人的个人和家庭隐私。此外，园岭街道联合智能设备生产企业，研发和优化红外感知设备、穿戴设备等多款安防预警、健康监测、医疗救助的智慧化产品，不断扩充智慧养老的产品库。园岭街道探索智慧养老，打通居家养老的最后一米，日渐成为养老民生标杆，为居家养老事业提供了园岭样本，得到《光明日报》等主流媒体 10 多次主题报道肯定。

第三，推进垃圾分类智慧管理，破除资源回收盲点。垃圾分类是城市管理的重要工作，是社会文明进步的重要体现，在实践中，园岭街道却碰到诸多难题，诸如辖区老住宅区、旧工业区居多，基础设施天生缺失，居民意识不足，参与感不强等。为此，园岭街道另辟蹊径，探索在垃圾分类工作上采取智慧化创新措施，利用人工智能、云计算、大数据等技术推动智慧垃圾分类工作，提升垃圾分类的参与度和准确性。2024年以来，改造40个物业小区，147套具有自动识别、称重、积分奖励等功能的智能垃圾分类设备，在居民小区实施了一户一码的垃圾分类模式，为每个家庭生成独特的二维码，通过扫码进行垃圾投放，实现垃圾来源的追溯和分类数据统计的实时监控。垃圾分类投放点AI智能监控系统不但能自动识别错误分类行为，提醒纠正和教育，还能统计用户积分，居民通过正确分类垃圾可获得相应积分，可在小区垃圾分类积分兑换站兑换日常生活用品，激发了居民的参与度和积极性。园岭街道通过智慧化手段提高了垃圾分类的效率，促进了居民的环保意识，为城市资源回收工作提供了有益的探索和实践。

二　成效和经验

深圳市福田区园岭街道探索党建引领业主"五化"多元融合自治模式，或可为其他地区在基层治理过程中提供思路与参考。

（一）取得的成效

第一，从"各自为战"到"统筹联动"，组织建设能力进一步提升。通过党支部建在小区上，纵向形成上连街道社区、下连楼栋党小组和党员中心户的组织体系，横向整合业委会、物业管理处等各方共治力量，真正把党的全面领导落实到居民小区治理全过程各环节，最大限度地凝聚了抓治理抓服务的合力，实现基层治理由"各自为战"向"统筹联动"转变。

第二，从"单向发力"到"共治共享"，基层治理效能进一步提升。通过多元化激发活力、社会化整合资源，吸纳更多居民群众和社会力量参与共治共建，促进政府各部门之间的信息共享和资源整合，让更多基层治理难点和疑点得到共同解决，真正形成共建共治共享的基层治理新格局，实现基层治理由"单向发力"向"共治共享"转变。

第三，从"传统粗放"到"精细精准"，服务水平进一步提升。通过温馨化主动服务、信息化提升效率，精准对接居民的实际需求，创新基层治理的数字化手段，让更多服务资源在基层治理中得到精准落地，完成老旧小区改造、云上养老试点、立体车库修建等民生实事，实现基层治理由"传统粗放"向"精细精准"转变。

（二）经验启示

第一，坚持守正创新，激发治理活力。基层治理始终面临着新问题新挑战，必须在正确方向的指引下，探索新的治理理念和方法。在推进基层治理现代化的实践中，一方面，守正是方向和准绳，必须始终坚持党的领导、人民当家作主、依法治国等基本原则，确保治理活动的合法性、公正性和有效性。另一方面，改革是破除旧有体制机制和思维模式的关键一招，必须以改革驱动创新，为基层治理注入新动力，通过创新治理机制、治理手段推动基层治理现代化，更好地适应经济社会发展的新要求。此外，要注重创新成果的总结和推广，让优秀的经验和做法在更广泛的范围内得到应用，减少其他地区的改革成本。

第二，坚持问题导向，鼓励群众参与。在基层治理中，坚持问题导向，鼓励群众参与，是提升治理效能、推动社区发展的重要途径。首先，必须深入群众，畅通居民诉求渠道，积极吸纳社情民意，直面问题，对症下药。其次，积极引导群众参与到基层治理中来，不断健全社区议事协商、民主决策等机制，让居民能够参与到社区治理的各个环节，表达意见和建议，为治理工作提供更加精准、有效的参考。此外，鼓励群众参与基层治理还有助于培养责任感和参与意识，当群众呼声得到响应和重视，将会激励其更加主动参与社区建设，将形成强大的基层治理集体凝聚力。

第三，坚持协同合作，凝聚共建合力。基层治理是一项系统工程，传统的基层治理往往依赖于单一的政府力量，在应对复杂多变的社会问题时显得力不从心，需要各方主体协同合作，弥补单一主体在治理过程中的不足。必须探索建立健全的协同机制，加强政府、社区、社会组织、企业等主体之间的沟通与协作，实现资源共享、优势互补，共同推进基层治理现代化工作。

一方面，通过建立健全社区协商民主制度，鼓励和支持社区居民、企事业单位、社会组织等多元主体参与基层治理，积极探索引导社会资本参与，通过市场化手段实现资源的优化配置和高效利用，形成共管共治的局面。另一方面，必须加强政府间的横向协作，加强部门间的沟通与合作，建立发令吹哨报到机制、采用信息共享平台等方式，促进各部门之间的信息共享和资源整合，敢于打破部门壁垒，实现跨部门、跨区域合作，共同解决基层治理中的难点和疑点问题，提升综合治理效能。

第四，坚持善用科技，提升治理智慧。传统的基层治理方式依赖于人工操作，效率低下，数字化治理方式实现自动化快速处置，大大提高了治理效率。随着科技的快速发展，新技术在基层治理中的应用将越来越广泛，必须张开手臂拥抱数字化，积极推动科技创新，善于将先进的信息技术、人工智能、物联网等应用到基层治理中，在实践中实现精准感知、智能分析和快速响应，逐步提升治理的智慧化水平，不断提升治理现代化效能。

附　录
2023年行政体制改革大事记[*]

国家层面

1 月 4 日　《交通运输部办公厅关于启用国内水路运输领域行政许可电子文书有关事宜的通知》（交办水函〔2023〕1 号）发布，提出持续推进国内水路运输管理数字化改革，提高审批效率，方便行政相对人。

1 月 10 日　中国共产党第二十届中央纪律检查委员会第二次全体会议对深入推进纪检监察体制改革作出部署。

1 月 12 日　中共中央组织部、人力资源社会保障部印发《事业单位工作人员考核规定》（人社部发〔2023〕6 号）。

2 月　中共中央、国务院印发《数字中国建设整体布局规划》。

2 月　中共中央办公厅、国务院办公厅印发《关于进一步加强财会监督工作的意见》。

2 月 1 日　证监会发布《关于全面实行股票发行注册制前后相关行政许可事项过渡期安排的通知》，全面实行股票发行注册制改革正式启动。

2 月 6 日　中共中央、国务院印发《质量强国建设纲要》。

2 月 7 日　商务部等 17 部门发布《关于服务构建新发展格局　推动边（跨）境经济合作区高质量发展若干措施的通知》（商资发〔2023〕18 号）。

2 月 16 日　国家标准化管理委员会印发《2023 年国家标准立项指南》。

---

* 王蓉，中国行政体制改革研究会研究部主任。

2月17日　国务院发布《国务院关于废止部分行政法规和文件的决定》（国令第758号），自2023年3月31日起施行。

2月17日　《国务院办公厅关于深入推进跨部门综合监管的指导意见》（国办发〔2023〕1号）印发，提出进一步加强跨部门综合监管，维护公平有序的市场环境，切实降低市场主体制度性交易成本，推动高质量发展。

2月17日　中国证券监督管理委员会发布《中国证券监督管理委员会行政许可实施程序规定》（中国证券监督管理委员会令第217号），规范中国证券监督管理委员会实施行政许可行为，完善证券期货行政许可实施程序制度。

2月21日　文化和旅游部印发《文化和旅游标准化工作管理办法》（文旅科教发〔2023〕28号），进一步规范文化和旅游标准化工作。

2月23日　中共中央办公厅、国务院办公厅印发《关于进一步深化改革促进乡村医疗卫生体系健康发展的意见》。

2月27日　中共中央、国务院印发《数字中国建设整体布局规划》。

2月　党的二十届二中全会审议通过了《党和国家机构改革方案》。3月，中共中央、国务院印发《党和国家机构改革方案》。

3月6日　农业农村部办公厅印发《农业农村领域行政许可事项监管规则和标准》（农办法〔2023〕2号）。

3月16日　国务院办公厅公布《法律、行政法规、国务院决定设定的行政许可事项清单（2023年版）》（国办发〔2023〕5号）。

3月16日　国务院下发《国务院关于部委管理的国家局设置的通知》（国发〔2023〕6号）。根据党的二十届二中全会审议通过的《党和国家机构改革方案》、国务院第一次常务会议审议通过的国务院部委管理的国家局设置方案，调整部委管理的国家局设置。

3月24日　《国务院关于印发〈国务院工作规则〉的通知》（国发〔2023〕7号）印发。

3月26日　国务院召开第一次廉政工作会议。

3月31日　财政部印发《关于做好2023年政府购买服务改革重点工作

的通知》（财综〔2023〕12 号），旨在通过政府购买服务改革政策更加有力地服务党和国家重大战略。

4 月 28 日 住房和城乡建设部发布《住房和城乡建设部关于废止和宣布失效部分行政规范性文件的公告》（中华人民共和国住房和城乡建设部公告 2023 年第 58 号）。

5 月 4 日 自然资源部印发《关于深化规划用地"多审合一、多证合一"改革的通知》（自然资发〔2023〕69 号），进一步落实《中共中央　国务院关于建立国土空间规划体系并监督实施的若干意见》。

5 月 18 日 《国务院关于同意扩大内地居民婚姻登记"跨省通办"试点的批复》（国函〔2023〕34 号）发布。

5 月 19 日 国务院常务会议研究落实建设全国统一大市场部署总体工作方案和近期举措。

5 月 29 日 市场监管总局印发《市场监管行业标准管理办法》及《市场监管行业标准制定管理实施细则》（国市监办发〔2023〕36 号）。

6 月 6 日 国务院办公厅发布《国务院 2023 年度立法工作计划》（国办发〔2023〕18 号）。

6 月 28 日 国家市场监管总局、国家发展改革委、财政部、商务部联合印发《关于开展妨碍统一市场和公平竞争的政策措施清理工作的通知》（国市监竞协发〔2023〕53 号）。

6 月 29 日 国务院发布《关于在有条件的自由贸易试验区和自由贸易港试点对接国际高标准推进制度型开放若干措施》（国发〔2023〕9 号），旨在更好服务加快构建新发展格局，着力推动高质量发展。

7 月 10 日 国务院发布《国务院关于做好自由贸易试验区第七批改革试点经验复制推广工作的通知》（国函〔2023〕56 号）。

7 月 11 日 中央全面深化改革委员会第二次会议审议通过了《关于建设更高水平开放型经济新体制促进构建新发展格局的意见》《深化农村改革实施方案》《关于推动能耗双控逐步转向碳排放双控的意见》《关于高等学校、科研院所薪酬制度改革试点的意见》《关于进一步深化石油天然气市场体系改革提升国家油气安全保障能力的实施意见》、《关于深化电力体制改革加快构建新型电力系统的指导意见》。

7月11日　国家发改委发布《关于废止、修改部分规章、行政规范性文件和一般政策性文件的决定》（国家发展和改革委员会令第3号）。

7月14日　国务院办公厅印发《应急管理综合行政执法有关事项》（国办函〔2023〕51号），加快构建权责一致、权威高效的应急管理综合行政执法体制。

7月14日　科技部发布《关于更新人类遗传资源行政许可事项服务指南、备案以及事先报告范围和程序的通知》，进一步提高人类遗传资源行政审批的服务质量。

7月14日　国家发展改革委印发《关于进一步抓好抓实促进民间投资工作努力调动民间投资积极性的通知》（发改投资〔2023〕1004号）进一步深化、实化、细化政策措施，持续增强民间投资意愿和能力。

7月19日　《中共中央　国务院关于促进民营经济发展壮大的意见》发布，提出了31条针对性强的举措，提振民营企业发展信心、激发民营经济发展活力。

7月20日　中华人民共和国国务院令（第764号）公布《国务院关于修改和废止部分行政法规的决定》，推进严格规范公正文明执法，优化法治化营商环境。

7月21日　自然资源部办公厅印发《自然资源标准化工作三年行动计划（2023—2025年）》（自然资办发〔2023〕29号）。

7月28日　国家发展改革委等部门印发《关于实施促进民营经济发展近期若干举措的通知》（发改体改〔2023〕1054号），从促进公平准入、强化要素支持、加强法治保障、优化涉企服务、营造良好氛围等五方面提出28条具体措施。

8月　中共中央办公厅、国务院办公厅印发了《关于建立领导干部应知应会党内法规和国家法律清单制度的意见》。

8月4日　国家税务总局印发《关于接续推出和优化"便民办税春风行

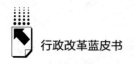

动"措施促进民营经济发展壮大服务高质量发展的通知》（税总纳服函〔2023〕211号），助力民营经济发展壮大，促进经济运行持续好转，更好服务高质量发展。

8月5日 国家发展改革委印发《关于完善政府诚信履约机制优化民营经济发展环境的通知》（发改财金〔2023〕1103号），建立健全政务失信记录和惩戒制度的有关要求，深入推进政府诚信建设，为民营经济发展创造良好环境。

8月13日 国务院印发《国务院关于进一步优化外商投资环境加大吸引外商投资力度的意见》（国发〔2023〕11号）。

8月17日 市场监管总局发布《市场监管领域行政许可事项实施规范》（2023年第39号）。

8月21日 国务院发布《国务院关于修改和废止部分行政法规的决定》（国令第764号）。

8月22日 国务院办公厅印发《政务服务电子文件归档和电子档案管理办法》（国办发〔2023〕26号）。

9月1日 十四届全国人大常委会第五次会议通过了《中华人民共和国行政复议法（修订草案）》，自2024年1月1日起施行。

9月4日 国务院办公厅印发《关于依托全国一体化政务服务平台建立政务服务效能提升常态化工作机制的意见》（国办发〔2023〕29号），系统总结政务服务效能提升"双十百千"工程经验，全面巩固实践成果，围绕为民办实事、惠企优服务、"高效办成一件事"，提高创造性执行效能。

9月5日 为深入贯彻落实《法治政府建设实施纲要（2021—2025）》，全面提升行政执法质量和效能，国务院办公厅印发《提升行政执法质量三年行动计划（2023—2025年）》（国办发〔2023〕27号）。

9月14日 国家标准委、工业和信息化部、民政部、生态环境部、住房城乡建设部、应急管理部印发《城市标准化行动方案》，充分发挥标准化对城市发展的支撑引领作用。

9月15日 市场监管总局印发《市场监管部门促进民营经济发展的若

干举措》（国市监信发〔2023〕77号）。

9月19日　中共中央印发修订后的《干部教育培训条例》。中共中央印发《全国干部教育培训规划（2023—2027年）》。

9月25日　最高人民法院印发《最高人民法院关于优化法治环境　促进民营经济发展壮大的指导意见》（法发〔2023〕15号），全面强化民营经济发展法治保障，持续优化民营经济发展法治环境。

10月9日　国家金融监督管理总局令2023年第3号公布《非银行金融机构行政许可事项实施办法》，自2023年11月10日起施行。

10月12日　中共中央办公厅　国务院办公厅下发《关于调整应急管理部职责机构编制的通知》。根据《中国共产党机构编制工作条例》和党中央关于国家综合性消防救援队伍整合改革部署，经报党中央、国务院批准，将应急管理部职责、机构、编制进行了调整。

10月20日　国务院常务会议审议通过《国务院关于取消和调整一批罚款事项的决定》，一揽子取消和调整行政法规、部门规章中的33个罚款事项。

10月23日　最高人民检察院印发《最高人民检察院关于全面履行检察职能推动民营经济发展壮大的意见》。

10月24日　住房城乡建设部办公厅印发《关于开展工程建设项目全生命周期数字化管理改革试点工作的通知》（建办厅函〔2023〕291号）。

11月1日　国务院印发《国务院关于取消和调整一批罚款事项的决定》（国发〔2023〕20号），决定取消住房城乡建设等领域16个罚款事项，调整工业和信息化等领域17个罚款事项。

11月2日　农业农村部办公厅印发《关于加强农业综合行政执法队伍作风建设的通知》（农办法〔2023〕11号）。

11月3日　国务院办公厅国家发展改革委、财政部印发《关于规范实施政府和社会资本合作新机制的指导意见》（国办函〔2023〕115号），进一步深化基础设施投融资体制改革，切实激发民间投资活力。

11月7日　中央全面深化改革委员会第三次会议审议通过了《关于全

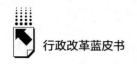

面推进美丽中国建设的意见》《关于加强生态环境分区管控的指导意见》等文件。

11 月 26 日 国务院印发《全面对接国际高标准经贸规则推进中国（上海）自由贸易试验区高水平制度型开放总体方案》（国发〔2023〕23 号），支持中国（上海）自由贸易试验区对接国际高标准经贸规则，推进高水平制度型开放。

11 月 27 日 中国人民银行、金融监管总局、中国证监会、国家外汇局、国家发展改革委、工业和信息化部、财政部、全国工商联联合印发《关于强化金融支持举措 助力民营经济发展壮大的通知》（银发〔2023〕233 号），持续加强民营企业金融服务。

11 月 28 日 国家市场监督管理总局令第 86 号公布《行业标准管理办法》，将于 2024 年 6 月 1 日起正式施行。

12 月 4 日 国家外汇管理局发布《国家外汇管理局关于进一步深化改革 促进跨境贸易投资便利化的通知》（汇发〔2023〕28 号）。

12 月 4 日 国家外汇管理局印发《关于扩大跨境贸易投资高水平开放试点的通知》（汇发〔2023〕30 号），决定在上海市、江苏省、广东省（含深圳市）、北京市、浙江省（含宁波市）、海南省全域扩大实施跨境贸易投资高水平开放政策试点。

12 月 4 日 人力资源和社会保障部印发《关于进一步健全人力资源社会保障基本公共服务标准体系全面推行标准化的意见》（人社部发〔2023〕62 号），巩固试点成果，推广典型经验，以标准化推动基本公共服务均等化和人力资源社会保障事业高质量发展。

12 月 7 日 国务院印发《全面对接国际高标准经贸规则推进中国（上海）自由贸易试验区高水平制度型开放总体方案》（国发〔2023〕23 号），聚焦 7 个方面，提出 80 条措施。

12 月 11 日 国务院办公厅印发《关于加快内外贸一体化发展的若干措施》（国办发〔2023〕42 号），提出 5 方面 18 条工作措施。

12 月 15 日 商务部等 12 部门印发《加快生活服务数字化赋能的指导

意见》（商服贸发〔2023〕302号），促进数字经济和实体经济融合，通过数字化赋能推动生活性服务业高质量发展，助力形成强大国内市场。

12月18日　国务院常务会议听取关于加快建设全国统一大市场工作进展的汇报。会议指出，加快建设全国统一大市场是畅通国内大循环、推动构建新发展格局的必然要求，也是释放内需潜力、巩固经济回升向好基础的重要抓手。

12月19日　中共中央印发修订后的《中国共产党纪律处分条例》。

12月20日　国务院关税税则委员会发布公告，自2024年1月1日起，我国对1010项商品实施低于最惠国税率的进口暂定税率。

12月25日　商务部等10部门发布《关于提升加工贸易发展水平的意见》（商贸发〔2023〕308号）。

12月26日　国家发展改革委会同有关部门制定出台了《粤港澳大湾区国际一流营商环境建设三年行动计划》（发改法规〔2023〕1650号）。

12月29日　国务院常务会议研究推进以人为本的新型城镇化有关举措。

12月29日　国务院办公厅印发《知识产权领域中央与地方财政事权和支出责任划分改革方案》（国办发〔2023〕48号）。

地方层面

1月1日　河北省人民政府办公厅印发《河北省一体化政务大数据体系建设若干措施》（冀政办字〔2023〕1号）。

1月3日　安徽省人民政府发布《安徽省人民政府关于赋予乡镇街道部分县级审批执法权限的决定》（皖政〔2022〕112号），决定赋予乡镇人民政府和街道办事处部分县级人民政府有关部门审批执法权限，以其自身名义行使。

1月4日　上海市人民政府办公厅印发《上海市加强集成创新持续优化营商环境行动方案》（沪府办规〔2023〕1号），进一步加强集成创新，持

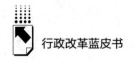

续优化营商环境。

1月9日 新疆维吾尔自治区党委办公厅、自治区人民政府办公厅联合印发《自治区实施营商环境优化提升三年行动方案（2022—2025年）》，优化提升营商环境。

1月16日 江苏省人民政府印发《江苏省行政执法证件管理办法》（苏政发〔2023〕5号），统一全省行政执法证件管理，保障和监督各级行政执法机关和行政执法人员依法履职。

1月20日 河北省人民政府办公厅印发《加快建设数字河北行动方案（2023-2027年）》（冀政办字〔2023〕13号）。

1月28日 海南自贸港制度集成创新三年行动60项任务全面完成，累计发布制度创新案例134项，其中8项被国务院向全国复制推广、6项得到国务院大督查表扬。

1月29日 广东省人民政府办公厅印发《广东省培育扶持个体工商户若干措施》（粤办函〔2023〕12号）。

1月30日 北京市发展和改革委员会 北京市商务局印发《清理隐性壁垒优化消费营商环境实施方案》（京发改〔2023〕20号），聚焦消费领域隐性壁垒，深化"放管服"改革，优化消费营商环境。

2月 海南省委优化营商环境领导小组办公室印发《海南省"厅局长走流程、促营商环境提升"工作方案》。

2月3日 山东省人民政府印发《山东省数字政府建设实施方案》（鲁政字〔2023〕15号）。

2月9日 江西省人民政府办公厅印发《全省一体化政务大数据体系建设工作方案》（赣府厅字〔2023〕12号）。

2月13日 陕西省委、陕西省人民政府印发了《陕西省推进营商环境突破年实施意见》。

2月17日 新疆维吾尔自治区人民政府办公厅印发《新疆维吾尔自治区公共数据管理办法（试行）》（新政办发〔2023〕11号）。

2月22日 江西省人民政府办公厅印发《全省一体化政务大数据体系

建设工作方案》（赣府厅字〔2023〕12号）。

3月11日　广东省人民政府办公厅印发《广东省进一步强化市场主体诉求响应服务工作方案》（粤办函〔2023〕41号），充分发挥数字政府大平台、大数据、大服务的优势，进一步强化全省市场主体诉求响应服务，助力高质量发展。

3月15日　四川省人民政府办公厅印发《四川省深化"放管服"改革优化营商环境2023年工作要点》（川办发〔2023〕6号）。

3月17日　上海市人民政府办公厅印发《2023年上海市推进政府职能转变和"放管服"改革工作要点》（沪府办〔2023〕9号）。全面实行行政许可事项清单管理，健全事项清单动态管理机制，编制完善实施规范和办事指南，开展行政许可实施情况年度报告工作，加强行政许可效能监督。深入开展"一业一证"改革，拓展全市"一业一证"改革行业范围，健全完善行业综合许可全流程管理制度。

3月22日　陕西省委、陕西省人民政府印发《大力服务民营经济高质量发展十条措施》（陕发〔2023〕3号），就大力服务民营经济高质量发展提出十条措施。

4月4日　吉林省第十四届人民代表大会常务委员会第二次会议通过《吉林省标准化条例》，将于7月1日起施行，标志着吉林省标准化工作进入全新发展阶段。

4月6日　北京市人民政府办公厅印发《北京市全面优化营商环境助力企业高质量发展实施方案》（京政办发〔2023〕8号），以"一业一证"改革，"一件事"集成服务，"一体化综合监管"等"三个一"改革突破为牵引，带动全链条审批、监管、服务整体优化提升。

4月14日　内蒙古自治区人民政府办公厅印发《全区一体化政务大数据体系建设工作方案》（内政办发〔2023〕32号）。

4月27日　北京市政务服务管理局、天津市政府政务服务办公室、河北省政务服务管理办公室联合印发《京津冀政务服务"跨省通办"专区工作规则》，进一步推动更多政务服务事项纳入各渠道京津冀政务服务"跨省

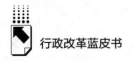
通办"专区统一提供服务,持续提升"跨省通办"质效。

4月29日 河南省数字政府建设工作领导小组办公室印发《河南省全面推行政务服务事项"免证可办"工作方案》(豫数政办〔2023〕3号),提出到2023年年底前,营业执照、不动产权证书等50项电子证照将在第一批高频政务服务事项(共285项)中得到普及应用,充分发挥数据赋能作用,实现政务服务事项"免证可办"。

5月6日 山东省人民政府办公厅公布《山东省行政许可事项清单(2023年版)》(鲁政办发〔2023〕4号)。

5月8日 四川省人民政府办公厅印发《关于深入推进跨部门综合监管的通知》(川办发〔2023〕14号),明确15项跨部门综合监管重点事项。

5月11日 重庆市人民政府办公厅印发《重庆市2023年优化营商环境激发市场活力重点任务清单》(渝府办发〔2023〕41号)。

5月19日 河北省政务服务管理办公室印发《推广招标投标"双盲"评审的实施方案》(冀政务办〔2023〕35号)。

5月22日 山西省人民政府办公厅印发《山西省政务数据安全管理办法》(晋政办发〔2023〕30号)。

5月23日 海南省人民政府办公厅印发《深化工程建设项目领域"极简审批"制度改革优化营商环境若干措施》(琼府办〔2023〕16号),加快推动海南自由贸易港建设项目落地实施。

5月29日 湖北省优化营商环境领导小组印发《2023年以控制成本为核心优化营商环境行动方案》《以控制成本为核心优化营商环境操作流程图(2023年版)》(鄂营商发〔2023〕4号)。

6月 天津市委办公厅 天津市人民政府办公厅印发《关于进一步优化民营企业发展环境加大力度支持民营经济发展的若干措施》。

6月 广西壮族自治区工程建设项目审批制度改革领导小组印发《广西持续深化工程建设项目审批制度改革要点(2023—2025年)》。

6月8日 贵州省人民政府办公厅印发《贵州省政务数据资源管理办法》(黔府办发〔2023〕13号)。

6月13日　陕西省人民政府办公厅发布《深入推进跨部门综合监管的实施意见》(陕政办发〔2023〕11号)。

6月14日　江西省住房和城乡建设厅印发《全省2023年度深化工程建设项目审批制度改革　提升"办理建筑许可"营商环境工作方案》(赣城提联〔2023〕2号),持续深化房屋建筑和城市基础设施等工程建设项目审批制度改革。

6月20日　北京市委、北京市人民政府印发《关于更好发挥数据要素作用进一步加快发展数字经济的实施意见》。

6月25日　山西省人民政府办公厅发布《深入推进跨部门综合监管的实施意见》(晋政办发〔2023〕39号)。

6月27日　广东省人民政府办公厅印发《广东省优化营商环境三年行动方案》(粤府办〔2023〕11号)。

7月5日　云南省人民政府办公厅印发《云南省法治化营商环境全面提质23条措施》(云政办发〔2023〕27号)。

7月6日　福建省行政审批制度改革工作小组办公室公布《福建省行政许可事项清单(2023年版)》(闽审改办规〔2023〕1号)。

7月11日　海南"证照联办"系统上线试运行,该项改革在全省正式铺开,将大幅压减群众的办事流程和办事时间。

7月21日　武汉市人民政府办公厅印发《武汉市行政审批与监管联动实施办法(试行)》(武政办〔2023〕75号),深化区级综合行政审批改革,促进审批与监管协同联动。

7月22日　上海市人民政府办公厅印发《立足数字经济新赛道推动数据要素产业创新发展行动方案(2023-2025年)》(沪府办发〔2023〕14号)。

7月27日　山西省涉企政策"一站式"综合服务平台正式上线。

8月1日　浙江省人民政府办公厅印发《浙江省公共数据授权运营管理办法(试行)》(浙政办发〔2023〕44号)。

8月10日　青海省人民政府办公厅印发《青海省深化市场主体开办

"一件事一次办"便利化改革实施方案》(青政办函〔2023〕119号)。

8月15日 江苏省政务办牵头建设的"一企来办"平台开通。

8月19日 海南省市场监管局联合省营商环境建设厅、省税务局、省社保服务中心、省公积金管理局、省公安厅等部门延伸"证照联办"服务链,上线变更、注销证照联办功能,在全省铺开"变更一件事""注销一件事"改革。

8月25日 福建省委、福建省人民政府印发《关于实施新时代民营经济强省战略推进高质量发展的意见》。

8月25日 浙江省委、浙江省人民政府印发《浙江省促进民营经济高质量发展若干措施》。

9月12日 江苏省委、江苏省人民政府印发《关于促进经济持续回升向好的若干政策措施》。

9月19日 福建省地方标准《政务服务"一件事"集成套餐服务要求》正式实施,对政务服务"一件事"集成套餐服务的事项要求、办事指南要求、平台要求、服务要求、监督检查与评价改进等技术内容进行规范。

9月21日 广东省人民政府印发《广东省一体化行政执法平台管理办法》(粤府〔2023〕73号),全面提高行政执法网络化、智能化水平,推进数字法治政府建设。

9月30日 福建省人民政府办公厅印发《福建省一体化公共数据体系建设方案》(闽政办〔2023〕29号)。

10月 北京市经信局发布《北京市首席数据官制度试点工作方案》,明确北京将在全市政府机关内全面推进首席数据官制度。

10月5日 江苏省人民政府办公厅印发《江苏省政务"一朵云"建设总体方案》(苏政办发〔2023〕36号),推进数字政府高质量建设。

10月7日 河北省人民政府办公厅印发《关于深化简政放权助力全省高质量发展的实施意见》(冀政办发〔2023〕5号),持续深化简政放权,优化营商环境,全面助力河北省高质量发展。

10月9日 河北省政务服务办制定印发《关于营造走在全国最前列的

营商环境三十条措施》，加快推进全省政务服务工作水平提升。

10月13日　北京市政务服务管理局印发《北京市深化政务服务"跨省通办"实施方案》（京政服发〔2023〕15号）。

10月23日　重庆市"一件事一次办"集成套餐服务已上线40项，其中涉及群众个人的有18项，涉及企业全生命周期的有22项，累计办件量达45万余件。

10月24日　京津冀三地推动179项政务服务事项"同事同标"，234个服务事项实现"跨省通办"，200余项"京津冀+雄安"政务服务事项实现"移动办"，建立"京津冀+雄安"12345热线合作。

10月27日　山东省人民政府办公厅发布《深入推进跨部门综合监管的实施意见》（鲁政办发〔2023〕14号）。

10月31日　河南省《关于经营主体登记档案管理规范的省级地方标准》发布，将于2024年1月起正式实施。

11月6日　安徽省委、安徽省人民政府印发《关于促进民营经济高质量发展的若干措施》。

11月9日　天津市人民政府印发《关于促进民营经济发展壮大若干措施》（津政规〔2023〕5号）。

11月10日　河北省人民政府办公厅印发《关于促进民营经济发展壮大若干措施》（冀政办发〔2023〕7号）。

11月17日　海南省人民政府令第319号公布《海南省人民政府关于将部分省级行政许可事项委托市、县、自治县和海南自由贸易港重点园区实施的决定》。

11月23日　《广东省政务服务数字化条例》公布，自2024年1月1日起施行。

11月27日　江苏省人民政府办公厅印发《提升行政执法质量三年行动实施方案（2023—2025年）》（苏政办发〔2023〕47号）。

11月29日　上海市市场监督管理局印发《上海市市场监管领域不予行政处罚和减轻行政处罚实施办法》（沪市监规范〔2023〕14号），自2023

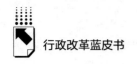

年 12 月 25 日起施行，有效期至 2028 年 12 月 24 日。

11 月 30 日　云南省人民政府办公厅印发《云南省提升行政执法质量三年行动实施方案》（云政办发〔2023〕63 号）。

11 月 30 日　新修订的《河北省优化营商环境条例》经河北省十四届人大常委会第六次会议表决通过，于 2024 年 1 月 1 日起施行。

12 月 4 日　天津市人民政府政务服务办公室印发《天津市证明事项清单（2023 年版）》《天津市实行告知承诺制证明事项清单（2023 年版）》（津职转办发〔2023〕17 号）。

12 月 5 日　陕西省人民政府办公厅印发《陕西省关于进一步推进法治政府建设的若干措施》（陕政办发〔2023〕25 号），聚焦陕西省法治政府建设，从 7 个方面，提出了 22 项具体措施。

12 月 7 日　天津市政务服务办会同市级有关单位梳理公布了天津市"秒批秒办"服务清单，共包括 120 项服务项目。

12 月 8 日　中共北京市委、北京市人民政府发布《关于北京市全面优化营商环境打造"北京服务"的意见》，全面优化北京市营商环境，进一步激发经营主体发展活力，加快建设现代化产业体系，推动落实全国统一大市场建设，推进高水平对外开放，为首都高质量发展提供有力支撑。

12 月 10 日　云南省人民政府办公厅印发《云南省公共数据管理办法（试行）》（云政办规〔2023〕2 号）。

12 月 23 日　天津市政务服务办编制印发《天津市证明事项清单（2023 年版）》和《天津市实行告知承诺制证明事项清单（2023 年版）》进一步彰显减证便民、服务为民的理念。

12 月 27 日　北京市、天津市、河北省、山西省和内蒙古自治区自然资源部门签订"跨省通办"合作框架协议，聚焦不动产登记领域企业群众高频事项，推动"跨省通办"。

Abstract

2023 is the starting year for fully implementing the spirit of the 20th National Congress of the Communist Party of China. It is the 45th anniversary of the reform and opening up and the 10th anniversary of the Third Plenary Session of the 18th Central Committee of the Communist Party of China. China's administrative system reform has taken solid steps, making new progress and achievements in the reform of Party and State institutions, the transformation of government functions, and the innovation of government governance methods.

In terms of the reform of Party and State institutions, the Second Plenary Session of the 20th Central Committee of the Communist Party of China passed the "Plan for the Reform of Party and State Institutions" in 2023. The goal of the new round of Party and state institutional reform is to build a systematic, scientific, standardized, and efficient functional system of Party and state institutions, promote the Party's leadership in socialist modernization construction to be more scientific in institutional settings, more optimized in functional allocation, more perfect in institutional mechanisms, and more efficient in operational management. The focus of the reform is to strengthen institutional reform and optimize responsibilities in areas such as financial regulation, science and technology, social work, work in Hong Kong and Macau, data management, rural revitalization, work with the elderly, and intellectual property rights. Through reform, the Party's leadership over institutional reform has been further strengthened.

In terms of transforming government functions, in 2023, the State Council and local governments continue to deepen the reform of the administrative approval system, further optimize the list of administrative licensing matters, and continuously streamline and optimize the process of approval, certification and

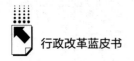

other service matters. And provincial governments delegate administrative approval authority to grassroots levels. Innovating and strengthening regulation during and after the event, continuously improving credit supervision mechanisms, and using information technology to promote cross departmental comprehensive supervision. Reducing fines, promoting inclusive and prudent supervision, and promoting linkage between approval and supervision in multiple regions. Continuously improving the efficiency of government services: Based on the national integrated government service receipts, actions are carried out to enhance the efficiency of government services and a normalized mechanism is established to improve the efficiency of government services. Intensifying policy support for optimizing the business environment, promoting the marketization, legalization, and internationalization of the business environment.

Further innovating administrative management methods and promoting modernization of government governance. In terms of digital government construction, various places have conscientiously implemented the Guiding Opinions on Strengthening Digital Government Construction issued by the State Council, further issued policy documents on digital government construction, strengthened public data management of digital government, and further innovated digital governance. In terms of building a rule of law government, deepening the study on Xi Jinping's thought on the rule of law, improving the legal system of law based administration, further enhancing the legality of administrative decisions, implementing the three-year action plan to improve the quality of administrative law enforcement, vigorously promoting the demonstration and creation of a national rule of law government by the judicial department, and effectively promoting the construction of a digital rule of law government. In terms of building a clean government, governments at all levels prioritize the political construction of the Party, continuously strengthen the construction of the behavior of cadres, carry out anti-corruption struggles, further strengthen the construction of a clean culture, conduct in-depth investigations and research, strengthen the scientific and effective supervision and restraint of administrative power, build conservation-oriented institutions in various regions, and oppose extravagance and waste.

In the new era and new journey, we should further adhere to the guidance of the Xi Jinping Thought on Socialism with Chinese Characteristics for a New Era, further deepen the reform of the administrative system, focus on handling the relationship between the government and the market, continue to optimize the establishment and function allocation of the Party and the State institutions, further accelerate the construction of a government under the rule of law and a digital government, improve the cadre restraint and incentive mechanism, and promote the modernization of government governance, so as to provide the institutional basis and strong impetus for promoting the great rejuvenation of the Chinese nation through Chinese-style modernization.

Keywords: Administrative System; Transforming Government Functions; Optimize the Business Environment; Digital Government Construction; Construction of Rule of Law Government

Contents

I General Report

Abstract: 2023 is the starting year for fully implementing the spirit of the 20th National Congress of the Communist Party of China. It is the 45th anniversary of reform and opening up and the 10th anniversary of the Third Plenary Session of the 18th Central Committee of the Communist Party of China. China's administrative system reform has taken solid steps, making new progress and achievements in the reform of Party and State institutions, the transformation of government functions, and the innovation of government governance methods. In terms of the reform of Party and State institutions, the Second Plenary Session of the 20th Central Committee of the Communist Party of China passed the "Plan for the Reform of Party and State Institutions", which made further arrangements for the reform of the Party Central Committee and the State Council, further strengthening the Party's leadership over institutional reform. In terms of transforming government functions, we continue to deepen the reform of the administrative approval system, innovate and strengthen in-process and post event supervision, continuously improve the efficiency of government services, focus on optimizing the business environment, and promote high-quality development. We further promote the construction of a rule of law government, a digital government, and a clean government, innovating administrative management methods, and advancing the modernization of government governance. In the new era and new journey, to further deepen the reform of the administrative system, it is necessary to further handle the relationship between the government and the market, continuously optimize the establishment and functional allocation of Party and State institutions, further accelerate the construction of a rule of law government and a digital government, improve the constraint and incentive mechanism for cadres, and promote the modernization of government governance.

Keywords: Institutional Reform; Government Functions; Business Environment; Digital Government; Rule of Law Government

Ⅱ   Institutional Reform

B.2   Research on China's Institutional Reform since the 18th National Congress of the Communist Party of China   *Wang Yukai* / 060

Abstract: Since the 18th National Congress of the Communist Party of China, China's administrative system reform has undergone three large-scale institutional reforms in 2013, 2018, and 2023. The logic of administrative system reform lies in the fact that the new stage of reform and development brings new challenges to government management innovation. Administrative system reform has become a prerequisite and condition for the smooth progress of various reforms, and the government's governance capacity directly affects the effectiveness of national governance. The two institutional reforms in 2018 and 2023 after the 18th National Congress of the Communist Party of China emphasized the reconstruction of the functional system of the Party and State institutions in the new era, the elimination of institutional barriers to promote the modernization of the national governance system and governance capacity, the improvement of risk response capabilities, and the elimination of institutional barriers to pursue high-quality development. From the perspective of reform effectiveness, the institutional reforms in 2018 and 2023 have

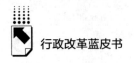

optimized the establishment and functional allocation of government institutions, improved the government's digital performance capabilities, optimized the establishment of local institutions, promoted the legalization of institutional staffing, streamlined administrative personnel, and reduced financial pressure.

Keywords: Administrative System; Institutional Reform; National Governance

B.3 To Continue to Promote the Reform of Party and State Institutions

Deng Wenkui / 078

Abstract: This article summarizes the purpose, requirements, characteristics, and key points of the new round of deepening the reform of Party and State institutions in 2023, and compares the three institutional reforms since the 18th National Congress of the Communist Party of China. The goal of the new round of Party and State institutional reform is to build a systematic, scientific, standardized, and efficient functional system of Party and State institutions, promote the Party's leadership in socialist modernization construction to be more scientific in institutional settings, more optimized in functional allocation, more perfect in institutional mechanisms, and more efficient in operational management. The focus of the reform is to strengthen institutional reform and optimize responsibilities in areas such as financial regulation, science and technology, social work, Hong Kong and Macao work, data management, rural revitalization, aging work, and intellectual property rights.

Keywords: Party and State; Institutional Reform; Modernization of National Governance

B.4 Achievements, Problems, and Directions of Government
Institutional Reform in 2023

Yang Kaifeng , Tian Xiaolong / 096

Abstract: Government institutional reform is an important content and leading force in promoting the modernization of Chinese style government governance. The new round of government institutional reform in 2023 has made new progress on the path of China's autonomous institutional reform, embodying the theme of the interweaving of rule of law government and digital government construction. In response to the many issues arising from the combination of marketization, globalization, and digitization, promoting institutional reform requires a focus on standardizing the deliberation and coordination institutions, accelerating the construction of a digital government, clarifying vertical responsibilities, promoting the reform of public institutions, and ensuring the effectiveness of institutional reform.

Keywords: 2023 Institutional Reform; Reform of Autonomous Institutions; Division of Government Responsibilities

B.5 Current Problems and Countermeasures in the Reform of
County Level Institutions in China
—*Taking Jinsha County , Guizhou Province as an Example*

Hu Xianzhi , Ma Changjun and Yang Yuan / 111

Abstract: The Second Plenary Session of the 20th Central Committee of the Communist Party of China has launched a new round of Party and State institutional reform, and the reform of county-level institutions in various regions is also actively planned and promoted. It is expected that the reform of county-level institutions in various regions could be basically completed by the end of 2024. As a county in western China, Jinsha County in Guizhou Province has prominent reform tasks, pressures, and challenges. The key, difficult, and risky points of the

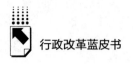

reform are representative to a certain extent. By studying the reform of Jinsha County, typical cases can be provided for the reform of county-level institutions in western regions. The key areas of the county-level institutional reform are basically consistent with the central institutional reform, with a focus on the financial leadership system, the scientific and technological leadership system, the Party's social work leadership system, the government's big data development and management system, the aging work system, and the optimization of the 'agriculture, rural areas, and farmers' work institutions. The focus is on exploring the reform of the comprehensive administrative law enforcement system and the reform of the township (street) management system. This article aims to propose reform suggestions and prospects from four aspects: optimizing the allocation of institutional functions in key areas, improving the efficiency of coordinated use of staffing resources, promoting flat management of party and government institutions, and improving the management system of townships (streets).

Keywords: Reform of County-level Institutions; Jinsha County; Flat Management; Township Management System

Ⅲ Transforming Functions

B.6 The Reform of "Internet + Government Services":
Progress, Challenges and Prospects   *Fan Jida*, *Pang Kai* / 124

Abstract: As an important part of modern national governance, the reform of "Internet + government service" has effectively solved the problem of core interest protection and limited improvement of marginal business in various departments under the bureaucratic system through the virtual reconstruction of the government structure. From the perspective of the transformation of government service models, there is a trend towards technological iteration, intelligence, and the decentralization of digital governance. From the perspective of government performance, reform has provided new solutions for government performance, demonstrating the characteristics of integrated governance of "one-stop service" for government affairs and "one-stop management" for social management. From the perspective of policy supply, the macro outline of the central government's macro institutional design and local government's medium norms and regulations for the integration of central and local policies are becoming increasingly clear. From the perspective of digital infrastructure, government service facilities have obvious coverage in depth and at multiple levels. In terms of technological empowerment, digital technology opens up new spaces for future scenarios. At the same time, the reform of "Internet + government services" is also facing problems and challenges such as the shortage of centralized leadership and overall planning system, the low supply of equal government services, the insufficient systematization of government resources, and the weak security protection system. Looking ahead to the future, reform will advance towards higher goals such as cross-border coupling, strengthening digital responsibilities, promoting intelligent government, and improving the construction of the rule of law.

Keywords: "Internet + Government Service"; Intelligent Government Affairs; Chief Data Officer of the Government; Digital Gap; Cross Border Coupling

B.7　Two Characteristics and Three Trends of Optimizing the
　　　　Business Environment in China in 2023　　*Zhang Hongyun* / 145

Abstract: This article summarizes the two major characteristics of China's state-owned business environment construction and optimization in 2023, as well as the three major trends of changes in the business environment. Two major characteristics: similarity and difference, novelty and stability. Similarity and difference, that is, with the same positioning but different work. Various regions and departments have a highly consistent positioning of the business environment, actively exploring and implementing reform tasks with their own characteristics. Novelty and stability, that is, the indicators have changed and the goals are stable. The World Bank has launched a new system for evaluating the business

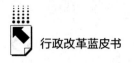

environment, and China's understanding and requirements for optimizing the business environment have been continuously deepened. For more than a decade, China has firmly adhered to the goal and requirement of creating a market-oriented, rule of law, and international first-class business environment. The three major trends in optimizing the business environment in our country are: first, increasing emphasis, second, increasing effectiveness, and third, accelerating systematization. The Central Committee of the Communist Party of China and the State Council attach great importance to it, and all regions and departments have taken it as a key task and the first project, focusing on the needs of business entities, facing up to the pain points of demand, and making greater efforts to solve difficult problems. The systematic, holistic, and coordinated nature of the business environment reform has been further enhanced.

Keywords: Business Environment; Optimization of Business Environment; New Developments in the Business Environment

B.8　Policy Evolution and Suggestions for Optimizing the Business Environment in China in Recent Years

Zhang Hongfeng, Ding Xiangjiang and Chen Xiaotong / 163

Abstract: Optimizing the business environment is an important driving force for stimulating the vitality of market entities, as well as promoting regional economic competition and high-quality economic development. In 2023, China has made significant progress in optimizing the business environment, especially in accelerating the construction of a unified national market, optimizing the market economy system environment, expanding high-level opening up to the outside world, and creating a digital business environment, injecting new vitality into the sustained and healthy development of the economy. However, there are still many challenges facing the optimization of the business environment, such as local protectionism, industry barriers, and incomplete implementation of laws and regulations. To this end, China needs to clarify the importance of optimizing the business environment in the context of the digital age. By promoting fair competition, strengthening the rule of law, and optimizing foreign investment and trade, the goal of marketization, legalization, and internationalization of China's business environment can be achieved, laying a solid foundation for the sustained and healthy development of the Chinese economy.

Keywords: Business Environment; National Unified Large Market; Legalization; Internationalization

B.9   Focusing on the Transformation and Upgrading of Power Services, Making Every Effort to Create a "Haikou Brand" Electricity Business Environment

Hainan Power Grid Co., Ltd. Haikou Power Supply Bureau / 174

Abstract: In recent years, Haikou Power Supply Bureau has steadfastly implemented the decisions and deployments of the Party Central Committee and the State Council on optimizing the business environment, always adhering to the development concept of putting the people at the center, actively integrating into and serving major national strategies, closely following the strategic positioning of Hainan Free Trade Port, and vigorously promoting the construction of a new type of power system. Adhering to planning first, construction first, supply and guarantee first, and service first, and demonstrating the "Haikou determination" in optimizing the electricity business environment. Adhering to problem oriented, goal oriented, and result oriented approaches, and contribute the "Haikou Wisdom" to improving the electricity index. Adhering to innovation leadership, accelerating the construction of smart grids, focusing on the dual carbon goal to promote energy transformation, exploring innovative service models, building cultural brands, creating "Haikou characteristics" in the construction of a new power system, adhering to "service first", and highlighting the "Haikou responsibility" in assisting the overall guarantee of people's livelihood. Haikou Power Supply Bureau has vigorously optimized the electricity business

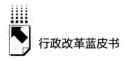
environment, contributing to the acceleration of the construction of Hainan Free Trade Port with the power grid's strength.

Keywords: Haikou City; Electricity Business Environment; Hainan Free Trade Port

Ⅳ   Digital Government Construction

B.10   Progress, Problems and Suggestions for China's Digital
Government Construction in 2023

Meng Qingguo, *Zhang Shaotong* / 188

Abstract: In the digital age, strengthening the construction of digital government is an important way to promote the modernization of the national governance system and governance capacity. This article summarizes the current development status and specific practical situations of China's digital government in various fields, analyzes the main problems, difficulties, and pain points faced by China's digital government construction, and proposes strategic suggestions for promoting the development of China's digital government based on new trends and situations. Research has found that in 2023, China's digital government construction has made significant progress in terms of institutions, data, facilities, services, etc., but there are still problems and deficiencies in institutional functions, institutional construction, operational management, digital applications, and allocation of rights and responsibilities. To this end, it is necessary to continuously enhance the government's digital governance capabilities in effectively strengthening overall coordination, innovating operational management models, promoting the improvement of digital performance and application efficiency, strengthening the full life-cycle governance of data resources, and laying out new generation digital technology applications.

Keywords: Digital Government; Data Management; Digital Empowerment

B.11 Research on the Path Selection of Provincial Digital
Government Construction
—*Comparison of 27 Provincial Digital Government
Specialized Plans* *Gu Ping'an, Li Pengyuan / 206*

Abstract: Provincial digital government construction is the core link in building a national integrated digital government system. It is an important measure to innovate government governance methods, to form a new pattern of digital governance, and to promote the modernization of the national governance system and governance capacity. Based on the research on the special construction plans of digital governments in 27 provinces, it has been found that the construction of digital governments at the provincial level in China has formed a new pattern of "based on engineering, oriented towards branding, and achieving differentiated competition". It presents six major path choices, including seeking digital governance system reform through "talent cultivation and intelligence integration", building multi element collaboration with data as the core, exploring smart application scenarios with "full stack government affairs", implementing data-driven optimization platform construction, leading platform optimization through departmental responsibility adjustment, and promoting systematic construction full coverage through branding. The engineering, branding, and differentiation paths of digital government construction, as well as the value rationality behind them, deserve full attention from local governments.

Keywords: Digital Government Construction; Digital Government Construction Plan; Path of Digital Government Construction

B.12 Top Level Design and Typical Case Analysis of China's Digital
Government Construction in 2023
Guan Xin, Liu Yun and Huang Zhensheng / 240

Abstract: In 2023, significant progress has been made in the construction of

449

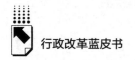

digital government under the guidance of national policies. By clarifying the direction through top-level design and combining it with excellent local case practices, China's digital government governance system is becoming increasingly perfect. At the policy level, the focus is mainly on six aspects: data element market, standard construction, data and technology security, macro strategic planning, deepening institutional reform, and government service management. At the practical level, successful experiences have been demonstrated and accumulated in the construction of smart cities and urban operation management, digital transformation of government services, innovation in project management of engineering construction, and innovative demonstration of public services and social governance. These efforts not only support the vigorous development of the digital economy, but also inject new impetus into the modernization of the national governance system and governance capacity. Looking ahead, digital government will play a greater role in enhancing national governance efficiency and continuously promoting social progress and development.

Keywords: Digital Government; Data Elements; User Demand; Digital Economy

B.13　Study on the Practice of Digital Transformation of Government Performance in Xicheng District of Beijing in 2023

Deng Pan / 257

Abstract: In order to promote the digital transformation of government performance, Xicheng District of Beijing has built an institutional mechanism that integrates innovative technologies and management mechanisms. This has led to a system where technologies drive management mechanism innovation and operations guide the dynamic reshaping of government constructions. This paper discusses in detail the main paths and methods adopted during the exploration, innovation and implementation of Xicheng District management mechanism, as well as the outstanding achievements made in the process of smart city construction. This paper takes Xicheng District's management reform practice as a basis, and elaborates on the main challenges faced during the government digital transformation, such as cognition, thinking, value and technology. Based on Xicheng District's practice, this paper proposes the solution of "digital intelligence" driven by "human intelligence".

Keywords: Digital Transformation; Government Performance; Smart City; Technology-driven; Digital Dilemma

V The Rule of Law Government Construction

B.14 Problems and Suggestions in the Exercise of Public

Power in Administrative Law Enforcement *Fan Bi* / 273

Abstract: This article explores the prominent issues in current administrative law enforcement. It points out that there are phenomena in administrative law enforcement, such as high frequency and low efficiency of administrative inspections, arbitrary and disorderly administrative penalties, generalized and differentiated credit supervision, and hasty release of administrative law enforcement powers, which to some extent infringe the legitimate rights and interests of business entities and have a negative impact on the business environment. The article analyzes the causes of problems from the perspectives of legislative quality, procedural justice, authorized legislation, supervision and restraint mechanisms, and extralegal public rights, and proposes countermeasures and suggestions: strengthening legislative amendments, conducting legitimacy reviews of administrative law enforcement, cleaning up general authorized legislation, cautiously releasing administrative law enforcement power in accordance with the law, and strictly regulating extralegal public rights.

Keywords: Administrative Law Enforcement; Administrative Inspection; Administrative Sanction; Credit Supervision

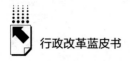
B.15　The Measures, Achievements, and Prospects of the Three Year Action Plan (2021-2023) for Institutional Construction and Implementation Innovation in Sanya City

Abstract: Sanya City earnestly implements the spirit of General Secretary Xi Jinping's instructions on "placing institutional integration and innovation in a prominent position", focusing on the strategic needs of implementing the central decision-making and deployment, the practical needs of accelerating the construction of Hainan Free Trade Port, and the practical needs of governing the city according to law and building a modern new Sanya. It has decided to launch a three-year action plan of "institutional construction and execution innovation" in a rolling manner throughout the city from 2021 to 2023. The three-year action plan is an important exploration for Sanya to promote the modernization of its governance system and governance capacity at the municipal level, and a beneficial practical exploration to promote the modernization of the national governance system and capacity; It is of great significance to promote the construction of Hainan Free Trade Port to a new level and provide solid and powerful institutional guarantees for Sanya to achieve high-quality development.

Keywords: Sanya City; Institutional Construction; Institutional Implementation; Institutional Innovation; Rule of Law in the City

B.16　Establishing a Collaborative Mechanism for Handling Non-police Matters

—*Reform Explorations in Yongkang City, Zhejiang Province*

Abstract: For a long time, the 110 alarm service desk has undertaken a large number of non-police matters, which exceeds the scope of police duties. In 2023, Yongkang City in Zhejiang Province will explore the establishment of a new mechanism for collaborative disposal of non-police matters, and build a new pattern of "12345 timely response to general demands, 110 rapid disposal of sudden police situations, and collaborative disposal of non-police matters through grassroots intelligent governance comprehensive application platforms". The main measures include: establishing six mechanisms for the two-way flow of non-police matters, emergency linkage, consultation and cooperation, collaborative disposal, judgment and warning, and assessment and evaluation. Establishing a city social governance center, town and street social governance sub centers, and village enterprise social governance micro centers, standardize the boundaries of responsibilities, transfer procedures, and disposal work of non police related departments. Establishing a closed-loop management system for non police matters diversion, signing, disposal, feedback, supervision, and evaluation throughout the entire cycle, and implementing closed-loop management for collaborative disposal of non police matters throughout the entire cycle. The reform exploration in Yongkang City has achieved significant results, establishing a standardized and efficient new mechanism for coordinating and handling non-police matters, improving the grassroots social governance system in the county, and enhancing administrative efficiency and government service efficiency.

Keywords: Non-police Matters; Collaborative Disposal; Yongkang City

B. 17 Progress and Prospects of Comprehensive Administrative
Law Enforcement Reform Empowered by Digital
Intelligence in 2023 *Zhao Qiuyan, Yang Lin* / 334

Abstract: The comprehensive administrative law enforcement reform empowered by digital intelligence is a practical action to implement the basic principle of "data empowerment" in the construction of digital government. 2023 is the starting year for fully implementing the spirit of the 20th National Congress of the Communist Party of China, and the era characteristics and Chinese characteristics of comprehensive administrative law enforcement reform empowered by digital

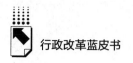

intelligence are even more distinct. The current exploration of digital empowerment in comprehensive administrative law enforcement practices has shown results: the intelligence of the digital platform for comprehensive administrative law enforcement continues to improve, the online coverage of comprehensive administrative law enforcement supervision continues to expand, digital empowerment continuously promotes the improvement of the ability level of administrative law enforcement personnel to handle cases, the standardization and institutionalization of administrative law enforcement behavior, and the improvement of cross disciplinary collaborative handling mechanisms for administrative law enforcement. However, there are still many shortcomings that constrain the effectiveness of empowering comprehensive administrative law enforcement reform. In the future, it is necessary to continue exploring the institutional framework of empowering comprehensive administrative law enforcement with digital intelligence, further improving the collaborative work mechanism between administrative law enforcement departments, and continuously deepening the theoretical research and practical application of empowering comprehensive administrative law enforcement with digital intelligence.

Keywords: Digital Empowerment; Comprehensive Administrative Law Enforcement; Construction of Rule of Law Government

VI Grassroots Management Innovation

B.18　Remarkable Effectiveness of Jiashan County's High-Quality Development Demonstration Site Construction

Research Group of China Society of Administrative Reform / 347

Abstract: In 2023, Jiashan County, Zhejiang Province, adhered to the guidance of Xi Jinping's Thought on Socialism with Chinese Characteristics in the New Era, conscientiously implemented the "Construction Plan for High quality Development Demonstration Points in Jiashan County, Zhejiang Province in the New Development Stage", actively explored the construction of "five pilot zones" in the linkage development of science and technology innovation industry, urban-rural integration development, ecological advantage transformation, high-level open cooperation, and social governance and sharing, and accumulated good experience and practices to promote high-quality development in the county, effectively promoting high-quality development in the county. The construction of the Jiashan demonstration site is for the high-quality development of counties across the country, accumulating valuable experience from the working level, and has enlightening significance for the high-quality development of counties across the country and the modernization of Chinese style counties.

Keywords: Jiashan County; High Quality Development in Counties; Demonstration Site Construction

B.19 Research on Countermeasures for the Reform of the Relationship between the Two Levels of Government Powers in Hami City

Research Group of China Society of Administrative Reform / 368

Abstract: Since the establishment of the city in 2016, the boundary of powers between the two levels of government in Hami City has been unclear, the institutional setting is unreasonable, the power and responsibility are not unified, the operating mechanism is not sound, the resource allocation is not in place, the degree of institutionalization is not high, and the digital support is not strong, which seriously restricts the urban planning and construction and economic and social development. Advancing the reform of the two-level power relationship between the urban and rural areas is an inevitable requirement in line with the new trend of development in Hami City. It is the autonomous region's proactive responsibility to give Hami a new positioning and mission, which will help the government accelerate the transformation of functions, optimize resource allocation, improve governance efficiency, consolidate development forces, and add new impetus to building a regional development highland, innovation highland, and governance highland. The reform of the power relationship in Hami

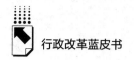
city should adhere to the perspective of the city and district conditions, with the goal of "strengthening the city, optimizing the district, and enriching the county", and strengthen the efficiency orientation of the power relationship reform. This study proposes nine tasks for the reform of power relations and proposes specific reform methods and path suggestions: initiating reform actions in the form of a list, promoting reform actions through institutional construction, supporting reform actions with multiple measures, improving mechanisms to ensure reform actions, and strengthening organizational leadership for reform actions.

Keywords: Hami City; Two Levels of Government in the Urban Area; Reform of Power Relations

B. 20　Report on the Modernization Development of Grassroots Governance in Shandong Province

Research Group of Shandong Society of Public Administration / 390

Abstract: To realize the modernization of grass-roots governance is not only the inevitable requirement of promoting Chinese path to modernization, but also the proper meaning for Shandong to promote the construction of a modern and powerful socialist province in the new era. In recent years, Shandong has deeply implemented the relevant instructions and requirements of the Party Central Committee, continuously strengthened the guidance of Party building, and focused on improving the digitalization, intelligence, and precision level of grassroots governance, effectively promoting the modernization of grassroots governance. Under the new situation, Shandong will, on the premise of carefully analyzing and reflecting on its own shortcomings and deficiencies, follow the overall idea of "politics" as the guiding principle, "rule of virtue" as the priority, "autonomy" as the foundation, "rule of law" as the foundation, and "intelligent governance" as the engine, systematically promote the modernization of grassroots governance, and continuously safeguard the high-quality development and modernization construction of the province.

Keywords: Modernization of Grassroots Governance; Party Building Guidance; Digital Governance; Pluralistic Governance; Shandong Province

B.21 Practical Exploration of Party Building Leading the Diversified Integration and Autonomy of "Five Modernizations" among Homeowners in Yuanling Street, Futian District, Shenzhen

Chen Shaojie / 409

Abstract: Yuanling Street adheres to the combination of governance and service, governance and construction, relying on systematic construction, democratic governance, social cooperation, warm services, and digital empowerment to create a "five modernizations" diversified integration autonomous governance model for homeowners led by Party building, realizing the transformation of grassroots governance from "fighting independently" to "coordinated linkage", from "one-way force" to "co-governance and sharing", from "traditional extensive" to "fine and precise", and exploring a new path for modern governance of high-density urban areas in super large cities, which has certain enlightening significance.

Keywords: Yuanling Street; Grassroots Governance in Big Cities; Diversified Integration Autonomy; Shenzhen City

Appendix   / 422

457

社会科学文献出版社

皮 书

智库成果出版与传播平台

❖ 皮书定义 ❖

皮书是对中国与世界发展状况和热点问题进行年度监测，以专业的角度、专家的视野和实证研究方法，针对某一领域或区域现状与发展态势展开分析和预测，具备前沿性、原创性、实证性、连续性、时效性等特点的公开出版物，由一系列权威研究报告组成。

❖ 皮书作者 ❖

皮书系列报告作者以国内外一流研究机构、知名高校等重点智库的研究人员为主，多为相关领域一流专家学者，他们的观点代表了当下学界对中国与世界的现实和未来最高水平的解读与分析。

❖ 皮书荣誉 ❖

皮书作为中国社会科学院基础理论研究与应用对策研究融合发展的代表性成果，不仅是哲学社会科学工作者服务中国特色社会主义现代化建设的重要成果，更是助力中国特色新型智库建设、构建中国特色哲学社会科学"三大体系"的重要平台。皮书系列先后被列入"十二五""十三五""十四五"时期国家重点出版物出版专项规划项目；自2013年起，重点皮书被列入中国社会科学院国家哲学社会科学创新工程项目。

皮书网

（网址：www.pishu.cn）

发布皮书研创资讯，传播皮书精彩内容
引领皮书出版潮流，打造皮书服务平台

栏目设置

◆ **关于皮书**
何谓皮书、皮书分类、皮书大事记、
皮书荣誉、皮书出版第一人、皮书编辑部

◆ **最新资讯**
通知公告、新闻动态、媒体聚焦、
网站专题、视频直播、下载专区

◆ **皮书研创**
皮书规范、皮书出版、
皮书研究、研创团队

◆ **皮书评奖评价**
指标体系、皮书评价、皮书评奖

所获荣誉

◆ 2008 年、2011 年、2014 年，皮书网均
在全国新闻出版业网站荣誉评选中获得
"最具商业价值网站"称号；
◆ 2012 年，获得"出版业网站百强"称号。

网库合一

2014 年，皮书网与皮书数据库端口合
一，实现资源共享，搭建智库成果融合创
新平台。

皮书网

"皮书说"
微信公众号

权威报告·连续出版·独家资源

皮书数据库
ANNUAL REPORT(YEARBOOK)
DATABASE

分析解读当下中国发展变迁的高端智库平台

所获荣誉

- 2022年，入选技术赋能"新闻+"推荐案例
- 2020年，入选全国新闻出版深度融合发展创新案例
- 2019年，入选国家新闻出版署数字出版精品遴选推荐计划
- 2016年，入选"十三五"国家重点电子出版物出版规划骨干工程
- 2013年，荣获"中国出版政府奖·网络出版物奖"提名奖

皮书数据库

"社科数托邦"
微信公众号

成为用户

登录网址www.pishu.com.cn访问皮书数据库网站或下载皮书数据库APP，通过手机号码验证或邮箱验证即可成为皮书数据库用户。

用户福利

- 已注册用户购书后可免费获赠100元皮书数据库充值卡。刮开充值卡涂层获取充值密码，登录并进入"会员中心"—"在线充值"—"充值卡充值"，充值成功即可购买和查看数据库内容。
- 用户福利最终解释权归社会科学文献出版社所有。

社会科学文献出版社 皮书系列
SOCIAL SCIENCES ACADEMIC PRESS (CHINA)

卡号：933216961571
密码：

数据库服务热线：010-59367265
数据库服务QQ：2475522410
数据库服务邮箱：database@ssap.cn
图书销售热线：010-59367070/7028
图书服务QQ：1265056568
图书服务邮箱：duzhe@ssap.cn

S 基本子库
UB DATABASE

中国社会发展数据库（下设 12 个专题子库）

紧扣人口、政治、外交、法律、教育、医疗卫生、资源环境等 12 个社会发展领域的前沿和热点，全面整合专业著作、智库报告、学术资讯、调研数据等类型资源，帮助用户追踪中国社会发展动态、研究社会发展战略与政策、了解社会热点问题、分析社会发展趋势。

中国经济发展数据库（下设 12 专题子库）

内容涵盖宏观经济、产业经济、工业经济、农业经济、财政金融、房地产经济、城市经济、商业贸易等 12 个重点经济领域，为把握经济运行态势、洞察经济发展规律、研判经济发展趋势、进行经济调控决策提供参考和依据。

中国行业发展数据库（下设 17 个专题子库）

以中国国民经济行业分类为依据，覆盖金融业、旅游业、交通运输业、能源矿产业、制造业等 100 多个行业，跟踪分析国民经济相关行业市场运行状况和政策导向，汇集行业发展前沿资讯，为投资、从业及各种经济决策提供理论支撑和实践指导。

中国区域发展数据库（下设 4 个专题子库）

对中国特定区域内的经济、社会、文化等领域现状与发展情况进行深度分析和预测，涉及省级行政区、城市群、城市、农村等不同维度，研究层级至县及县以下行政区，为学者研究地方经济社会宏观态势、经验模式、发展案例提供支撑，为地方政府决策提供参考。

中国文化传媒数据库（下设 18 个专题子库）

内容覆盖文化产业、新闻传播、电影娱乐、文学艺术、群众文化、图书情报等 18 个重点研究领域，聚焦文化传媒领域发展前沿、热点话题、行业实践，服务用户的教学科研、文化投资、企业规划等需要。

世界经济与国际关系数据库（下设 6 个专题子库）

整合世界经济、国际政治、世界文化与科技、全球性问题、国际组织与国际法、区域研究 6 大领域研究成果，对世界经济形势、国际形势进行连续性深度分析，对年度热点问题进行专题解读，为研判全球发展趋势提供事实和数据支持。

法律声明